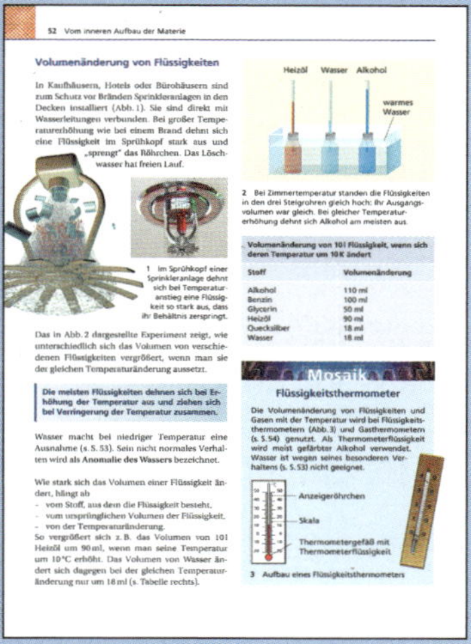

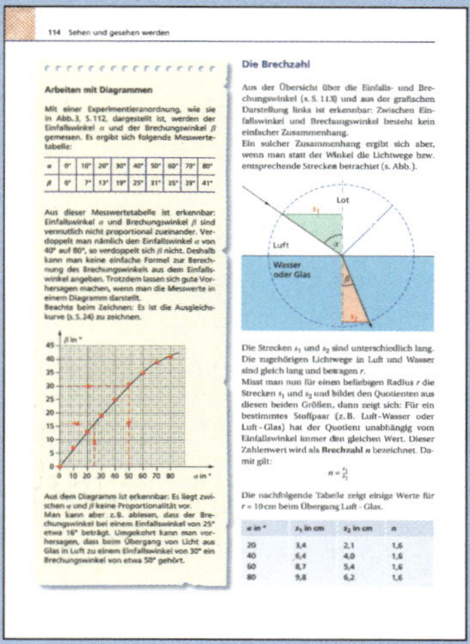

Inhaltsseiten
vermitteln dir – unterstützt durch **Merksätze,** Tabellen und Übersichten – physikalisches Grundlagenwissen über wichtige Begriffe, Gesetze, Erscheinungen und Zusammenhänge.

Das Mosaik
enthält zusätzliche Informationen aus Physik, Natur und Technik.

Denk- und Arbeitsweisen
sind durch eine farbige Unterlegung hervorgehoben.

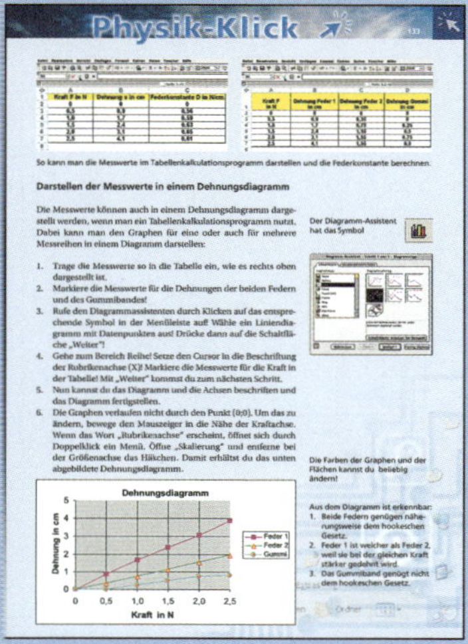

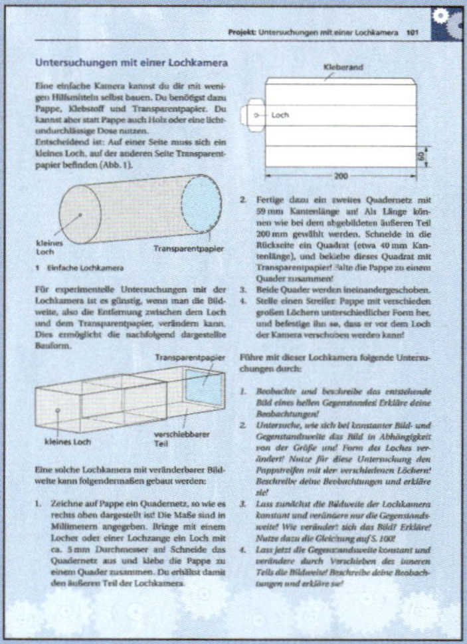

Physik-Klick
Beim Umgang mit neuen Medien, insbesondere mit dem Internet, ist ein planvolles Arbeiten sinnvoll. Auf diesen Seiten werden Hinweise und Anregungen zur zweckmäßigen Arbeit mit neuen Medien gegeben.

Projekte
enthalten neben Sachinformationen interessante Fragen und Experimente, die du in der Gruppe bearbeiten kannst. Sie regen dich außerdem an, eigene Projektideen zu entwickeln.

Wahlbereich
In den Wahlbereichen sind interessante Themen dargestellt, die in den Unterricht einbezogen werden können, mit denen du dich aber auch selbst beschäftigen kannst.

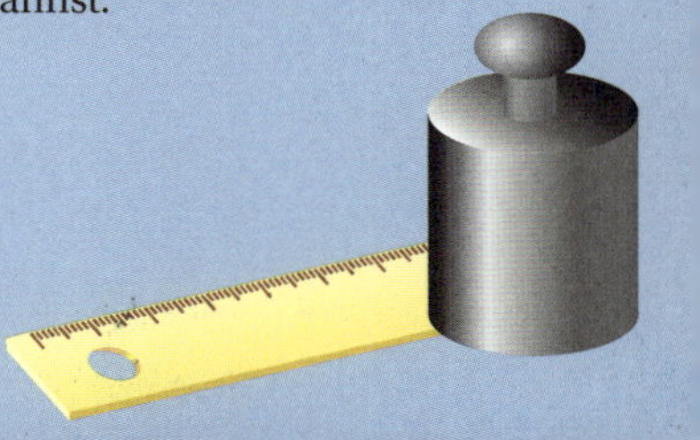

Physik

Lehrbuch für die Klassen 7/8
Berlin

Gymnasium

Herausgeber
Prof. Dr. habil. Lothar Meyer
Dr. Gerd-Dietrich Schmidt

DUDEN PAETEC Schulbuchverlag

Berlin · Frankfurt a. M.

Herausgeber
Prof. Dr. habil. Lothar Meyer
Dr. Gerd-Dietrich Schmidt

Autoren
Dr. habil. Barbara Gau
Prof. Detlef Hoche
Dr. Josef Küblbeck
Prof. Dr. habil. Lothar Meyer
Dr. Gerd-Dietrich Schmidt

Dieses Buch enthält Vorschläge und Anleitungen für **Untersuchungen** und **Experimente.**
Vor jedem Experiment sind mögliche Gefahrenquellen zu besprechen. Die Gefahrstoffe sind durch die entsprechenden Symbole gekennzeichnet.
Experimente werden nur nach Anweisung des Lehrers durchgeführt. Solche mit Gefahrstoffen dürfen nur unter Aufsicht durchgeführt werden.
Beim Experimentieren sind die Richtlinien zur Sicherheit im naturwissenschaftlichen Unterricht einzuhalten.

1. Auflage *
1 9 8 7 6 5 | 2015 2014 2013 2012 2011
Alle Drucke dieser Auflage können im Unterricht nebeneinander benutzt werden.
Die letzte Zahl bezeichnet das Jahr des Druckes.

Internet www.duden-schulbuch.de

Redaktion Prof. Dr. habil. Lothar Meyer
Gestaltungskonzept und Umschlag Britta Scharffenberg
Layout Claudia Kilian, Manuela Liesenberg
Grafik Heribert Braun, Claudia Kilian, Manuela Liesenberg, Jens Prockat
Titelbild Dennis Selke
Druck und Bindung DZA Druckerei zu Altenburg GmbH, Altenburg

ISBN 978-3-8355-3000-3

Inhaltsverzeichnis

1 Die Physik – eine Naturwissenschaft

1.1 Gegenstand und Teilgebiete der Physik

Feuer und Flamme

Das Feuer hat Menschen schon immer in seinen Bann gezogen und tut es auch noch heute. Ein Lagerfeuer verbreitet eine angenehme und beruhigende Stimmung. Das Feuer spendet uns aber vor allem Licht und Wärme.

Woher kommen Licht und Wärme des Feuers? Warum geben unterschiedliche Brennstoffe unterschiedlich viel Licht und Wärme ab?

Blitz und Donner

Ein Gewitter ist eine beeindruckende Naturerscheinung. Viele Menschen fürchten sich davor.

Wie kommt es aber zu einem Blitz? Und wie gefährlich ist ein Blitz? Kann man sich vor einem Blitzschlag schützen? Warum hört man manchmal den Donner viel später, als man den Blitz sieht?

Die Spitze des Eisbergs

Häufig wird davon gesprochen, dass man nur die Spitze des Eisbergs sieht, und meint das in einem übertragenen Sinn. In der Natur entspricht es aber auch den Tatsachen. Etwa 90 % eines Eisbergs befinden sich unter Wasser.

Wie ist das zu erklären?

Warum gehen diese riesigen Eisberge eigentlich nicht unter?

Woraus besteht unsere Welt?

Alle Stoffe bestehen aus Atomen und Molekülen. Diese sind aus noch kleineren Teilchen zusammengesetzt. In der modernen physikalischen Forschung nutzt man riesige Beschleuniger, um die Struktur und die Eigenschaften der kleinsten Teilchen zu erforschen.

Wie sind Atome bzw. Moleküle aufgebaut? Welches sind die kleinsten Teilchen, die den Physikern heute bekannt sind? Wie kann man sie nachweisen?

Überall Halbleiter

Ohne Elektronik funktioniert heute weder ein Auto noch ein CD-Player, weder ein PC noch ein Handy. Sie alle besitzen komplexe elektronische Bauelemente, die Chips.

Was ist ein Chip? Welche Vorgänge gehen im Inneren eines solchen Halbleiterbauelements vor sich? Was sind überhaupt Halbleiter? Welche besonderen Eigenschaften haben sie?

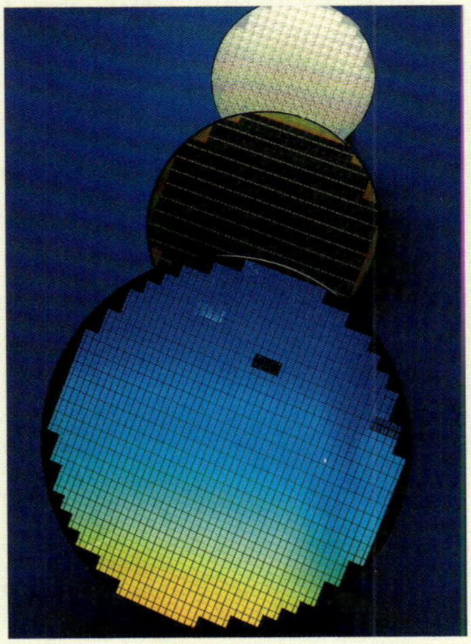

Energie aus der Steckdose

Elektrische Energie und auch Wärme werden meist von großen Kraftwerken zur Verfügung gestellt. Bei der Bereitstellung, der Übertragung und der Nutzung von Elektroenergie erfolgen zahlreiche Energieumwandlungen.

Was ist Energie? Welche Energieumwandlungen erfolgen in einem Kraftwerk? Wie funktionieren die Transformatoren in einem Umspannwerk? Geht uns irgendwann die Energie aus?

Die Naturwissenschaft Physik

Wenn wir unsere Umwelt aufmerksam betrachten, können wir viele interessante Erscheinungen beobachten. Viele Naturerscheinungen, die wir heute bestaunen (s. S. 8 und 9), sind den Menschen seit langem bekannt. Diese Erscheinungen gehören zur Natur, auch ohne den Menschen mit seinen Wissenschaften und der Technik. Schon vor Jahrtausenden haben Menschen diese Erscheinungen beobachtet, sie bestaunt, sich vor ihnen gefürchtet und sie sich auch zunutze gemacht. Mithilfe des Feuers, das die Menschen z. T. von Blitzeinschlägen hatten, konnten sie Fleisch braten, Ton brennen oder später Eisen herstellen.

Durch Beobachtungen haben die Menschen Regelmäßigkeiten in der Natur entdeckt, z. B. den Wechsel von Tages- und Jahreszeiten, die Veränderung der Gestalt des Mondes sowie das Auftreten von Sonnen- und Mondfinsternissen. Mithilfe dieser Regelmäßigkeiten und der ermittelten Daten konnten die Menschen die Termine für Aussaat und Ernte besser bestimmen.

Sie suchten aber auch nach **Zusammenhängen** zwischen den Erscheinungen, um **Erklärungen** zu finden und ihre **Voraussagen** sicherer zu machen. Und sie fanden Zusammenhänge und Erklärungen, auch wenn sich diese später häufig als nicht richtig erwiesen.

1 Das Weltbild des PTOLEMÄUS in einer historischen Darstellung: Die Erde steht im Zentrum.

2 GALILEO GALILEI (1564 –1642) – Professor in Pisa, Padua und Florenz

Aus den beobachteten Bewegungen der Himmelskörper, vor allem von Sonne, Mond und Sternen, leiteten die Menschen im Altertum die naheliegende Vermutung ab, dass sich die Erde im Zentrum der Welt befindet und sich alle Himmelskörper um die Erde bewegen. Gelehrte aus dem antiken Griechenland entwickelten daraus ein ganzes Weltbild über die Bewegungen im Kosmos und auf der Erde. CLAUDIUS PTOLEMÄUS (um 100 – um 170) fasste die Erkenntnisse zusammen. Dieses Weltbild (Abb. 1) war eine großartige Leistung der antiken Wissenschaft, denn man konnte die Bewegung von Sonne und Mond vorausberechnen. So blieb dieses Weltbild viele Jahrhunderte lang erhalten und war doch falsch.

Seit Beginn der Neuzeit entwickelten solche Gelehrte wie NIKOLAUS KOPERNIKUS (1473–1543), GALILEO GALILEI (1564–1642), JOHANNES KEPLER (1571–1630) und ISAAC NEWTON (1643–1727) auf der Grundlage von Beobachtungen und Überlegungen ein neues Weltbild, in dem die Sonne im Zentrum unseres Planetensystems steht.

GALILEI (Abb. 2) war auch der erste Wissenschaftler, der **neue Denk- und Arbeitsweisen** in die Naturwissenschaften einführte. Er suchte nicht nur nach oberflächlichen Erklärungen, die dem Augenschein entsprachen, sondern fragte nach dem Wesentlichen in den Erscheinungen. Vor allem aber zeigte er, dass man nicht allein durch theo-

retische Überlegungen zu neuen Erkenntnissen kommt, sondern seine Überlegungen mit **Experimenten** überprüfen muss. Experimente führen auch zu neuen Ergebnissen.
Ein berühmter Experimentator war auch der Magdeburger Bürgermeister OTTO VON GUERICKE (Abb. 1). Er konnte z. B. bei seinem Experiment mit den Magdeburger Halbkugeln (Abb. 2) die Wirkungen des Luftdrucks nachweisen. Damit widerlegte er eine lange herrschende Auffassung aus der Antike, dass es keinen luftleeren Raum - kein Vakuum - geben könne.
Durch viele Entdeckungen, Beobachtungen und Experimente entwickelte sich in den letzten Jahrhunderten die Physik als eigenständige Naturwissenschaft. Das Wort **„Physik“** kommt vom griechischen Wort „physis“ und heißt so viel wie „Natur“.

Die Physik ist eine Naturwissenschaft. Sie beschäftigt sich mit Erscheinungen und Gesetzen in unserer natürlichen Umwelt und ermöglicht die Erklärung und Voraussage vieler Erscheinungen in der Natur.

1 OTTO VON GUERICKE (1602–1686) – Bürgermeister und Experimentator, u. a. Erfinder der Luftpumpe, des Wasserbarometers und der Elektrisiermaschine

Solche Naturerscheinungen sind z. B. Sonnen- und Mondfinsternisse. Erst nachdem man erkannt hatte, wie sich der Mond um die Erde und beide zusammen um die Sonne bewegen, konnte man das Zustandekommen von Finsternissen erklären. Heute können Wissenschaftler voraussagen, dass die nächste totale Sonnenfinsternis in Deutschland erst am 3. September 2081 zu beobachten sein wird.

2 Der berühmte Versuch mit den Magdeburger Halbkugeln: 16 Pferde waren nicht imstande, den Luftdruck zu überwinden, der die luftleer gepumpten Halbkugeln zusammenhielt.

Die Physik und die anderen Naturwissenschaften

Auch andere Wissenschaften beschäftigen sich mit Erscheinungen und Gesetzen in der Natur. Deshalb gibt es viele Wechselbeziehungen zwischen der Physik und den anderen Naturwissenschaften.

Die **Physik** untersucht grundlegende Erscheinungen und Gesetze, die sowohl in der belebten als auch in der unbelebten Natur auftreten.

Die **Biologie** untersucht Erscheinungen des Lebens von Pflanzen, Tieren und Menschen, wie z. B. die Ernährung, Fortpflanzung, Fortbewegung und Entwicklung (Abb. 2). Auch der Aufbau und die Wirkungsweise von menschlichen und tierischen Organen werden in der Biologie untersucht. Dabei werden ebenfalls physikalische Erkenntnisse angewendet, wenn man den Aufbau und die Wirkungsweise von Auge und Ohr verstehen will.

Die **Chemie** untersucht Erscheinungen, die mit dem Aufbau, den Eigenschaften und der Umwandlung von Stoffen unserer Umwelt verbunden sind (Abb. 1). Auch dabei werden grundlegende physikalische Erkenntnisse angewendet, da sich die Physik ebenfalls mit den Stoffen und deren Eigenschaften beschäftigt.

2 Wale und Delfine verständigen und orientieren sich mithilfe des Schalls. Um dies zu verstehen, werden physikalische Erkenntnisse aus der Akustik angewendet.

Die **Astronomie** untersucht Erscheinungen im Weltall, u. a. die Bewegung und Entwicklung von Planeten und Sternen. Zu den Sternen zählt auch unsere Sonne (Abb. 3), um die sich alle Planeten unseres Sonnensystems bewegen.
Die Physik selbst berücksichtigt natürlich in ihrer Entwicklung auch die Erkenntnisse, die in der Biologie, in der Chemie und in der Astronomie gewonnen werden.

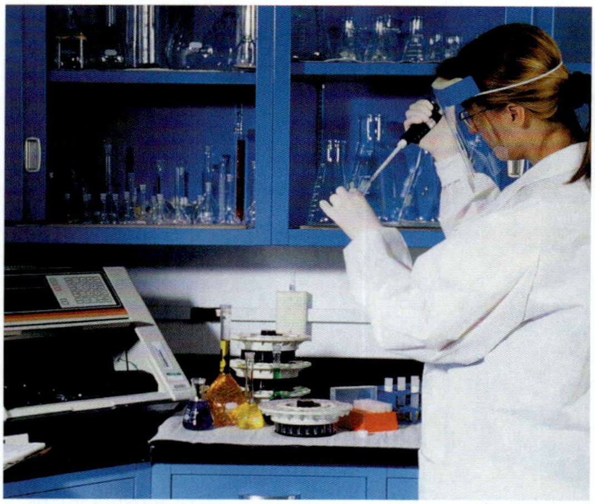

1 In chemischen Labors werden Stoffe und ihre Eigenschaften untersucht. Außerdem versucht man, neue Stoffe mit bestimmten, gewünschten Eigenschaften herzustellen.

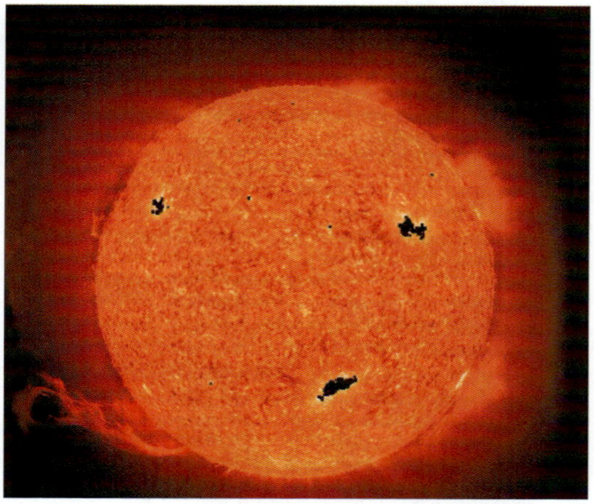

3 In der Sonne werden gewaltige Energiemengen frei, die auch die Erde mit Licht und Wärme versorgen. Die Prozesse der Energiefreisetzung kann man mithilfe der Atomphysik verstehen.

Physik, Technik und Alltag

Die Physik ist eine wichtige **Grundlage der Technik.** Dabei werden bewusst physikalische Erkenntnisse genutzt, um Geräte und Anlagen zu bauen, um Energie zweckmäßig zu verwenden, um unser Leben sicherer und angenehmer zu machen.

Wenn du den Lichtschalter betätigst, dann leuchtet die Deckenbeleuchtung im Zimmer auf. Elektronische Geräte wie Fernsehapparate, Computer oder Handys, Verkehrsmittel wie Züge, Flugzeuge oder Autos, medizinische Geräte wie Ultraschallgeräte, Röntgengeräte oder Kernspintomografen – alle diese Geräte hätte man ohne physikalische Kenntnisse nicht bauen können.

Die Physik ist eine wichtige Grundlage der Technik. In der Technik werden physikalische Gesetze vom Menschen genutzt.

Physikalische Erkenntnisse spielen nicht nur in der Technik, sondern auch in unserem täglichen Leben eine wichtige Rolle. Die bewusste Nutzung physikalischer Erkenntnisse erleichtert unser Leben und erhöht unsere Sicherheit. Unkenntnis oder Nichtbeachtung kann zu Unfällen oder Schäden führen.

1 Die elektrische Energie, die wir im Haushalt nutzen, wird vorwiegend in Kraftwerken aus Kohle, Gas, Kernenergie, Wasser oder Wind gewonnen und gelangt über Elektrizitätsleitungen in jeden Haushalt.

2 Beim Start einer Rakete wird Treibstoff verbrannt. Die Verbrennungsgase strömen mit großer Geschwindigkeit aus und treiben die Rakete an.

In einem anfahrenden oder bremsenden Bus musst du dich festhalten, um nicht umzufallen. Das gilt auch bei einer Kurvenfahrt.

Nach dem Baden sollte man die nasse Badebekleidung wechseln, weil man sich sonst leicht erkälten kann.

Ein Autofahrer weiß, dass sein Bremsweg bei eisglatter Fahrbahn wesentlich größer ist als auf trockener Straße, und erhöht den Sicherheitsabstand.

In allen diesen Beispielen nutzen wir – bewusst oder unbewusst – physikalische Erkenntnisse.

Die Physik ist eine wichtige Grundlage unseres täglichen Lebens.
Die bewusste Nutzung physikalischer Gesetze erleichtert unser Leben und erhöht unsere Sicherheit. Unkenntnis oder Nichtbeachtung physikalischer Gesetze kann zu Unfällen oder Schäden führen.

Die Teilgebiete der Physik

Traditionell wird die Physik in verschiedene Teilgebiete eingeteilt. Diese Einteilung hat sich historisch entwickelt und ermöglicht es, das umfangreiche Gebiet der Naturwissenschaft Physik besser zu überblicken.

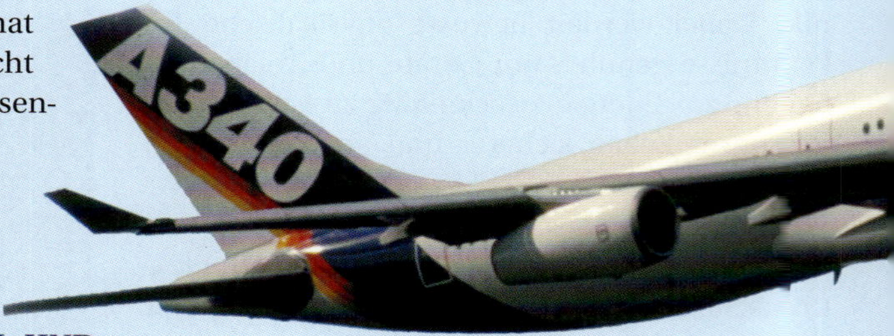

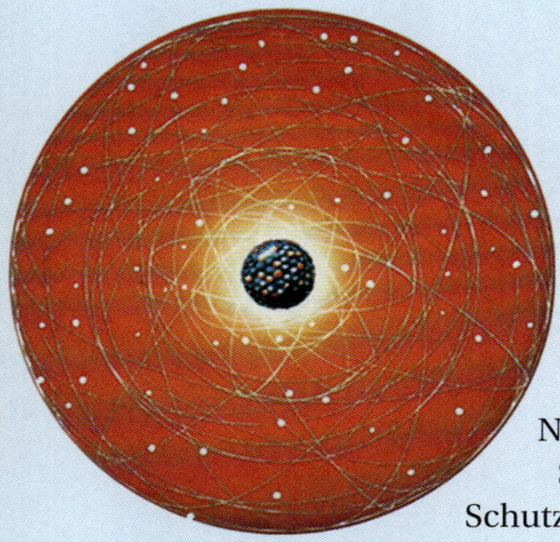

In der **ATOM- UND KERNPHYSIK** wird der Aufbau der Atome, ihre Umwandlung, die Entstehung und Nutzung radioaktiver Strahlung sowie der Schutz vor ihr untersucht. Auch die Gewinnung von Energie in Kernkraftwerken oder die Vorgänge der Kernverschmelzung im Inneren der Sonne werden in der Atom- und Kernphysik betrachtet.

In der **AKUSTIK,** die manchmal auch als Teilbereich der Mechanik betrachtet wird, geht es um die Entstehung und Ausbreitung von Schall, aber auch um gesundheitsgefährdenden Lärm und den Schutz vor ihm.

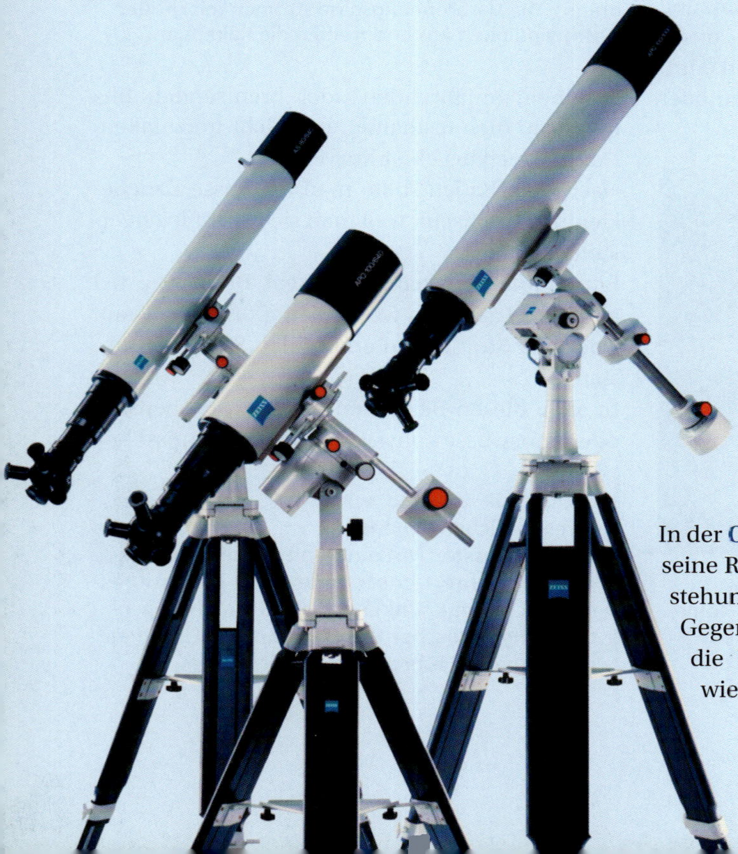

In der **OPTIK** werden die Ausbreitung des Lichts, seine Reflexion und Brechung sowie die Bildentstehung durch Spiegel und Linsen untersucht. Gegenstand der Optik ist auch der Aufbau und die Wirkungsweise von optischen Geräten, wie Lupen, Mikroskopen und Fernrohren

Die **MECHANIK** beschäftigt sich mit der Bewegung von Körpern, den verschiedenen Kräften und ihren Wirkungen, den kraftumformenden Einrichtungen (Hebel, Rollen, geneigte Ebenen), dem Druck sowie dem Schwimmen, Schweben und Fliegen.

Im Mittelpunkt der **ELEKTRIZITÄTSLEHRE** stehen elektrisch geladene Körper, der elektrische Strom und seine Wirkungen, die Gewinnung elektrischer Energie, aber auch Naturerscheinungen wie Blitze und technische Anwendungen wie Generatoren, Transformatoren oder Chips, ohne die moderne elektronische Geräte nicht funktionieren würden.

Die **WÄRMELEHRE** oder **THERMODYNAMIK** beinhaltet alle Fragen, die mit der Temperatur, der Übertragung von Wärme, dem Schmelzen, Erstarren oder Sieden zu tun haben. Auch der Aufbau und die Wirkungsweise von Verbrennungsmotoren sind Teil der Wärmelehre.

1.2 Experimentieren, Protokollieren und Auswerten

Wie sage ich es in der Physik?

Das Hin- und Herwippen funktioniert gut, wenn die schwere Person näher an der Drehachse sitzt als die leichte. In der Umgangssprache bezeichnet man eine solche Anordnung als Wippe oder auch als Schaukel, aus physikalischer Sicht ist sie ein zweiseitiger Hebel.
Warum unterscheiden sich Alltags- und Fachsprache?
Was ist ein Fachbegriff?
Wer legt ihn fest?

Die Wirklichkeit vereinfacht

An einem Motormodell kann man gut den Aufbau eines Motors erkennen und auch seine Wirkungsweise erklären. Ein solches Modell für einen Motor ist aber viel einfacher als ein tatsächlicher Motor, so wie er in einem Pkw eingebaut ist.
Was ist in der Physik ein Modell?
Wozu dienen Modelle?
Wo liegen ihre Grenzen?

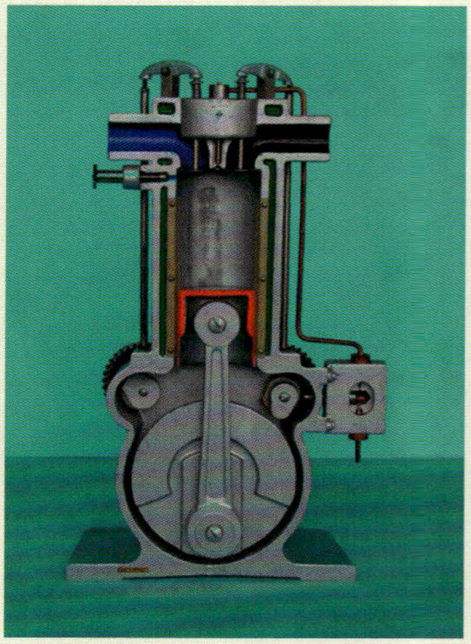

Das Experiment – eine Frage an die Natur

Das Vorbereiten, Durchführen und Auswerten von Experimenten gehört zu den grundlegenden Arbeitsweisen des Physikers und spielt auch im Physikunterricht eine wichtige Rolle. Mithilfe von Experimenten kann man Zusammenhänge erkennen und genauer erfassen.
Was muss man beim Experimentieren beachten? Wie werden Messwerte erfasst und ausgewertet? Welche Messfehler können auftreten und wie beeinflussen sie das Ergebnis?

Beobachten und Beschreiben

Beobachten und **Beschreiben** sind zwei Tätigkeiten, die nicht nur bei der Beschäftigung mit der Physik wichtig sind. Genaues Beobachten ist z. B. auch im Straßenverkehr oder bei der Beschäftigung mit Tieren von Bedeutung.
In der Physik geht es vor allem darum, Erscheinungen der Natur oder Experimente zu beobachten. Das kann mit den Augen geschehen, aber auch mit anderen Sinnesorganen. So kannst du beispielsweise beobachten, wie sich im Laufe eines Tages die Stellung der Sonne am Himmel verändert. Wenn du genau beobachtest, dann stellst du fest: Die Sonne geht im Osten auf, steigt dann immer höher und erreicht mittags ihren höchsten Stand. Sie steht dann genau im Süden. Anschließend sinkt sie immer tiefer und geht schließlich im Westen unter (Abb. 1). Bei einem Gewitter kann man beobachten: Zunächst ist ein Blitz zu sehen, erst später hört man den Donner.

Beim **Beobachten** werden gezielt Erscheinungen in der Natur mit den Sinnesorganen wahrgenommen.
Dabei kann man z. B. feststellen,
- welche Eigenschaften oder Merkmale eine Erscheinung oder ein Vorgang hat,
- welche zeitlichen Abfolgen vor sich gehen,
- welche räumlichen Änderungen zu erkennen sind.

Beim Beobachten können auch Hilfsmittel genutzt werden, z. B. eine Lupe oder ein Fernrohr.

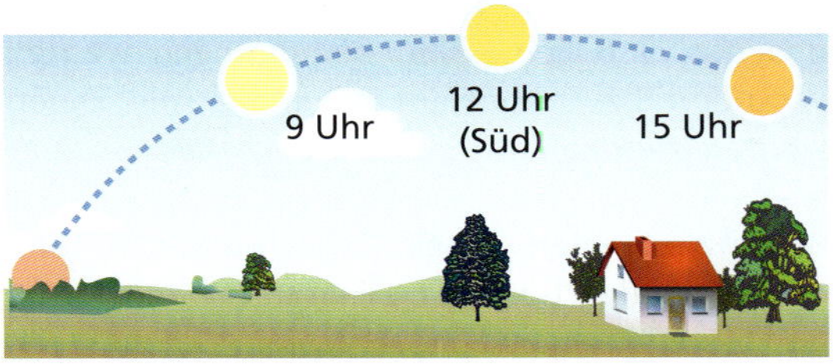

1 Die Stellung der Sonne verändert sich im Laufe eines Tages. Das kann man durch eine Beobachtung feststellen.

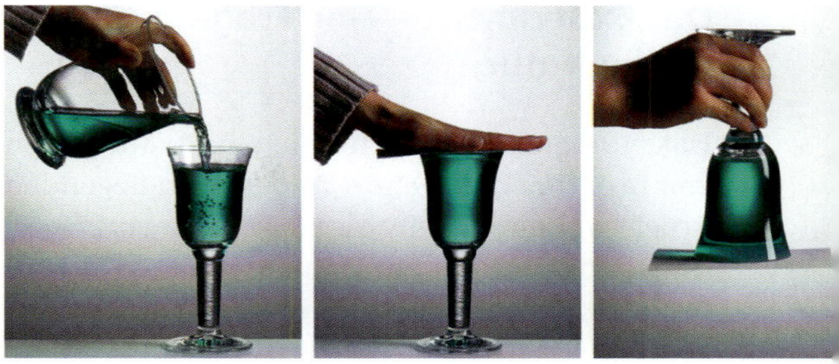

2 Mit einem Glas voll angefärbtem Wasser kann man ein interessantes Experiment machen.

Häufig ist das Beobachten mit dem Beschreiben verbunden, etwa wenn du einem Mitschüler sagen willst, was du beobachtet hast. Beschreiben kann man Naturerscheinungen, Experimente, Geräte oder den Ablauf eines Vorgangs. Das kann mündlich oder schriftlich geschehen.

Ein einfaches Experiment ist in Abb. 2 dargestellt. Du kannst es über dem Waschbecken oder der Badewanne auch selbst ausprobieren.
Beschreibe den Ablauf dieses Experiments!

Ein Glas wird randvoll mit Wasser gefüllt. Anschließend wird eine Karteikarte so aufgelegt, dass keine Luft zwischen Karteikarte und Wasser gelangt. Dann wird die Karteikarte mit einer Hand festgehalten und das Glas vorsichtig umgedreht. Die Karteikarte befindet sich dann unten. Wenn man die Hand wegnimmt, dann fällt die Karteikarte nicht ab und damit fließt auch kein Wasser aus dem Glas (Abb. 2). Die Beantwortung der Frage, warum das Wasser nicht ausfließt, gehört nicht zu der Beschreibung des Experiments.

Beim **Beschreiben** wird zusammenhängend und geordnet dargestellt, wie ein Gegenstand, eine Erscheinung oder ein Vorgang beschaffen ist. Dabei kann man darstellen,
- welche Eigenschaften ein Körper besitzt,
- wie ein Vorgang abläuft,
- welche Erscheinungen auftreten,
- wie ein technisches Gerät aufgebaut ist,
- wie ein Experiment durchgeführt wird.

Das Experiment – eine Frage an die Natur

Das Vorbereiten, Durchführen und Auswerten von Experimenten gehört zu den grundlegenden Arbeitsweisen des Physikers. Mithilfe von Experimenten kann man Zusammenhänge erkennen und genauer erfassen. Es lassen sich Naturerscheinungen exakt untersuchen und Größen bestimmen. So kann man beispielsweise experimentell untersuchen, wie verschiedene Bauelemente (Glühlampen, Halbleiterbauelemente) funktionieren und welche Eigenschaften sie haben (Abb. 1). An einer geneigten Ebene kann man ermitteln, welche Kräfte auf einen Körper wirken, der sich dort befindet (Abb. 2).
Das Ziel eines Experiments besteht darin, eine Frage an die Natur zu beantworten. Dazu wird eine Erscheinung der Natur unter bestimmten Bedingungen beobachtet. Es werden Messungen durchgeführt und ausgewertet.

Beim Experimentieren wird eine Erscheinung der Natur unter ausgewählten, wiederholbaren und veränderbaren Bedingungen beobachtet und ausgewertet.

Dabei vereinfacht man häufig gegenüber der Wirklichkeit und nutzt Modelle. So kann man z. B. eine geneigte Ebene als Modell für eine ansteigende oder abfallende Straße ansehen.

1 Im Experiment kann man untersuchen, unter welchen Bedingungen ein Hebel im Gleichgewicht ist.

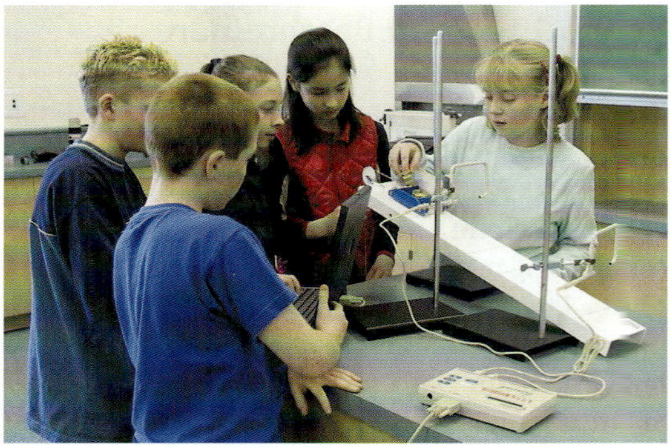

2 Jedes Experiment muss wiederholbar und damit seine Ergebnisse überprüfbar sein. Deshalb müssen die gemessenen und die konstant gehaltenen Größen protokolliert werden.

Ist die Aufgabenstellung klar, dann laufen Experimente im Wesentlichen in drei Etappen ab: Vorbereitung, Durchführung und Auswertung.

Beim **Vorbereiten eines Experiments** ist zu überlegen:
- was zu beobachten ist, welche Größen zu messen sind und wie man sie messen kann,
- welche Messfehler auftreten und wie man sie kleinhalten kann,
- welche Größen verändert und welche konstant gehalten werden müssen,
- welche Geräte und Hilfsmittel erforderlich sind,
- wie die Experimentieranordnung gestaltet werden muss,
- wie die gewonnenen Beobachtungen bzw. Messwerte ausgewertet werden sollen.

Beim **Durchführen eines Experiments** wird die Experimentieranordnung aufgebaut. Es wird beobachtet und gemessen. Bedingungen werden verändert bzw. konstant gehalten. Alle Daten werden protokolliert.

Beim **Auswerten eines Experiments** werden Vergleiche durchgeführt, Diagramme angefertigt und Berechnungen vorgenommen. Es wird ein Ergebnis formuliert. Bestandteil der Auswertung vieler Experimente sind Fehlerbetrachtungen zur Abschätzung der Genauigkeit der Messungen.

Protokoll eines Experiments (Muster)

Name: *Tobias Musterschüler* **Klasse:** *8a* **Datum:** *15. 10. …*

Aufgabe:
Welcher Zusammenhang besteht zwischen der Dehnung *s* einer Feder und der an ihr angreifenden Kraft *F*?

Vorbereitung:

Zu messende Größen:
Größe 1: Kraft *F*
Größe 2: Dehnung *s*

Messgeräte:
Messgerät 1: Federkraftmesser
Messgerät 2: Lineal

Weitere Geräte und Materialien:
- eine Schraubenfeder
- verschiedene Hakenkörper
- Stativmaterial

Experimentieranordnung:

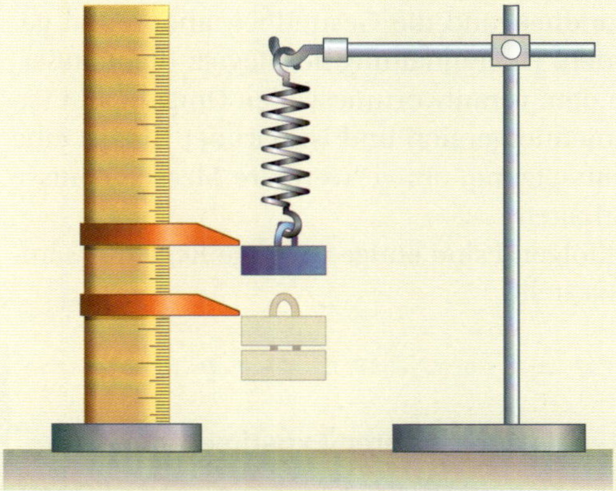

Durchführung und Auswertung:

Messwertetabelle:

F in N	*s* in cm	$\frac{F}{s}$ in $\frac{\text{N}}{\text{cm}}$
0	0	–
1	0,8	1,25
2	1,7	1,18
3	2,4	1,25
4	3,3	1,21
5	4,1	1,22
6	4,7	1,28

Aus der Messwertereihe und aus dem Diagramm kann man für die Feder erkennen:

$s \sim F$ oder $\frac{F}{s} = \text{konstant}$

Diagramm:

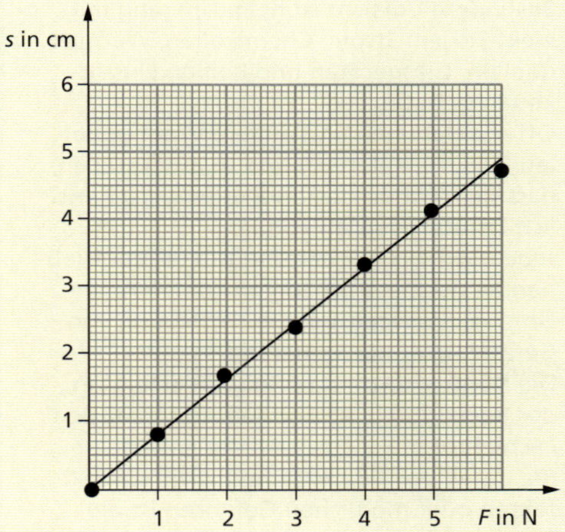

Ergebnis:
Zwischen der Dehnung der Feder *s* und der an ihr angreifenden Kraft *F* besteht ein direkt proportionaler Zusammenhang.

Sicheres Experimentieren

Beim Aufbau von Experimentieranordnungen, bei der Durchführung von Messungen und beim Umgang mit Geräten und Hilfsmitteln sind Regeln und Sicherheitsvorschriften zu beachten und einzuhalten.

Das ist wichtig, um nicht fahrlässig die eigene Gesundheit und die Gesundheit anderer zu gefährden. Die Einhaltung der Regeln dient außerdem dem verantwortungsvollen Umgang mit Experimentiergeräten und ist darüber hinaus eine Voraussetzung, um verwertbare Messergebnisse zu erhalten.
Nachfolgend sind einige wichtige Regeln zusammengestellt.

Regeln zum sicheren Experimentieren

1. Die Geräte sind so anzuordnen, dass der Versuchsaufbau überschaubar bleibt und Messgeräte gut ablesbar sind.
2. Die Experimentieranordnungen sind standsicher aufzubauen.
3. Besondere Vorsicht ist beim Umgang mit elektrischem Strom, Chemikalien, Wärmequellen, Glasgeräten und heißen Flüssigkeiten geboten.
4. Offene Flammen und andere Wärmequellen (z. B. Heizplatten) sind so aufzustellen, dass sie nicht umgestoßen oder versehentlich berührt werden können.
5. Jede elektrische Schaltung ist vor Inbetriebnahme noch einmal zu kontrollieren, um Unfälle, Kurzschlüsse, die Zerstörung von Geräten u. Ä. zu vermeiden.
   Die Kontrolle von Schaltungen erfolgt in der Regel durch die Fachlehrerin bzw. den Fachlehrer.
6. Bei defekten Geräten, unerklärlichen Effekten oder möglichen Gefahren ist die Fachlehrerin bzw. der Fachlehrer sofort zu informieren.
   Bei elektrischen Schaltungen ist in einem solchen Fall die Spannung sofort abzuschalten bzw. der Netzstecker zu ziehen.

Rechnen mit physikalischen Größen

Diejenigen physikalischen Begriffe, die man größenmäßig erfassen kann, werden als **physikalische Größen** bezeichnet. Solche Größen sind z. B. die Länge, das Volumen oder die Temperatur. Für jede Größe sind ein **Formelzeichen** und eine **Einheit** festgelegt. Zur vollständigen Kennzeichnung einer physikalischen Größe gehört die Angabe eines **Messgerätes** oder die Beschreibung eines **Messverfahrens.**
Größen werden häufig durch Messungen ermittelt. Da jedes Messgerät nur eine bestimmte Messgenauigkeit hat, müssen Größen mit einer **sinnvollen Genauigkeit** angegeben werden. Das gilt auch, wenn mit Größen gerechnet wird. Subtrahiert man z. B. von der Länge l_1 = 2,823 m die Länge l_2 = 1,2 m, dann lautet das formale Ergebnis:

$$2{,}823\,\text{m} - 1{,}2\,\text{m} = 1{,}623\,\text{m}$$

Ein Ergebnis kann aber nie genauer sein als die Genauigkeit der Einzelgrößen. 1,2 hat 2 zuverlässige Ziffern. 2,823 hat 4 zuverlässige Ziffern.
Deshalb ist das Ergebnis so zu runden, dass die Anzahl der zuverlässigen Ziffern nur so groß ist wie beim Ausgangswert mit der geringsten Anzahl. Da die Länge 1,2 m 2 gültige Ziffern hat, lautet das Ergebnis in sinnvoller Genauigkeit:

$$2{,}823\,\text{m} - 1{,}2\,\text{m} = 1{,}6\,\text{m}$$

Physikalische Größen sind stets mit sinnvoller Genauigkeit anzugeben. Das Ergebnis einer Rechnung mit Größen kann nie genauer als der ungenaueste Ausgangswert sein.

Das gilt auch beim Rechnen mit einem Taschenrechner.
So erhält man z. B. bei einem Rechteck mit den Kantenlängen l_1 = 1,2 m und l_2 = 1,432 m eine Fläche von:

$$1{,}2\,\text{m} \cdot 1{,}432\,\text{m} = 1{,}7\,\text{m}^2$$

Der vom Taschenrechner angezeigte Wert 1,7184 wäre nicht sinnvoll, weil der ungenaueste Ausgangswert nur 2 zuverlässige Ziffern hat. Es muss gerundet werden. Beachte dabei: Bei 0, 1, 2, 3 und 4 wird abgerundet, bei 5, 6, 7, 8 und 9 dagegen aufgerundet.

Messen bedeutet Vergleichen

Die Länge und die Breite eines Zimmers kannst du abschätzen. Wenn man aber neuen Fußbodenbelag kaufen will, muss man Länge und Breite genau kennen – es muss gemessen werden.

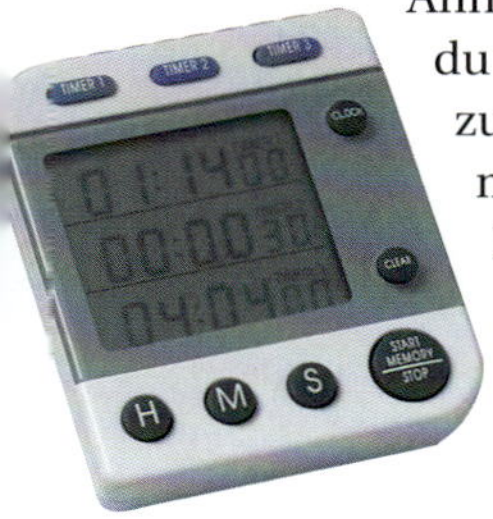

Ähnlich ist das bei der Zeit: Wenn du wissen willst, wie lange du von zu Hause bis zur Schule brauchst, musst du die Zeit messen.

Länge und Zeit sind physikalische Größen. Sie können mit unterschiedlichen Messgeräten gemessen werden. Messgeräte für die Länge sind z. B. ein Bandmaß, ein Lineal oder ein Messschieber (Abb. 1).
Messgeräte für die Zeit sind Uhren unterschiedlicher Bauart (Abb. 2).

Messen einer physikalischen Größe bedeutet immer ein Vergleichen mit einer Einheit der physikalischen Größe.

So wird beispielsweise die physikalische Größe Länge l in der Einheit ein Zentimeter (1 cm) gemessen. Bei der Messung einer Länge vergleichst du die Länge eines Körpers mit dieser Einheit, erhältst also z. B. als Ergebnis der Messung 7 cm. Das bedeutet: Die gemessene Größe ist das Siebenfache der Einheit:

$$l = 7 \cdot 1\,\text{cm}$$

Zur Vereinfachung lässt man in der Physik die Zahl 1 und das Malzeichen weg und schreibt:

$$l = 7\,\text{cm}$$

Weitere Einheiten für die Länge sind ein Kilometer (1 km), ein Meter (1 m), ein Dezimeter (1 dm) und ein Millimeter (1 mm). Dabei gilt:

$$1\,\text{km} = 1\,000\,\text{m}$$
$$1\,\text{m} = 10\,\text{dm} = 100\,\text{cm} = 1\,000\,\text{mm}$$
$$1\,\text{cm} = 10\,\text{mm}$$

Jedes Messgerät hat einen bestimmten **Messbereich.** So beträgt z. B. der Messbereich eines Lineals, wie du es verwendest, meist 0 cm bis 30 cm. Der Messbereich eines Zollstocks beträgt 0 m bis 1 m oder 0 m bis 2 m.

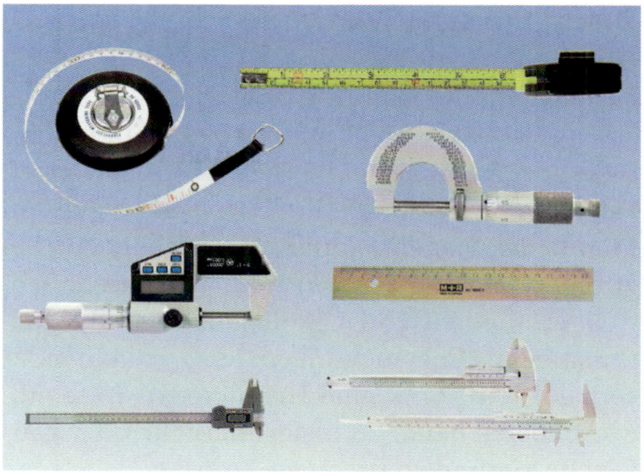

1 Messgeräte für die Länge

Darüber hinaus hat jedes Messgerät eine bestimmte **Messgenauigkeit.** Mit einem Lineal kannst du bis auf 1 mm genau messen und auf einen halben Millimeter genau abschätzen. Willst du genauer messen, so musst du ein anderes Messgerät verwenden, beispielsweise eine Schiebelehre.

Messen der Zeit bedeutet ebenfalls Vergleichen mit den betreffenden Einheiten. Einheiten der Zeit sind eine Sekunde (1 s), eine Minute (1 min), eine Stunde (1 h) oder auch ein Tag (1 d).

Dabei gilt:

$$1\,\text{min} = 60\,\text{s}$$
$$1\,\text{h} = 60\,\text{min} = 3\,600\,\text{s}$$
$$1\,\text{d} = 24\,\text{h} = 1\,440\,\text{min} = 86\,400\,\text{s}$$

Auch für Uhren als Messinstrumente für die Zeit gilt: Jede Uhr hat einen bestimmten Messbereich und eine bestimmte Messgenauigkeit. Mit einer Armbanduhr ohne Sekundenzeiger kann man etwa auf eine Minute genau messen, mit einer Handstoppuhr bis auf eine Zehntelsekunde genau.

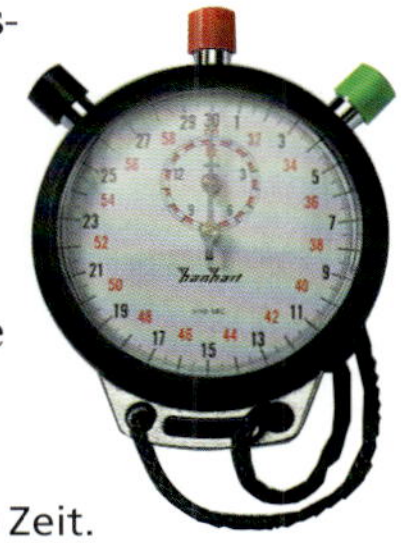

2 Uhren sind Messgeräte für die Zeit.

Die galileische Methode

Der italienische Naturforscher GALILEO GALILEI (1564–1642) war nicht nur ein bedeutender Forscher – er formulierte die Gesetze für den freien Fall von Körpern und entdeckte die vier hellsten Monde des Planeten Jupiter. Er gilt auch als Begründer der modernen Naturwissenschaften, weil er theoretische Überlegungen und experimentelle Untersuchungen eng miteinander verband und somit eine Herangehensweise entwickelte, die heute als **experimentelle** oder **galileische Methode** bezeichnet wird.

Diese galileische Methode (s. unten) ist nicht die einzige Methode, wie man zu neuen Erkenntnissen gelangen kann. Es ist aber eine wichtige und häufig genutzte Methode. Wir wollen sie deshalb an einem Beispiel (s. rechts) verdeutlichen.

Um zu neuen Erkenntnissen zu gelangen oder um vorhandene Erkenntnisse zu präzisieren, geht man vom jeweiligen Erkenntnisstand aus und stellt auf dieser Grundlage eine **begründete Vermutung** auf. Sie wird auch als **Hypothese** bezeichnet.

Eine Hypothese ist eine begründete Vermutung auf der Grundlage des vorhandenen Wissens.

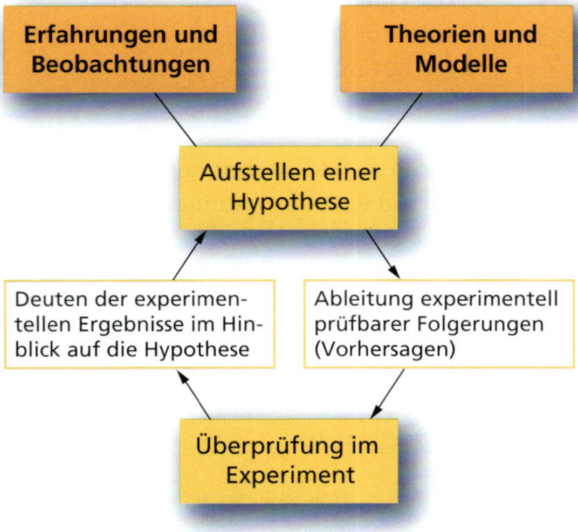

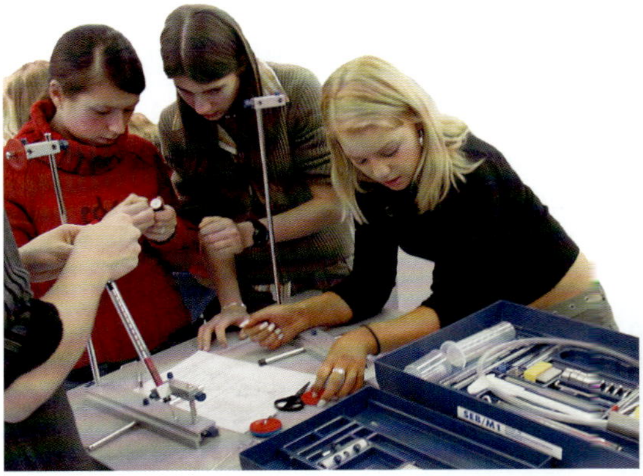

1 Bei der Erkenntnisgewinnung in der Physik spielen Experimente eine zentrale Rolle.

Beispiel: Ein Schüler könnte vermuten, dass die magnetische Wirkung auf ein Eisenstück mit dessen elektrischer Leitfähigkeit zusammenhängt. Da alle Metalle den elektrischen Strom gut leiten, könnte er folgende Hypothese aufstellen: „Alle Körper aus Metall werden von Magneten angezogen."

Ob eine solche Hypothese wahr oder falsch ist, lässt sich häufig nicht sofort erkennen. Aus einer Hypothese lassen sich aber experimentell prüfbare Folgerungen ableiten, also eine Vorhersage treffen.

Beispiel: Da eine 50-Cent-Münze aus Metall besteht, wird sie von einem Magneten angezogen.

Führt man das Experiment durch, dann zeigt sich: Eine 50-Cent-Münze wird von einem Magneten nicht angezogen. Im Hinblick auf die Hypothese bedeutet das: Die Hypothese ist widerlegt. Sie ist falsch.

Um eine Hypothese zu widerlegen, reicht ein einziges Gegenbeispiel, so wie das oben dargestellt ist. Wenn ein Experiment dagegen eine Hypothese bestätigt, dann kann man nicht daraus folgern, dass die Hypothese richtig ist. Die Hypothese wird damit lediglich sicherer, denn man kann nie ausschließen, dass es bisher nicht untersuchte Fälle gibt, für die sich die Hypothese als nicht zutreffend erweist.

Arbeiten mit Modellen

Du kennst bereits viele unterschiedliche Modelle. So ist ein Spielzeugauto ein Modell für einen richtigen Pkw. Eine Modelleisenbahn sieht ähnlich aus wie eine tatsächliche Eisenbahn. Ein Globus ist ein Modell für unsere Erde. Vergleicht man das jeweilige reale Objekt (Pkw, Eisenbahn, Erde) mit dem entsprechenden Modell, dann zeigt sich:

Ein Modell ist eine Vereinfachung der Wirklichkeit.

So sieht ein Spielzeugauto von der äußeren Form her fast so aus wie ein richtiges Auto. Es unterscheidet sich von einem Pkw aber z. B. dadurch, dass es keinen funktionierenden Motor hat und viele Einzelheiten, die es bei einem Pkw gibt, nicht vorhanden sind.
Ein Globus als Modell für die Erde eignet sich gut dazu, die Lage der Kontinente oder die Verteilung von Land und Meer auf der Erdoberfläche zu verdeutlichen. Es lässt sich auch gut die Drehung der Erde um ihre Achse zeigen. Nicht berücksichtigt sind aber viele Einzelheiten auf der Erdoberfläche, etwa Bäume, Häuser oder Straßen. Unbeachtet bleibt beim Globus auch der innere Aufbau der Erde.

Zwischen einem realen Objekt (Pkw, Erde) und seinem Modell gibt es Gemeinsamkeiten, aber auch Unterschiede.

Es ist möglich, von einem realen Objekt unterschiedliche Modelle zu entwickeln. Solche Modelle können gegenständlich sein (Abb. 1, 2). Ein Modell kann aber auch aus einem System von Aussagen bestehen, so wie das beim Teilchenmodell (s. S. 36) der Fall ist.
Modelle gibt es nicht nur für reale Objekte, sondern auch für solche Vorgänge wie die Entstehung von Luftströmungen (Wind), die Entstehung einer Sonnenfinsternis oder das Ausbrechen eines Vulkans.
In der Physik und damit auch im Physikunterricht werden Modelle in vielfältiger Weise genutzt:

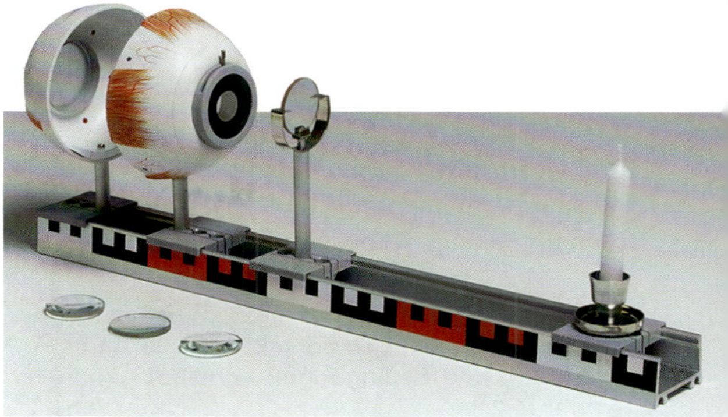

1 Modell eines menschlichen Auges: An einem solchen Modell kann man gut den Aufbau und die Wirkungsweise des Auges untersuchen.

- Modelle dienen zur Veranschaulichung des Aufbaus von realen Objekten (Abb. 1).
- Modelle eignen sich gut zum Verdeutlichen der räumlichen Beziehungen zwischen realen Objekten (Abb. 2).
- Mit Modellen kann die Wirkungsweise von technischen Geräten erklärt werden.
- Modelle helfen beim Verstehen von Erscheinungen und Vorgängen in Natur und Technik.
- Mithilfe von Modellen lassen sich Erscheinungen und Vorgänge erklären sowie Vorhersagen treffen.

In vielen Fällen kann man in der Physik auf bekannte Modelle zurückgreifen oder sich auch selbst ein Modell schaffen. Dabei gilt immer: Das Modell muss wichtige Merkmale des realen Objektes bzw. der Erscheinung besitzen und wird stets für einen bestimmten Zweck geschaffen.

2 Mit dem Modell (Tellurium) kann man die Stellung von Sonne, Erde und Mond zueinander verdeutlichen.

Erfassen und Darstellen von Messwerten

Bei vielen physikalischen Experimenten werden Zusammenhänge zwischen physikalischen Größen untersucht. Dabei gilt:

Wird der Zusammenhang zwischen zwei Größen untersucht, so müssen alle anderen Größen und Bedingungen konstant gehalten werden.

Will man eine solche Untersuchung durchführen, kann man das bei einem Naturvorgang selbst machen. In der Regel wird man aber versuchen, eine solche Untersuchung im Labor durchzuführen, also ein Experiment zu machen. Dabei konzentriert man sich auf den jeweils zu untersuchenden Zusammenhang und versucht, alle anderen Größen und Bedingungen (z. B. Temperatur, Druck) konstant zu halten sowie störende Einflüsse (z. B. Hin- und Herwackeln der Versuchsanordnung) zu verhindern.

Als Beispiel betrachten wir die Bewegung einer Spielzeuglokomotive auf einem geraden Schienenstück (Abb. 2). Sie soll sich immer mit der gleichen Geschwindigkeit bewegen. Untersucht werden soll die Frage, welcher Zusammenhang dann zwischen der verflossenen Zeit und dem zurückgelegten Weg besteht.
Dazu werden Zeiten vorgegeben und die jeweils zurückgelegten Wege gemessen.

2 Untersuchung des Zusammenhangs zwischen Weg und Zeit am Modell

Zeiten und Wege werden in einer **Messwerttabelle** erfasst.

Zeit in s	0	1,0	2,0	3,0	4,0	5,0
Weg in cm	0	12	23	36	47	62

Daraus ist erkennbar: Je größer die verflossene Zeit ist, desto größer ist der zurückgelegte Weg.
Häufig ist aber ein Zusammenhang zwischen zwei Größen besser erkennbar, wenn man die Messwerte grafisch darstellt (Abb. 1). Wir tragen die Wertepaare mit Punkten in ein Koordinatensystem ein.
Wegen der Messfehler werden die einzelnen Messpunkte nicht miteinander verbunden, sondern es wird eine **Ausgleichskurve** gezeichnet (Abb. 1). Ein Diagramm kann man auch nutzen, um Vorhersagen zu machen (Abb. 3). So kannst du z. B. aus dem Diagramm ablesen: In 3 s wird ein Weg von 36 cm zurückgelegt. Für einen Weg von 50 cm sind ca. 4,1 s erforderlich.

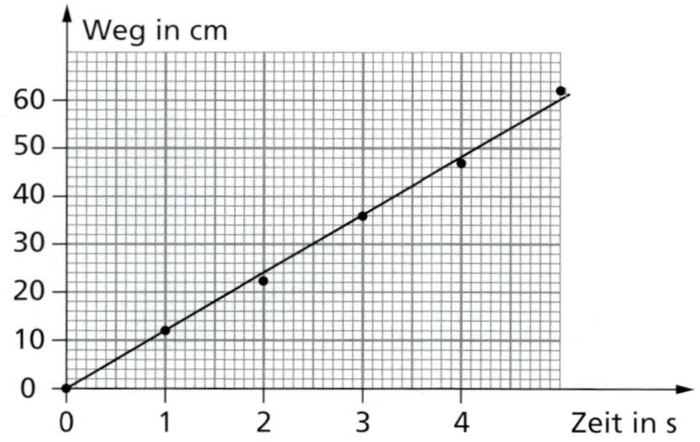

1 Zusammenhang zwischen Weg und Zeit bei einer Bewegung mit bestimmter Geschwindigkeit.

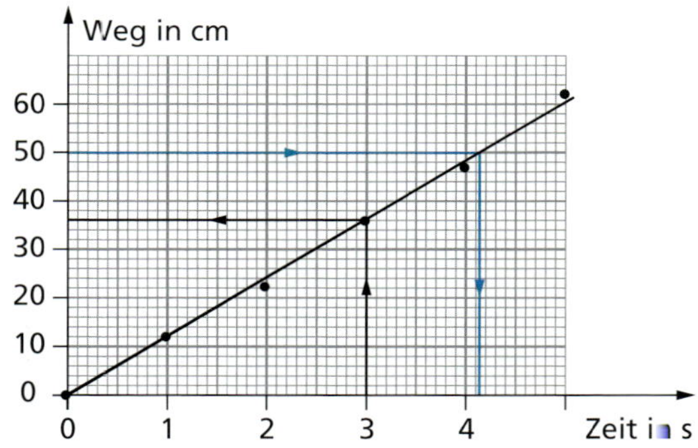

3 Ein Diagramm ermöglicht eine Vorhersage für eine Größe bei bekannter anderer Größe.

2 Vom inneren Aufbau der Materie

2.1 Aufbau von Stoffen und Eigenschaften von Körpern

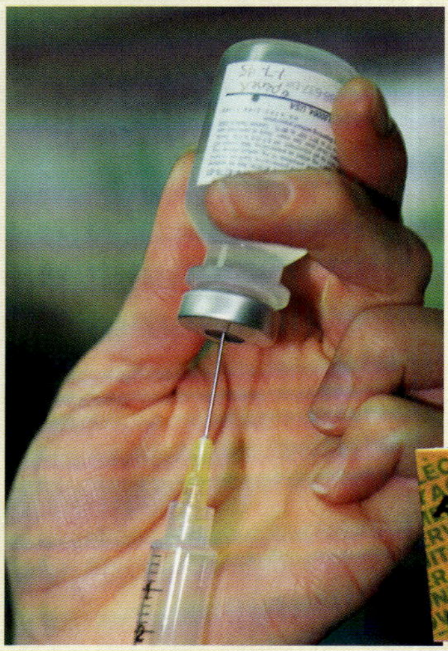

Teilchen sind unsichtbar

Wenn wir Zucker in den Tee geben und umrühren, dann schmeckt schon nach kurzer Zeit der ganze Tee süß. Aber wir können den Zucker nicht mehr sehen. Er hat sich im Tee gelöst und gleichmäßig verteilt. *Warum können wir den gelösten Zucker im Tee nicht mehr sehen?*

Teilchen sind verschieden

Die Luft in einer Luftpumpe können wir zusammendrücken, wenn wir mit dem Daumen die Öffnung schließen. Bei einer Injektionsspritze ist das anders. Die Flüssigkeit, die gespritzt werden soll, lässt sich nicht zusammendrücken. Sie strömt durch die Kanüle in unseren Arm. *Warum kann man Gase zusammendrücken, Flüssigkeiten aber nicht?*

Groß = schwer und klein = leicht?

Das scheint nicht immer zu stimmen! So ist der Stein wesentlich schwerer als der leere Karton, obwohl er viel kleiner als dieser ist. Wie schwer ein Körper ist, hängt also nicht nur vom Volumen ab. *Wovon noch?*

Aufbau der Körper aus Stoffen

Alle Gegenstände unserer Umgebung, mit denen sich die Physik beschäftigt, bezeichnet man als **Körper.**
Manchmal kommt das auch schon in der Bezeichnung für den betreffenden Gegenstand zum Ausdruck. So spricht man von Himmelskörpern, Heizkörpern oder vom Körper eines Menschen. Jeder einzelne dieser Körper besteht aus einem oder mehreren **Stoffen.** Das gilt auch für den menschlichen Körper (Abb. 1).

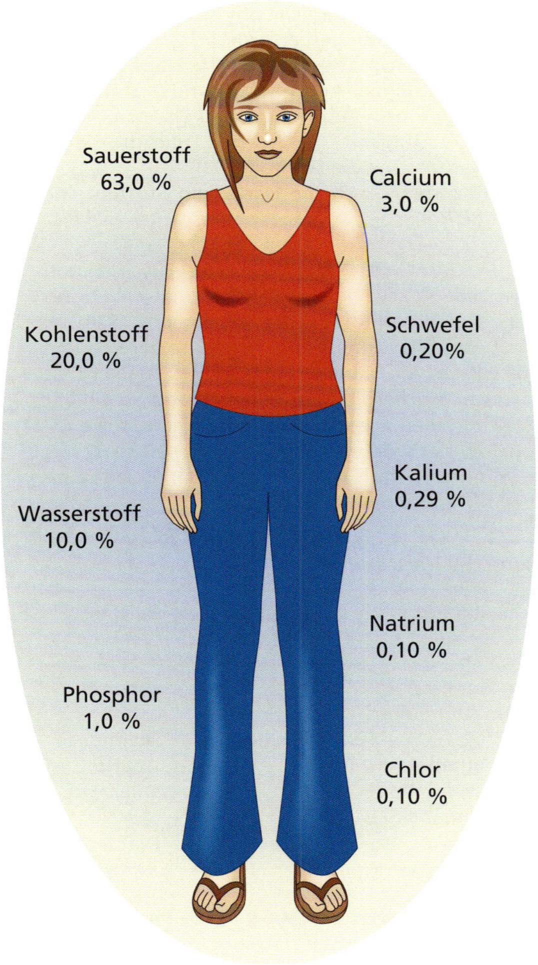

1 Der menschliche Körper besteht ebenfalls aus verschiedenen Stoffen. Angegeben sind die durchschnittlichen Anteile in Prozent.

Jeder Körper besteht aus einem oder mehreren Stoffen.

Für die Einteilung der vielfältigsten Stoffe, die es in Natur und Technik gibt, existieren verschiedene Möglichkeiten. Stoffe können z. B. nach ihren Eigenschaften, ihrer Verwendung oder ihrer Entstehung eingeteilt werden.
In der Chemie und auch in der Physik ist es üblich, die Stoffe nach den kleinsten Teilchen einzuteilen, aus denen sie bestehen. Dabei wird zwischen **Reinstoffen** und **Stoffgemischen** unterschieden.

Reine Stoffe (Reinstoffe) bestehen aus gleichartigen Teilchen eines Stoffes.

Beispiele für solche Reinstoffe sind destilliertes (reines) Wasser, das Gas Wasserstoff, Kohlenstoff, Eisen oder Aluminium (Abb. 2a).
Reine Stoffe sind jedoch in der Natur und in der Technik kaum anzutreffen. Die meisten uns umgebenden Stoffe bestehen aus verschiedenen reinen Stoffen, sie bilden ein **Stoffgemisch.**

Stoffgemische bestehen aus Teilchen verschiedener reiner Stoffe.

Beispiele für solche Stoffgemische sind die Luft, Leitungswasser oder Mineralwasser, gezuckerter Tee, Teig und fast alle Nahrungsmittel. Die Eigenschaften von Stoffgemischen unterscheiden sich meist von denen der reinen Stoffe, aus denen sie bestehen.

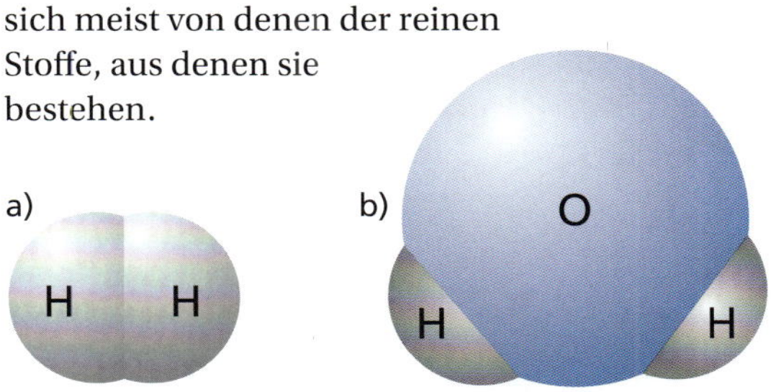

2 Wasserstoffmoleküle (a) bestehen aus je zwei Wasserstoffatomen, Moleküle des Wassers (b) aus je einem Sauerstoffatom und zwei Wasserstoffatomen.

Mosaik

Eigenschaften von Stoffen

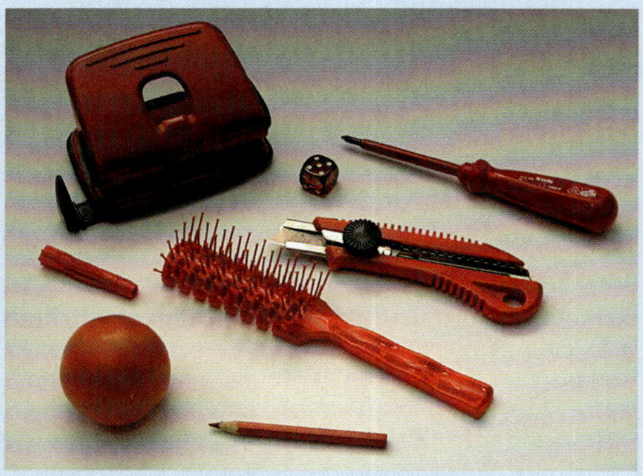

1 Viele Stoffe, aus denen die Körper bestehen, sind rot. Sie unterscheiden sich aber z. B. in ihrer Härte, ihrer Elastizität und ihrer elektrischen Leitfähigkeit.

Jeder einzelne Stoff hat viele verschiedene Eigenschaften. Solche Eigenschaften sind z. B. die **Farbe,** der **Geruch,** die **Härte,** die **Elastizität,** die **Leitfähigkeit für Wärme** und den **elektrischen Strom** oder der **Aggregatzustand.**
In manchen Eigenschaften stimmen verschiedene Stoffe überein, in anderen Eigenschaften unterscheiden sie sich (Abb. 1).
Es gilt:
Jeder Stoff hat eine für ihn typische Kombination von Eigenschaften.

Solche Eigenschaften, an denen ein Stoff zweifelsfrei erkannt werden kann, nennt man manchmal auch seine **charakteristischen Eigenschaften.** Charakteristische Eigenschaften sind z. B. für die Stoffe Essig oder Benzin der Geruch, für den Stoff Gold die Farbe oder für den Stoff Eisen die Eigenschaft, von Magneten angezogen zu werden. Liegt ein unbekannter Stoff vor, so kann man aus den Untersuchungen seiner Eigenschaften darauf schließen, um welchen Stoff es sich handelt. Dazu sind mitunter umfangreiche physikalische und chemische Untersuchungen erforderlich.
Wichtige Eigenschaften von Stoffen aus physikalischer Sicht sind ihr Aggregatzustand (fest, flüssig, gasförmig), ihre Wärmeleitfähigkeit, ihre elektrische Leitfähigkeit, die Schmelz- und die Siedetemperatur sowie die Dichte (S. 33).
Im Alltag spielt auch die **Härte von Stoffen** eine wichtige Rolle.

Der in Gernrode (Harz) geborene Physiker und Mineraloge Carl Friedrich Christian Mohs (1773 bis 1839) hat die Methode des Ritzens um 1820 benutzt, um für Stoffe eine noch heute verwendete Härteskala (vgl. Tabelle) aufzustellen. Diamant als härtester Stoff erhielt darin den Härtegrad 10. Mit ihm kann man alle anderen natürlichen Stoffe ritzen. Mohs entwickelte eine Skala von 10 bis 1, wobei die Härte nach unten hin abnimmt, sehr weiche Stoffe also die Härte 1 haben.

mohssche Härteskala

man ritzt mit	einen Stoff bis Härte	Beispiel
dem Fingernagel	2	Gips
einem Aluminiumstück	3	Marmor
der Nähnadel	5	Apatit
der Glasscherbe	7	Quarz
dem Diamant-Glasschneider	10	Diamant

In der Technik werden häufig Stoffe mit ganz bestimmten Eigenschaften benötigt. So müssen z. B. die Reifen eines Motorrades elastisch, zugleich aber auch stabil und rutschfest sein. Sie dürfen auch nicht zu schnell porös werden.

Das Volumen von Körpern

Verschiedene Körper nehmen einen unterschiedlich großen Raum ein. Eine Erbse nimmt einen kleinen Raum, ein Apfel nimmt einen größeren Raum ein. Auch Flüssigkeiten und Gase nehmen einen Raum ein. Diese Eigenschaft wird durch die physikalische Größe Volumen beschrieben.

Das Volumen gibt an, wie viel Raum ein Körper einnimmt.

Formelzeichen: V
Einheit: **1 Kubikmeter** ($1\ m^3$)
1 Liter (1 l)

Teile der Volumeneinheit $1\ m^3$ sind ein Kubikdezimeter ($1\ dm^3$), ein Kubikzentimeter ($1\ cm^3$) und ein Kubikmillimeter ($1\ mm^3$):

$1\ m^3 = 1\,000\ dm^3 = 1\,000\,000\ cm^3$
$1\ dm^3 = 1\,000\ cm^3 = 1\,000\,000\ mm^3$
$1\ cm^3 = 1\,000\ mm^3$

Vielfache und Teile der Einheit 1 l sind ein Hektoliter (1 hl) und ein Milliliter (1 ml):

1 hl = 100 l
1 l = 1 000 ml

Dabei gilt:

$1\ dm^3$ = 1 l
$1\ cm^3$ = 1 ml

Volumen von Körpern in Natur und Technik	
Tischtennisball	$25\ cm^3$
Streichholzschachtel	$28\ cm^3$
Mauerziegel	$2{,}2\ dm^3$
Klassenzimmer	$250\ m^3$
große Tasse	0,25 l
Limonadenflasche	0,75 l
Wassereimer	10 l
Tank eines Pkw	45 l ... 65 l
Tankwagen	20 000 l

1 Mit Messbechern oder Messzylindern kann man das Volumen von Flüssigkeiten bestimmen.

Das Volumen von Flüssigkeiten sowie von pulverförmigen festen Körpern (Zucker, Salz, Mehl) kann mit Messzylindern oder Messbechern gemessen werden (Abb. 1). Das Volumen von strömenden Flüssigkeiten und Gasen lässt sich mit Wasser- oder Gasuhren bestimmen (Abb. 2).
Wenn ein Körper eine regelmäßige geometrische Form besitzt, z. B. die eines Würfels oder eines Quaders, kann man das Volumen dieses Körpers aus seinen Abmessungen berechnen.

Unter der Bedingung, dass ein Körper die Form eines Quaders besitzt, gilt für das Volumen des Körpers:

$V = a \cdot b \cdot c$ $\quad$ a **Länge**, b **Breite**, c **Höhe**

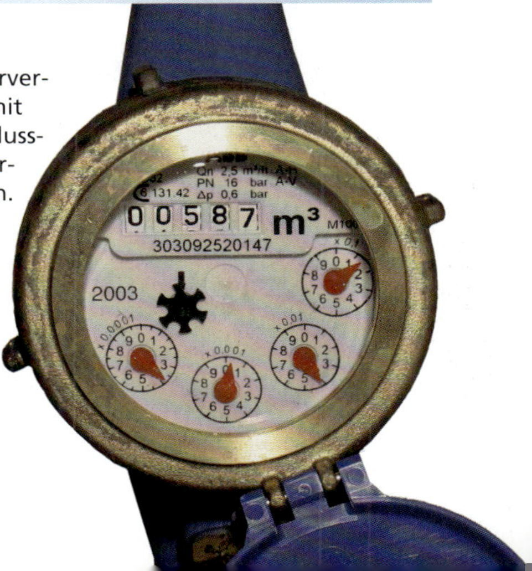

2 Der Wasserverbrauch wird mit einem Durchflusszähler (Wasseruhr) gemessen.

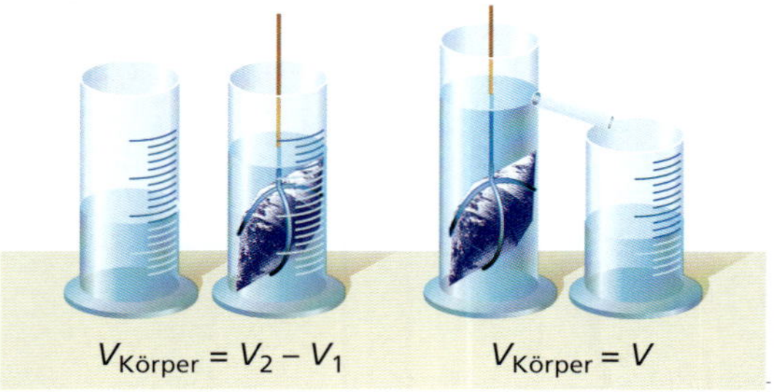

1 Bestimmung des Volumens unregelmäßiger fester Körper

Messzylinder benutzt man auch dann, wenn feste Körper eine so unregelmäßige Form haben, dass man ihr Volumen nicht berechnen kann. Abb. 1 zeigt zwei mögliche Methoden zur Bestimmung des Volumens fester Körper.

Messfehler vermeiden

Um Fehler beim Messen des Volumens zu vermeiden, sollte man Folgendes beachten:

1. Schätze zunächst das Volumen und wähle keinen zu großen oder zu kleinen Messzylinder aus!
2. Blicke beim Ablesen stets in Höhe der Flüssigkeitsoberfläche auf den Messzylinder!
3. Lies nicht an der Randkrümmung, sondern in der Mitte der Flüssigkeitsoberfläche ab!

Die Masse von Körpern

Jeder von uns weiß aus Erfahrung: Verschiedene Körper sind unterschiedlich schwer.
Ein Ball ist leicht. Man kann ihn bequem hochheben. Ein gleich großer Stein ist sehr viel schwerer. Die Ursache für die Schwere der Körper sind Anziehungskräfte zwischen den Körpern aufgrund ihrer Masse.
Auf der Erde werden alle Körper von der Erde angezogen, die eine sehr große Masse besitzt. Die einzelnen Körper, z. B. ein Ball oder ein Stein, werden aufgrund ihrer unterschiedlichen Masse unterschiedlich stark von der Erde angezogen. Sie sind unterschiedlich schwer (Abb. 2).
Die Masse beschreibt aber noch eine weitere Eigenschaft von Körpern, wie die Abb. 1, S. 31 zeigt. So ist es leichter, eine leere Schubkarre anzuschieben als eine voll beladene. Beide „widersetzen“ sich einer Änderung ihrer Bewegung.

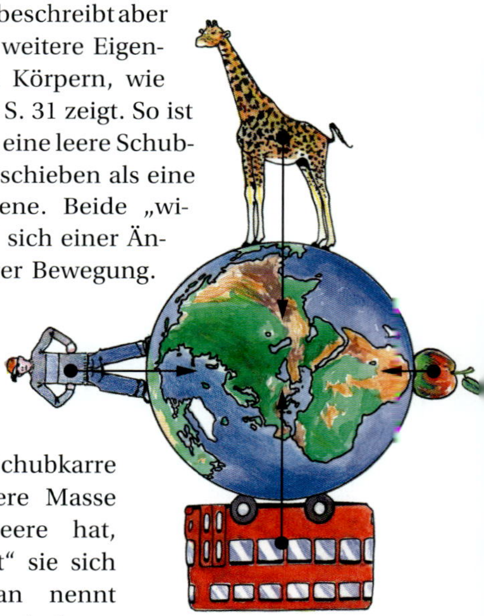

2 Verschiedene Körper werden von der Erde unterschiedlich stark angezogen.

Weil aber die beladene Schubkarre eine größere Masse als die leere hat, „widersetzt“ sie sich mehr. Man nennt diese Eigenschaft von Körpern **Trägheit.**
Körper mit großer Masse sind träger als Körper mit kleiner Masse. Deshalb ist z. B. ein Medizinball träger als ein Fußball. Das bemerkt man nicht nur beim Abwerfen, sondern auch beim Auffangen.
Die Eigenschaft eines Körpers, schwer und träge zu sein, wird durch die physikalische Größe Masse beschrieben.
Die Masse einiger Körper ist in der Tabelle auf S. 31 angegeben.

1 Je schwerer ein Körper ist, desto träger ist er.

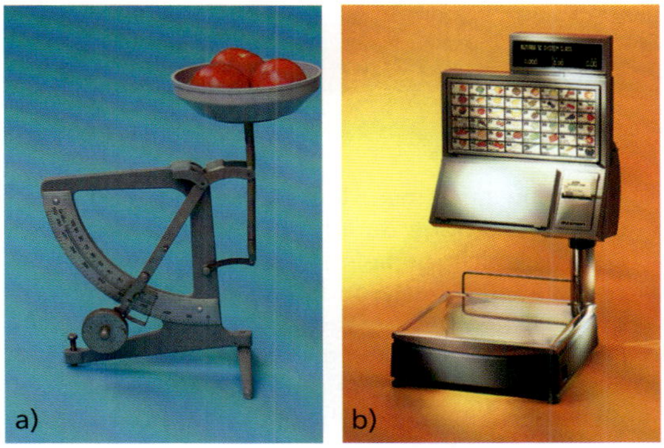

2 Einschalenwaage (a) und elektronische Waage (b)

Masse von Körpern in Natur und Technik	
Haar	ca. 0,1 mg
1 Liter Luft	1,3 g
Tischtennisball	2 g
1 Cent	2,3 g
1 Tafel Schokolade	100 g
1 Liter Wasser	1 kg
1 Liter Milch	1 kg
Gehirn eines Menschen	ca. 1,4 kg
Mauerziegel	3,5 kg
Mensch	ca. 70 kg
Pkw	ca. 1 t
Elefant	ca. 3 t
Lkw	bis 40 t
Lokomotive	ca. 100 t
Blauwal	bis 150 t
Jumbojet (voll beladen)	ca. 320 t
Intercityexpress (ICE)	ca. 500 t
Rakete beim Start	ca. 2 000 t

Die Masse gibt an, wie schwer und wie träge ein Körper ist.

Formelzeichen: *m*
Einheiten: **1 Kilogramm (1 kg)**
1 Gramm (1 g)

Gebräuchlich sind auch die Einheiten ein Milligramm (1 mg) und eine Tonne (1 t).

Es gilt: 1 t = 1 000 kg
1 kg = 1 000 g
1 g = 1 000 mg

Im Alltag werden auch die Einheiten ein Pfund (500 g) und ein Zentner (50 kg) verwendet.

Die Masse als Eigenschaft eines Körpers ist unabhängig davon, wo sich dieser Körper gerade befindet. Es gilt:

Die Masse eines Körpers ist überall gleich groß.

Die Masse eines Körpers kann mit einer Waage gemessen werden.
Bei einer Balkenwaage (Abb. 3) oder einer Einschalenwaage (Abb. 2a) wird die unbekannte Masse eines Körpers mit der bekannten Masse von Wägestücken verglichen. Wenn sich die Waage im Gleichgewicht befindet, braucht man nur noch die Massen der einzelnen Wägestücke zu addieren oder man kann die Masse direkt ablesen. Elektronische Waagen in Supermärkten zeigen nicht nur die Masse an, sondern drucken sie auch zusammen mit dem Preis aus (Abb. 2b).

3 Eine Balkenwaage ist im Gleichgewicht, wenn die Massen auf beiden Seiten gleich groß sind.

Mosaik

Trägheit im Straßenverkehr

Wenn du mit einem Bus fährst, kannst du feststellen, wie träge du aufgrund deiner Masse bist. Damit ist nicht gemeint, dass du dich müde in einen Sitz fallen lässt, sondern dass jeder Körper aufgrund seiner Masse träge ist, ob er will oder nicht. Die Trägheit ist eine grundlegende Eigenschaft jedes Körpers. Wie zeigt sich die Trägheit des menschlichen Körpers beim Anfahren und beim Bremsen in einem Bus?

1 Bremsen eines Busses

2 Anfahren eines Busses

Besonders deutlich merkt man die Trägheit seines Körpers, wenn man im Bus steht, sich leichtsinnigerweise nicht festhält und der Bus schnell anfährt oder stark abbremst. Die Erscheinungen lassen sich physikalisch so erklären:

Vor dem Anfahren befindet sich der Fahrgast zunächst in Ruhe. Der Bus setzt sich in Bewegung. Der Mensch setzt dieser Bewegungsänderung aufgrund seiner Masse einen Widerstand entgegen. Er ist träge. Die Füße sind mit dem Boden verbunden und bewegen sich mit dem Bus nach vorn. Der Oberkörper des Fahrgastes versucht aufgrund seiner Trägheit in Ruhe zu verharren. Deshalb kippt der Mensch beim Anfahren nach hinten (Abb. 2).

Während der Fahrt macht sich die Trägheit des menschlichen Körpers kaum bemerkbar, es sei denn, der Bus fährt um eine Kurve. Dann ist eine deutliche Kraft nach außen zu spüren.

Vor dem Bremsen befindet sich der Fahrgast mit dem Bus in Bewegung. Diesen Bewegungszustand versucht er aufgrund seiner Trägheit auch beim Bremsen beizubehalten. Seine Füße werden mit dem Bus abgebremst. Der Oberkörper bewegt sich jedoch aufgrund der Trägheit weiter nach vorn. Dadurch kippt der Mensch beim Bremsen nach vorn (Abb. 1).

Besonders bemerkbar macht sich die Trägheit von Körpern bei schnellen Geschwindigkeitsänderungen, also beim scharfen Bremsen oder gar bei Auffahrunfällen.

Um schwere Verletzungen möglichst zu vermeiden, ist es deshalb bei Kraftfahrzeugen vorgeschrieben, auf allen Sitzen Sicherheitsgurte anzulegen. Durch die Sicherheitsgurte werden die Körper beim plötzlichen Abbremsen des Fahrzeugs festgehalten. Zusätzlichen Schutz bietet ein Airbag (Abb. 3). Er verhindert, dass eine Person beispielsweise auf das Lenkrad aufschlägt.

3 Das Füllen eines Airbags mit Gas dauert etwa 50 ms. Unfallfolgen werden durch ihn gemindert.

Zusammenhang zwischen Masse und Volumen – die Dichte von Stoffen

Verändert man das Volumen eines festen Körpers oder einer Flüssigkeit, so verändert sich auch die Masse des Körpers (Abb. 1). Bei einem bestimmten Stoff hat jeder Kubikzentimeter dieses Stoffes dieselbe Masse. Zwischen der Masse und dem Volumen von Körpern aus ein und demselben Stoff besteht direkte Proportionalität.

> **Für alle Körper aus ein und demselben Stoff gilt:**
>
> $m \sim V$

Direkte Proportionalität bedeutet auch, dass der Quotient aus Masse *m* und Volumen *V* für einen bestimmten Stoff einen festen Wert hat, unabhängig davon, wie groß das Volumen bzw. die Masse ist. Der Quotient ist deshalb dafür geeignet, den Stoff zu kennzeichnen, aus dem ein Körper besteht. Bei Körpern aus verschiedenen Stoffen kann die Masse bei gleichem Volumen unterschiedlich sein (Abb. 2). Bei unterschiedlichem Volumen von Körpern kann aber die Masse gleich sein (Abb. 3).

Welche Masse ein Körper mit bestimmtem Volumen hat, ist abhängig von dem Stoff, aus dem er besteht. Die Eigenschaft eines Stoffes, bei einem bestimmten Volumen eine bestimmte Masse zu haben, wird durch die physikalische Größe **Dichte** beschrieben. Bei Körpern gleichen Volumens hat derjenige die größere Masse, der aus dem Stoff mit der größeren Dichte besteht (Abb. 2).

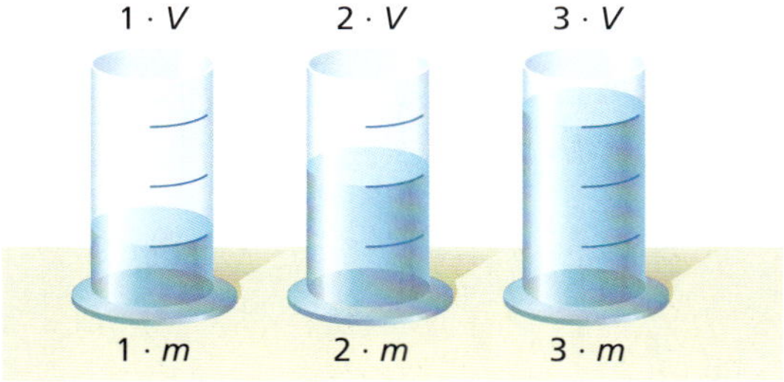

1 Verdoppelt man das Volumen des Wassers, so verdoppelt sich auch seine Masse. Verdreifacht man das Volumen, so verdreifacht sich seine Masse.

2 Die dargestellten Wasser- und Benzinmengen haben dasselbe Volumen, jedoch ist die Masse des Wassers größer als die des Benzins.

> **Die Dichte gibt an, welche Masse jeder Kubikzentimeter (cm³) Volumen eines Stoffes hat.**
>
> **Formelzeichen:** **ϱ (griechischer Buchstabe, sprich: rho)**
>
> **Einheit:** **1 Gramm je Kubikzentimeter** $\left(1\,\frac{g}{cm^3}\right)$
>
> **1 Kilogramm je Kubikmeter** $\left(1\,\frac{kg}{m^3}\right)$

Bei Körpern gleicher Masse hat derjenige das kleinere Volumen, der aus dem Stoff mit der größeren Dichte besteht (Abb. 3). Im Alltag werden Stoffe mit großer Dichte, wie Kupfer oder Blei, als „schwere" Stoffe bezeichnet. „Leichte" Stoffe sind z. B. Styropor oder Kork. Sie haben eine relativ kleine Dichte. Auch Gase oder Gasgemische wie Luft haben eine kleine Dichte.

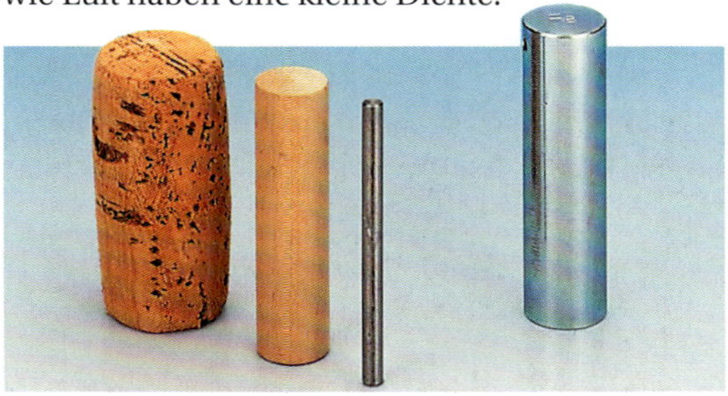

3 Die abgebildeten Körper aus verschiedenen Stoffen haben dieselbe Masse. Ihr Volumen ist jedoch sehr unterschiedlich.

Für die Einheiten der Dichte gilt:

$1\,\frac{\text{g}}{\text{cm}^3} = 1\,000\,\frac{\text{kg}}{\text{m}^3}$ $\qquad$ $1\,\frac{\text{kg}}{\text{m}^3} = 0{,}001\,\frac{\text{g}}{\text{cm}^3}$

Die Dichte von Gasen wird manchmal auch in der Einheit Gramm je Liter angegeben. Es gilt:

$1\,\frac{\text{g}}{\text{l}} = 1\,\frac{\text{kg}}{\text{m}^3} = 0{,}001\,\frac{\text{g}}{\text{cm}^3}$

Kennt man die Masse und das Volumen eines Körpers, so kann man die Dichte des Stoffes ermitteln, aus dem der Körper besteht.

Die Dichte kann berechnet werden mit der Gleichung:

$\varrho = \frac{m}{V}$ $\qquad$ m **Masse des Körpers**, V **Volumen des Körpers**

Die Dichte von Stoffen kannst du dir folgendermaßen veranschaulichen:
Man überlegt, was z. B. der Wert $\varrho = 2{,}7\,\text{g/cm}^3$ (Dichte von Aluminium) bedeutet.
Er bedeutet, dass ein Würfel von 1 cm Kantenlänge ($V = 1\,\text{cm}^3$) eine Masse von 2,7 g hat. Bei anderen Stoffen ist die Masse bei dem gleichen Volumen von $1\,\text{cm}^3$ eine andere.
Körper mit gleichem Volumen aus verschiedenen Stoffen haben eine unterschiedliche Masse.

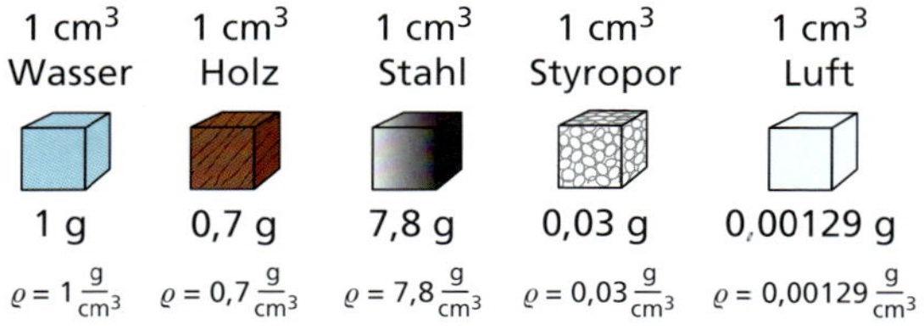

Körper mit gleicher Masse aus unterschiedlichen Stoffen haben ein unterschiedliches Volumen.

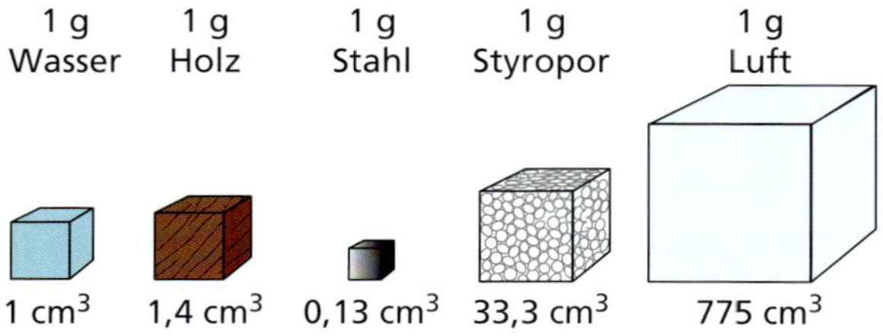

Mosaik

Das Aräometer – ein Dichtemesser

Die Dichte von Flüssigkeiten kann man direkt mit einem **Aräometer** messen. Es wird auch als **Senkwaage** bezeichnet. Abb. 1 zeigt verschiedene Bauformen. Das Prinzip der Messung beruht darauf, dass ein fester Körper bekannter Masse in einer Flüssigkeit schwimmt. Wie tief er dabei eintaucht, ist ein Maß für die Dichte der Flüssigkeit.

Im einfachsten Fall besteht ein Aräometer aus einem beidseitig verschlossenen Glasrohr, in das zuvor etwas Bleischrot gefüllt wurde (Abb. 1a). Dadurch wird erreicht, dass es gut in der Flüssigkeit „steht". An einer Skala kann man die Dichte der Flüssigkeit ablesen. Sinkt das Glasrohr tief in die Flüssigkeit ein, so hat sie eine kleine Dichte. Geringere Eintauchtiefe in einer anderen Flüssigkeit bedeutet größere Dichte.

Für genaue Messungen werden Aräometer mit verschiedenen Messbereichen verwendet.
Bei ätzenden Flüssigkeiten, z. B. Säuren, verwendet man eine etwas andere Bauform (Abb. 1b). Die zu untersuchende Flüssigkeit wird zunächst mit einem Gummiball angesaugt. In dieser Flüssigkeit schwimmt dann das Aräometer. Seine Eintauchtiefe ist auch hier ein Maß für die Dichte der Flüssigkeit. Solche Aräometer werden z. B. zur Prüfung der Flüssigkeit in Autobatterien verwendet.

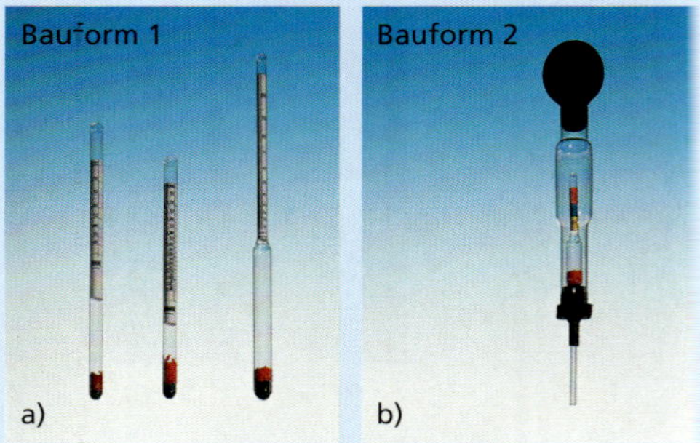

1 Verschiedene Aräometer

Aufbau der Stoffe aus Teilchen

Körper kann man durch verschiedene Trennverfahren (z. B. Sägen, Schneiden, Feilen) in Teile zerlegen. Bei einem Stück Kreide geht das z. B. sehr leicht schon mithilfe der Finger. Dabei erhält man immer kleinere Teilchen. Bei sehr feinem Kreidestaub sind die einzelnen Teilchen mit bloßem Auge nicht mehr zu erkennen (Abb. 1).
Wenn wir Zucker in Tee lösen, dann schmecken wir zwar den Zucker in diesem Tee, sehen können wir ihn aber nicht mehr. Der Zucker hat sich im Tee in sehr kleine Teilchen zerteilt, die aber untereinander gleich sind.
Luft ist überall vorhanden. Bei Wind spüren wir sie auch. Luft ist aber nicht sichtbar. Sie besteht ebenso aus sehr kleinen Teilchen, die wiederum untereinander gleich, aber verschieden von anderen Stoffen sind. Allgemein gilt:

Alle Stoffe bestehen aus Teilchen.

Physiker und Chemiker bezeichnen diese Teilchen auch als **Atome** bzw. **Moleküle.** Mithilfe spezieller Methoden kann man z. B. Atome sichtbar machen (Abb. 2).
Wenn man einige Tropfen Tinte in ein Glas mit kaltem und mit warmem Wasser gibt, so verteilt sich die Tinte jeweils im gesamten Wasser. Im warmen Wasser erfolgt die Durchmischung jedoch schneller als im kalten Wasser (Abb. 3).
Das geschieht, weil sich die Teilchen der Tinte und des Wassers bewegen.

1 Kreide kann man immer weiter zerteilen. Letztendlich entsteht Kreidestaub.

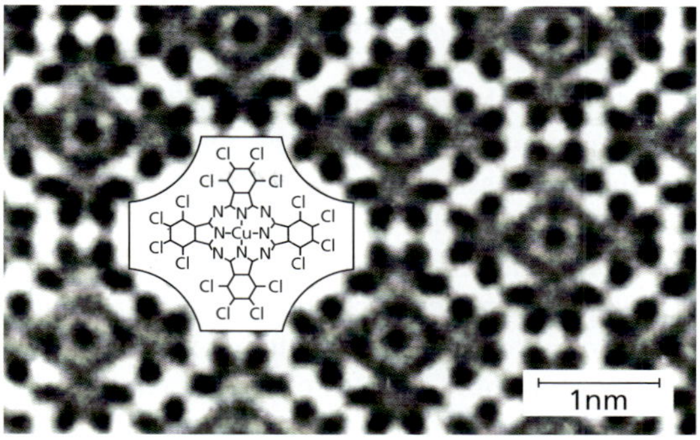

2 Aufnahme von regelmäßig angeordneten Atomen mit einem Elektronenmikroskop

Allgemein gilt:

Die Teilchen der Stoffe befinden sich in ständiger Bewegung.

Den Duft von Parfüm kann man nach einiger Zeit im gesamten Raum wahrnehmen. Die Luftteilchen des Raumes vermischen sich mit den Teilchen des Parfüms. Diese Erscheinung des Durchmischens nennt man **Diffusion.**

Die Diffusion ist das selbstständige Durchmischen von Teilchen verschiedener Stoffe.

Die Beweglichkeit der Teilchen ist bei festen Stoffen, Flüssigkeiten und Gasen unterschiedlich und ändert sich auch mit der Temperatur. Allgemein gilt: Die Teilchen von Gasen bewegen sich schneller als die von Flüssigkeiten und diese wiederum schneller als bei festen Stoffen.

3 Tinte verteilt sich in Wasser, weil die Teilchen von Wasser und Tinte in ständiger Bewegung sind.

Kohäsion und Adhäsion

Einen dicken Nagel kann man mit den Händen auch mit großem Kraftaufwand nicht verbiegen. Bei einer Fuchsschwanzsäge gelingt es (Abb. 1). Ein Stück Kreide lässt sich durchbrechen. Aber dazu ist Kraft erforderlich. Die Luft in einem Luftballon lässt sich verformen und zusammendrücken, allerdings nicht beliebig weit. Das bedeutet: Zwischen den Teilchen des Nagels, der Säge, der Kreide und der Luft wirken Kräfte, die den Zusammenhalt des jeweiligen Stoffes verursachen.
Das Zusammenhalten der Teilchen eines Stoffes nennt man **Kohäsion.**

> **Kohäsionskräfte sind die Kräfte, die zwischen den Teilchen ein und desselben Stoffes wirken.**

Die Kohäsionskräfte bewirken, dass feste Körper aus einem Stoff ihre Form beibehalten. Die Kräfte sind bei festen Körpern größer als bei Flüssigkeiten und bei Flüssigkeiten wiederum größer als bei Gasen. Kohäsionskräfte bewirken auch die Stabilität und Festigkeit von Körpern, die hohe Belastungen aushalten müssen, wie Tragseile oder Maschinenteile.
Teilchen, die fest zusammenhalten, können aber auch unterschiedlichen Stoffen angehören, wie z.B. die Lackschicht auf einem Fahrradrahmen oder die Goldschicht auf einem Schmuckstück. Die Lackteilchen und die Teilchen des Rahmens sind eine feste Verbindung eingegangen. Ähnliches gilt auch für ein vergoldetes Schmuckstück oder für einen verchromten Auspuff. Das Zusammenhalten der Teilchen von **verschiedenen Stoffen** nennt man **Adhäsion.**

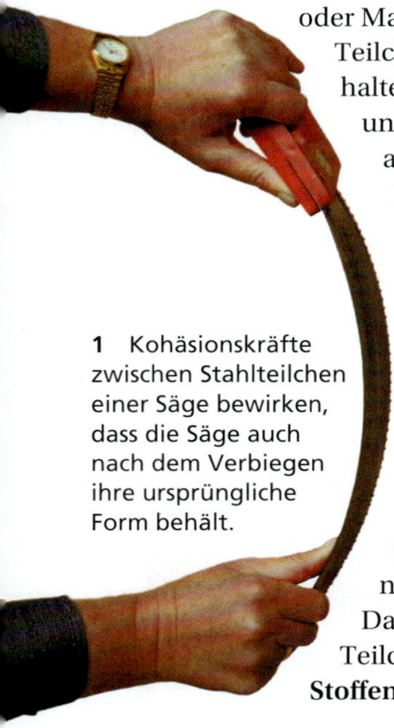

1 Kohäsionskräfte zwischen Stahlteilchen einer Säge bewirken, dass die Säge auch nach dem Verbiegen ihre ursprüngliche Form behält.

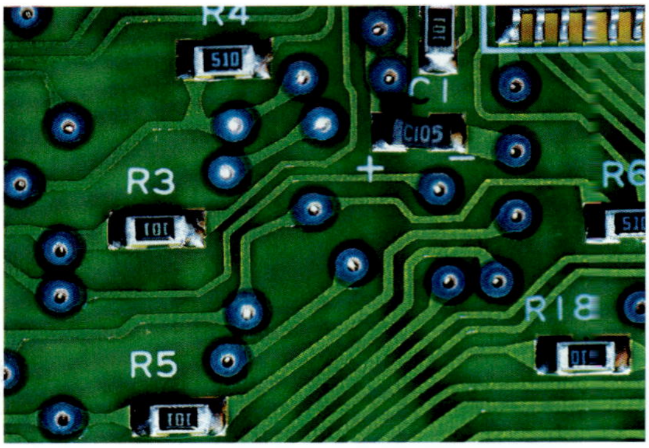

2 Elektrische Bauelemente werden auf eine Leiterplatte gelötet.

> **Adhäsionskräfte sind die Kräfte, die zwischen den Teilchen verschiedener Stoffe wirken.**

Die Adhäsionskräfte bewirken z.B. auch, dass Kreide an der Wandtafel haftet, Körper zusammenkleben, Leimfarbe sich mit einer Wand verbindet oder Körper verlötet werden (Abb. 2).

Das Teilchenmodell

Das Wissen über den Aufbau der Stoffe können wir zu einer anschaulichen, vereinfachten Vorstellung zusammenfassen. Eine solche vereinfachte Vorstellung bezeichnet der Physiker als **Modell** (s. S. 23). Mit einem Modell kann man Sachverhalte beschreiben, erklären oder voraussagen. Die Teilchen eines Stoffes können wir uns vereinfacht als kleine Kugeln vorstellen, zwischen denen Kräfte wirken.

> **Das Teilchenmodell:**
>
> 1. **Alle Stoffe bestehen aus Teilchen.**
> 2. **Die Teilchen befinden sich in ständiger Bewegung.**
> 3. **Zwischen den Teilchen wirken Kräfte.**

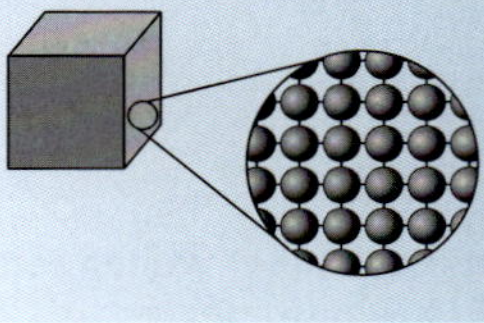

Übersicht über die Aggregatzustände

	Feste Körper	**Flüssigkeiten**	**Gase**
Beispiele	 Eis ist ein fester Körper. Feste Körper bestehen aus Teilchen, die eng beieinanderliegen und einen bestimmten Platz haben.	 Wasser ist eine Flüssigkeit. Flüssigkeiten bestehen aus Teilchen, die keinen bestimmten Platz haben, sondern gegeneinander verschiebbar sind. Ihr Abstand bleibt gleich.	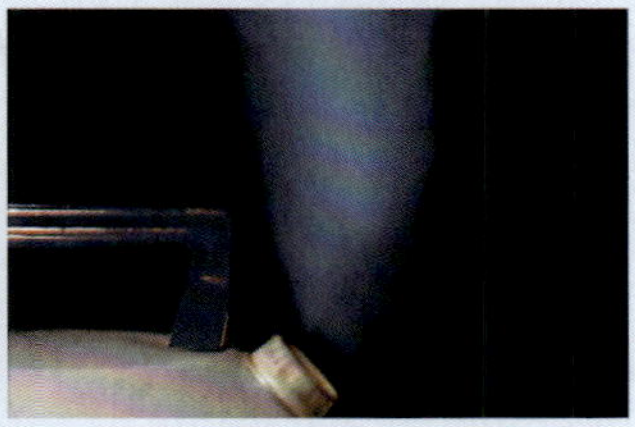 Wasserdampf ist ein Gas. Gase bestehen aus Teilchen, die sich in großem Abstand voneinander befinden.
Aufbau	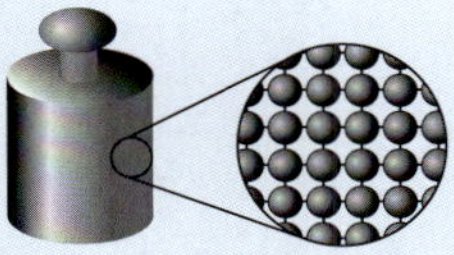 Die Teilchen schwingen um ihren Platz hin und her.	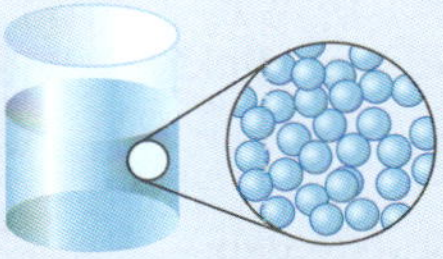 Die Teilchen führen unregelmäßige Bewegungen aus.	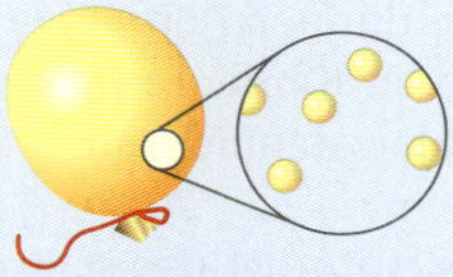 Die Teilchen bewegen sich frei im gesamten Raum.
Form	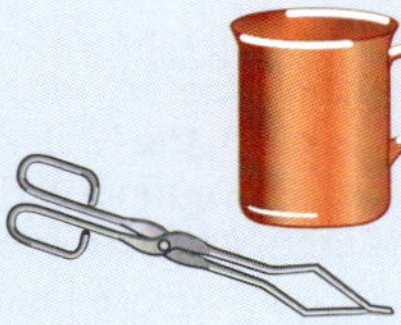 Feste Körper haben eine bestimmte Form. Sie können kompakt, kristallin oder pulverförmig vorliegen.	 Flüssigkeiten passen sich der Form des Gefäßes an, in dem sie sich befinden.	 Gase passen sich der Form des Gefäßes an, in dem sie sich befinden.
Volumen	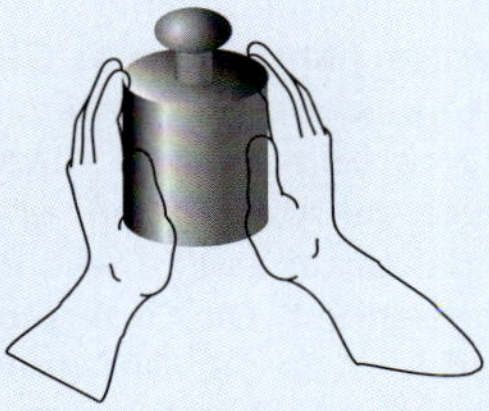 Fester Körper haben ein bestimmtes Volumen. Sie lassen sich nicht zusammendrücken.	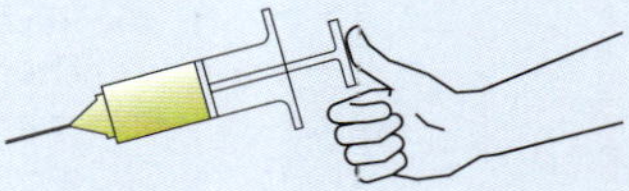 Flüssigkeiten haben ein bestimmtes Volumen. Sie lassen sich nicht zusammendrücken.	 Gase nehmen den gesamten Raum ein, der ihnen zur Verfügung steht. Sie lassen sich zusammendrücken und haben ein veränderliches Volumen.

Die Kapillarität

Bei einem Tintenklecks hilft Löschpapier. Würfelzucker saugt Tee auf. Pflegecreme dringt in die Haut ein. Ein Schwamm nimmt überschüssiges Wasser auf. Die Ursache der Vorgänge kann in folgendem Versuch verdeutlicht werden:
Ein Glasgefäß mit Röhren unterschiedlichen Durchmessers wird mit Wasser gefüllt. Das Wasser steigt von selbst umso höher, je geringer der Durchmesser der Röhre ist (Abb. 1).
Wie ist das Versuchsergebnis zu erklären? Zwischen den Teilchen der Glaswand und des Wassers wirken Adhäsionskräfte. Dadurch steigt das Wasser etwas nach oben. Weil aber zwischen den Wasserteilchen Kohäsionskräfte wirken, wird weitere Flüssigkeit „nachgesaugt".
In sehr dünnen Röhrchen, Hohlräumen bzw. Poren, auch **Kapillaren** genannt, tritt dieser Effekt besonders deutlich auf.

Kapillarität ist das selbstständige Aufsteigen von Flüssigkeiten in engen Röhrchen.

Auf diesem Prinzip basiert auch der Wasser- und Nährstofftransport in Pflanzen. Das Grundwasser steigt bis zu den Wurzeln auf. Je nach Pflanzenart haben sich bei den Wurzeln vielfältige Formen herausgebildet. So kann eine einzeln stehende Roggenpflanze Seitenwurzeln mit einer Gesamtlänge von bis zu 80 km Länge entwickeln. Auch das Aufsteigen von Feuchtigkeit in Wänden kommt durch die Kapillarität zustande.

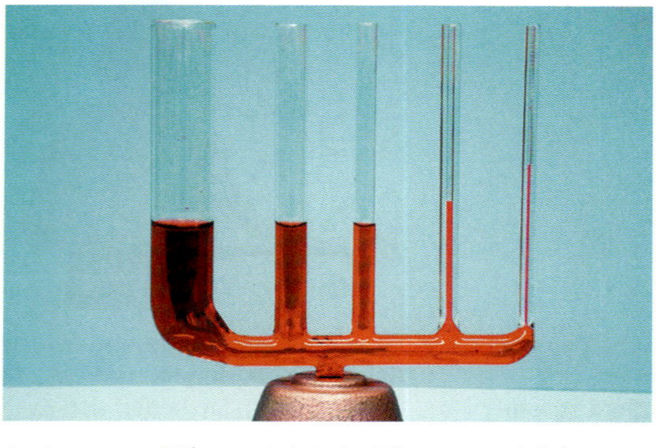

1 In engen Röhren steigt das Wasser am höchsten. Diese Erscheinung wird als Kapillarität bezeichnet.

Mosaik

Die brownsche Bewegung

Der schottische Mediziner und Biologe Robert Brown (1773–1858) untersuchte im Jahre 1827 Blütenstaub unter einem Mikroskop. Er hatte dem Blütenstaub einen Tropfen Wasser beigemischt. Dabei fiel ihm eine unruhige Bewegung der Staubkörnchen auf.
Brown nahm zunächst an, dass die Körnchen lebendige Körper seien, die sich von selbst im Wasser bewegen. Aber bei weiteren Versuchen beobachtete er, dass sich „tote" Staub- und Rußteilchen ebenso verhielten wie die Blütenstaubkörnchen. Sie bewegten sich unaufhaltsam zickzackförmig, wie in der Abbildung dargestellt.

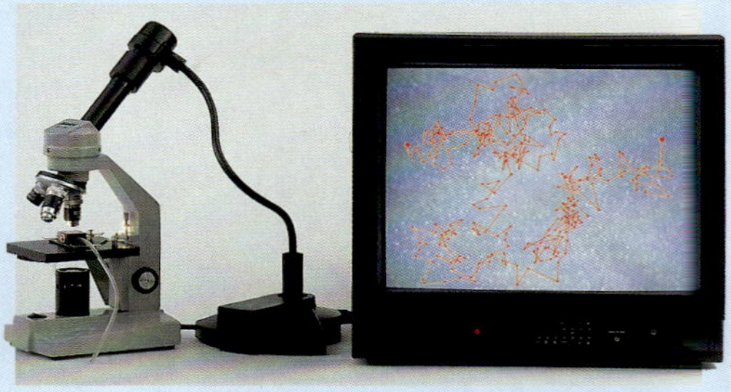

Erst 1905 konnte der berühmte deutsche Physiker Albert Einstein (1879–1955) eine Begründung dafür geben: Die winzig kleinen, nicht sichtbaren Teilchen der Flüssigkeit, die Moleküle, befinden sich in ständiger Bewegung. Sie stoßen dabei an die viel größeren, im Mikroskop sichtbaren Blütenstaubkörnchen und schieben diese unregelmäßig hin und her.
Nach ihrem Entdecker wird diese unregelmäßige Bewegung sichtbarer Staubkörnchen als **brownsche Bewegung** bezeichnet. Die brownsche Bewegung ist ein Beleg für die Existenz kleinster, nicht sichtbarer Teilchen.
Bereits im Altertum nahmen einige Gelehrte an, dass alle Stoffe aus kleinsten Teilchen bestehen, die nicht mehr zerteilt werden können. Diese Teilchen nannten sie **Atome** (vom griechischen Wort atomos: das Unteilbare). Diese Idee geriet später in Vergessenheit. Die Untersuchung solcher Erscheinungen wie der Diffusion und der brownschen Bewegung bestätigten später die Richtigkeit der Teilchenvorstellung. Dass Atome und Moleküle tatsächlich existieren, konnte erst Anfang des 20. Jahrhunderts durch verschiedene Experimente bestätigt werden.

Physik in Natur und Technik

Es ist nicht alles Gold, was glänzt

König HIERON VON SYRAKUS auf Sizilien lebte von 306 v. Chr. bis 215 v. Chr. Die Sage berichtet, dass er sich von einem Goldschmied eine neue Krone anfertigen ließ, die aus reinem Gold sein sollte. Die neue Krone war wunderschön, aber war sie tatsächlich aus reinem Gold? Da König HIERON Zweifel daran hatte, beauftragte er den berühmten Gelehrten ARCHIMEDES, dies herauszufinden, ohne die Krone zu beschädigen. ARCHIMEDES ermittelte, dass die Krone eine Masse von 9 kg und ein Volumen von 500 cm^3 hatte.

Kann die Krone aus reinem Gold bestanden haben?

Analyse:
Wenn die Krone aus reinem Gold bestanden haben soll, so muss ihre Dichte genauso groß sein wie die von Gold. Die Dichte kann man aus Masse und Volumen berechnen.

Gesucht: ϱ_{Krone}

Gegeben: $m = 9\ kg = 9\,000\ g$
$V = 500\ cm^3$
$\varrho_{Gold} = 19{,}3\ \frac{g}{cm^3}$

Lösung: $\varrho_{Krone} = \frac{m}{V}$

$\varrho_{Krone} = \frac{9\,000\ g}{500\ cm^3}$

$\underline{\varrho_{Krone} = 18\ \frac{g}{cm^3}}$

Ergebnis:
Die Dichte des Materials der Krone ist kleiner als die von Gold. Die Krone kann deshalb nicht vollständig aus Gold bestanden haben. Der Goldschmied war ein Betrüger. Der Legende nach hat ARCHIMEDES noch eine andere Lösung des Problems gefunden. Erkunde!

Aus dem Alltag eines Bauleiters

Eine Baufirma benötigt für eine Deckenkonstruktion 25 Stahlträger, die aus einem 170 km entfernten Betrieb zu holen sind. Der Bauleiter kennt die Abmessungen und damit das Volumen eines Trägers. Es sind 0,03 m^3. Außerdem weiß er, dass der firmeneigene Lkw höchstens mit einer Masse von 5,0 t beladen werden darf.
Wie oft muss der Lkw fahren, um die 25 Stahlträger zu transportieren? Gibt es eine günstigere Variante für den Transport?

Analyse:
Aus dem Vergleich der Masse aller Stahlträger und der Masse von 5,0 t (höchste Belastung des Lkw) ergibt sich, wie oft der Lkw fahren muss. Dazu ist zunächst die Masse eines einzelnen Stahlträgers zu ermitteln. Daraus ergibt sich dann die Gesamtmasse der 25 Stahlträger.

Gesucht: m_{Stahl} aller Träger
Gegeben: $V_{Stahl} = 0{,}03\ m^3$
$m_{max} = 5\ t = 5\,000\ kg$

$\varrho_{Stahl} = 7{,}8\ \frac{g}{cm^3} = 7\,800\ \frac{kg}{m^3}$

Lösung:
Die Masse von 0,03 m^3 Stahl ergibt sich aus der Dichte von Stahl. $\varrho_{Stahl} = 7\,800\ kg/m^3$ bedeutet: 1 m^3 Stahl hat eine Masse von 7 800 kg.
Damit haben 0,03 m^3 eine Masse von:

$m = 7\,800 \cdot 0{,}03\ kg$

$m = 234\ kg$

25 Stahlträger haben dann eine Masse von:

$m_{Stahl} = 234 \cdot 25\ kg$

$\underline{m_{Stahl} = 5\,850\ kg}$

Ergebnis:
Der Lkw muss zweimal fahren, weil die Masse von 25 Stahlträgern mit 5 850 kg = 5,85 t größer als seine zulässige Beladung ist. Damit müsste der Lkw einmal voll beladen und einmal fast leer fahren. Das ist nicht effektiv. Günstiger wäre es, einen Lkw mit größerer Tragfähigkeit zu schicken, der die Stahlträger mit einer Fahrt transportieren kann.

Auch Flüssigkeiten mit gleichem Volumen sind unterschiedlich schwer

Der Vater bittet Petra und Klaus darum, je einen 5-l-Kanister Wasser und Benzin von der Tankstelle zu holen.

Petra möchte aber den leichteren Kanister tragen. Sie überlegt kurz und sagt dann: „Ich hole das Benzin!" *Warum will Petra den Kanister mit Benzin tragen? Wie schwer ist der 5-l-Kanister mit Benzin und wie schwer ist der Kanister mit dem Wasser?*

Analyse:
Ein Körper ist umso schwerer, je größer seine Masse ist. Es muss also festgestellt werden, welcher gefüllte Kanister die größere Masse hat. Die Masse der leeren Kanister bleibt unberücksichtigt. Wir gehen davon aus, dass die beiden leeren Kanister gleich schwer sind.

Gesucht: m_{Wasser}
m_{Benzin}

Gegeben: $V_{\text{Wasser}} = 5\,\text{l} = 5\,000\,\text{cm}^3$
$V_{\text{Benzin}} = 5\,\text{l} = 5\,000\,\text{cm}^3$

$\varrho_{\text{Wasser}} = 1{,}0\,\frac{\text{g}}{\text{cm}^3}$

$\varrho_{\text{Benzin}} = 0{,}70\,\frac{\text{g}}{\text{cm}^3}$

Lösung:
Bei gleichem Volumen (V = konstant) gilt:

$$\varrho \sim m$$

Da die Dichte von Benzin kleiner ist als die von Wasser, folgt daraus, dass auch die Masse von Benzin kleiner ist als die von Wasser, wenn die Volumen gleich sind.
Um die Masse von 5 l Wasser zu berechnen, kann man von der Dichte des Wassers ausgehen. Sie beträgt $1{,}0\,\text{g/cm}^3$.

$\varrho_{\text{Wasser}} = 1{,}0\,\text{g/cm}^3$ bedeutet:
$1\,\text{cm}^3$ Wasser hat eine Masse von 1 g. Also haben 5 l Wasser, das sind $5\,000\,\text{cm}^3$, eine Masse von

$$m = 5\,000 \cdot 1\,\text{g}$$
$$\underline{m = 5\,\text{kg}}$$

Für Benzin mit $\varrho_{\text{Benzin}} = 0{,}70\,\text{g/cm}^3$ ergibt sich:

$$m = 5\,000 \cdot 0{,}70\,\text{g}$$
$$\underline{m = 3{,}5\,\text{kg}}$$

Ergebnis:
Petra wählt deshalb den Benzinkanister, weil 5 l Benzin leichter sind als 5 l Wasser.
5 l Benzin haben eine Masse von 3,5 kg, 5 l Wasser dagegen eine Masse von 5 kg.
Die Dichte der meisten flüssigen Stoffe ist wesentlich größer als die von Gasen, aber kleiner als die von vielen festen Stoffen. So hat z. B. Wasser eine Dichte von $1\,\text{g/cm}^3$, Luft bei normalem Druck aber nur eine Dichte von $0{,}00129\,\text{g/cm}^3$, Eisen dagegen eine Dichte von $7{,}86\,\text{g/cm}^3$.
Eine Ausnahme bei den Flüssigkeiten ist Quecksilber mit $13{,}53\,\text{g/cm}^3$. Das bedeutet: Ein Liter Quecksilber ist über 13-mal so schwer wie ein Liter Wasser. Noch größere Dichten haben Gold mit $19{,}3\,\text{g/cm}^3$, Platin mit $21{,}5\,\text{g/cm}^3$ und Osmium mit $22{,}5\,\text{g/cm}^3$.

Lösen von Aufgaben durch inhaltlich-logisches Schließen

Um physikalisch-mathematische Aufgaben durch inhaltlich-logisches Schließen zu lösen, solltest du dir folgende Fragen überlegen:

1. Wie kann man den Wert einer physikalischen Größe interpretieren?
2. Was für ein Zusammenhang besteht zwischen jeweils zwei Größen im Sachverhalt der Aufgabe?
3. Was folgt aus der Art des Zusammenhangs für die eine Größe, wenn von der anderen Größe Vielfache oder Teile gebildet werden?
4. Auf das Wievielfache bzw. den wievielten Teil ändert sich der Wert einer Größe? Was folgt daraus für die andere Größe?

Eine merkwürdige Erscheinung

Auf einem Teich sieht man manchmal Insekten, die auf der Wasseroberfläche laufen (Abb. 1).
Warum sinken die Insekten nicht in das Wasser ein?

Um eine Antwort zu finden, hilft der folgende Versuch, bei dem wir die Erscheinung an Beispielen erforschen: In ein Gefäß wird Wasser gefüllt. Probiert man einen schweren Gegenstand, z. B. ein Geldstück, auf die Wasseroberfläche zu legen, so gelingt das nicht. Das Geldstück geht unter.
Nimmt man aber einen leichten Körper wie eine Rasierklinge und legt ihn vorsichtig auf das Wasser, so geht er nicht unter, sondern schwimmt auf der Wasseroberfläche, obwohl z. B. die Rasierklinge aus Stahl eine größere Dichte als Wasser hat. Probiere das selbst aus!
Wie sind diese Erscheinungen zu erklären?

Zwischen den Wasserteilchen wirken Kohäsionskräfte. Im Inneren des Wassers ist jedes Teilchen von vielen anderen umgeben. Es wird von allen gleichmäßig in allen Richtungen angezogen. Bei den Teilchen an der Oberfläche ist das anders. Sie werden nur von den Teilchen neben und unter ihnen angezogen. Die nach oben gerichteten Kräfte entfallen, da sich über ihnen nur Luftteilchen befinden. Dadurch bilden die Wasserteilchen eine Schicht, die wie ein sehr dünnes, aber elastisches Häutchen wirkt. Dieses Häutchen kann sogar leichte Gegenstände tragen, beispielsweise Wasserläufer (Abb. 1) oder eine Rasierklinge.

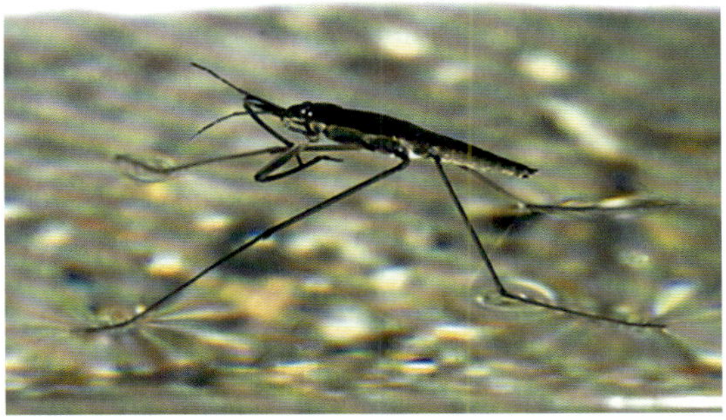

1 Ein Wasserläufer bewegt sich auf dem Wasser.

2 Triebwerke für ein Flugzeug in einer Montagehalle: Auch dabei wird Klebetechnik genutzt.

Kleben macht leichter und belastbar

Einzelteile von Flugzeugen oder Schiffen wurden noch vor einigen Jahren genietet, geschraubt oder geschweißt. Heute klebt man bei vielen dieser Arbeiten (Abb. 2).
Die Auswirkungen in Bezug auf die Masse der Produkte sind enorm. So wird z. B. ein Jumbojet vom Typ Boeing 747 um bis zu 10 000 kg leichter. Dadurch können außerdem große Mengen an Treibstoff eingespart werden.
Worauf beruht die Wirkung von Klebstoffen?

Man trägt den Klebstoff in flüssiger Form auf die Teile auf, die verbunden werden sollen. Dann werden die Teile aufeinandergepresst.
Beim Kleben wird die Adhäsion genutzt. Der Klebstoff dringt in die Oberflächen der Teile ein. Dadurch kommen viele Teilchen beider Teile miteinander in Berührung. Wenn der Klebstoff trocknet, gehen die Teilchen der Körper und des Klebstoffs eine enge Verbindung ein. Sie kann nicht mehr oder nur sehr schwer rückgängig gemacht werden. Klebestellen halten großen Belastungen stand. Ein Beispiel dafür sind die Rotorblätter von Hubschraubern.

gewusst · gekonnt

1. Auf Verpackungen findest du folgende Angaben:

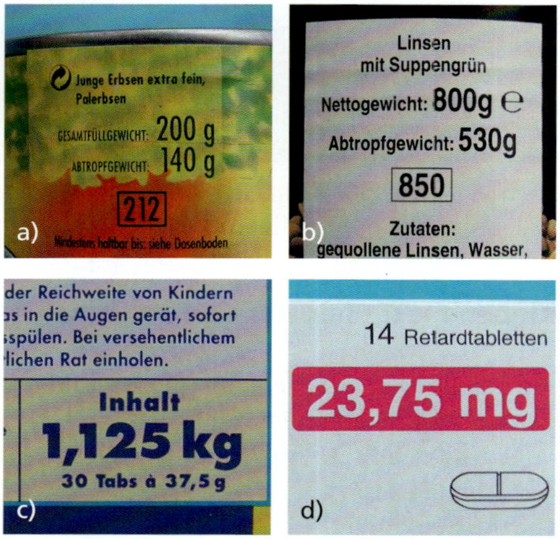

Gib die Masse jeweils in g, kg und mg an!
Ordne die Körper nach ihrer Masse!

2. Rechne die folgenden Massen in die angegebenen Einheiten um!
a) 250 kg in g und t
b) 28 g in kg und mg
c) 780 mg in g
d) 0,05 t in kg und g

3. Führe folgenden Versuch durch: Auf ein Glas wird ein Blatt Papier gelegt und auf dieses Papier eine Münze. Halte das Glas gut fest, und ziehe das Papier langsam bzw. sehr schnell weg! Beschreibe und erkläre das Ergebnis deines Versuchs!

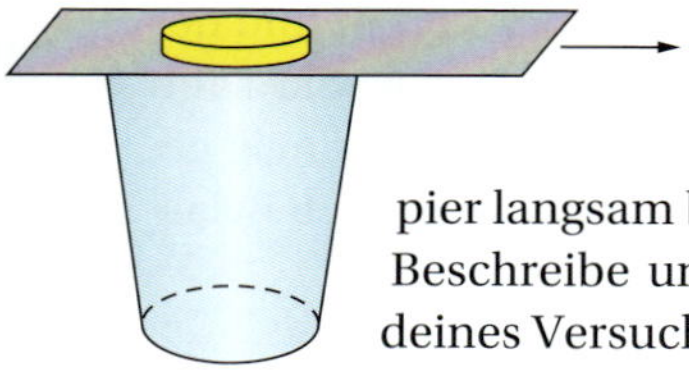

4. Erkläre, warum in einem Pkw der Sanitätskasten, Regenschirme, ein Fotoapparat oder andere Gegenstände nicht ungesichert auf die hintere Ablage gelegt werden sollten! Könnten auch Gegenstände auf der vorderen Ablage Schäden hervorrufen?

5. Ordne folgende Körper nach der Dichte der Stoffe, aus denen sie bestehen:
Kupfermünze, Aluminiumtopf, Holzlöffel, Heft, Bleiklotz, Benzin im Tank!

6. Thomas hat eine Idee, wie er die Masse von Luft ermitteln kann. Er braucht nur einen Fußball und eine Waage.
Wie geht er wohl vor?

7. Warum verwendet man im Flugzeugbau vorwiegend Aluminium?

8. Die abgebildete Waage befindet sich im Gleichgewicht. Welcher der beiden Körper im Bild ist aus Stahl, welcher aus Holz? Begründe!

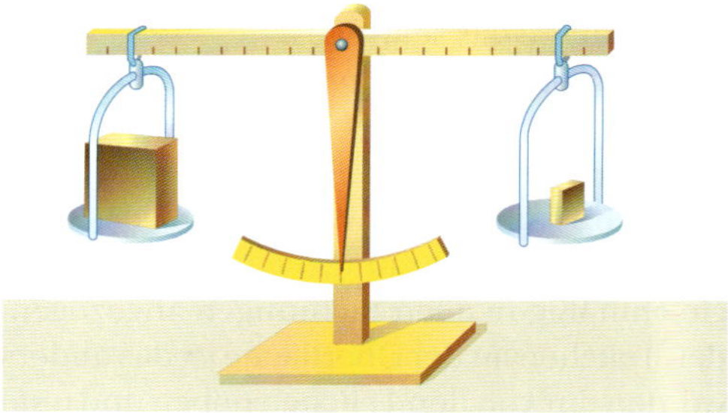

9. In drei gleiche Messzylinder werden je 100 g Wasser, Benzin und Spiritus gefüllt. Warum haben die Flüssigkeitsspiegel eine unterschiedliche Höhe? In welchem Messzylinder steht die Flüssigkeit am höchsten, in welchem am niedrigsten? Begründe!

***10.** Wie groß ist die Masse der Flüssigkeit im jeweiligen Messzylinder?

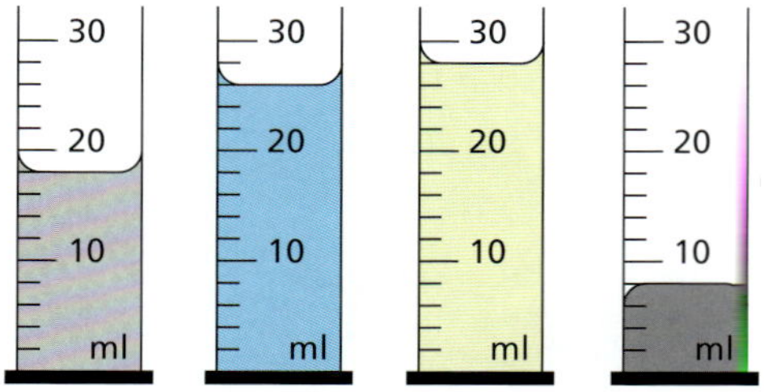

a) Spiritus b) Wasser c) Benzin d) Quecksilber

11. Luft ist eigentlich leicht: Ein Kubikmeter hat nur eine Masse von etwa 1,3 kg.
Ermittle die Masse der Luft in einem Klassenraum von 10 m Länge, 7 m Breite und 3,7 m Höhe!

12. Mithilfe eines Messbechers und einer Waage soll die Dichte einer Flüssigkeit bestimmt werden.
a) Beschreibe, wie du dabei vorgehen würdest!
b) Bestimme die Dichte von Salzwasser und von Essig!

13. Kartoffeln enthalten neben Stärke viel Wasser. Deshalb müsste ihre Dichte mit der von Wasser vergleichbar sein. Stimmt das?

Führe einen Versuch durch, um die Dichte einer Kartoffel zu bestimmen!

14. Ein Ziegelstein hat folgende Maße: $a = 25$ cm, $b = 11$ cm, $c = 8$ cm. Er ist 3,5 kg schwer. Wie groß ist die Dichte des Materials, aus dem dieser Ziegelstein besteht?

15. Welche Masse haben Körper aus Eisen, Blei, Wasser, Quecksilber und Aluminium, deren Volumen jeweils 1 dm^3 beträgt?

16. Welches Volumen haben Körper aus Eisen, Blei, Wasser, Quecksilber und Aluminium, deren Masse jeweils 1 kg beträgt?

17. Christine hat einen neuen Armreifen bekommen. Er glänzt wie Silber, könnte aber auch aus einem anderen Stoff bestehen. Wie kann Christine herausfinden, ob der Reifen wirklich aus Silber ist?

18. Im Märchen bekommt Hans im Glück einen Goldklumpen so groß wie sein Kopf geschenkt. Angenommen, der Klumpen hätte ein Volumen von 4 000 cm^3. Könnte Hans diesen Goldklumpen überhaupt forttragen?

19. Aus der Erfahrung weißt du, dass Holz und Öl auf Wasser schwimmen, eine Stahlschraube aber untergeht. Vergleiche die Dichten der vier Stoffe! Was kannst du daraus schlussfolgern?

20. Bereite einen Kurzvortrag zu dem Thema „Die Dichte der Stoffe“ vor! Erarbeite dir zunächst eine Gliederung! Benutze für deine Vorbereitung das Lehrbuch und die Adresse **www.schuelerlexikon.de** im Internet! Beachte die auf S. 88-89 dargestellten Hinweise zum Präsentieren von Informationen!

21. Ein Reagenzglas kann man als Dichtemesser nutzen. Fülle dazu Sand in ein Reagenzglas, sodass es in Wasser zu ⅔ eintaucht! Markiere die Eintauchtiefe! Untersuche, wie tief es in andere Flüssigkeiten eintaucht! Formuliere einen Zusammenhang zwischen Eintauchtiefe und Dichte!

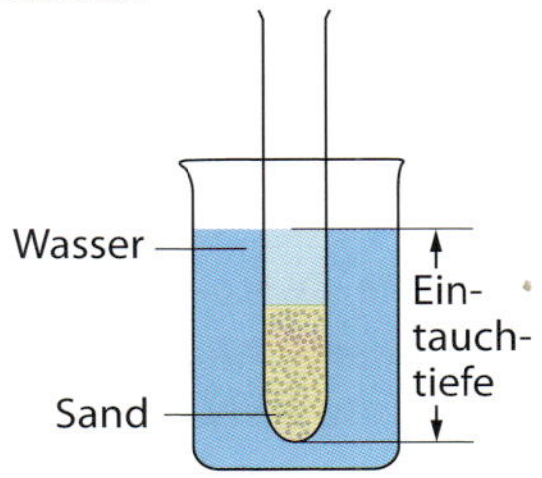

22. Gib die gleiche Menge Zucker in zwei gleiche Tassen Tee! Rühre den Tee nur in einer der Tassen um! Warte etwa fünf Minuten! Dann probiere den Tee aus beiden Tassen!
Was stellst du fest? Erkläre!

23. Erkläre mithilfe der Teilchenvorstellung, warum feste Körper und Flüssigkeiten ein bestimmtes Volumen haben! Was ist bei Gasen in dieser Hinsicht anders?

24. Erkläre, weshalb feste Körper eine bestimmte Form besitzen, Flüssigkeiten aber immer die Form des Gefäßes annehmen, in das sie geschüttet werden!

25. Fülle je eine Plastikspritze mit Wasser und Luft und presse einen Finger auf die Öffnung! Versuche, den Kolben hineinzudrücken! Beschreibe dein Versuchsergebnis! Erkläre!

26. Begründe mit dem Teilchenmodell, warum ein Meißel bei einem gleich starken Hammerschlag tiefer in ein Werkstück aus Holz eindringt als in ein Werkstück aus Eisen!

27. Warum fällt es dir leichter, eine Reißzwecke in Pappe als in eine Holztafel zu drücken? Begründe!

28. In einem Gefäß wurden Sirup und Wasser übereinandergeschichtet (Abb. a).
Abb. b zeigt das Ergebnis nach 12 Stunden. Was ist passiert? Probiere es selbst aus!

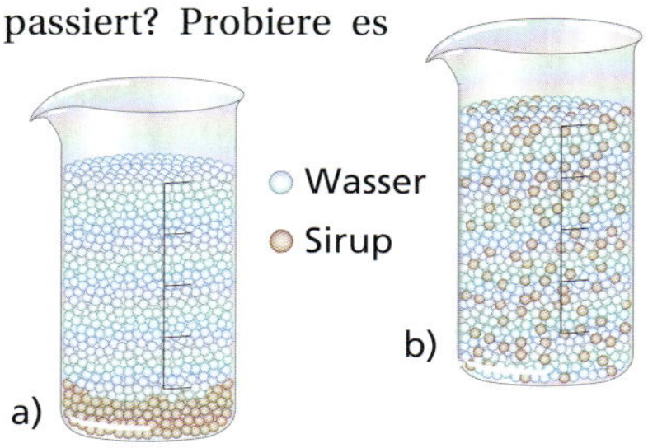

29. Wie lässt sich mit dem Teilchenmodell die Ausbreitung von Parfümduft in der Umgebung erklären?

30. Warum haftet Kreide an der Wandtafel?

31. Wie kannst du erklären, dass sich in einem Messzylinder der Wasserspiegel an den Wänden nach oben hin „anschmiegt“?

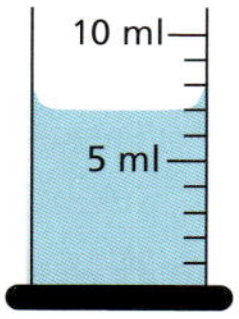

32. Wenn man Wasser aus einer Tasse sehr vorsichtig ausgießt, läuft es meist an der Tasse herunter. Das passiert aber nicht, wenn man das Wasser zügig ausgießt. Erkläre!

33. Wenn es geregnet hat, kann man auf Blättern, Scheiben oder Autos Wassertropfen beobachten.
Warum bildet sich keine gleichmäßige Wasserschicht, sondern Tropfen?

34. Auf welcher physikalischen Eigenschaft beruht die Wirkung von Löschpapier und Küchenpapier?

35. Fülle einen Blumentopf mit lockerer, trockener Erde und einen zweiten mit der gleichen Erde, die aber festgestampft wird! Stelle dann beide Töpfe in wassergefüllte Untersetzer! Beobachte im Abstand von einigen Stunden die Feuchtigkeit in der oberen Erdschicht! Erkläre deine Beobachtungen!

36. Nenne und erläutere Beispiele, wo die Wirkung der Kapillarität erwünscht und wo sie unerwünscht ist!

37. Eine Glasplatte oder eine Kunststoffplatte wird an einer Stelle mit etwas Fett eingerieben. Nun bringst du vorsichtig drei Tropfen Wasser auf die Platte:

- einen Tropfen Leitungswasser auf die vorher mit Fett eingeriebene Stelle,
- einen Tropfen Leitungswasser auf eine andere Stelle,
- einen Tropfen Wasser aus einem Gefäß, in das etwas Spülmittel hineingegeben wurde, auf eine dritte Stelle.

Beschreibe deine Beobachtungen und erkläre sie!

Körper, Stoffe, Teilchen

Jeder Körper nimmt ein bestimmtes **Volumen** ein und hat eine bestimmte **Masse.**

Das Volumen *V*
eines Körpers gibt an, welchen Raum er einnimmt.
Es wird meist in Kubikzentimetern (cm^3) oder in Litern (l) gemessen.

Die Masse *m*
eines Körpers gibt an, wie schwer oder träge er ist.
Sie wird meist in Gramm (g) oder Kilogramm (kg) gemessen.

Das **Volumen** kann durch Berechnung oder Messung mit einem **Messzylinder** bestimmt werden.

Die **Masse** kann durch Wägung mit einer **Waage** bestimmt werden.

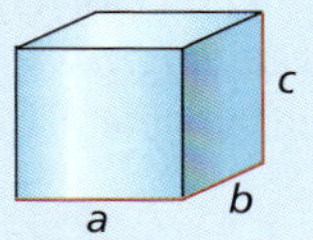

$V = a \cdot b \cdot c$

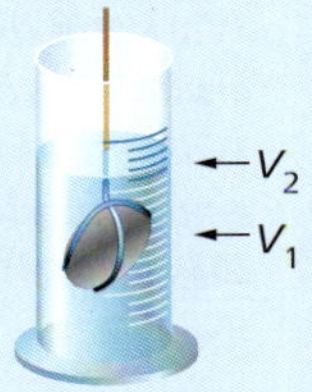

$V = V_2 - V_1$

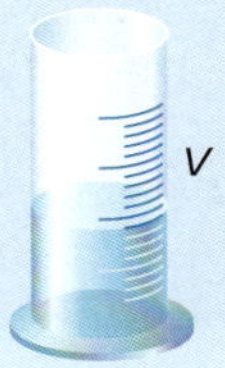

V direkt ablesbar

Jeder Körper besteht aus einem oder mehreren Stoffen. Jeder Stoff hat eine bestimmte **Dichte.**

Die Dichte ϱ gibt an, welche Masse jeder Kubikzentimeter Volumen eines Stoffes hat.

Die Dichte ϱ ergibt sich als Quotient von Masse *m* und dem Volumen *V*.

$$\varrho = \frac{m}{V}$$

Die Einheiten der Dichte sind:

$$1\,\frac{g}{cm^3} = 1\,\frac{kg}{dm^3} = 1\,000\,\frac{kg}{m^3}$$

Alle uns umgebenden Körper bestehen aus einem oder mehreren **Stoffen.** Dabei gilt:

Jeder Stoff hat eine für ihn typische Kombination von Eigenschaften.

Solche Eigenschaften von Stoffen sind die **Farbe,** der **Geruch,** die **Dichte,** die **Härte,** die **Leitfähigkeit für Wärme,** die **elektrische Leitfähigkeit,** der **Aggregatzustand** bei Zimmertemperatur, die **Siedetemperatur** oder die **Schmelztemperatur.**

Der Aufbau von Stoffen kann mit dem **Teilchenmodell** beschrieben werden.

1. Alle Stoffe bestehen aus Teilchen.
2. Die Teilchen befinden sich in ständiger Bewegung.

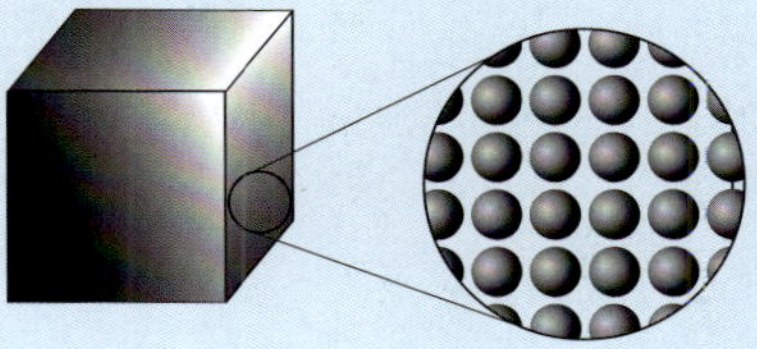

2.2 Thermisches Verhalten von Körpern

Leitungen – straff oder schlaff?
Wenn man elektrische Hochspannungsleitungen im Sommer und im Winter betrachtet, stellt man fest, dass diese Leitungen im Sommer meist tiefer durchhängen, während sie im Winter straffer gespannt sind.
Wie kann diese Erscheinung erklärt werden?
Was muss beim Bau von Hochspannungsleitungen aufgrund dieser Erscheinung beachtet werden?

Stahl verändert sein Volumen
In Stahlwerken wird flüssiger Stahl in Kokillen gegossen und kühlt dort allmählich ab.
Wie verändert sich das Volumen des Stahls beim Abkühlen?
Was muss man beachten, wenn man ein Werkstück durch Gießen in einer Form herstellt?

Leitungen mit Schleifen
Rohrleitungen, z. B. für Fernwärme, werden in bestimmten Abständen als Schleifen verlegt, Dehnungsschleifen genannt.
Welche Funktion haben diese Dehnungsschleifen?
Was könnte passieren, wenn man Rohrleitungen ohne Dehnungsschleifen verlegt?

Die Temperatur

Wir können wahrnehmen, ob Wasser heiß oder kalt ist. Genauer wird die Eigenschaft von Körpern, unterschiedlich heiß oder kalt zu sein, durch die physikalische Größe **Temperatur** beschrieben.

> **Die Temperatur gibt an, wie heiß oder wie kalt ein Körper ist.**
>
> **Formelzeichen:** ϑ **(griechischer Buchstabe, sprich: theta)**
>
> **Einheit:** **1 Grad Celsius (1 °C)**

Zur Angabe der Temperatur eines Körpers in Grad Celsius (°C) wird die **Celsiusskala** genutzt. Benannt ist diese Skala nach dem schwedischen Naturforscher ANDERS CELSIUS (1701–1744).
Temperaturen werden mit Thermometern gemessen. Während die ersten Thermometer noch keine festgelegten Skalen hatten, entwickelte CELSIUS um 1742 eine Skala mit 0 Grad als Siedepunkt des Wassers und 100 Grad als Schmelzpunkt. Um 1750 erfolgte die Umwandlung in die heute übliche Form.

Temperatur und Teilchenbewegung

Alle festen Stoffe, Flüssigkeiten und Gase bestehen aus sehr kleinen Teilchen, den Atomen und Molekülen. Diese befinden sich in ständiger Bewegung und zwischen ihnen wirken Kräfte.
Die Geschwindigkeiten der Teilchen eines Stoffes sind unterschiedlich groß, schwanken jedoch um einen Mittelwert herum. Wie groß die mittlere Geschwindigkeit aller Teilchen eines Stoffes ist, hängt von der Art des Stoffes, vom Aggregatzustand und vor allem von der Temperatur ab. Für feste, flüssige und gasförmige Körper gilt:

> **Je höher die Temperatur eines Körpers ist, desto größer ist die mittlere Geschwindigkeit aller Teilchen des Stoffes, aus dem der Körper besteht.**

Temperaturen in Natur und Technik	
im Zentrum der Sonne	160 Mio °C
Oberfläche der Sonne	6 000 °C
Glühwendel in der Glühlampe	2 500 °C
Flamme eines Bunsenbrenners	1 700 °C
Kerzenflamme	1 200 °C
Rot glühender Stahl	800 °C
Siedetemperatur von Wasser	100 °C
höchste auf der Erde gemessene Lufttemperatur	58 °C
normale Körpertemperatur des Menschen	37 °C
Schmelztemperatur von Eis	0 °C
Tiefkühlfach im Kühlschrank	– 20 °C
tiefste auf der Erde gemessene Lufttemperatur	– 88 °C
Temperatur flüssiger Luft	– 193 °C
tiefste Temperatur, die möglich ist	– 273 °C

Mit der Geschwindigkeit verändert sich auch die Energie der einzelnen Teilchen. Je größer die Temperatur eines Körpers ist, desto größer ist die Geschwindigkeit bzw. die Energie der Teilchen. Damit ist die Temperatur eines Körpers ein Maß für die mittlere Geschwindigkeit der Teilchen.

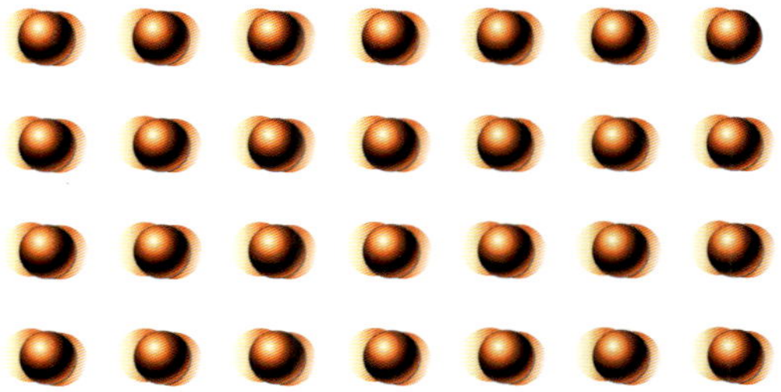

1 Teilchenbewegung bei niedriger Temperatur: Die Teilchen schwingen hin und her.

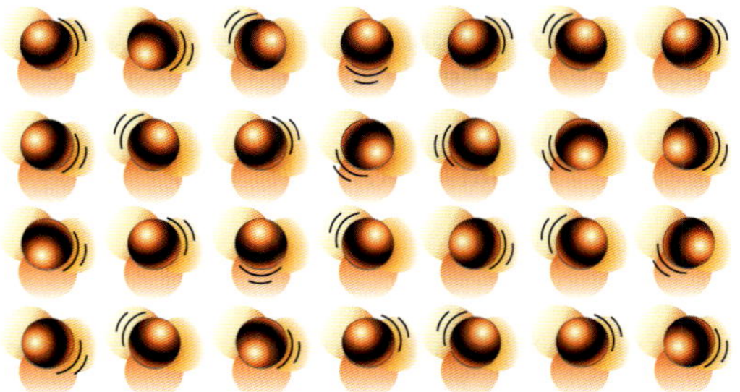

2 Teilchenbewegung bei höherer Temperatur: Die Teilchen schwingen heftiger.

Absoluter Nullpunkt und Kelvinskala

Bei Verringerung der Temperatur bewegen sich die Teilchen aller Stoffe weniger heftig. Die tiefstmögliche Temperatur ist deshalb diejenige, bei der alle Teilchen eines Stoffes zur Ruhe kommen. Diese Temperatur wird als **absoluter Nullpunkt** bezeichnet.

> **Der absolute Nullpunkt ist die tiefstmögliche Temperatur. Sie beträgt –273,15 °C.**

Diesen Wert hat man theoretisch berechnet. In der Praxis ist er nicht erreichbar, da es eine völlige Bewegungslosigkeit der Teilchen nicht gibt.
Der englische Naturforscher WILLIAM THOMSON (1834–1907), später zum LORD KELVIN geadelt, wählte den absoluten Nullpunkt zum Ausgangspunkt einer Temperaturskala.
Diese Temperaturskala, die mit dem tiefstmöglichen Wert von –273,15 °C beginnt, wird zu Ehren von LORD KELVIN auch **Kelvinskala** genannt. Die Temperaturen dieser Skala heißen absolute Temperaturen. Da für die Kelvinskala die gleiche Einteilung wie für die Celsiusskala gewählt wurde (Abb. 1), entsprechen 0 °C dann 273,15 K. Häufig rechnet man mit 273 K. Für eine Temperatur von 20 °C kann dann z. B. geschrieben werden: $\vartheta = 20\,°C$ oder $T = 293\,K$.

> **Die Temperatur kann auch in der Kelvinskala angegeben werden (absolute Temperatur).**
>
> **Formelzeichen: *T***
> **Einheit: 1 Kelvin (1 K)**

Temperaturdifferenzen werden meist in Kelvin angegeben. Für den Zusammenhang von Temperaturen in K und in °C gilt:

$$\frac{T}{K} = \frac{\vartheta}{°C} + 273$$

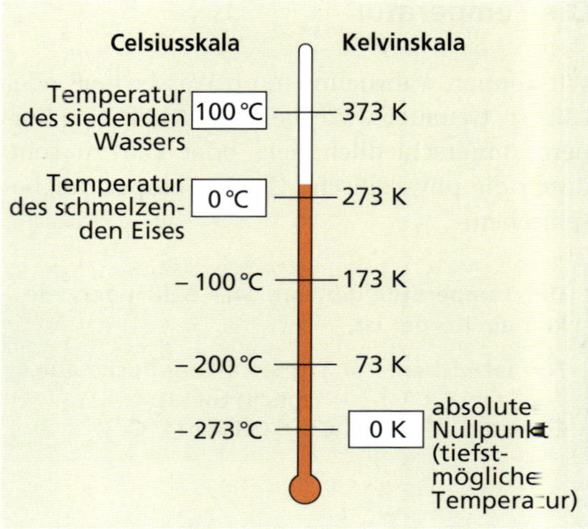

1 Celsiusskala und Kelvinskala im Vergleich

Mosaik

Weitere Temperaturskalen

Temperaturangaben müssen für jedermann und überall dasselbe aussagen. Das gelingt mit Bezugspunkten, die überall auf der Welt gleich sind. In der Geschichte der Physik hat es verschiedene Vorschläge gegeben, von denen einige noch heute in Gebrauch sind (Abb. 2).

Der schwedische Forscher ANDERS CELSIUS (1701 bis 1744) wählte die Temperaturen von schmelzendem Eis (0 °C) und siedendem Wasser (100 °C) und teilte den Abstand zwischen ihnen in 100 gleiche Teile. Noch vor CELSIUS, im Jahre 1714, entwickelte der Physiker GABRIEL DANIEL FAHRENHEIT (1686–1736) seine Temperaturskala. Fixpunkte sind die Temperatur eines Gemisches aus Eis, Salmiak und Wasser (0 °F) und unserer Körpertemperatur (100 °F). Bei uns werden Temperaturen in der Regel in Grad Celsius angegeben, in den USA in °F.

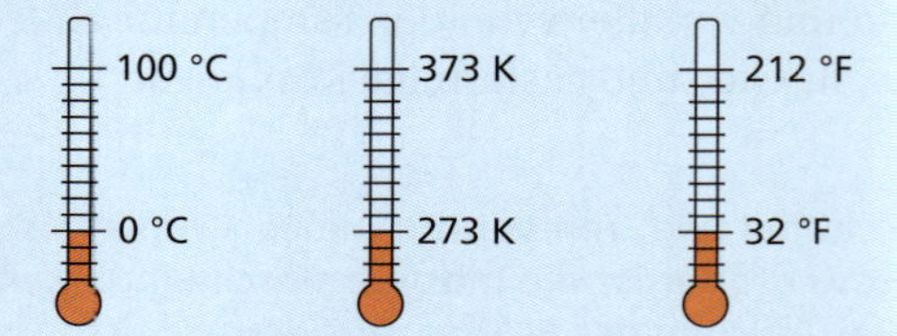

2 Verschiedene Temperaturskalen im Vergleich

Mosaik

Verschiedene Thermometer für unterschiedliche Anwendungen

Je nach Verwendungszweck und Bauform gibt es unterschiedliche Arten von Thermometern. Die Thermometer unterscheiden sich nicht nur in ihrem Aufbau und ihrer Wirkungsweise, sondern vor allem auch in ihren Messbereichen. Im Haushalt werden vielfach verschiedene Arten von Flüssigkeitsthermometern verwendet (Abb. 1).

Als **Zimmerthermometer** nutzt man meist Thermometer mit einem Messbereich, der zwischen –10 °C und 40 °C liegt (Abb. 1a).
Als **Außenthermometer** haben sie meist einen Messbereich zwischen –30 °C und 50 °C.

Mit **Kühlschrankthermometern** (Abb. 1b) will man die Temperatur im Innern eines Kühlschranks messen. Der Messbereich solcher Thermometer geht deshalb meist bis –20 °C oder –30 °C.

Mit einem **Fieberthermometer** soll möglichst genau die Körpertemperatur gemessen werden. Der Messbereich dieser Thermometer liegt deshalb zwischen 35 °C und 42 °C, also im Bereich der normalen Körpertemperatur von 37 °C (Abb. 1c). Da es hier auf sehr genaue Messungen ankommt, besitzen Fieberthermometer eine hohe Messgenauigkeit, mit der man auf 0,1 °C genau ablesen kann.

Mit **Laborthermometern** (Abb. 1d) kann man z. B. auch Temperaturen von über 100 °C messen.

Neben Flüssigkeitsthermometern gibt es auch Thermometer bzw. Temperaturanzeigen, bei denen völlig andere technische Prinzipien genutzt werden.

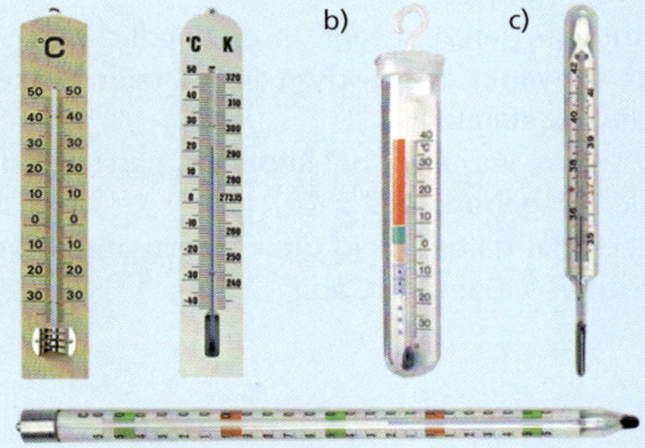

1 Verschiedene Flüssigkeitsthermometer

Weit verbreitet sind **Bimetallthermometer** (Abb. 2). Genutzt wird bei solchen Thermometern die Veränderung der Krümmung eines Bimetallstreifens bei Temperaturänderung.
Zunehmend verwendet werden **elektrische Thermometer** (Abb. 3).

2 Bimetallthermometer

Besonders interessant ist das **galileische Thermometer** (Abb. 4), das GALILEO GALILEI (1564–1642) erfunden hat und dessen Wirkungsweise mit dem Auftrieb in Flüssigkeiten erklärt werden kann.
Es gibt auch Thermometer, bei denen genutzt wird, dass bestimmte Stoffe mit der Temperatur ihre Farbe wechseln. Abb. 5 zeigt ein solches Thermometer.

3 Elektrisches Termometer

4 Thermometer nach GALILEI

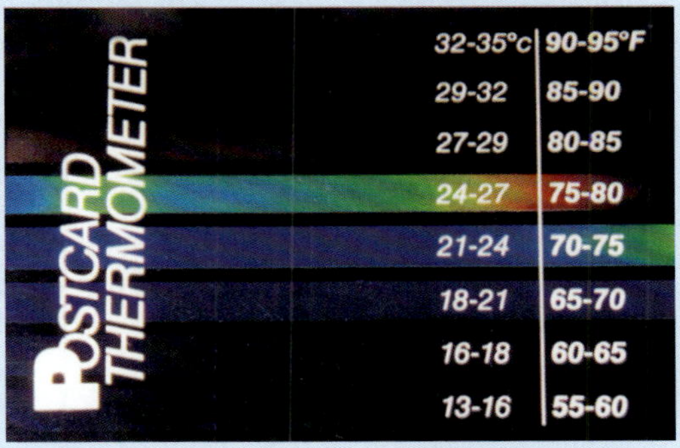

5 Thermometer mit Thermofarben

Thema

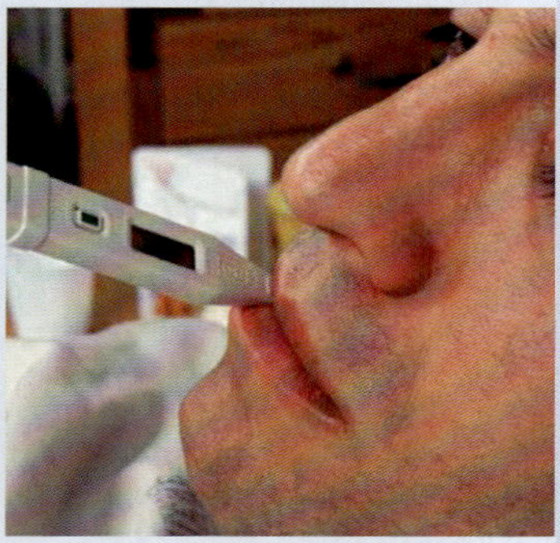

1 Die Körpertemperatur kann an unterschiedlichen Stellen gemessen werden.

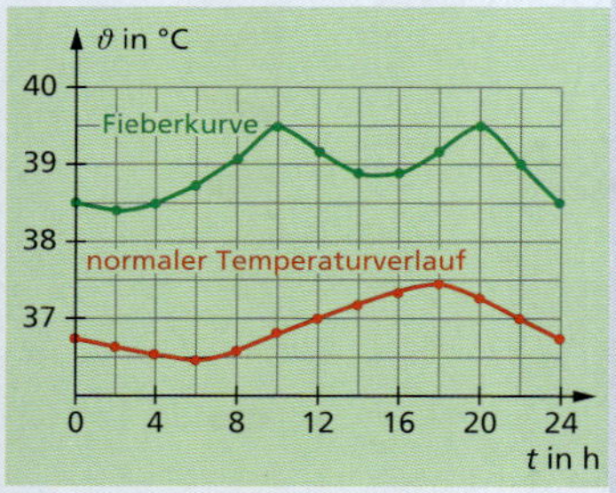

2 Die Körpertemperatur des Menschen ist über den Tag hinweg nicht konstant.

Körpertemperaturen

Die Temperatur, die der **Mensch** oder ein anderes Lebewesen hat, wird als Körpertemperatur bezeichnet.

Körpertemperatur von Menschen

Beim Menschen – einem „gleichwarmen Säugetier" – beträgt die Körpertemperatur etwa 37 °C. Sie wird mit Fieberthermometern (Bild 1) gemessen. Diese Temperatur hat nicht für alle Personen den gleichen Wert und ist auch für eine Person nicht konstant. So gibt es eine individuelle Spannbreite, also Personen mit einer ständig etwas höheren oder etwas niedrigeren Temperatur.

Darüber hinaus ändert sich die Körpertemperatur beim Menschen im Laufe eines Tages. Früh gegen 6 Uhr ist sie besonders niedrig, am späten Nachmittag gegen 18 Uhr erreicht sie einen Höchstwert. Die **Temperaturschwankung** beträgt bis zu 1 °C am Tag (Bild 2). Welche Körpertemperatur gemessen wird, ist auch davon abhängig, ob man die Temperatur auf der Haut (z. B. unter der Achsel) oder in einer Körperhöhle misst. Als **normaler Wert** für die menschliche Körpertemperatur gilt bei Messung in Körperhöhlen:
$\vartheta = (36{,}8\,°C \pm 0{,}5\,°C)$

Bei Messung auf der Haut gilt als Normalwert: $\vartheta = (36{,}3\,°C \pm 0{,}5\,°C)$

Bei Erkrankungen können höhere Temperaturen auftreten. Man spricht dann von erhöhter Temperatur oder von **Fieber.** Der Grenzwert für den Menschen nach oben ist eine Temperatur von 42,6 °C, weil bei dieser Temperatur die Eiweißgerinnung beginnt. Körpertemperaturen von weniger als 20 °C sind für den Menschen tödlich.

Körpertemperatur von Tieren

Die Körpertemperatur von Tieren ist sehr unterschiedlich. Bei gleichwarmen Tieren schwankt sie zwischen 44,6 °C beim Rotkehlchen und 30 °C bei der Haselmaus.
Bei wechselwarmen Tieren, vor allem bei Reptilien, passt sich die Körpertemperatur der Umgebung an.
Bei Tieren, die Winterschlaf halten, sinkt die Körpertemperatur meist auf Werte zwischen 9 °C und 1 °C ab.

… und mehr

Informiere dich auch unter: *Gefühlte Temperatur, Temperatur von Körpern, Thermometer, Anders Celsius, Lord Kelvin, Fahrenheit, Reaumur, …*

Volumen- und Längenänderung von festen Körpern

Jeder Körper nimmt bei einer bestimmten Temperatur einen bestimmten Raum ein. Er besitzt ein bestimmtes Volumen.
Erwärmungen oder Abkühlungen führen zu Änderungen der Abmessungen eines Körpers (Abb. 1). Unter der Bedingung, dass sich ein Körper ausdehnen kann, gilt:

Wenn sich die Temperatur eines Körpers ändert, dann ändert sich auch sein Volumen.

Schon an einer Eisenkugel lässt sich nachweisen, dass sich ihr Volumen vergrößert, wenn man sie erhitzt (Abb. 2). Lange feste Körper wie Brücken, Eisenbahnschienen oder Hochspannungsleitungen (Abb. 1a) vergrößern bei Erwärmung ihr Volumen. Bei diesen Körpern ist aber nur die Längenänderung von praktischer Bedeutung.
Sie hängt von der ursprünglichen Länge, von der Temperaturänderung und vom Stoff ab, aus dem der Körper besteht.

Die Längenänderung fester Körper ist umso größer,

- **je länger der Körper ist und**
- **je größer die Temperaturänderung ist.**

Die Volumen- bzw. Längenänderung von Körpern lässt sich mit dem Teilchenmodell (s. S. 36) deuten.

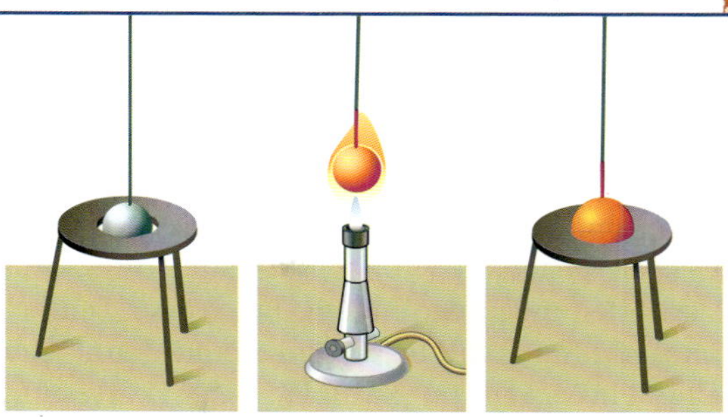

2 Bei Zimmertemperatur passt die Eisenkugel gerade noch durch eine Öffnung. Wird sie erhitzt, dehnt sie sich aus und passt nicht mehr hindurch.

Vergrößert sich die Temperatur eines Körpers, so bewegen sich die Teilchen heftiger. Ihr mittlerer Abstand voneinander vergrößert sich. Damit vergrößert sich das Volumen bzw. die Länge des betreffenden Körpers.

Längenänderung eines Körpers von 10 m Länge bei einer Temperaturänderung von 10 K

Stoff	Längenänderung
Aluminium	2,4 mm
Beton	1,2 mm
Eisen	1,2 mm
Glas	1,0 mm
Gold	1,4 mm
Holz	0,8 mm
Kupfer	1,6 mm
Messing	1,8 mm
Silber	2,0 mm
Stahl	1,2 mm
Zink	3,6 mm
Zinn	2,7 mm

1a Im Sommer hängen Hochspannungsleitungen zwischen den Masten in der Regel mehr durch als im Winter.

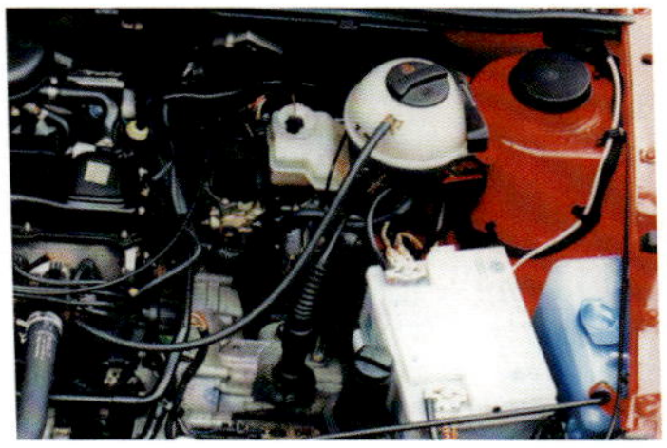

1b Zur Wasserkühlung eines Motors gehört ein Ausgleichsgefäß. Es gibt Raum für die sich ausdehnende Kühlflüssigkeit.

1c Das erhitzte Gas dehnt sich aus und bläht einen Heißluftballon auf. Ein Teil des ursprünglich vorhandenen Gases entweicht.

Volumenänderung von Flüssigkeiten

In Kaufhäusern, Hotels oder Bürohäusern sind zum Schutz vor Bränden Sprinkleranlagen in den Decken installiert (Abb. 1). Sie sind direkt mit Wasserleitungen verbunden. Bei großer Temperaturerhöhung wie bei einem Brand dehnt sich eine Flüssigkeit im Sprühkopf stark aus und „sprengt“ das Röhrchen. Das Löschwasser hat freien Lauf.

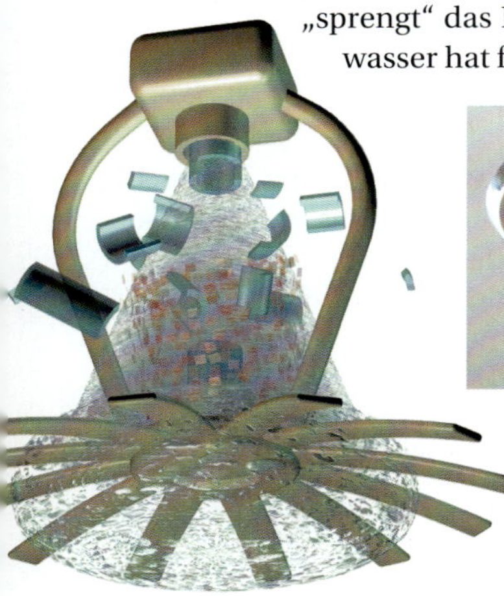

1 Im Sprühkopf einer Sprinkleranlage dehnt sich bei Temperaturanstieg eine Flüssigkeit so stark aus, dass ihr Behältnis zerspringt.

Das in Abb. 2 dargestellte Experiment zeigt, wie unterschiedlich sich das Volumen von verschiedenen Flüssigkeiten vergrößert, wenn man sie der gleichen Temperaturänderung aussetzt.

Die meisten Flüssigkeiten dehnen sich bei Erhöhung der Temperatur aus und ziehen sich bei Verringerung der Temperatur zusammen.

Wasser macht bei niedriger Temperatur eine Ausnahme (s. S. 53). Sein nicht normales Verhalten wird als **Anomalie des Wassers** bezeichnet.

Wie stark sich das Volumen einer Flüssigkeit ändert, hängt ab
- vom Stoff, aus dem die Flüssigkeit besteht,
- vom ursprünglichen Volumen der Flüssigkeit,
- von der Temperaturänderung.

So vergrößert sich z. B. das Volumen von 10 l Heizöl um 90 ml, wenn man seine Temperatur um 10 °C erhöht. Das Volumen von Wasser ändert sich dagegen bei der gleichen Temperaturänderung nur um 18 ml (s. Tabelle rechts).

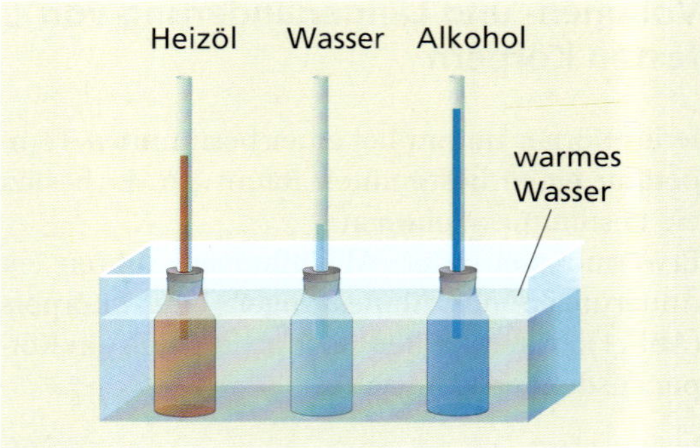

2 Bei Zimmertemperatur standen die Flüssigkeiten in den drei Steigrohren gleich hoch: Ihr Ausgangsvolumen war gleich. Bei gleicher Temperaturerhöhung dehnt sich Alkohol am meisten aus.

Volumenänderung von 10 l Flüssigkeit, wenn sich deren Temperatur um 10 K ändert

Stoff	Volumenänderung
Alkohol	110 ml
Benzin	100 ml
Glycerin	50 ml
Heizöl	90 ml
Quecksilber	18 ml
Wasser	18 ml

Mosaik

Flüssigkeitsthermometer

Die Volumenänderung von Flüssigkeiten und Gasen mit der Temperatur wird bei Flüssigkeitsthermometern (Abb. 3) und Gasthermometern (s. S. 54) genutzt. Als Thermometerflüssigkeit wird meist gefärbter Alkohol verwendet. Wasser ist wegen seines besonderen Verhaltens (s. S. 53) nicht geeignet.

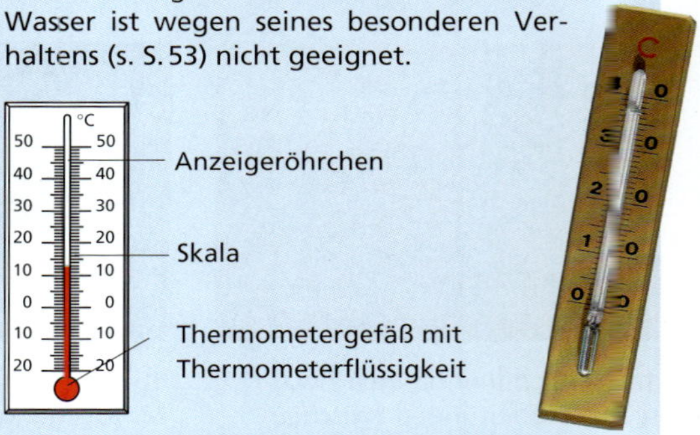

3 Aufbau eines Flüssigkeitsthermometers

Mosaik

Die Anomalie des Wassers

Bei Temperaturen über 4 °C verhält sich Wasser wie andere Flüssigkeiten. Bei Erhöhung der Temperatur dehnt es sich aus, bei Verringerung der Temperatur wird sein Volumen kleiner.

Kühlt sich Wasser aber unter 4 °C ab, so wird sein Volumen nicht kleiner, sondern bis 0 °C wieder größer. Wasser hat bei 4 °C sein kleinstes Volumen und damit seine größte Dichte, da bei konstanter Masse $\varrho \sim 1/V$ gilt. Dieses „nicht normale" Verhalten von Wasser wird in der Physik als Anomalie des Wassers bezeichnet (Abb. 1).

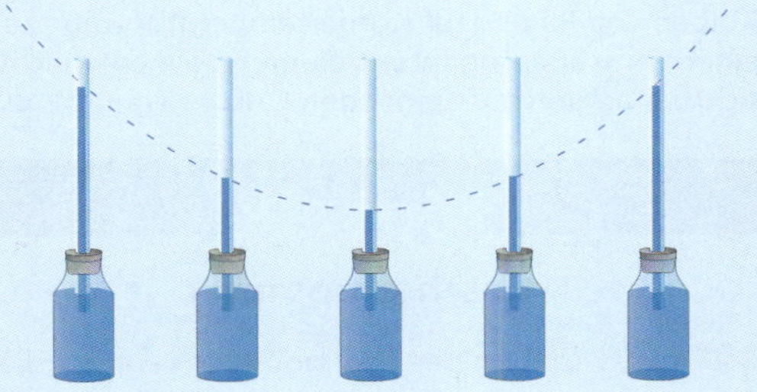

1 Bei 4 °C hat Wasser sein kleinstes Volumen und seine größte Dichte.

Die Anomalie des Wassers ist für das Leben von Tieren und Pflanzen im Wasser sehr wichtig.

Im Sommer wird das Wasser von der Sonne erwärmt. Das leichtere, wärmere Wasser bleibt an der Oberfläche, tiefer liegende Schichten sind kühler. Es bildet sich eine stabile Temperaturschichtung des Wassers aus (Abb. 2). Das kannst du auch beim Baden feststellen.

Im Herbst (Abb. 3) und Winter (Abb. 4) kühlt sich das Wasser an der Oberfläche ab. Das Wasser mit der größeren Dichte sinkt nach unten. Bei Temperaturen um 4 °C bleibt dann das kühlere Wasser an der Oberfläche. Eine weitere Abkühlung führt zur Eisbildung an der Wasseroberfläche. Tiefer liegende Schichten haben eine Temperatur von 4 °C. Das Wasser gefriert in größeren Tiefen also nicht.

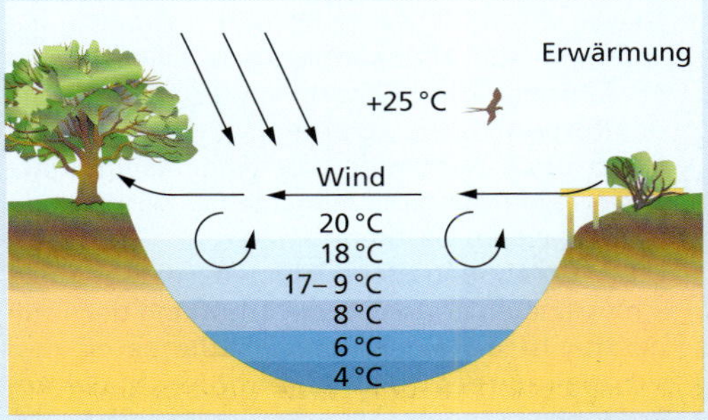

2 Sommerstabilität

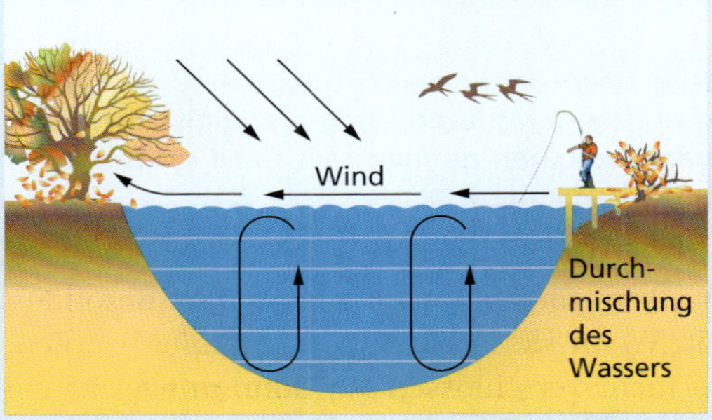

3 Herbstzirkulation

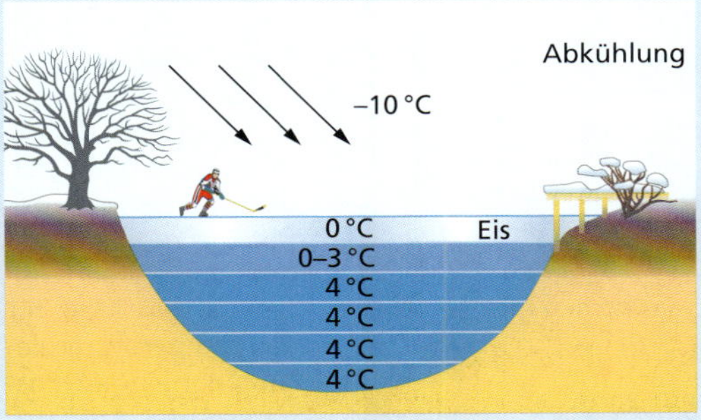

4 Winterstabilität

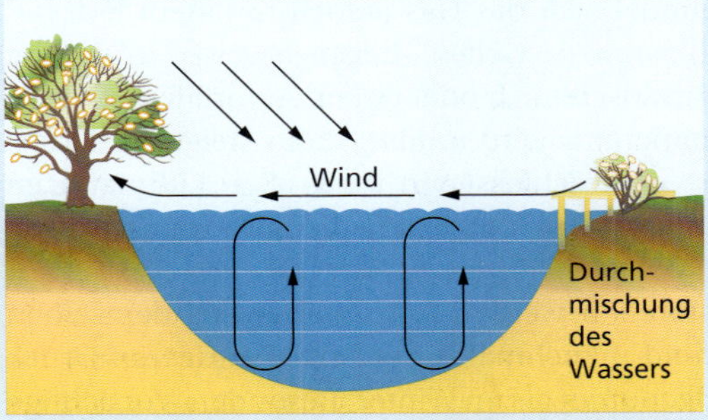

5 Frühjahrszirkulation

Volumenänderung von Gasen

Ebenso wie feste Körper und die meisten Flüssigkeiten dehnen sich auch Gase beim Erwärmen aus und ziehen sich beim Abkühlen zusammen (Abb. 1). Aber bei Gasen hängt die Volumenänderung bei Erwärmung nicht von der Art des Gases ab. Gase wie Luft, Butan oder Helium dehnen sich fast gleich stark aus.

Das Volumen eines Gases von 10 l vergrößert sich bei einer Erwärmung um 10 K um 366 ml. Zum Vergleich: Das Volumen von 10 l Wasser vergrößert sich bei der gleichen Temperaturänderung nur um 18 ml.

1 Wird die Luft in dem Gefäß erwärmt, so dehnt sie sich aus. Der Luftballon bläst sich auf.

Alle Gase dehnen sich gleich aus. Bei gleicher Temperaturänderung und gleichem Ausgangsvolumen dehnen sich Gase stärker aus als Flüssigkeiten.

Gase kennzeichnet noch eine weitere Besonderheit: Wenn sie in einem Gefäß erhitzt werden, das nicht verschlossen ist, dann entweicht ein Teil des Gases. Man kann das leicht in einem Experiment (Abb. 2) erkennen.
Befindet sich das Gas jedoch in einem fest verschlossenen Gefäß, beispielsweise in einem Fahrradschlauch oder einem Autoreifen, und die Temperatur wird erhöht, dann steigt der Druck der eingeschlossenen Luft. Bei Luftmatrazen kann das an besonders heißen Sommertagen zum Platzen führen.
Autoreifen werden im Sommer aus demselben Grund manchmal mit einem niedrigeren Druck aufgepumpt als im Winter. Besonders Vorsichtige schützen die Autoreifen bei längerem Halt in der Hitze mit Pappkartons oder hellen Tüchern.

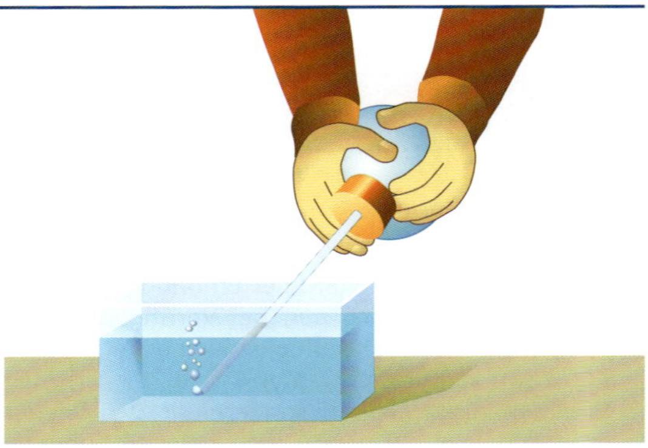

2 Schon eine Erhöhung der Lufttemperatur im Kolben von Raum- auf Körpertemperatur führt zu einer Vergrößerung ihres Volumens: Sie entweicht, sichtbar an den aufsteigenden Luftblasen im Wasser.

Mosaik

Gasthermometer

Die Entwicklung der Thermometer kann als die erste wissenschaftlich-praktische Nutzung der Erkenntnis von der Wärmeausdehnung verschiedener Körper angesehen werden.
Als Erfinder des Thermometers oder seines Vorläufers, des Thermoskops (ohne Skala), gelten GALILEO GALILEI (1564–1642) und – unabhängig von ihm – der Arzt SANTORIUS aus Italien, der im 16. Jahrhundert ein Thermometer zur Messung der Körpertemperatur erfand.
Die ersten Thermometer, die in der ersten Hälfte des 17. Jahrhunderts allgemeine Verbreitung fanden, waren Gasthermometer.
Die Ausdehnung des Volumens einer eingeschlossenen Menge Luft bei Erhöhung der Temperatur ist die eigentliche Ursache dafür, dass sich die Lage des Quecksilbertropfens in der Anordnung verändert.

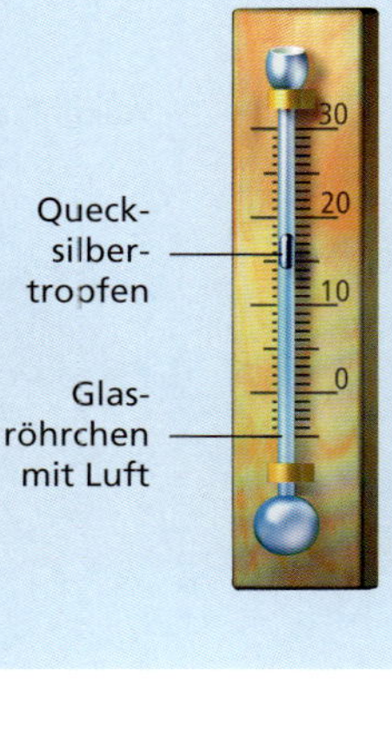

Die Abbildung zeigt den Aufbau eines Gasthermometers: Durch Ausdehnung der Luft bei Erwärmung verschiebt sich der Quecksilbertropfen. Die Verschiebung des Quecksilbertropfens ist ein Maß für die Temperaturänderung der eingeschlossenen Luft.

Körper in verschiedenen Aggregatzuständen

Alle Körper unserer Umgebung haben bei Zimmertemperatur einen bestimmten **Aggregatzustand.** Wasser ist flüssig, ein Hammer fest und die Luft gasförmig. Bei einer anderen Temperatur können diese Körper aber auch in einem anderen Aggregatzustand vorliegen (Abb. 1). Wasser kann zu Eis werden, Stahl kann schmelzen, Luft kann verflüssigt werden.

> **Körper können sich im festen, flüssigen oder gasförmigen Aggregatzustand befinden.**

Je nachdem, in welchem Aggregatzustand sich ein Körper befindet, ändert sich mit der Temperatur auch sein Volumen (s. S. 51 ff.). Der Körper bleibt aber in demselben Aggregatzustand.
Damit ein Körper seinen Aggregatzustand ändert, muss ihm Wärme zugeführt oder entzogen werden. Abb. 2 benennt die Vorgänge, bei denen sich die Aggregatzustände ändern. Das geschieht bei der Schmelztemperatur bzw. bei der Siedetemperatur.

Schmelzen und Erstarren

Wird einem festen Körper, z. B. Eis oder Stahl, Wärme zugeführt, so steigt seine Temperatur. Der Körper bleibt aber zunächst im festen Aggregatzustand. Bei einer bestimmten Temperatur, der **Schmelztemperatur,** wird der Körper flüssig.

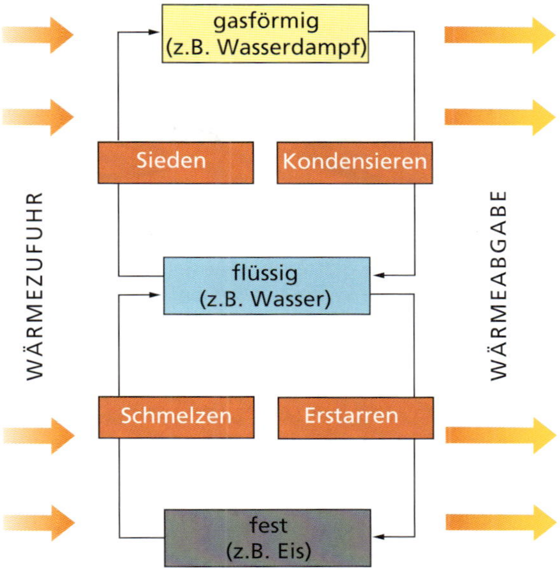

2 Aggregatzustände und ihre Änderungen

Solange der Körper schmilzt, sind sowohl feste als auch flüssige Teile des Körpers vorhanden. Seine Temperatur ändert sich nicht. Die gesamte zugeführte Wärme wird für das Schmelzen benötigt, also für die Umwandlung des Körpers vom festen in den flüssigen Aggregatzustand. Erst wenn der gesamte Körper geschmolzen ist, steigt seine Temperatur wieder an.
Die Schmelztemperatur ist abhängig von dem Stoff, aus dem der Körper besteht.
Körper können auch direkt vom festen in den gasförmigen Aggregatzustand übergehen. Dieser Vorgang heißt **Sublimieren.** Er tritt z. B. bei Schnee oder Eis auf.

1a Wasser geht bei Temperaturen unter 0 °C in seinen festen Zustand über und liegt als Eis vor.

1b Schokolade wird beim Erwärmen flüssig und kann z. B. für Glasuren genutzt werden.

1c Luft und andere Gase können bei sehr tiefen Temperaturen auch flüssig sein.

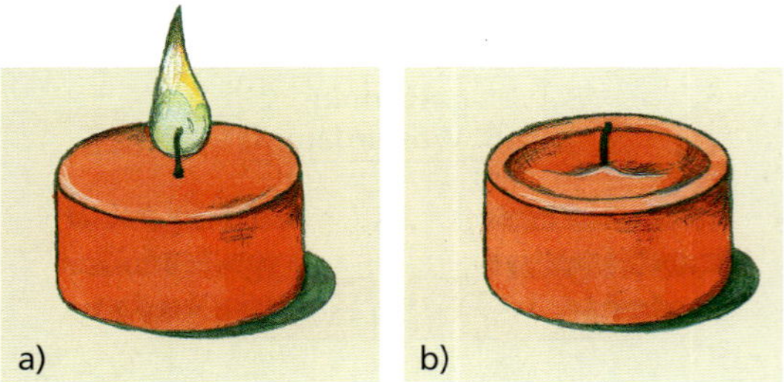

1 Das flüssige Kerzenwachs auf der brennenden Kerze bildet eine glatte Oberfläche (a). Beim Erstarren zieht sich das Wachs zusammen. Das feste Wachs bildet auf der Oberfläche eine Mulde (b).

Wenn einem flüssigen Körper Wärme entzogen wird, so geht er bei seiner Erstarrungstemperatur vom flüssigen in den festen Aggregatzustand über.
Schmelztemperatur und Erstarrungstemperatur eines Stoffes sind gleich groß: So schmilzt z. B. Eis bei 0 °C. Bei ebenfalls 0 °C erstarrt Wasser.

> **Ein Körper geht bei der Schmelztemperatur vom festen in den flüssigen Aggregatzustand (Schmelzen) bzw. vom flüssigen in den festen Aggregatzustand (Erstarren) über.**

Die Schmelztemperatur ist auch vom Druck abhängig. Für Eis gilt: Die Schmelztemperatur ist umso niedriger, je größer der Druck ist.
Während des Schmelzens und des Erstarrens ändert sich mit dem Aggregatzustand auch das Volumen des Körpers (Abb. 1). Bei den meisten Körpern vergrößert sich beim Schmelzen das Volumen. Eis bildet hier eine Ausnahme.

Sieden und Kondensieren

Wird einem flüssigen Körper, z. B. Wasser, Wärme zugeführt, so steigt zunächst seine Temperatur, bis er zu sieden beginnt und gasförmig wird. Solange das Wasser siedet, also sowohl flüssige als auch gasförmige Teile vorhanden sind, ändert sich die Temperatur des Wassers nicht. Die gesamte zugeführte Wärme wird für die Umwandlung des Körpers vom flüssigen in den gasförmigen Aggregatzustand benötigt. Erst dann steigt die Temperatur des Körpers wieder an.

Umgekehrt gilt: Wenn einem gasförmigen Körper Wärme entzogen wird, so geht er bei seiner **Kondensationstemperatur** vom gasförmigen in den flüssigen Aggregatzustand über. Siedetemperatur und Kondensationstemperatur eines Stoffes sind immer gleich groß.

> **Ein Körper geht bei der Siedetemperatur vom flüssigen in den gasförmigen Aggregatzustand (Sieden) bzw. vom gasförmigen in den flüssigen Aggregatzustand (Kondensieren) über.**

Wie die Schmelztemperatur ist auch die Siedetemperatur druckabhängig. Für Wasser gilt: Die Siedetemperatur ist umso höher, je größer der Druck ist. Bei normalem Luftdruck beträgt die Siedetemperatur von Wasser 100 °C. Auf hohen Bergen ist der Luftdruck geringer. Die Siedetemperatur von Wasser liegt dann unter 100 °C. Auf dem höchsten Berg Deutschlands, der Zugspitze (2 962 m), siedet Wassser bei etwa 90 °C. In Schnellkochtöpfen dagegen ist der Druck höher als der normale Luftdruck. Die Siedetemperatur des Wassers liegt über 100 °C.

Schmelztemperatur ϑ_S und Siedetemperatur ϑ_V einiger Stoffe bei normalem Druck

Stoff	ϑ_S in °C	ϑ_V in °C
Aluminium	660	2 450
Antimon	631	1 635
Blei	327	1 740
Eisen	1 540	3 000
Glycerin	18	291
Gold	1 063	2 660
Kupfer	1 083	2 600
Messing	320	1 160
Platin	1739	3 827
Quecksilber	−39	357
Wasser	0	100
Wolfram	3 410	5 500
Zink	419	907
Zinn	232	2 680

Physik in Natur und Technik

Ein selbstgebautes Thermometer

Die Fixpunkte der Celsiusskala sind leicht herzustellen. Dies kann man beim Bau eines Thermometers nutzen.
Wie kann man ein Flüssigkeitsthermometer mit einer Celsiusskala herstellen?

Die Fixpunkte der Celsiusskala sind 0 °C (Schmelztemperatur von Eis) und 100 °C (Siedetemperatur von Wasser).
Für das Flüssigkeitsthermometer benötigt man ein Thermometergefäß mit Anzeigeröhrchen und Thermometerflüssigkeit (z. B. gefärbten Alkohol). Dieses Thermometer, das noch keine Skala hat, wird zunächst in ein Gemisch aus Wasser und Eis getaucht (Abb. 1). Wenn sich die Flüssigkeitssäule im Anzeigeröhrchen nicht mehr ändert, kann man den Stand der Säule markieren. Damit wäre der erste Fixpunkt 0 °C ermittelt. Dann wird das Thermometer in siedendes Wasser gehalten. Wenn sich die Höhe der Flüssigkeitssäule nicht mehr ändert, kann der zweite Fixpunkt 100 °C markiert werden. Anschließend wird der Abstand zwischen den beiden Punkten in 10 gleiche Abstände unterteilt. Somit erhält man eine Temperaturskala, die eine Skaleneinteilung von jeweils 10 °C besitzt.

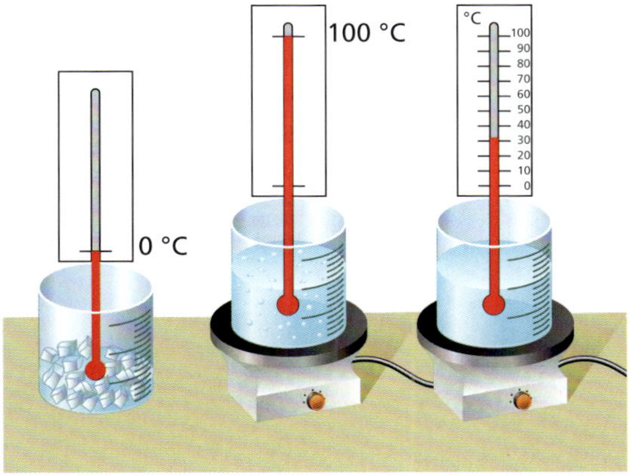

1 Festlegung der Fixpunkte eines Flüssigkeitsthermometers

Vorsicht beim Tanken im Sommer

In der Regel tankt man sein Auto voll. Im Sommer kann das jedoch gefährlich werden, wenn der Tank randvoll gefüllt wird.
Warum sollte man an heißen Sommertagen den Tank eines Autos nie randvoll füllen?

Wie alle Flüssigkeiten dehnt sich das Benzin aus. Es wird an der Tankstelle aus unterirdischen Vorratsbehältern gepumpt und hat dann eine Temperatur von ca. 10 °C.
An Sommertagen mit 30 °C bedeutet das eine Temperaturerhöhung um 20 K. Wenn also ein Tank z. B. 50 l Benzin fasst, dann vergrößert sich das Volumen folgendermaßen:
Entsprechend den Tabellenwerten auf S. 52 vergrößert sich das Volumen von 10 l Benzin bei einer Temperaturänderung von 10 K um 100 ml.
50 l dehnen sich dann bei gleicher Temperaturänderung um $5 \cdot 100\,\text{ml} = 500\,\text{ml}$ aus. Bei einer doppelt so großen Temperaturänderung hat sich das Tankvolumen dann um das Doppelte vergrößert: Es sind 1 000 ml.
Das Volumen einer Tankfüllung Benzin von 50 l wird also um 1/50 größer. Das ist immerhin 1 l.
Wurde der Tank bei diesen Temperaturen bis zum Rand gefüllt, entweicht das überschüssige Benzin über ein Entlüftungsrohr (Abb. unten). Das verschmutzt nicht nur die Umwelt, sondern kann auch zur Ursache von Bränden werden.
Das Entlüftungsrohr dient ansonsten dazu, dass die Luft beim Tanken entweichen kann.

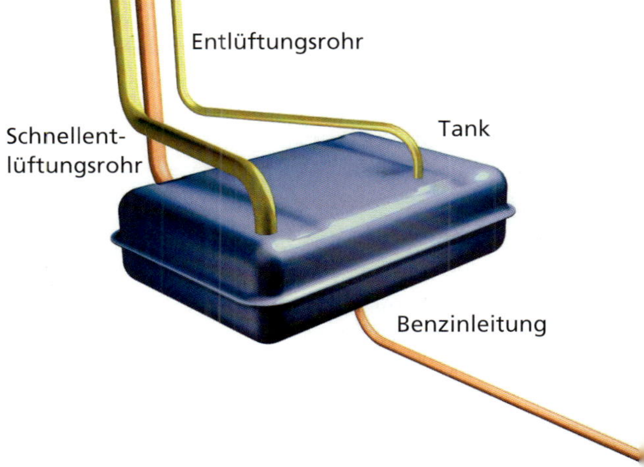

Feuermelder in Aktion

Kinos, Kaufhäuser oder Lagerhäuser sind mit Alarmanlagen für Feuer ausgerüstet. Diese Alarmanlagen dienen dem Schutz von Menschen und Sachwerten vor Feuer und Rauch.
Bei den Feueralarmanlagen gibt es Temperaturwarnanlagen, die das Überschreiten einer bestimmten Temperatur signalisieren, und Rauchmeldeanlagen, die die Lufttrübung bei Rauchentwicklung registrieren.
Wesentlicher Teil einer Temperaturwarnanlage ist ein Bimetallstreifen.
Wie ist ein Bimetallstreifen aufgebaut? Wie funktioniert er?

Ein Bimetallstreifen (bi = zwei) besteht aus zwei Streifen aus verschiedenen Metallen, z. B. aus Zink und Eisen oder aus Messing und Eisen (Abb. 1a). Die Metallstreifen sind fest miteinander verschweißt, verklebt oder vernietet.
Ändert sich die Temperatur, so dehnen sich beide Metalle aus. Bei gleicher Temperaturänderung dehnt sich jedoch Zink stärker als Eisen aus (s. Tabelle S. 51). Da beide Metalle fest miteinander verbunden sind, biegt sich der Bimetallstreifen bei Temperaturerhöhung zum Eisen hin. Bei Verringerung der Temperatur geht auch die Biegung wieder zurück.
Beschreibe den Aufbau der in Abb. 2 dargestellten Temperaturwarnanlage! Erkläre ihre Wirkungsweise!

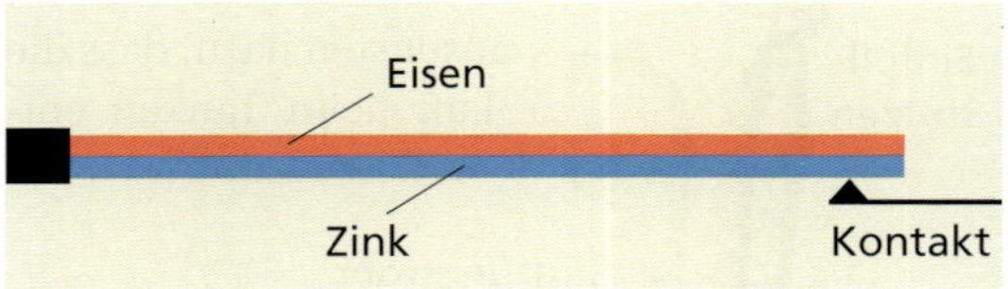

1a Bimetallstreifen bei Zimmertemperatur

1b Bimetallstreifen (erwärmt): Da sich Zink stärker als Eisen ausdehnt, krümmt sich der Bimetallstreifen.

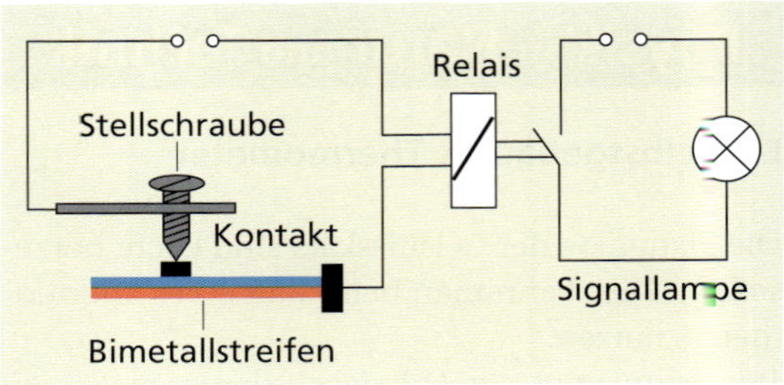

2 Aufbau einer Temperaturwarnanlage

Eine Temperaturwarnanlage dient dazu, eine erhöhte Temperatur in einem Raum, z. B bei Ausbruch eines Feuers, zu signalisieren. Sie besteht aus einem Bimetallschalter (Bimetallstreifen, Kontakt), einem Relais (elektromagnetischer Schalter) und einer Signallampe (Abb. 2).
Bei normaler Raumtemperatur ist der Bimetallschalter geschlossen. Die Signallampe leuchtet nicht. Erhöht sich die Temperatur, so biegt sich der aus zwei verschiedenen Metallen bestehende Bimetallstreifen. Der Kontakt öffnet sich, der Stromfluss wird unterbrochen. Dadurch wird im Relais der Stromkreis, in dem sich die Signallampe befindet, geschlossen. Sie leuchtet auf.
Mithilfe der Stellschraube kann die Temperatur eingestellt werden, bei der der Stromfluss unterbrochen wird. Je nach Raum wählt man dazu Temperaturen zwischen 40 °C und 90 °C.
Neben Temperaturwarnanlagen gibt es auch Rauchmelder, die allerdings nach einem anderen Prinzip arbeiten.

3 Automatische Rauch- oder Feuermelder sind meist an der Decke angebracht.

gewusst · gekonnt

1. Führe folgenden Versuch aus!

Was stellst du fest, wenn du deine Hände aus den beiden Schüsseln in die rechte Schüssel tauchst? Wie kann man diese Empfindungen erklären?

2. Erkunde, was für Thermometer es bei euch zu Hause gibt! Fertige nach dem Muster eine Übersicht an!

Verwendungszweck	Messbereich	Messgenauigkeit
…	…	…

3. In den rechts oben genannten Situationen soll jeweils die Temperatur gemessen werden. Dafür stehen die in der Abbildung dargestellten Thermometer zur Verfügung.

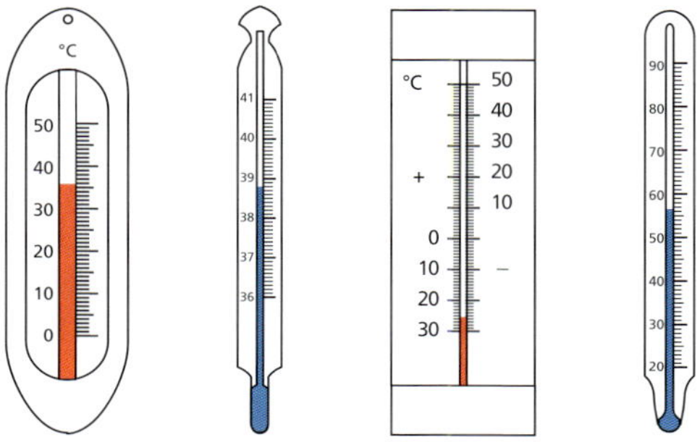

Gib an, welches Thermometer du für die Temperaturmessung in der jeweiligen Situation nutzen würdest! Begründe deine Wahl!

a) Temperatur in der Sauna
b) Körpertemperatur des Menschen
c) Außentemperatur der Luft
d) Temperatur im Tiefkühlfach des Kühlschranks

4. Welche Temperaturen zeigen die dargestellten Thermometer an?

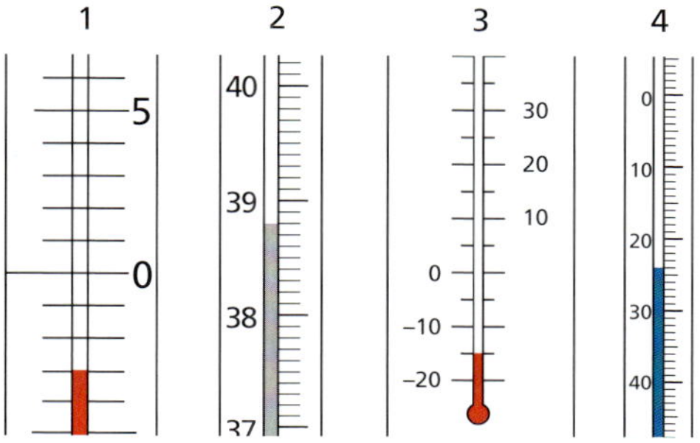

5. Als Thermometerflüssigkeit für Außenthermometer wird Quecksilber oder Alkohol verwendet. Warum ist Wasser als Thermometerflüssigkeit für Außenthermometer nicht geeignet?

***6.** Warum ist es schwierig, die Temperatur eines kompakten Körpers, z. B. eines glühenden Stahlblockes, zu messen? Wie könnte man dessen Temperatur bestimmen?

7. Miss an einem Tag in der Zeit von 8 Uhr bis 18 Uhr an einem Außenthermometer in Abständen von einer Stunde die Temperatur! Achte darauf, dass das Thermometer im Schatten hängt! Trage die Messwerte in eine Tabelle ein!
Stelle die Messwerte in einem Temperatur-Zeit-Diagramm dar! Interpretiere dieses Diagramm!

8. Erkunde, welche höchsten und welche tiefsten Lufttemperaturen in Deutschland und in der Welt jemals gemessen worden sind! Nutze für deine Recherche das Internet, insbesondere auch die Adresse **www.schuelerlexikon.de!**

9. Erkunde, welche Stoffe sich bei Erwärmung besonders stark ausdehnen!

10. Es gibt Thermometer, die die Ausdehnung von Quecksilber, Alkohol oder Gasen nutzen. Warum kommt nicht auch Wasser als Thermometerflüssigkeit infrage?

11. Warum kann ein aufgeblasener Luftballon in der Sonne zerplatzen?

12. Eine Wasserflasche aus Glas blieb unbemerkt bei starkem Frost im Kofferraum eines Autos liegen. Als am nächsten Tag die Temperaturen wieder bei etwa 6 °C lagen, gab es eine unangenehme Überraschung. Welche könnte das gewesen sein? Erkläre!

13. Ein Tischtennisball kann leicht eine Delle bekommen. Was kann man tun, um ihn wieder auszubeulen? Begründe!

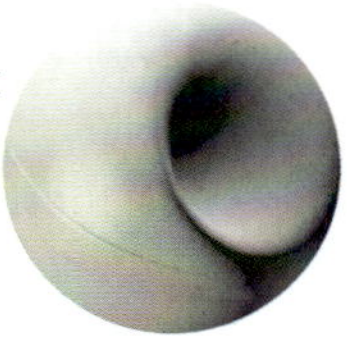

14. Der 1889 gebaute, 300 m hohe Pariser Eiffelturm besteht aus Stahl. Bei intensiver Sonneneinstrahlung wird der Turm nicht nur etwas höher, sondern biegt sich auch zur Seite. Begründe das physikalisch!

15. Große Brücken sind an mindestens einer Seite auf Rollen gelagert (Abb. links), in der Fahrbahn befinden sich Dehnungsfugen (Abb. rechts). Welche Funktion haben die Rollen bzw. die Fugen?

16. Warum ist es sinnvoller, den Reifendruck eines Autos vor als nach einer langen Fahrt zu kontrollieren?

17. Befestige das Ende einer Stricknadel fest auf einem Holzklotz! Das andere Ende der Stricknadel soll beweglich auf einer Stopfnadel mit Zeiger lagern.

Nun erwärme die Stricknadel vorsichtig mit einer Kerzenflamme! **Vorsicht!** Es besteht Brandgefahr. Beschreibe und erkläre deine Beobachtungen!

18. Festsitzende Glasstöpsel lösen sich, wenn man den Flaschenhals vorsichtig erwärmt. Erkläre, wie das kommt!

19. Warmwasserleitungen von einem Heizkraftwerk zu einem Wohngebiet verfügen über „Dehnungsschleifen" (s. Abb.).

Welche Funktion haben sie?

20. Die Fahrdrähte für Elektrolokomotiven müssen immer straff gespannt sein. Das wird mithilfe von Rollen und angehängten Körpern gewährleistet.
Wie groß ist die Längenänderung eines 100 m langen Fahrdrahtes aus Kupfer zwischen Winter und Sommer? Die tiefste Temperatur im Winter beträgt −15 °C, die Höchsttemperatur im Sommer 35 °C.

21. In welche Richtung werden sich die Bimetallstreifen bei Abkühlung biegen? Begründe deine Aussagen!

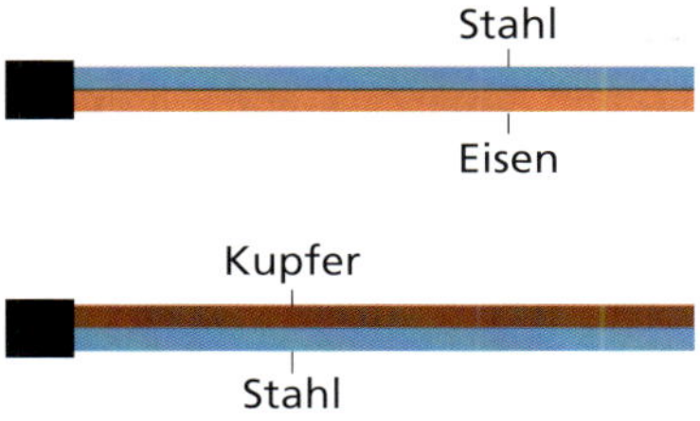

22. Zur Regulierung der Raumtemperatur benutzt man Thermostatventile an den Heizkörpern (s. Abb.).

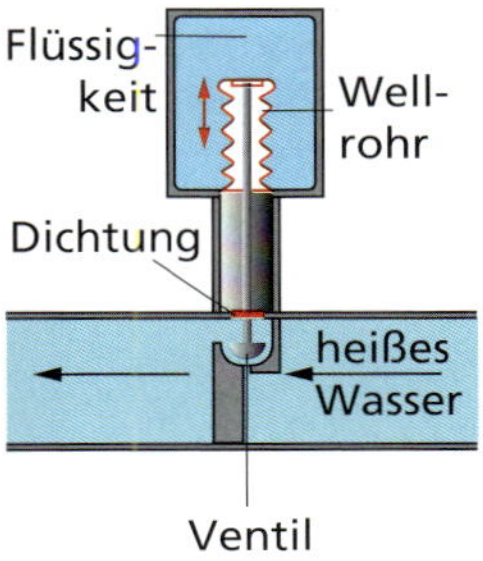

Die Flüssigkeit kann ein Wellrohr zusammendrücken, das wie eine starke Feder wirkt. Wie funktioniert ein solches Ventil?

23. Nenne und erläutere einige Aggregatzustandsänderungen in der Natur und im Haushalt!

24. Ruth zweifelt an, dass Regentropfen, Eiszapfen und Wasserdampf alle etwas Gemeinsames haben.
a) Was haben sie Gemeinsames?
b) Mit welchen Erläuterungen kannst du ihr helfen?

25. Fülle ein kleines Plastikgefäß randvoll mit Wasser, stelle es auf einen Teller und dann vorsichtig in ein Gefrierfach!
Was stellst du fest, wenn du das Gefäß nach einigen Stunden wieder hervorholst?
Erkläre deine Beobachtungen!

26. Der Glühfaden einer eingeschalteten Glühlampe besitzt eine Temperatur von etwa 2500 °C. Warum werden die Glühfäden von Glühlampen aus Wolfram und nicht aus anderen Metallen gefertigt?

27. Im Winter verhindert Streusalz, dass das Wasser auf den Straßen gefriert. Was passiert hier physikalisch?

28. Miss die Temperatur von Leitungswasser in einem Glas! Fülle nun einen Esslöffel Salz hinzu, rühre um und lies erneut die Temperatur ab!
a) Was stellst du fest!
b) Erkläre dein Versuchsergebnis!

29. Damit die Scheibenwaschanlage eines Autos auch im Winter funktioniert, muss man dem Wasser ein Frostschutzmittel beigeben.
Was soll das Frostschutzmittel bewirken?

30. Durch Frostaufbrüche können Straßen stark beschädigt werden.
Erkläre anhand der Bilder, wie es zu diesen Schäden kommen kann!

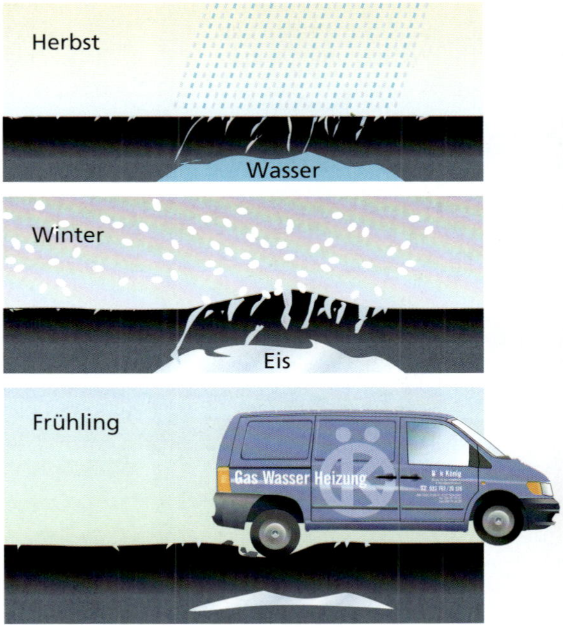

Temperatur, Wärme und Wärmeübertragung

Die **Temperatur** gibt an, wie heiß oder wie kalt ein Körper ist. Bei Temperaturangaben wird meist die **Celsiusskala** oder die **Kelvinskala** genutzt.

Celsiusskala:
Formelzeichen: ϑ
Einheit: ein Grad Celsius (1 °C)

Kelvinskala:
Formelzeichen: T
Einheit: ein Kelvin (1 K)

0 °C = 273 K
100 °C = 373 K

Wird einem Körper Wärme zugeführt oder von ihm abgegeben, so kann das unterschiedliche Auswirkungen haben.

Zufuhr oder Abgabe von Wärme

kann führen zu

- Volumen- oder Längenänderung von Körpern — Schienen werden bei Wärmezufuhr länger.
- Veränderung der Temperatur von Körpern — Wasser erwärmt sich bei Wärmezufuhr.
- Veränderung des Aggregatzustandes von Körpern — Eis schmilzt bei Wärmezufuhr.

Körper aus einem Stoff können sich in verschiedenen Aggregatzuständen befinden. Der Aggregatzustand hängt von der Temperatur und vom Druck ab.

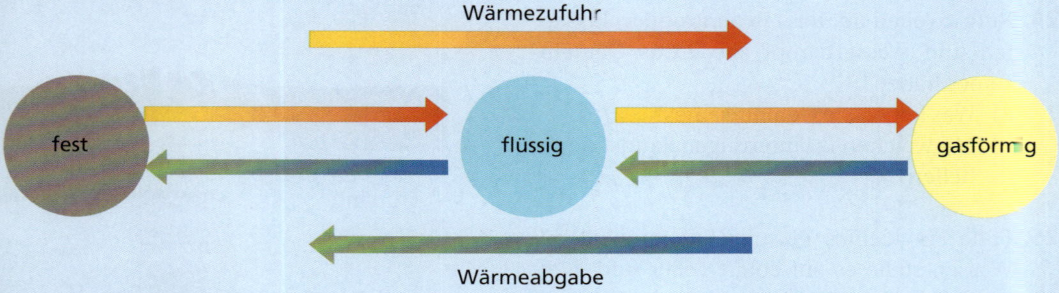

Während des **Schmelzens** und **Erstarrens** bleibt die Temperatur (Schmelztemperatur, Erstarrungstemperatur) gleich groß.

Während des **Siedens** und **Kondensierens** bleibt die Temperatur (Siedetemperatur, Kondensationstemperatur) gleich groß.

3

Wärme im Alltag – Energie ist immer dabei

3.1 Arten der Wärmeübertragung

Energie und Wärme

Holz oder Kohle besitzen Energie. Sie wird beim Verbrennen freigesetzt und an die Umgebung abgegeben. Am Lagerfeuer empfinden wir eine angenehme Wärme.
Wie nutzt der Physiker die Begriffe Energie und Wärme? Was ist der Unterschied zwischen beiden?

Warmes Wasser vom Dach

Mit Sonnenkollektoren kann man warmes Wasser gewinnen und damit Energie sparen.
Wie ist ein solcher Sonnenkollektor aufgebaut?
Wie funktioniert er?

Die Strahlung der Sonne

Jeder von uns kennt die angenehme Wärme der Sonnenstrahlung. Die Wärme wird von der etwa 6 000 °C heißen Sonnenoberfläche bis zur Erde übertragen.
Wie gelangt die Wärme von der ca. 150 Millionen Kilometer entfernten Sonne bis zur Erde?

Temperatur, Energie und Wärme

Nach dem Teilchenmodell befinden sich die Teilchen eines Stoffes in Bewegung. Sie besitzen damit Energie. Je höher die Temperatur ist, desto schneller bewegen sich die Teilchen. Ihre **Energie** vergrößert sich.

Die Energie *E*, die aufgrund der Temperatur in einem Körper gespeichert ist, nennt man thermische Energie.

So besitzt z. B. das heiße Wasser, das aus einem Geysir austritt, thermische Energie (Abb. 1).
Die in einem Körper gespeicherte Energie ist abhängig
- von der Temperatur des Körpers,
- von der Masse des Körpers,
- von dem Stoff, aus dem der Körper besteht.

So besitzt ein Liter heißes Wasser eine größere thermische Energie als ein Liter kaltes Wasser. Die thermische Energie eines heißen Heizkörpers ist größer als die eines kalten Heizkörpers.
Solche Körper, die Energie in Form von Wärme an ihre kältere Umgebung abgeben, werden als **Wärmequellen** bezeichnet (Abb. 3).

1 Heißes Wasser eines Geysirs besitzt Energie. Es gibt Wärme an die Umgebung ab.

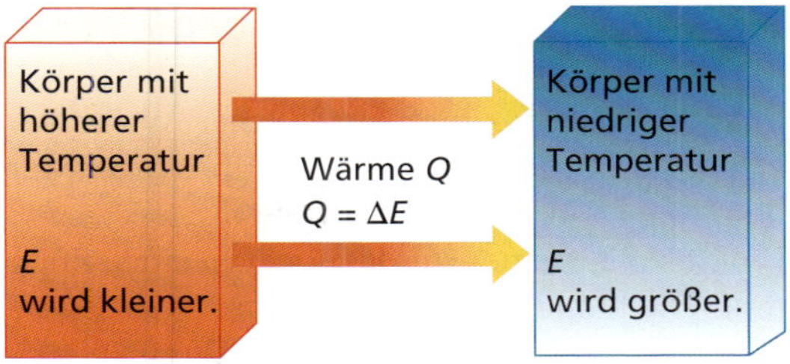

2 Energie wird durch Wärme von einem Körper auf einen anderen übertragen.

Wird von einem Körper Wärme abgegeben, dann verringert sich seine Energie (Abb. 2). Die Energie des Körpers, auf den Wärme übertragen wird, vergrößert sich entsprechend.

Die Wärme gibt an, wie viel Energie von einem Körper auf einen anderen Körper übertragen wird.

Formelzeichen: *Q*
Einheit: 1 Joule (1 J)

Vielfache der Einheit 1 J sind 1 Kilojoule (1 kJ) und ein Megajoule (1 MJ). Es gilt:
1 MJ = 1 000 kJ = 1 000 000 J

3 Verschiedene Wärmequellen: Sie geben Wärme an ihre Umgebung ab.

Arten der Wärmeübertragung

Energie kann in unterschiedlicher Weise von einem Körper auf andere Körper übertragen werden (Abb 1a–c).
Die Heizplatte eines Herdes erwärmt einen Kochtopf. Die Heißluft eines Föhns trocknet Haare. Die Sonne erwärmt die Erde. In jedem Fall wird dabei thermische Energie von einem Körper höherer Temperatur auf einen Körper mit niedrigerer Temperatur übertragen.

Wärmeleitung: Wärme wird durch einen Körper hindurch von einem Ort höherer Temperatur zu einem Ort niedrigerer Temperatur transportiert (Abb. 1a). Im Teilchenmodell lässt sich dieser Vorgang so deuten: Am Ort höherer Temperatur bewegen sich die Teilchen im Mittel schneller. Durch die zwischen den Teilchen wirkenden Kräfte werden jeweils benachbarte Teilchen in schnellere Bewegung versetzt. Damit wird Wärme transportiert und die Energie an den betreffenden Stellen vergrößert sich. Diese Art der Wärmeübertragung heißt **Wärmeleitung.**

Wie viel Wärme übertragen wird, hängt u. a. von dem Temperaturunterschied innerhalb des Körpers und von den beteiligten Stoffen ab. Gute Wärmeleiter sind fast alle Metalle, vor allem Kupfer und Aluminium. Schlechte Wärmeleiter sind viele Kunststoffe, Wasser (Abb. 2) und vor allem Luft. Dämmstoffe wie Glaswolle oder Styropor enthalten in Poren und Zwischenräumen viel

2 Wasser ist ein schlechter Wärmeleiter. Während das Wasser in dem oberen Bereich siedet, merkt man an der Hand kaum eine Erwärmung.

Luft. Sie sind geeignet, die Wärmeleitung durch Wände, Dächer oder Heizungsrohre zu dämmen. Fenster mit Doppel- oder Dreifachverglasung nutzen ebenfalls die eingeschlossene Luft zur **Wärmedämmung.** Das gilt auch für Kleidungsstücke.

Viele alltägliche Erfahrungen lassen sich ebenfalls mit der unterschiedlichen Wärmeleitung der Stoffe erklären. Fasst du in einem Raum die metallische Türklinke und anschließend die Holztür an, so erscheint dir die Klinke kühler, obwohl beide Raumtemperatur haben. Barfuß laufen auf Badfliesen erscheint kälter als auf der Duschvorlage. Metall und Fliesen leiten die Körperwärme schneller ab als Holz und Textilien. Unser Körper kann nicht schnell genug Wärme nachliefern. Wir spüren die Verringerung der Hauttemperatur.

1a Wärme gelangt durch Wärmeleitung vom heißen Tee bis zum Ende des Löffels.

1b Wärme wird durch die strömende Luft vom Föhn zu den Haaren transportiert.

1c Wärme gelangt durch Strahlung ohne Stoff von der Sonne zur Erde.

1 Erhitztes Wasser wird in Fernheizungen durch Rohrleitungen gepumpt.

Wärmeströmung: Durch strömende Luft wird Wärme übertragen. Das spüren wir vor allem, wenn Warmluft aus dem Süden zu uns gelangt.
In Warmwasserheizungen strömt erhitztes Wasser durch Rohre bis in die einzelnen Heizkörper. Durch das strömende Wasser wird Wärme übertragen (Abb. 1). Die Art der Wärmeübertragung, bei der die Wärme mit dem Stoff (Luft, Wasser) transportiert wird, heißt **Wärmeströmung** oder **Konvektion.**
Im Experiment kann man zeigen, dass Wasser aufwärtszuströmen beginnt, wenn man es an einer Stelle erwärmt. Kaltes Wasser strömt nach, wird erwärmt usw. (Abb. 2). Dieser Kreislauf ist vergleichbar mit dem der strömenden Luft in einem Zimmer (s. S. 72). Die Ursache für solche Wärmeströmungen ist: Warme Luft bzw. warmes Wasser hat eine kleinere Dichte als kalte Luft bzw. kaltes Wasser. Deshalb steigen sie nach oben.

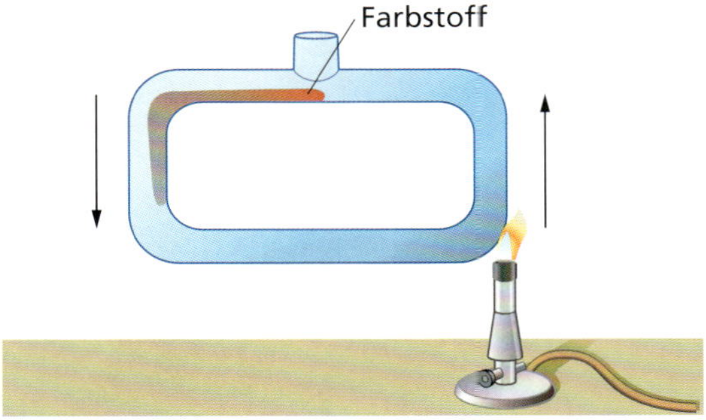

2 Erwärmtes Wasser strömt nach oben. Es entsteht ein Kreislauf, den man durch Farbstoff sichtbar machen kann.

Wärmestrahlung: Jeder von uns kennt die angenehme Wärme der Sonnenstrahlung. Sie gelangt praktisch durch den leeren Weltraum, also ohne Stoff, zur Erde. Diese Art der Wärmeübertragung wird **Wärmestrahlung** genannt.
Die Oberfläche der Sonne ist etwa 6000 °C heiß. Die Temperatur der Sohle eines Bügeleisens z. B. ist dagegen etwa zwanzigmal kleiner. Trotzdem strahlt auch sie Wärme ab. Der Unterschied zwischen beiden besteht darin, dass im Falle der Sonne die Strahlung sichtbar ist, beim Bügeleisen nicht.
Nur sehr heiße Körper wie die Sonne oder ein glühender Metalldraht senden auch sichtbares Licht aus.

Heiße Körper senden Wärmestrahlung aus. Das geschieht ohne Mitwirkung eines Stoffes.

Auch Rotlichtlampen (Abb. 3), Öfen, Lebewesen oder heiße Speisen strahlen Wärme ab.
Jeder Körper sendet aber nicht nur Wärmestrahlung aus, sondern er nimmt sie auch auf. Dabei kann sich die Temperatur und damit die Energie des Körpers vergrößern, gleichbleiben oder verkleinern.
Für alle drei Formen der Wärmeübertragung gilt:

Wird auf einen Körper oder von einem Körper Wärme Q übertragen, so ändert sich seine Energie E. Es gilt: $Q = \Delta E$.

3 Rotlichtlampen nutzt man bei Erkältungen. Durch die Wärmestrahlung wird die Haut erwärmt und besser durchblutet.

Mosaik

Reflexion und Absorption von Wärmestrahlung

Wenn Wärmestrahlung auf einen Körper trifft, so wird sie zum Teil hindurchgelassen, zum Teil absorbiert (verschluckt) und zum Teil reflektiert (zurückgeworfen). Die absorbierte Wärmestrahlung führt zu einer Erwärmung des Körpers.
Wie viel Wärmestrahlung von einem Körper hindurchgelassen, absorbiert oder reflektiert wird, hängt ab von
- dem Stoff, aus dem der Körper besteht,
- der Schichtdicke des Körpers und
- der Oberfläche des Körpers.

Körper mit dunklen, rauen oder matten Oberflächen absorbieren viel, reflektieren aber wenig Wärmestrahlung. Dieser Effekt wird in Sonnenkollektoren genutzt, bei denen Wasser in Heizschlangen erwärmt wird (s. S. 73 f.). Auch dunkle Kleidung nimmt wesentlich mehr Wärmestrahlung auf als helle Kleidung.

Körper mit hellen, glatten oder glänzenden Oberflächen nehmen wenig Wärmestrahlung auf. Den größten Teil reflektieren sie. Aus diesem Grund bevorzugt man im Sommer und auch in warmen Regionen möglichst helle Kleidung. Kühlwagen und Tanklaster haben eine helle, glatte Lackierung (Abb. 1), damit möglichst viel Wärmestrahlung reflektiert und möglichst wenig absorbiert wird.
Allgemein gilt: Je besser ein Körper Wärmestrahlung absorbiert, desto mehr Wärmestrahlung gibt er umgekehrt auch ab.

1 Durch die weiße Lackierung des Tankwagens wird viel Wärmestrahlung reflektiert.

Körper im Strahlungsgleichgewicht

Jeder Körper, auf den Wärmestrahlung trifft, gibt in der Regel auch wieder Wärme in Form von Wärmestrahlung ab. Das gilt für den menschlichen Körper ebenso wie für ein in der Sonne stehendes Auto oder für unsere Erde. So heizt sich z. B. ein in der Sonne stehendes Auto zunächst auf. Es erreicht aber trotz ständiger Sonneneinstrahlung nicht eine beliebig hohe Temperatur. Vielmehr gilt: Je mehr es sich erwärmt, desto mehr Energie in Form von Wärme gibt es an die Umgebung ab. Es stellt sich schließlich ein Strahlungsgleichgewicht ein.

Ein Körper befindet sich im Strahlungsgleichgewicht, wenn die von ihm aufgenommene Energie genauso groß ist wie die von ihm abgegebene Energie.

In diesem Fall bleibt seine Temperatur konstant. Unsere Erde befindet sich ebenfalls im Strahlungsgleichgewicht (Abb. unten). Deshalb liegt seit Millionen von Jahren ihre durchschnittliche Oberflächentemperatur bei 15 °C.

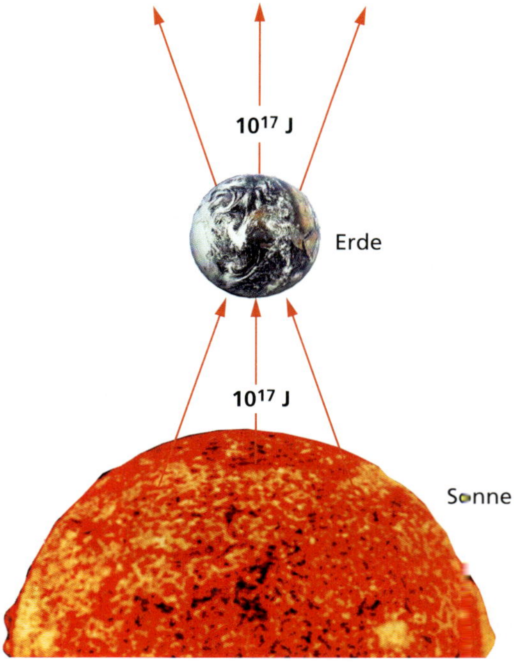

Mosaik

Lebewesen geben Körperwärme ab

Lebewesen benötigen zur Aufrechterhaltung aller Lebensfunktionen eine bestimmte Körpertemperatur. Beim Menschen beträgt sie 37 °C, bei den meisten Vögeln 40 °C bis 42 °C, bei Säugetieren zwischen 30 °C und 42 °C.
Die zur Aufrechterhaltung der Körpertemperatur notwendige Körperwärme wird durch chemische Prozesse im Körper erzeugt. Dabei wird die zugeführte Nahrung z. T. in Wärme umgewandelt.

Durch die „Verbrennungsvorgänge" im Körperinneren wird ständig Wärme produziert, die zu einem Aufheizen des Körpers führen würde, wenn über die Körperoberfläche keine Wärmeabgabe an die Umgebung erfolgt. Die Wärmeabgabe an die Umgebung geschieht vorrangig in Form von Wärmestrahlung, aber auch Wärmeströmung spielt eine Rolle, vor allem bei Wind.

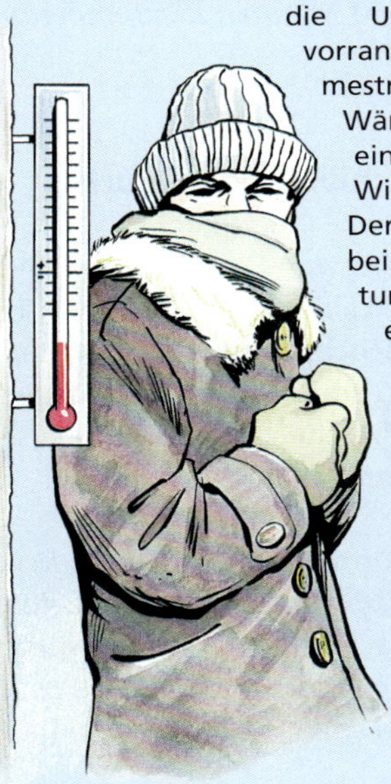

Der Mensch schützt sich bei niedrigen Temperaturen und Wind durch eine dem Wetter angemessene Bekleidung, wobei die Auswahl der Kleidung stark von den äußeren Bedingungen abhängig ist.
Besonders warm ist Kleidung, die viel Luft enthält, z. B. Thermobekleidung.
Ein guter Wärmeschutz wird auch erreicht, wenn man mehrere Kleidungsstücke übereinanderzieht. Die eingeschlossene Luft sorgt dann für eine gute Wärmedämmung.

Bei hoher Temperatur wird leichte und luftige Kleidung gewählt. Trotzdem kommt es dann leicht zur Bildung von Schweiß. Das ist eine natürliche Reaktion des Körpers, die ihn vor einer Überhitzung schützt.
Durch das Verdunsten des Schweißes wird dem Körper zusätzlich Wärme entzogen, er wird gekühlt.

1 Das Fell von Tieren ist ein guter Schutz vor Wärme und auch vor Kälte.

Eine Kühlung erfolgt auch bei Wind. Dann wird Körperwärme schneller an die Umgebung abgeführt, und es kann auch leicht passieren, dass wir frieren. Das ist besonders deutlich zu spüren, wenn man sich nach dem Baden nicht abtrocknet. Dann erscheint manchmal die warme Luft kühler als das kalte Wasser.
Kann vom Körper nicht genügend Wärme abgegeben werden, so kommt es zu einem Wärmestau, der bis zu einem lebensgefährlichen Hitzschlag führen kann. Dann muss schnell die Körpertemperatur gesenkt und der Kreislauf angeregt werden.

Auch Tiere geben Körperwärme in Form von Wärmestrahlung und Wärmeleitung ab. Vor Hitze und Kälte schützen sie sich in unterschiedlicher Weise. Viele Tiere verfügen über ein dichtes Fell (Abb. 1). Vögel schützen sich mit ihrem Gefieder und der dort eingelagerten Luft. Eine Reihe von Tieren hat als Schutz eine dicke Speckschicht (Abb. 2).

2 Wale, Robben und andere Wassertiere schützen sich mit einer dicken Speckschicht vor Wärmeabgabe an die Umgebung.

Heizen und Kochen im Haushalt

Heizen im Haushalt kann in unterschiedlicher Weise erfolgen: durch Verbrennen von Holz, Kohle, Heizöl oder Erdgas, elektrisch oder durch eine Fernheizung. Holz, Öl, Gas oder Kohle bezeichnet man als **Energieträger.**

1. *Stelle in einer Übersicht zusammen, welche Energieträger ihr in eurem Haushalt zum Heizen der Räume und zum Bereitstellen von warmem Wasser nutzt!*

In jedem Energieträger steckt eine bestimmte Energie. Sie wird beim Verbrennen in Form von Wärme an die Umgebung abgegeben. Wie viel Wärme beim Verbrennen freigesetzt wird, hängt vom **Heizwert** des betreffenden Stoffes ab.

2. *Erkunde, was man unter dem Heizwert eines Stoffes versteht und wie groß dieser Heizwert für Erdgas, Holz, Kohle und Benzin ist!*

3. *Diskutiert Vor- und Nachteile der verschiedenen Arten von Raumheizung!*

Was heißt Kochen?

Wir kochen Kartoffeln, warten, bis das Wasser für den Tee kocht und sortieren Wäsche in Kochwäsche und andere. Manchmal kochen wir auch vor Wut. Der Begriff Kochen wird also in verschiedenen Bedeutungen gebraucht.

4. *Recherchiere im Internet, in welchen Bedeutungen der Begriff Kochen gebraucht wird! Suche dazu zunächst möglichst viele Wortverbindungen mit „Kochen“!*

Warmhalten und Abkühlen

Um die Temperatur einer Speise konstant zu halten, muss der Wärmeaustausch mit der Umgebung möglichst klein sein. Ist der Wärmeaustausch mit der Umgebung dagegen groß, kühlt die Speise ab.
Damit Getränke warm oder kalt bleiben, füllt man sie in Thermosflaschen, die den Wärmeaustausch mit der Umgebung verringern (s. S. 72).

5. *Veranstaltet einen Wettbewerb zum Thema „Wer baut das beste Thermosgefäß?“ Das selbstgebaute Thermosgefäß soll mindestens 200 ml Wasser fassen. Folgende Regeln sollten eingehalten werden: Keine Teile fabrikgefertigter Thermosflaschen verwenden, Abmessungen des Gefäßes von 15 cm · 15 cm · 15 cm nicht überschreiten!*
   Und so könnt ihr das beste Thermogefäß ermitteln: Gießt siedendes Wasser (Vorsicht: Verbrühungsgefahr!) in das Thermosgefäß und messt nach 20 Minuten die Temperatur des Wassers!

Kochen bei unterschiedlichem Druck

Die Siedetemperatur ist vom Druck auf die Oberfläche einer Flüssigkeit abhängig (s. Tabelle S. 71). So siedet Wasser im Hochgebirge schon weit unter 100 °C. Bei dieser Temperatur kann man zwar schneller einen Tee bereiten, aber viele Speisen werden nicht mehr gar.

6. *Bereite einen Vortrag zum Thema „Keine Angst vor Schnellkochtöpfen!“ vor! Gehe dabei auf Aufbau und Wirkungsweise, Bedienungsanleitung, Energiesparen, Garzeiten und schonendes Garen ein!*

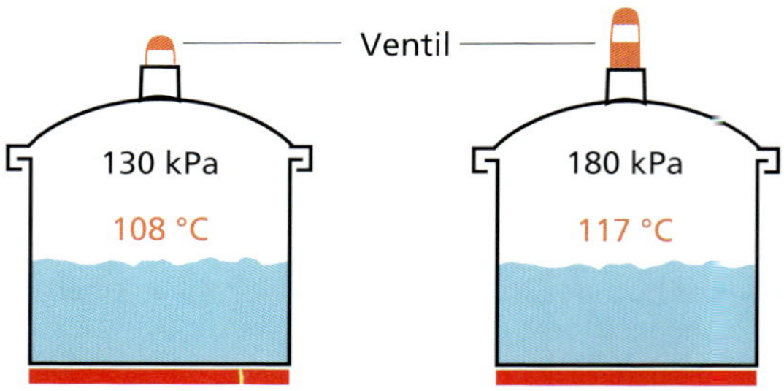

1 Im Schnellkochtopf kann der Dampf nicht entweichen. Druck und Siedetemperatur steigen.

Siedetemperatur von Wasser bei verschiedenem Druck	
***p* in kPa**	**ϑ_V in °C**
1	7
5	33
10	46
50	81
100 (normaler Druck)	100
500	152
1 000	180
5 000	264
10 000	311

7. *Angenommen, du wolltest auf dem Montblanc, dem höchsten Berg Europas, Kaffee und Eier kochen. Was müsstest du beachten? Begründe!*

Kochen in brennbaren Gefäßen?

Unsere Vorfahren nutzten „Töpfe" aus Leder, die nicht brannten, solange ausreichend Wasser in ihnen vorhanden war.
Auch Papier eignet sich. Seine Entzündungstemperatur liegt bei etwa 220 °C.

8. *Erkläre, warum man in einem „Papierkochtopf" Wasser erhitzen und sogar zum Sieden bringen kann (s. Abb.)! Führe den Versuch durch! Orientiere dich dabei an der Abbildung! Achtung: Brandgefahr!*

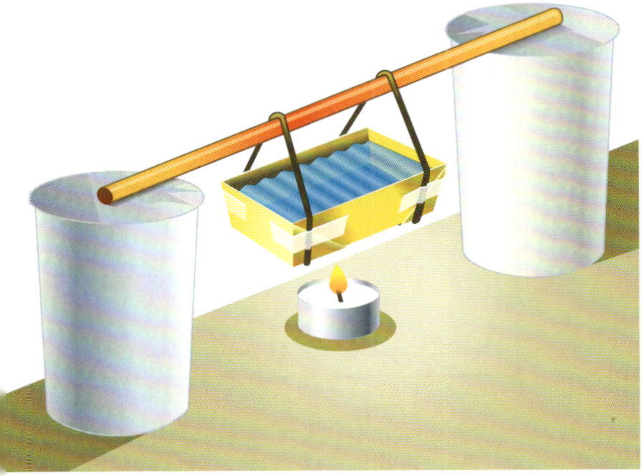

Kochen mit Köpfchen

Kochen im weiteren Sinne schließt neben dem Garen von Lebensmitteln auch andere Arten der Speisenzubereitung ein.

9. *Erläutere, welche physikalischen Fakten und Zusammenhänge sich hinter folgenden Aussagen verbergen!*
   a) *Eis ist besser zum Kühlen geeignet als Wasser.*
   b) *Die Energiezufuhr beim Kochen von Kartoffeln kann man drosseln, sobald das Wasser siedet.*
   c) *Öl ist zum Anbraten von Fleisch geeigneter als Butter.*
   d) *Wenn man Eier abschreckt, lassen sie sich besser pellen.*
   e) *Schockgefrieren hält Erdbeeren und anderes Obst knackig.*
   f) *Ein kräftiger Schuss Rum im Kuchen treibt den Kuchen beim Backen hoch.*
   g) *Die Haut der Milch, die sich beim Kochen bildet, verhindert, dass Wasserdampf entweichen kann.*

10. *Finde und erläutere weitere Anwendungen der Physik beim Kochen!*
    Stelle sie in einer Übersicht zusammen und präsentiere sie deinen Mitschülern!

1 Mit einem Milchkochtopf wäre das nicht passiert. Warum nicht?

Physik in Natur und Technik

Eine Thermoskanne hält heiß oder kalt

Eine Thermoskanne dient dazu, Getränke längere Zeit warm oder kalt zu halten. Das gelingt nur, wenn der Wärmeaustausch mit der Umgebung sehr klein ist.
Wie ist eine solche Thermoskanne aufgebaut? Weshalb ist der Wärmeaustausch mit der Umgebung bei einer Thermoskanne gering?

Besonders wichtig für einen geringen Wärmeaustausch ist das doppelwandige, innen und außen verspiegelte Thermosgefäß, aus dem fast alle Luft herausgepumpt wurde.
Wärmeströmung tritt zwar innerhalb der Flüssigkeit auf, spielt aber für den Wärmeaustausch mit der Umgebung keine Rolle.
Wärmeleitung wird durch zwei Maßnahmen gering gehalten: Die wenige Luft im doppelwandigen Gefäß ist ein schlechter Wärmeleiter. Auch der Dämmstoff verkleinert die Wärmeleitung zwischen dem Innern des Gefäßes und seiner Umgebung. **Wärmestrahlung** wird gering gehalten, weil diese Strahlung an der verspiegelten inneren Fläche des Thermosgefäßes reflektiert wird.
Erfinder der Thermoskanne ist REINHOLD BURGER (1866–1954). Er meldete seine Erfindung am 1. 10. 1903 zum Patent an.

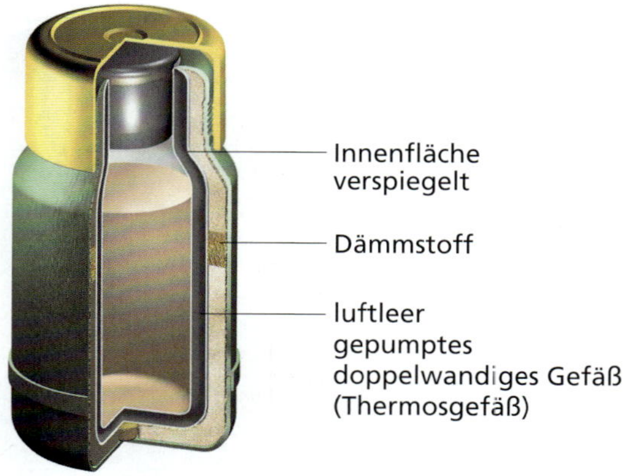

1 Aufbau einer Thermoskanne: Der Wärmeaustausch mit der Umgebung ist gering.

Überall Luftströmungen

Warme Luft steigt nach oben (Abb.). Das kann man z. B. mit einer Papierspirale nachweisen, wenn man sie über eine Heizung hält. In Räumen wird Luft durch einen Heizkörper oder durch einen Ofen erwärmt.
Welche Luftströmung kommt dadurch in einem Zimmer zustande? Wo sollte ein Heizkörper angebracht werden?

Wir betrachten als Beispiel zwei Räume, in denen sich die Heizkörper an unterschiedlichen Stellen befinden (Abb. 2). In beiden Fällen kommt eine Wärmeströmung der Luft zustande. Da die warme Luft über dem Heizkörper nach oben steigt, hängt die Richtung der Luftströmung von der Lage des Heizkörpers im Raum ab.
Günstiger für das Anbringen des Heizkörpers ist der in Abb. 2a dargestellte Fall. Dort wird die am Fenster vorhandene kühle Luft mit erwärmt. Die zum Heizkörper zurückströmende Luft ist wärmer als im Fall b. Der Raum ist damit „fußwärmer" als bei einer anderen Anordnung des Heizkörpers. Bei gut wärmegedämmten Wohnungen sind die Unterschiede aber gering.

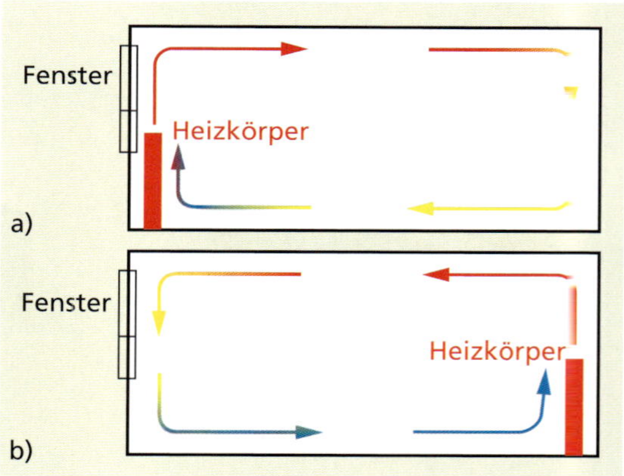

2 Luftströmung im Zimmer: Die Strömungsrichtung hängt von der Anordnung des Heizkörpers ab.

Warmes Wasser für das ganze Haus

Moderne Häuser haben zentrale Warmwasserheizungen, die alle Räume mit Wärme versorgen. *Beschreibe den Aufbau und erkläre die Wirkungsweise einer Warmwasserheizung! Gehe auf die verschiedenen Arten der Wärmeübertragung ein!*

Eine zentrale Warmwasserheizung dient der Versorgung aller Zimmer eines Hauses mit Wärme von einer Stelle aus.

Die wesentlichen Teile der Heizung sind der Heizkessel, die Heizkörper, die Rohrleitungen und die Pumpe (Abb. 1). In der Heizungsanlage befindet sich Wasser. Es ist nicht nur wegen seiner guten Verfügbarkeit, sondern auch wegen seines großen Speichervermögens für Energie besonders gut als Stoff für die Wärmeübertragung geeignet. Außerdem hat die Heizungsanlage ein Ausgleichsgefäß, damit die Volumenänderung des Wassers bei Temperaturänderung nicht zu Schäden am Rohrleitungssystem und an den Heizkörpern führt.

Im Heizkessel wird durch Verbrennung von Gas, Öl oder Kohle das Wasser von Zimmertemperatur auf eine Temperatur von ca. 80 °C erwärmt.

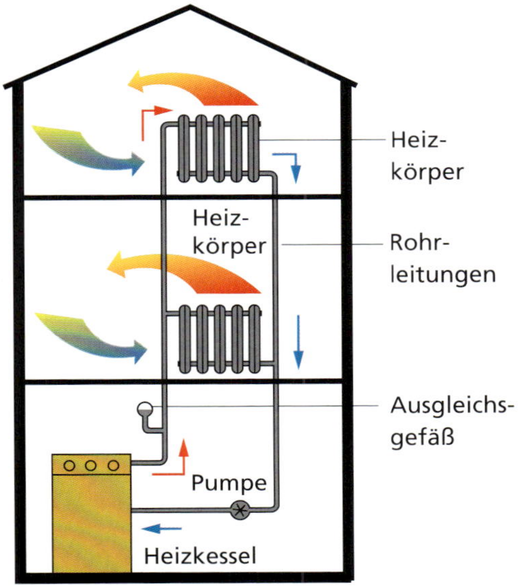

1 Die Wärmeübertragung erfolgt durch Wärmeleitung, Wärmeströmung und Wärmestrahlung.

Mithilfe einer Pumpe wird das Wasser in der Heizungsanlage in Bewegung gesetzt. Dabei wird die Wärme aus dem Heizkessel durch **Wärmeströmung** des Wassers in die Rohre und Heizkörper übertragen. Durch **Wärmeleitung** innerhalb der Metallwände der Rohre und der Heizkörper gelangt die Wärme des Wassers an deren Oberfläche. Von dort wird die Wärme an die Umgebung abgestrahlt. Die Luft in der Nähe der Heizkörper wird wärmer. Sie steigt nach oben. So entsteht eine **Wärmeströmung** der Luft im Raum. Sie sorgt zusammen mit der Wärmestrahlung der Heizkörper für eine Verteilung der Wärme im gesamten Raum.

Durch die Abgabe von Wärme über die Heizkörper kühlt sich das Wasser in den Heizkörpern ab. Das kühlere Wasser strömt durch die Rohrleitungen zurück zum Heizkessel, in dem es erneut erwärmt wird. Der Kreislauf beginnt von Neuem.

Warmes Wasser vom Dach

Besonders umweltfreundlich sind das Heizen und die Warmwasseraufbereitung mit Sonnenkollektoren (Abb. 2), die auf Häuserdächern angebracht werden.

Beschreibe den Aufbau und erkläre die Wirkungsweise eines Sonnenkollektors!

In Sonnenkollektoren wird Wasser mithilfe der Sonnenstrahlung erwärmt. Die meisten Anlagen bestehen aus zwei Wasserkreisläufen, die durch einen Wärmetauscher verbunden sind, und dem

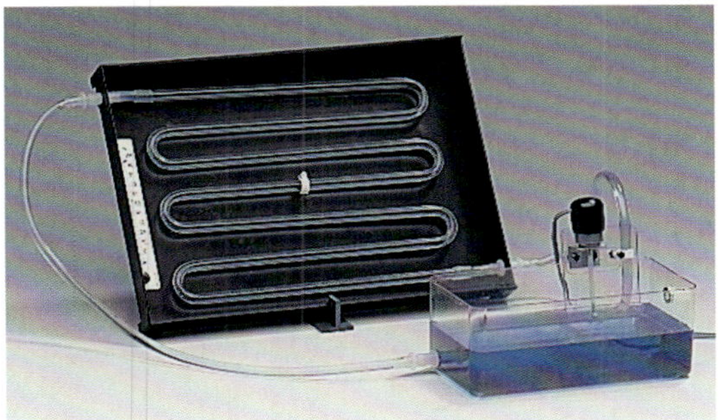

2 Wasser wird durch die Strahlung der Sonne in Sonnenkollektoren erwärmt.

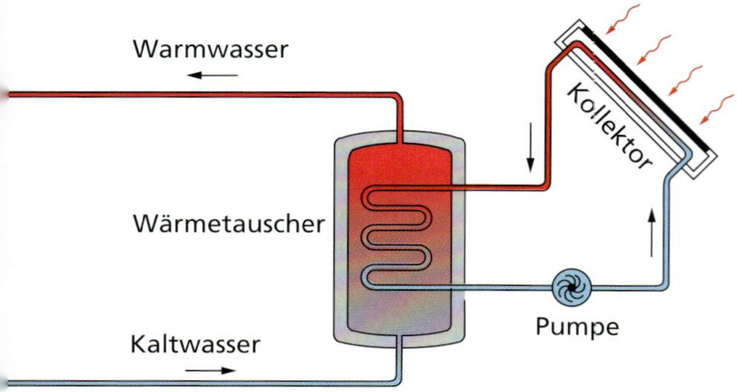

1 Aufbau eines Sonnenkollektors

eigentlichen Kollektor (Sammler). Pumpen halten die Kreisläufe in Gang (Abb. 1). Kaltes Wasser wird im Kollektor durch die Sonnenstrahlung erwärmt. Von dort aus gelangt es in den Wärmetauscher und gibt Wärme an das dort befindliche kältere Wasser des anderen Kreislaufs ab. Das erwärmte Wasser wird zum Heizen und als Brauchwasser verwendet.
Messungen zeigen, wie die Sonneneinstrahlung in Deutschland verteilt ist (Abb. 2).

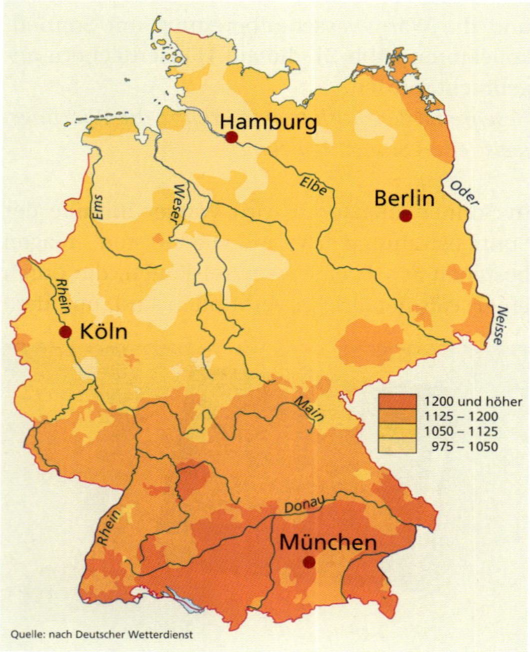

2 Gesamte Sonneneinstrahlung auf eine nach Süden geneigte Fläche pro Jahr in kWh/m^2

Ein seltsamer Kochherd

Ein Sonnenofen kann eine Alternative zu anderen Kochherden sein (Abb. 3).
Beschreibe, wie ein Sonnenofen funktioniert! Baue dir aus einfachen Mitteln einen Sonnenofen!

3 Ein Sonnenofen eignet sich zum Braten und Kochen.

Sonnenöfen nutzen die Wärmestrahlung der Sonne. Sie bestehen aus Hohlspiegeln, in deren Brennpunkt sich die Wärmestrahlung von der Sonne konzentriert. In Abb. 4 ist ein einfacher Sonnenofen abgebildet.
Das Licht der Sonne trifft auf den Reflektor eines Scheinwerfers und wird von den verspiegelten Wänden so zurückgeworfen, dass es sich in einem Bereich sammelt. An diese Stelle muss das Aluminiumtöpfchen gebracht werden. Es kann mit einem Draht an einem Korken befestigt werden. Nachdem etwas Wasser in das Töpfchen gefüllt wird, kann man in zeitlichen Abständen eine Temperaturerhöhung nachweisen.

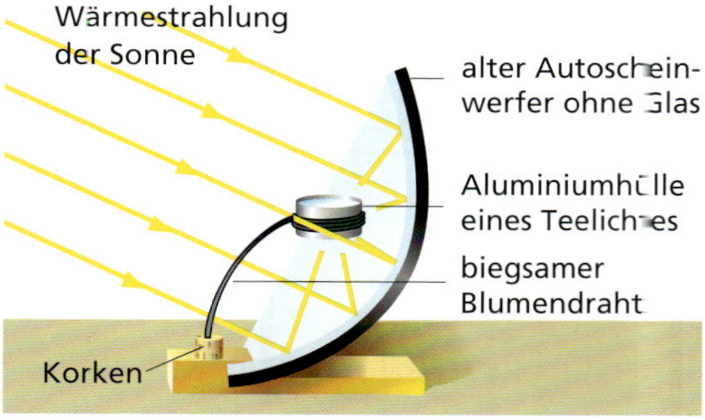

4 Aufbau eines einfachen Sonnenofens, den man sich selbst bauen kann

Mosaik

Die Thermografie – ein Hilfsmittel in Medizin und Technik

Viele Körper geben Wärme an ihre Umgebung ab. Das ist z. T. erwünscht, manchmal aber auch unerwünscht. Die von Körpern abgegebene Wärmestrahlung kann mit speziellen Kameras registriert werden. Aus den Aufnahmen (Abb. 1, 2) kann man erkennen, welche Stellen viel und welche wenig Wärme abgeben. Da Stellen, die mehr Wärme abgeben, auch eine höhere Temperatur haben, kann man aus solchen speziellen Aufnahmen die Temperaturverteilung auf einem Körper ablesen und mit einer Temperaturskala die Temperatur ermitteln. Das beschriebene Verfahren wird als **Thermografie** bezeichnet.

Die Thermografie wird heute in vielfältiger Weise in der Technik, aber auch in der Medizin genutzt. So kann man z. B. in der Medizin durch eine thermografische Aufnahme die Hauttemperatur ermitteln und aus der Temperaturverteilung auf mögliche Erkrankungen schließen (Abb. 1).

So haben z. B. entzündete Stellen eine höhere Temperatur. Dabei ist zu beachten, dass auch normalerweise die Hauttemperatur des Menschen nicht überall gleich groß ist (Abb. 1).

In der Technik kann man die Thermografie z. B. nutzen, um bei Häusern die Stellen zu finden, von denen besonders viel Wärme abgegeben wird (s. Abb. 2, S. 77). Es lässt sich viel Energie sparen, wenn genau an diesen Stellen eines Hauses die Wärmedämmung verbessert wird.

Bei Rohrleitungen (Abb. 2) kann man Mängel in der Isolierung oder schadhafte Stellen feststellen. In Abb. 2 sind das die roten Bereiche.
Bei komplizierten elektronischen Schaltungen und Bauelementen lassen sich durch thermografische Aufnahmen die Stellen herausfinden, die sich stärker erwärmen und an denen dadurch eventuell Fehler auftreten können.

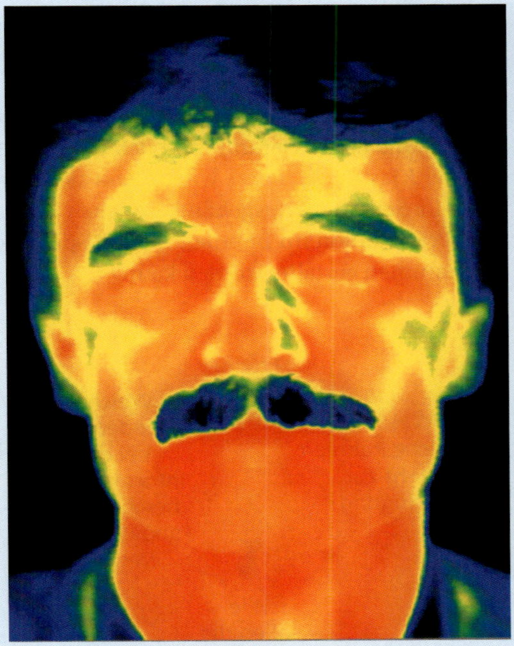

1 Thermografische Aufnahme eines Kopfes: Unterschiedliche Farbe bedeutet verschiedene Hauttemperatur. Rechts ist eine Farbskala mit Temperaturen angegeben.

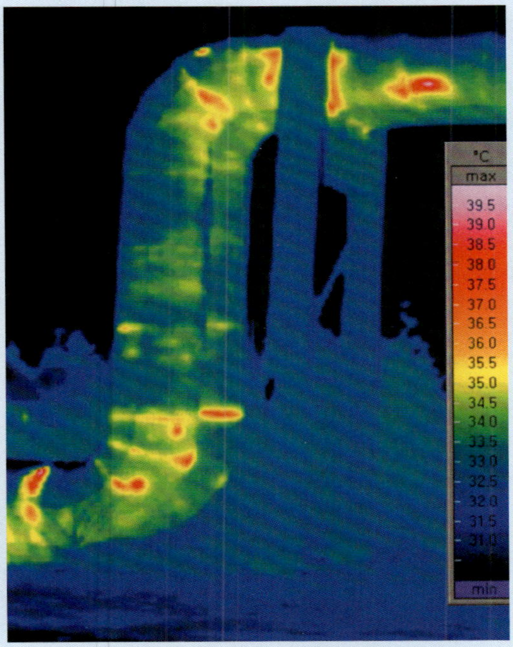

2 An den roten Stellen ist bei der Rohrleitung die Temperatur höher. Möglicherweise ist dort die Isolierung schadhaft. Die Temperaturskala gilt auch für den links abgebildeten Kopf.

Hinweise für die Arbeit an Projekten

Beim Bearbeiten von Projekten geht es darum, eigene Ideen zum Thema zu entwickeln und sich Aufgaben zu stellen, die im Team möglichst selbstständig bearbeitet werden. Dabei wird das Thema von unterschiedlichen Seiten aus betrachtet. Folgende Schritte sind zweckmäßig:

1. Schritt

Ideenmarkt
Am besten veranstaltet man zuerst einmal einen Markt der Ideen und wählt daraus den Themenbereich und die Schwerpunkte aus, die die jeweilige Gruppe bearbeiten möchte.

2. Schritt

Arbeitsplan
Die Gruppe erstellt einen Arbeitsplan. Die Punkte, die unbedingt geklärt und klar abgesprochen werden sollten, sind auf der Pinnwand unten zu finden.

3. Schritt

Arbeit am Projekt
Es erfolgt die Umsetzung des Arbeitsplans. Treten bei der Arbeit am Projekt Fragen auf, kann man sich an den Lehrer wenden.
Bei umfangreichen Projekten ist es zweckmäßig, eine Zwischenbilanz zu ziehen und daraus Folgerungen für die weitere Arbeit abzuleiten.

4. Schritt

Präsentation der Ergebnisse vor den Mitschülern
Nach Beendigung der Gruppenarbeit werden die Ergebnisse präsentiert. Dabei muss man beachten, dass sich die Mitschüler meistens mit anderen Fragestellungen beschäftigt haben.
Die Art der Darstellung muss also in kurzer und übersichtlicher Form erfolgen, sodass alle Mitschüler die Versuche und Ergebnisse verstehen und die gewonnenen Erkenntnisse nachvollziehen können. Hinweise zum Präsentieren von Informationen findest du auf den Seiten 88 und 89.

5. Schritt

Präsentation der Ergebnisse im Schulhaus oder in der Öffentlichkeit
Abschließend kann eine Wandzeitung angefertigt werden, die einen Gesamtüberblick über die Arbeit der Klasse gibt. Diese wird an gut sichtbarer Stelle im Schulhaus ausgehängt. Möglich ist auch eine Präsentation im Internet, die mit speziellen Programmen gestaltet werden kann.

- Welche Fragen sollen in der Gruppe zum ausgewählten Themenbereich beantwortet werden?
- Welche Materialien und Medien sollen genutzt werden?
- Welcher zeitliche Rahmen steht zur Verfügung?
- Welche Methoden sollen bei der Informationsbeschaffung angewendet werden?
- Wer ist für welchen Bereich bzw. für welche Frage zuständig?
- Welche Experimente möchte die Gruppe durchführen?
- Wie sollen die Ergebnisse präsentiert werden?

Wärmeübertragung bei Häusern

Die Heizungsanlage eines Hauses muss so konstruiert sein, dass die Wärme gut in alle Räume übertragen wird. Dazu werden Wärmeleitung, Wärmestrahlung und Wärmeströmung genutzt. Die Wärmeübertragung aus dem Inneren des Hauses an die Umgebung soll jedoch möglichst gering sein. Das ist aus ökonomischer Sicht sinnvoll, denn man spart dadurch Heizkosten. Es ist auch aus ökologischer Sicht zweckmäßig, denn bei geringer Wärmeübertragung vom Haus nach außen wird Brennstoff gespart. Damit werden Ressourcen geschont und es entstehen weniger Schadstoffe.

1. *Diskutiert, welche Arten der Wärmeübertragung bei einem Haus eine Rolle spielen. Nutzt dazu Abb. 1!*

2. *Erkunde, welche Temperaturen für die unterschiedlichen Räume in einem Haus empfohlen werden und warum?*

Spezielle Fotoaufnahmen zeigen an welchen Stellen Wärme aus dem Inneren eines Hauses nach außen gelangt (Abb. 2).
Durch Maßnahmen der Wärmedämmung kann die Wärmeübertragung aus geheizten Räumen an die Umwelt verringert werden. Dazu ist es notwendig, Wärmeleitung, Wärmeströmung und Wärmestrahlung zwischen dem Inneren des Hauses und der Umwelt zu verringern.

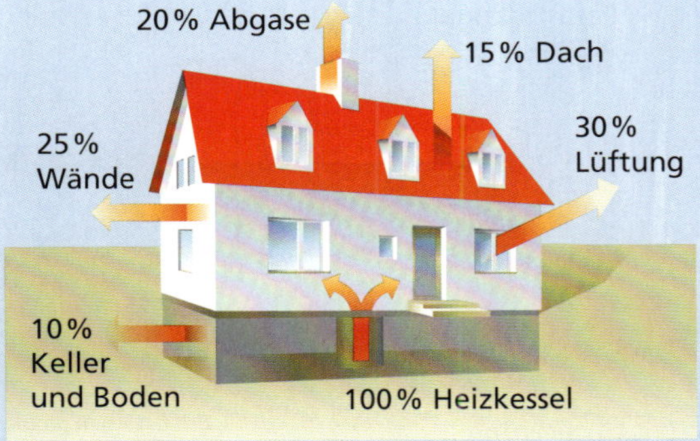

1 Wärmeverluste bei einem Haus: Angegeben sind Durchschnittswerte.

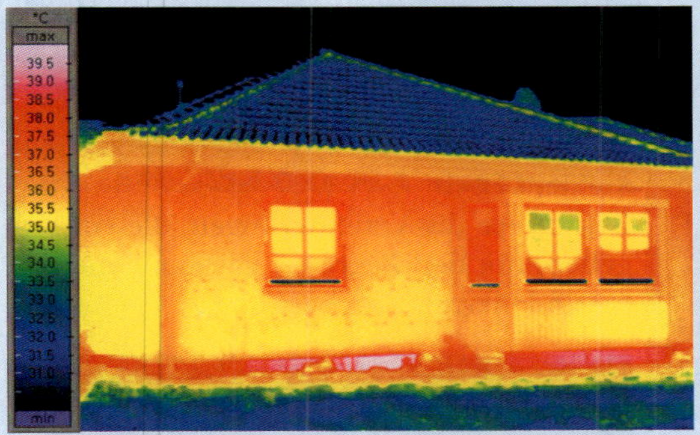

2 Die Wärmeabgabe ist an den roten Stellen besonders groß, an den blauen Stellen gering.

3. *Wie kann man die Wärmeleitung nach außen verringern? Welche Stoffe eignen sich als Dämmstoffe, welche nicht?*

4. *Wie kann man die Wärmeströmung bzw. die Wärmestrahlung nach außen verhindern bzw. verringern?*

5. *Warum ist es günstiger, kurz und intensiv zu lüften, als den ganzen Tag das Fenster einen Spalt weit offenzulassen?*

6. *Baue aus Pappe ein Modellhaus! Es soll ein Becherglas oder eine große Tasse mit Wasser hineinpassen. Untersuche, wie man die Wärmedämmung verbessern kann!*

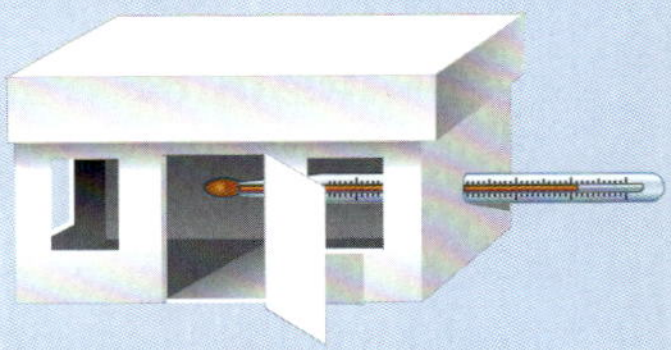

Durchführung:
a) Stelle eine Tasse mit heißem Wasser in das Modellhaus! Miss in Abständen von 5 min die Temperatur im Haus!
b) Wiederhole die Messungen nach Auskleidung des Modellhauses mit unterschiedlichen Dämmstoffen! Du kannst auch Fenster und Türen in verschiedener Weise abschirmen.

Auswertung:
Welche Folgerungen ergeben sich aus diesen Untersuchungen für die Verwendung von Materialien beim Hausbau?

gewusst · gekonnt

1. Eine Tasse mit heißem Tee steht längere Zeit auf dem Tisch.
Beschreibe die Veränderungen, die vor sich gehen, mit den Begriffen Wärme, Temperatur und thermische Energie!

2. Die thermische Energie eines Topfes mit Wasser soll erhöht werden.
   a) Nenne verschiedene Möglichkeiten!
   b) Was geschieht dabei mit der Temperatur des Wassers? Begründe!

3. Nimm eine kleine Wassermenge und miss deren Temperatur! Fülle das Wasser in einen Becher, verschließe diesen und schüttle kräftig einige Minuten!
Miss wieder die Temperatur und vergleiche mit der Anfangstemperatur! Erkläre!

4. Ein Streichholz kann man durch Reiben an der Reibfläche entzünden. Erkläre!

5. Vergleiche die Größen Energie und Wärme! Stelle Gemeinsamkeiten und Unterschiede zusammen!

6. Erläutere, wie man durch eine der Temperatur angemessene Kleidung
   a) im Winter die Wärmeabstrahlung durch den menschlichen Körper gering halten kann,
   b) im Sommer die Wärmeeinstrahlung der Sonne durch Kleidung kleinhalten kann!

7. Untersuche mit einer brennenden Kerze oder einem sogenannten Luftpendel die Luftströmungen in einem Zimmer!
Durchführung:
   a) Baue aus einem Nähfaden und einer kleinen Vogelfeder ein Luftpendel (s. Abb.)!

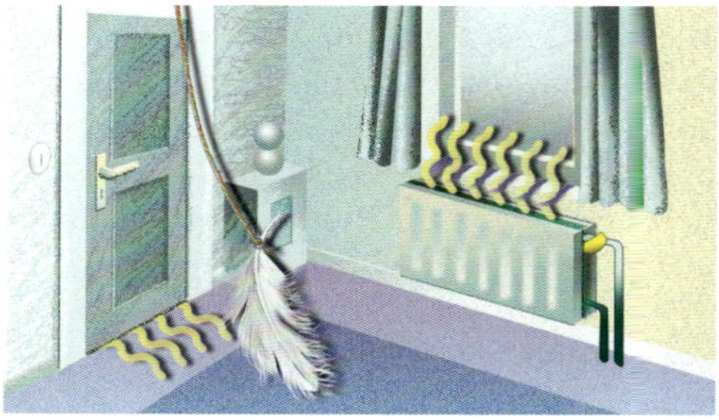

   b) Halte die Kerze bzw. das Luftpendel an verschiedene Stellen des Raumes! Vorsicht! Es besteht Brandgefahr!

Auswertung:
Beschreibe die Unterschiede innerhalb des Raums und erkläre sie!

8. Untersuche die Wärmeleitfähigkeit von Metalldrähten aus verschiedenen Stoffen!
Vorbereitung:
Stelle Vermutungen über eine Rangfolge der Leitfähigkeit der Metalldrähte auf!
Durchführung:
Miss die Zeit, die jeweils bis zum Abschmelzen einer Paraffinkugel benötigt wird!
Vorsicht! Brandgefahr!

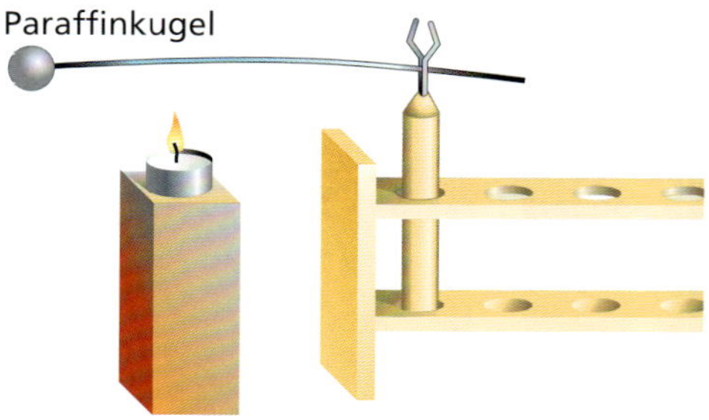

Auswertung:
Vergleiche die Versuchsergebnisse mit deinen Vermutungen!

9. Nenne drei gute und drei schlechte Wärmeleiter! Wo werden gute bzw. schlechte Wärmeleiter genutzt?

10. Warum verhindert ein Drahtnetz unter dem Gefäß (s. Abb.), dass das Glas zerspringt?

11. Die Henkel von Töpfen und Pfannen bestehen oft aus Holz oder Kunststoff.
Begründe, warum dies sinnvoll ist!

12. Wie kannst du verhindern, dass dicke Gläser beim Eingießen heißer Getränke zerplatzen?

13. Kochtöpfe mit gerillten Böden sind für Elektroherde wenig geeignet, jedoch für Gasherde gut zu verwenden. Begründe die Aussage physikalisch!

14. Erkläre, warum man in Isoliertaschen Tiefkühlkost problemlos vom Einkauf nach Hause transportieren kann?

15. Mit einem Föhn kann man seine Haare trocknen. Beschreibe diesen Vorgang physikalisch! Nutze die Fachsprache der Physik!

16. Was bevorzugst du bei kaltem Wetter: Mehrere dünne Kleidungsstücke, die du übereinander ziehst oder nur einen dicken Pullover? Diskutiere deine Entscheidung aus physikalischer Sicht!

17. Heizkörper sind häufig unter dem Fenster angebracht. Erkläre, warum das sinnvoll ist!

18. Erkläre die Wirkungsweise eines luftgekühlten Motors bei einem Moped oder bei einem Motorrad!
Welche Funktion haben dabei die Kühlrippen aus einer Aluminiumlegierung?

19. Mit dem Golfstrom wird viel Wärme transportiert. Erkunde, wie der Golfstrom verläuft und was er bewirkt!

20. Wie funktioniert die Wasserkühlung eines Motors (s. Abb.) in einem Pkw?

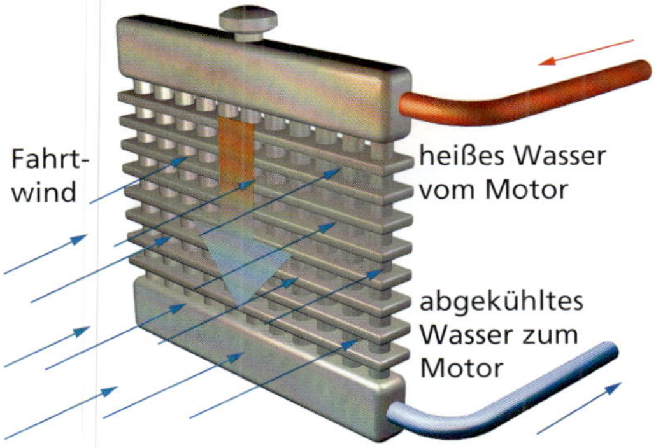

21. Die Abbildung zeigt in der Natur auftretende Luftströmungen.
Besonders über trockenen Getreidefeldern und Sand gibt es starke Luftströmungen nach oben. Diese werden von Segelfliegern, aber auch von Vögeln genutzt.

a) Erkläre, wie diese Luftströmungen in der Natur entstehen!

*b) An warmen Sommertagen weht am Meer der Wind häufig aus Richtung Meer, nach Sonnenuntergang in umgekehrter Richtung. Begründe!

22. Die Wärmestrahlung der Sonne kann genutzt werden, um Wasser zu erwärmen.

a) Warum sollten Sonnenkollektoren auf der Südseite eines Daches und geneigt befestigt werden?

b) Baue dir selbst mit einfachen Mitteln einen Sonnenkollektor!

*c) Funktioniert ein Sonnenkollektor auch, wenn der Himmel bewölkt ist?

Temperatur, Energie, Wärme und Wärmeübertragung

Aufgrund ihrer Temperatur besitzen alle Körper Energie. Sie wird als **thermische Energie** bezeichnet. Dabei gilt:

> Je höher die Temperatur eines Körpers ist, desto größer ist die in ihm gespeicherte Energie.

Energie kann in Form von Wärme von einem Körper auf einen anderen Körper oder auf die Umgebung übertragen werden.

Die **Wärme *Q*** gibt an, wie viel Energie von einem Körper auf einen anderen übertragen wird.

Wärme und Energie werden in der Einheit ein Joule (1 J) gemessen.

Vielfache der Einheit sind:

1 kJ = 1000 J
1 MJ = 1000 kJ = 1000000 J

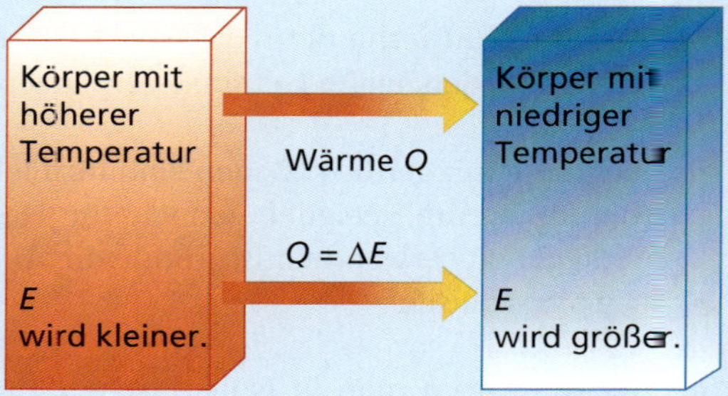

Wärme kann übertragen werden durch

Wärmeleitung

Metalle sind gute Wärmeleiter. Wasser, Gase (Luft) oder Holz leiten die Wärme schlecht.

Wärmestrahlung

Wärmestrahlung breitet sich in der Luft, aber auch ohne Stoff aus.

Wärmeströmung

Durch strömende Flüssigkeiten und Gase wird Wärme übertragen.

Maßnahmen zur Verringerung der Wärmeübertragung bezeichnet man als **Wärmedämmung.** Wärmedämmung bedeutet die Verhinderung oder Verminderung von Wärmeleitung, Wärmeströmung und Wärmestrahlung.

3.2 Wärme in Natur und Technik

Wind und Wetter

Solche Wettererscheinungen wie die Wolkenbildung, die Entstehung von Regen oder Schnee, das Bilden von Reif oder das Auftreten von Tau hängen unter anderem von der Temperatur ab. Auch die Wärme spielt dabei eine wichtige Rolle.
Woraus bestehen Wolken? Wie entstehen sie? Was hat Wärme mit dem Verdunsten von Wasser zu tun?

Heiß und kalt

An heißen Sommertagen kommst du leicht ins Schwitzen. Dann hilft nur noch ein kühles Bad. Wenn du jedoch aus dem Wasser kommst, ist dir kalt, obwohl die Temperatur der Luft größer als die des Wassers ist.
Wovon hängt es ab, ob dir nach dem Baden kalt ist?

Eis und Schnee

Eis und Schnee gehören zum Winter. Durch die Sonnenstrahlung oder durch warme Luft wird Wärme herantransportiert, die ein Schmelzen von Eis und Schnee bewirkt.
Wie viel Wärme ist eigentlich erforderlich, um 1 kg Eis zu schmelzen? Ist es mehr, als man zum Verdampfen von 1 kg Wasser braucht?

Schmelzwärme und Verdampfungswärme

Wir wissen bereits: Wird einem festen Körper Wärme zugeführt, so schmilzt er bei der Schmelztemperatur. Bei der gleichen Temperatur erstarrt der flüssige Körper, wenn ihm Wärme entzogen wird. Die zum Schmelzen eines Körpers erforderliche Wärme wird **Schmelzwärme** genannt. Bezogen auf 1 kg eines Stoffes heißt sie **spezifische Schmelzwärme.**

Die spezifische Schmelzwärme gibt an, wie viel Wärme erforderlich ist, um bei der Schmelztemperatur 1 kg eines Stoffes zu schmelzen.

Formelzeichen: q_s
Einheit: **1 Kilojoule je Kilogramm** $\left(1\,\frac{kJ}{kg}\right)$

Beim Erstarren wird diese Wärme wieder abgegeben. Die Schmelzwärme für einen Körper mit der Masse m kann berechnet werden mit der Gleichung $Q_S = q_S \cdot m$

Analog sind die Verhältnisse beim Sieden, also beim Übergang vom flüssigen in den gasförmigen Aggregatzustand. Die zum Sieden erforderliche Wärme wird als **Verdampfungswärme** bezeichnet. Sie wird beim Kondensieren wieder frei.

Spezifische Schmelzwärme q_s und spezifische Verdampfungswärme q_V einiger Stoffe

Stoff	q_s in $\frac{kJ}{kg}$	q_V in $\frac{kJ}{kg}$
Aluminium	396	10 500
Antimon	165	1 256
Blei	24,8	871
Eisen	275	6 320
Glycerin	201	–
Gold	64,5	1 580
Kupfer	205	4650
Messing	168	–
Platin	111	2 512
Quecksilber	12	285
Wasser	334	2 256
Wolfram	193	4 190
Zink	111	1 755
Zinn	59	2 450

Die spezifische Verdampfungswärme gibt an, wie viel Wärme erforderlich ist, um 1 kg eines Stoffes zu verdampfen.

Formelzeichen: q_V
Einheit: **1 Kilojoule je Kilogramm** $\left(1\,\frac{kJ}{kg}\right)$

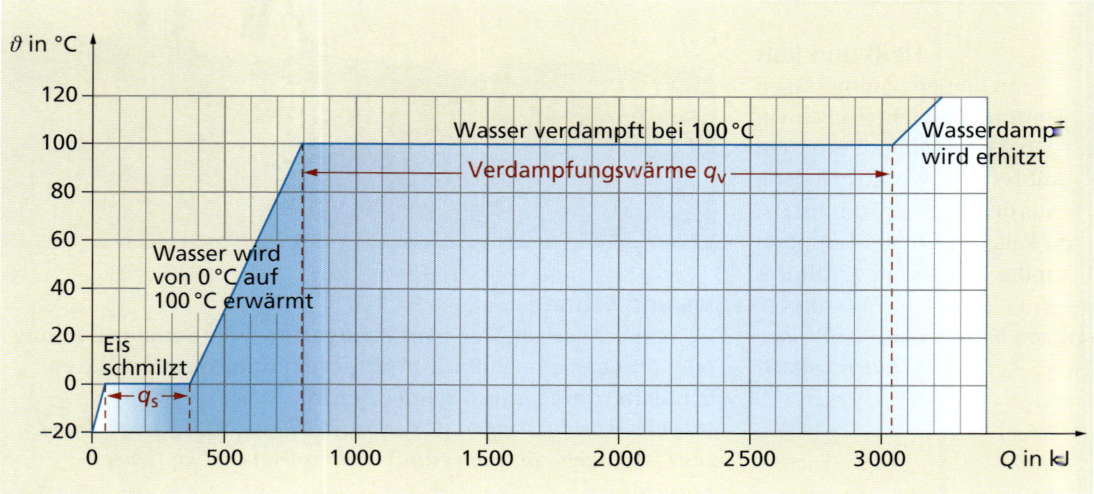

1 Temperaturverlauf bei 1 kg Eis bzw. Wasser und gleichmäßiger Zufuhr von Wärme. Während des Schmelzens und des Verdampfens bleibt die Temperatur gleich.

Verdunsten von Flüssigkeiten

Flüssigkeiten können auch weit unter ihrer Siedetemperatur in den gasförmigen Zustand übergehen. Diesen Vorgang nennt man **Verdunsten.** Das Verdunsten von Wasser kann man z. B. beim Trocknen einer nassen Straße oder beim Trocknen von Wäsche feststellen. Wie schnell eine Flüssigkeit verdunstet, ist abhängig
- von der Größe ihrer Oberfläche,
- von der Temperatur und
- davon, wie schnell der verdunstete Anteil abgeführt wird.

Das bedeutet zum Beispiel für ein Wäschestück: Es trocknet schneller, wenn es
- möglichst weit auseinandergefaltet ist,
- die Temperatur möglichst hoch ist und
- ein kräftiger Wind weht.

Wie zum Schmelzen oder Sieden ist auch zum Verdunsten Wärme erforderlich. Sie wird der Umgebung entzogen. Dadurch kühlt sich die Umgebung ab. Deshalb bezeichnet man diese der Umgebung entzogene Wärme als Verdunstungswärme. Die **Verdunstungskälte** spielt eine wichtige Rolle bei der Regulierung unserer Körpertemperatur: Bei sehr warmem Wetter schwitzen wir. Der Schweiß verdunstet teilweise. Die dafür erforderliche Wärme wird unserem Körper entzogen. Er wird dadurch gekühlt.

Beim Verdunsten von Flüssigkeiten wird der Umgebung Wärme entzogen.

Das wird z. B. in der Medizin genutzt: Um kleine Stellen auf der Haut unempfindlich gegen Schmerz zu machen, wird eine Flüssigkeit aufgesprüht, die sehr schnell verdunstet. Durch das schnelle Verdunsten wird der betreffenden Stelle viel Wärme entzogen. Die Haut kühlt sich relativ stark ab und wird dadurch unempfindlich gegen Schmerz.
Die Verdunstungskälte kann auch dazu führen, dass man nach dem Baden friert, wenn man sich nicht abtrocknet oder die nasse Badebekleidung nicht wechselt.

1 Wasser auf der Haut verdunstet. Dadurch kühlt sich die Haut ab. Das kann sogar bei hohen Temperaturen zu einer Erkältung führen.

Die Luftfeuchtigkeit

Luft enthält Wasserdampf, der für uns nicht sichtbar ist. Er gelangt durch Verdunsten von Wasser in die Atmosphäre.

Der Anteil von Wasserdampf, der sich in der Atmosphäre befindet, wird als Luftfeuchtigkeit bezeichnet.

Die Luftfeuchtigkeit wird meist in Prozent angegeben. 60 % Luftfeuchtigkeit bedeutet: Die Luft enthält 60 % des Wasserdampfes, der bei einer bestimmten Temperatur aufgenommen werden kann. Kondensiert dieser Wasserdampf, so bilden sich Wolken, in Erdbodennähe Nebel und am Erdboden Tau.

2 Wolken, Nebel oder Tau sind kondensierter Wasserdampf.

Wetterkunde

Wettererscheinungen und Größen zu ihrer Beschreibung

Jeder von uns kennt solche Wettererscheinungen wie Wind oder Sturm, Regen, Nebel, Hagel oder Schneefall. Das Wetter beeinflusst nicht nur unser Wohlbefinden. Es hat auch Auswirkungen auf die Natur, die Landwirtschaft oder den Tourismus. Wettererscheinungen werden von Menschen schon seit vielen Jahrhunderten beobachtet, und es wurde immer versucht, Regeln und Zusammenhänge zu erkennen.

1. *Solche Regeln, die auf Beobachtungen des Wettergeschehens beruhen, werden* ***Bauernregeln*** *genannt. Sucht Beispiele für solche Bauernregeln! Wie sicher sind Wettervorhersagen auf der Grundlage von Bauernregeln?*

Regelmäßige Wetteraufzeichnungen und Messungen werden in Mitteleuropa seit etwa 1850 gemacht.

2. *Erfasse in einer Übersicht, mit welchen Messgeräten man solche für das Wetter wichtigen Größen wie die Temperatur, den Luftdruck, die Luftfeuchtigkeit, die Niederschlagsmenge oder die Windgeschwindigkeit messen kann!*

Die täglichen Beobachtungen und Messergebnisse werden in Wetterkarten zusammengefasst.

1 Durch Wetterstationen werden die Windstärke, die Temperatur, der Luftdruck, die Regenmenge und die Luftfeuchtigkeit gemessen.

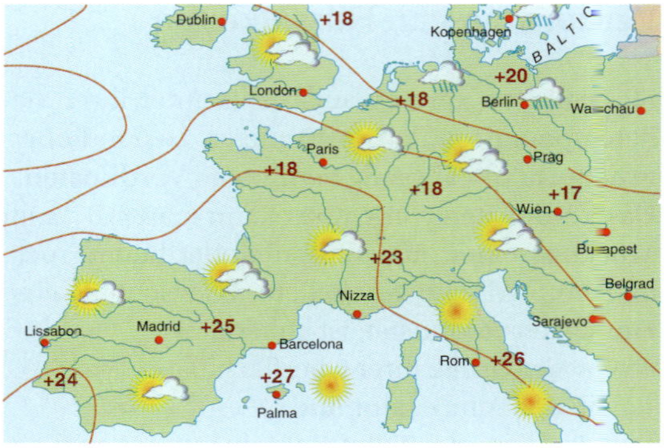

2 Wetterkarte für Europa

3. *Sammelt und vergleicht Wetterkarten, die in Tageszeitungen oder im Internet veröffentlicht werden! Was kann man einer solchen Wetterkarte entnehmen?*

Die tägliche, monatliche oder jährliche Niederschlagsmenge wird in Millimetern angegeben.

4. *Die Niederschlagsmenge wird in Litern je Quadratmeter ($1\,l/m^2$) oder in Millimetern ($1\,mm$) gemessen.*
   Begründe, dass $1\,l/m^2$ einem Millimeter entspricht! Erkunde, wie groß die mittlere jährliche Niederschlagsmenge für Berlin ist!

Der Luftdruck wird in den Einheiten Hektopascal (1 hPa) oder Kilopascal (1 kPa) gemessen. Er schwankt bei uns meist zwischen 970 hPa und 1 030 hPa.

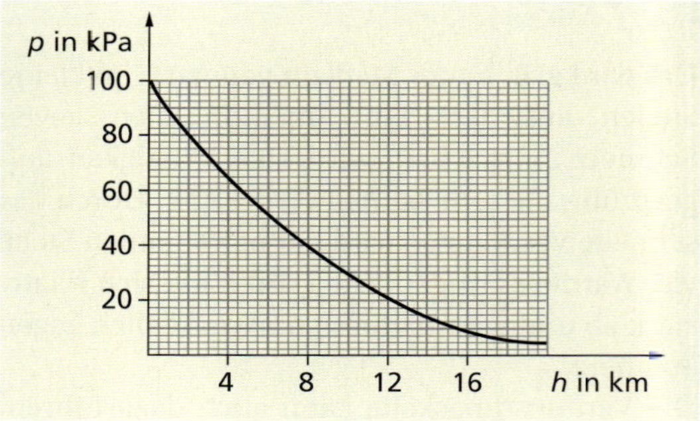

3 Der normale Luftdruck in Meereshöhe beträgt 101,3 kPa oder 1 013 hPa. Er nimmt mit zunehmender Höhe ab.

Wetter und Niederschläge

Luft enthält **Wasserdampf,** der für uns nicht sichtbar ist. Er gelangt durch Verdunsten von Wasser in die Atmosphäre.
Der Anteil an Wasserdampf, der sich in der Atmosphäre befindet, wird als **Luftfeuchtigkeit** bezeichnet (s. S. 83). Die Luftfeuchtigkeit wird meist in Prozent angegeben und kann mit einem Hygrometer gemessen werden. Sie kann in Abhängigkeit von den Wetterbedingungen in weiten Grenzen schwanken. Bei uns liegt sie meist zwischen 30 % und 70 %.

5. *Bestimme mit einem Hygrometer die Luftfeuchtigkeit*
   a) *an verschiedenen Tagen zu einer bestimmten Uhrzeit,*
   b) *in verschiedenen Räumen der Wohnung!*

Kondensiert der sich in der Luft befindende Wasserdampf, so bilden sich **Wolken,** in Erdbodennähe **Nebel** und am Erdboden **Tau.**
Wolken bestehen aber nicht nur aus Wasserdampf. Sie entstehen erst, wenn Wasserdampf an winzigen Staubkörnchen kondensiert. Dabei entstehen Wassertröpfchen. Solange sie sehr klein sind, fallen sie nicht zur Erde.

1 Am Himmel kann man viele unterschiedliche Wolken beobachten. International unterscheiden die Meteorologen 10 verschiedene Wolkenarten.

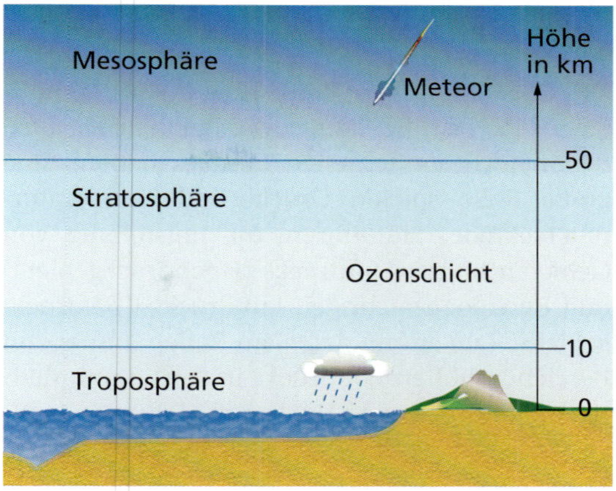

2 Alle Wettererscheinungen gehen in der unteren Atmosphäre (Höhen bis etwa 10 km) vor sich.

Aufwinde halten sie in der Schwebe. Erst wenn sie hinreichend groß und schwer sind, beginnt es zu regnen. In einigen Kilometern Höhe hat die Atmosphäre in der Regel Temperaturen von weniger als 0 °C. In dieser Höhe dienen die Staubkörnchen als „Kristallisationskerne" für **Schneekristalle.** Auch **Hagelkörner** entstehen in sehr großer Höhe. Bei niedrigen Temperaturen gefrieren die Wassertropfen zu Eis. Da große Hagelkörner schnell zur Erde fallen, bleibt ihnen keine Zeit mehr zum Schmelzen.
Von **Reif** spricht man, wenn in wolkenlosen kalten Nächten die Luft in Bodennähe unter den Gefrierpunkt abkühlt und die Feuchtigkeit (Tau) an der Oberfläche von Gräsern, Ästen oder Gebäuden gefriert.
Der Bereich der Atmosphäre, in dem sich alle Wettererscheinungen abspielen, ist die **Troposphäre.** Es ist der Bereich bis etwa 10 km Höhe.

6. *Erkunde den Aufbau der Atmosphäre! Wie hoch reicht sie insgesamt?*

7. *Wir sprechen vom Wetter, von der Witterung und vom Klima. Was ist damit jeweils gemeint?*

8. *Auf der Erde werden verschiedene Klimazonen unterschieden. Welche sind das? In welcher Klimazone liegt Deutschland?*

Wind und Wetter

Die Entstehung von **Wind** ist ein sehr komplizierter Prozess, bei dem sowohl globale als auch regionale Besonderheiten Einfluss haben. Eine große Rolle spielen Druck- und Temperaturunterschiede. Sie führen zur Entstehung von Gebieten hohen Luftdrucks (Hochdruckgebiete) und Bereichen niedrigen Luftdrucks (Tiefdruckgebiete). Luft strömt dabei am Boden immer von Bereichen hohen Luftdrucks in solche mit niedrigem Luftdruck, vom Hoch zum Tief.

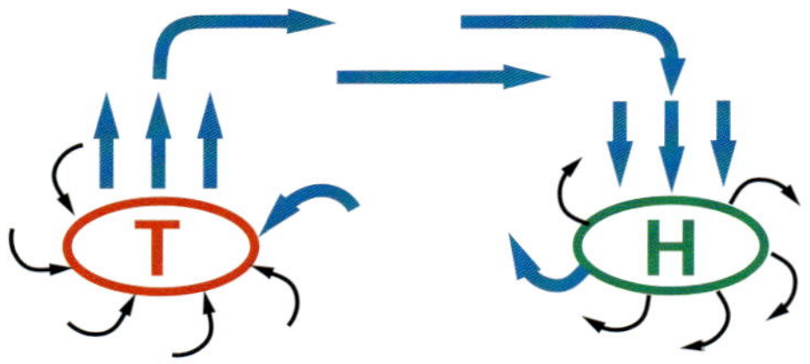

1 Luftströmungen zwischen Tief- und Hochdruckgebieten

Die Windstärke hängt von den Druck- und Temperaturunterschieden ab.

Windstärken nach Beaufort		
Windstärke	**Geschwindigkeit in $\frac{m}{s}$**	**Bezeichnung und Auswirkungen**
0	0,0 … 0,2	still; Rauch steigt gerade empor
2	1,6 … 3,3	leichte Brise; Wind am Gesicht fühlbar
4	5,5 … 7,9	mäßige Brise; bewegt Zweige und dünnere Äste
6	10,8 … 13,8	starker Wind; starke Äste in Bewegung
8	17,2 … 20,7	stürmischer Wind
10	24,5 … 28,4	schwerer Sturm; entwurzelt Bäume, Schäden an Häusern
12	> 32,6	Orkan

2 An Berghängen, die von der Sonne bestrahlt werden, erwärmt sich Luft und steigt als Hangwind nach oben. Solche Aufwinde werden von Vögeln und Segelfliegern genutzt.

9. *Erkunde, welche höchsten Windgeschwindigkeiten in Deutschland bisher registriert wurden! Wo war das?*

Neben den Luftströmungen zwischen Hochs und Tiefs gibt es auch Luftströmungen, die infolge regionaler Besonderheiten zustande kommen. Dazu zählen Aufwinde (Abb. 2). Das Aufsteigen von Luft ist mit einer Abkühlung und nicht selten mit Wolkenbildung verbunden. Eine typische Erscheinung in den Alpen ist der **Föhn** (Abb. 3). Er entsteht folgendermaßen:
Die anströmende Luft steigt nach oben und kühlt dabei um etwa 1 °C je 100 m Höhenunterschied ab. Diese Abkühlung verringert sich auf etwa 0,5 °C je 100 m, wenn Wasserdampf kondensiert, weil dabei Kondensationswärme frei wird. Beim Absinken erwärmt sich die Luft ebenfalls um

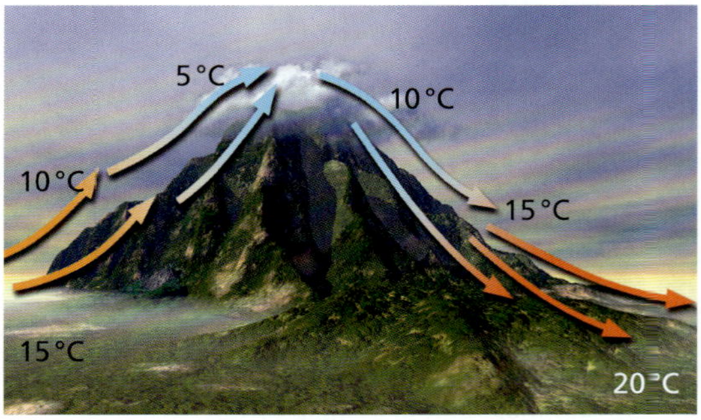

3 Entstehung von Föhn: Es ist ein trockener, warmer Fallwind.

etwa 1 °C je 100 m Höhenunterschied. Es entsteht ein warmer, trockener Fallwind.
Unterschiedliche Luftströmungen entstehen an Berghängen zwischen Tag und Nacht (Skizzen oben).

10. *Begründe, wie diese Luftströmungen zustande kommen!*

Ähnliche Erscheinungen kann man im Sommer beobachten. Am Tag weht der Wind meist aus Richtung Meer, nach Sonnenuntergang in der entgegengesetzten Richtung.

11. *Wie kommen diese unterschiedlichen Windrichtungen zustande?*

Wie entwickelt sich das Klima?

Während das Wetter den augenblicklichen Zustand der Wettererscheinungen an einem bestimmten Ort kennzeichnet, versteht man unter Klima den langjährigen Witterungsverlauf an einem Ort oder in einem größeren Bereich. Die Registrierung des Wettergeschehens erfolgt heute durch ein umfangreiches Netz von Wetterstationen und durch Wettersatelliten (Abb. oben rechts).
Diese ständigen Beobachtungen und Messungen werden genutzt, um
- kurzfristige und mittelfristige Wettervorhersagen zu machen,
- die langfristige Entwicklung des Klimas zu verfolgen.

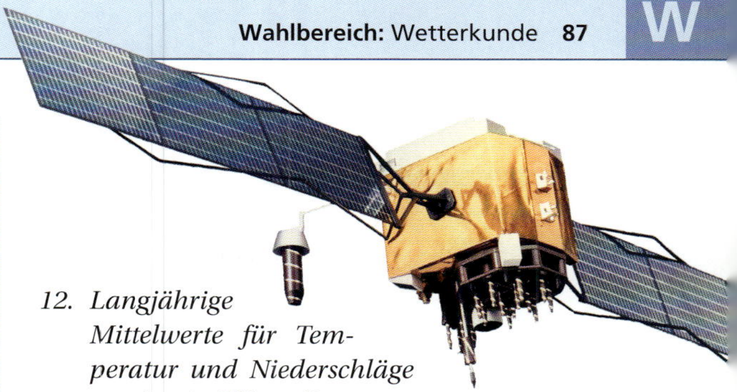

12. *Langjährige Mittelwerte für Temperatur und Niederschläge werden in Klimadiagrammen (Abb. 1) erfasst.*
    a) Was kann man einem solchen Diagramm entnehmen?
    b) Welche Folgerungen kann man daraus für die Urlaubsplanung ableiten?

Intensiv wird in der Wissenschaft und in der Öffentlichkeit diskutiert, wie sich langfristig unser Klima entwickeln könnte. Durch wissenschaftliche Untersuchungen ist belegt:
- In den letzten Jahrzehnten wurde eine Erhöhung der mittleren Temperatur an der Erdoberfläche von 0,5 °C bis 0,7 °C registriert.
- In Klimaberechnungen wird für die nächsten Jahrzehnte von einer weiteren durchschnittlichen Erwärmung um 1,5 °C bis 3,0 °C ausgegangen.

13. *Eine der Ursachen für die registrierte Erwärmung ist der vom Menschen herbeigeführte zusätzliche Treibhauseffekt. Was versteht man darunter? Wie kommt er zustande?*

14. *Erkunde, welche langfristigen Folgen eine Erwärmung der Erdoberfläche haben könnte!*

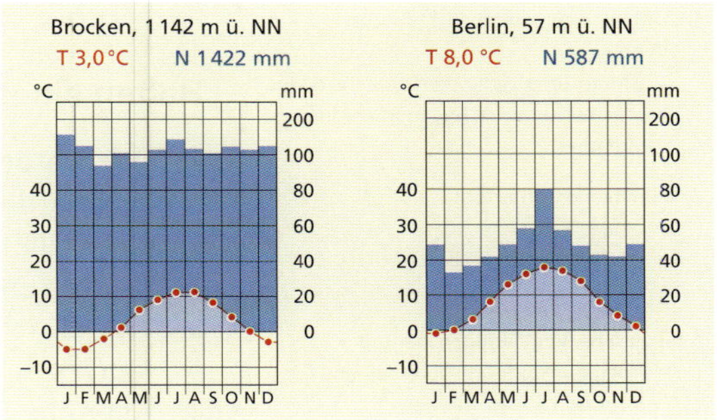

1 In Klimadiagrammen werden der jährliche Temperaturverlauf und die Niederschläge erfasst.

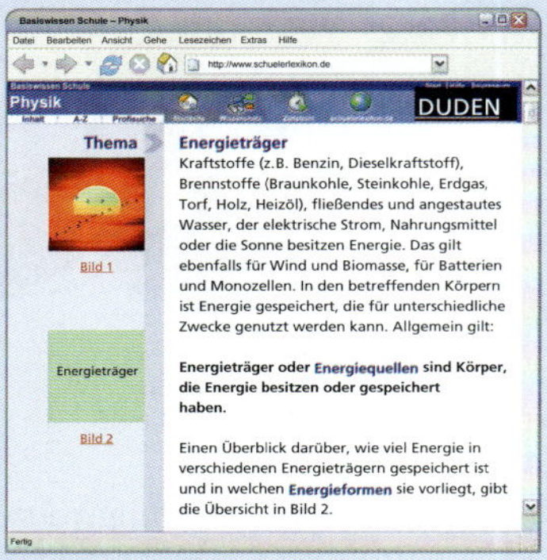

Unter der Internet-Adresse **www. schuelerlexikon.de** findest du für Schüler entwickelte Nachschlagewerke, u. a. für das Fach Physik.

Präsentieren von Informationen

Ergebnisse deiner Arbeit zu einem Thema oder das, was ihr in einer Gruppe erarbeitet habt, sollte den Mitschülern, vielleicht sogar allen Schülern der Schule oder der Öffentlichkeit, präsentiert werden. Für die Präsentation von Informationen gibt es unterschiedliche Möglichkeiten, beispielsweise:

- einen Vortrag halten
- eine Wandzeitung oder ein Poster für den Physikraum oder den Schulflur gestalten
- eine Präsentation mit dem Computer anfertigen und vorführen,
- eine Internetseite zu einem Thema gestalten

Vorbereiten eines Vortrages

1. Verschaffe dir einen Überblick über das Thema! Nutze dazu verschiedene Informationsquellen!

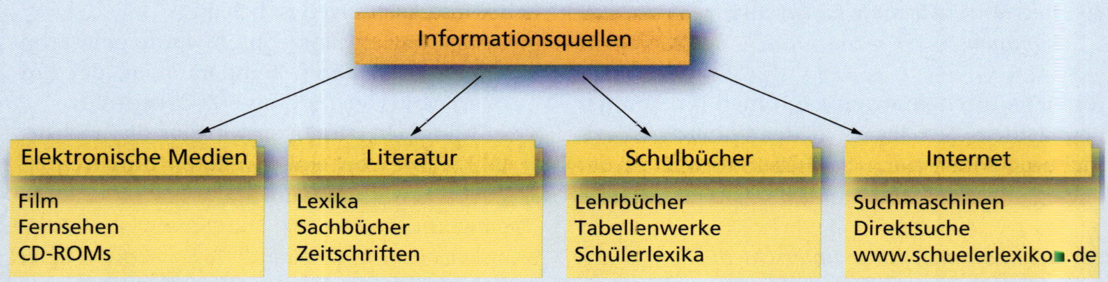

2. Wähle die Schwerpunkte aus, zu denen du etwas vortragen willst! Informiere dich über diese Schwerpunkte genauer!
3. Gliedere den Vortrag! Formuliere die Schwerpunkte in Kurzform schriftlich (z. B. Kärtchen mit Stichwörtern)!
4. Stelle Bilder, Folien oder Plakate bereit, die du für den Vortrag nutzen willst!

Klima und Wetter

1. Unterschied zwischen Klima und Wetter
   - Klima: langfristig, mittlerer Zustand
   - Wetter: kurzfristig, momentaner Zustand
2. Klimazonen erläutern
   - polare Zone
   - gemäßigte Zone (Berlin)
   - Subtropen u. Tropen
3. Typische Wetterlagen bei uns
   - Hochdrucklage im Sommer und Winter
   - Tiefdrucklage
   - Westwind/Ostwind/Südwind

Halten eines Vortrags

1. Wecke am Anfang des Vortrags Interesse und Neugier und nenne das Thema! Beginne mit „Wusstet ihr überhaupt ...?" „Hättet ihr gedacht, dass ..."
2. Nenne und zeige die Gliederung (Tafel, Folie, Plakat)!
3. Sprich in kurzen Sätzen! Verwende nur Fachbegriffe, die du auch selbst erklären kannst!
4. Bemühe dich, laut, langsam und deutlich zu sprechen! Nutze deine Notizen! Versuche trotzdem, frei zu sprechen und deine Zuhörer anzuschauen!

5. Leite neue Teile deutlich ein, z. B.: „Ein weiterer Punkt ist …“ oder „Als Nächstes möchte ich …“
6. Achte auf die Zeit! Schließe den Vortrag mit einer kurzen Zusammenfassung ab!

Anfertigen einer Wandzeitung oder eines Posters

Wandzeitungen oder Poster eignen sich gut dazu, Informationen und Arbeitsergebnisse der Schulöffentlichkeit vorzustellen. Damit das auch gut gelingt, sollten ein paar Tipps beachtet werden.

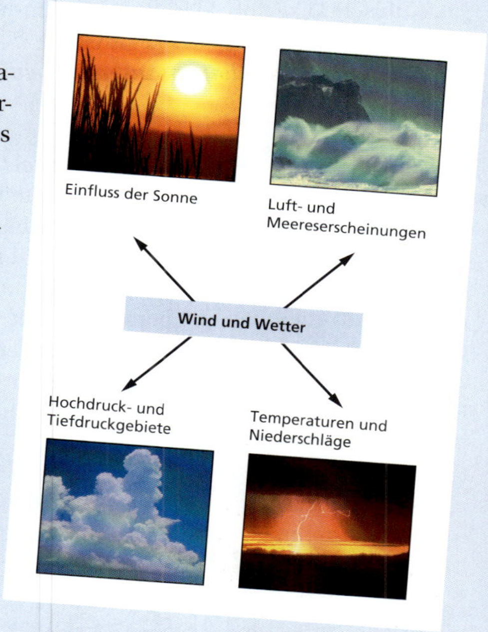

1. Jedes Poster hat ein Thema, das über den Inhalt informieren und Neugier wecken soll. Es sollte auffällig (groß, farbig) gestaltet sein.
2. Verwende Abbildungen, Grafiken, Skizzen, Schemata! Gehe sparsam mit Text um!
3. Ordne die Inhalte übersichtlich an!
4. Kennzeichne das, was inhaltlich zusammengehört, mit gleichen Schriftarten, Farben oder Formen! Verwende dabei aber keine zu große Vielfalt!
5. Teste die Erkennbarkeit und Lesbarkeit aus größerer Entfernung!
6. Bei einem umfangreicheren Thema kann man mehrere Poster zu einer kleinen Ausstellung zusammenfassen.

Gestaltung einer Internetseite

Im World Wide Web (www) kann man nicht nur Informationen suchen, sondern auch selbst Informationen präsentieren. Dazu ist eine eigene **Homepage** nötig oder es wird die Homepage der Schule genutzt.
Zur Erstellung der Seiten gibt es spezielle Programme.
Für die attraktive Gestaltung von Webseiten gelten die gleichen Hinweise wie für die Anfertigung einer Wandzeitung oder eines Posters. Vorteil ist aber beim Web: Es können auch Animationen, Videos oder Audios mit eingebaut werden. Es können auch schnell Änderungen und Aktualisierungen vorgenommen werden.

Physik in Natur und Technik

Ein Schrank zum Kühlen

Ein Kühlschrank (Abb. 1) ist heute bei uns in fast jedem Haushalt zu finden.
Wie ist ein solcher Kühlschrank aufgebaut? Wie funktioniert er?

Die Abb. 1 und 2 zeigen die wichtigsten Teile eines Kühlschranks. In seinem Innenraum befindet sich ein System von Rohren, der **Verdampfer** (Abb. 1, 2). In diesem verdampft das Kühlmittel. Das Kühlmittel ist eine Flüssigkeit, die bei normalem Luftdruck bei Temperaturen weit unter dem Gefrierpunkt, z. B. bei –25 °C, siedet. Die zum Verdampfen notwendige Wärme wird der Luft und den Lebensmitteln im Kühlschrank entzogen. Sie kühlen ab.

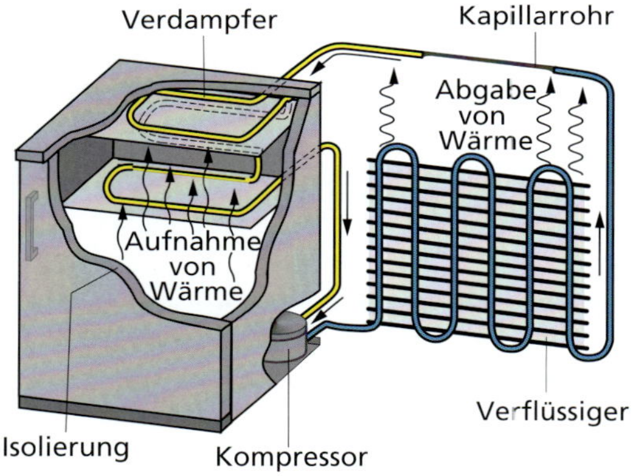

1 Aufbau eines Kühlschranks

Der **Kompressor** ist eine Pumpe. Sie saugt den Dampf ab, der im Verdampfer entstanden ist, und presst ihn in den Verflüssiger. Durch das Absaugen wird die Verdampfung beschleunigt und die Kühlung verstärkt. Beim Zusammenpressen erhöhen sich, ähnlich wie bei einer Luftpumpe, der Druck und damit die Temperatur des Dampfes. Sie steigt auf etwa 40 °C an.
Im **Verflüssiger** kondensiert der Dampf. Dabei wird Kondensationswärme frei, die über die Kühlrippen abgegeben wird.

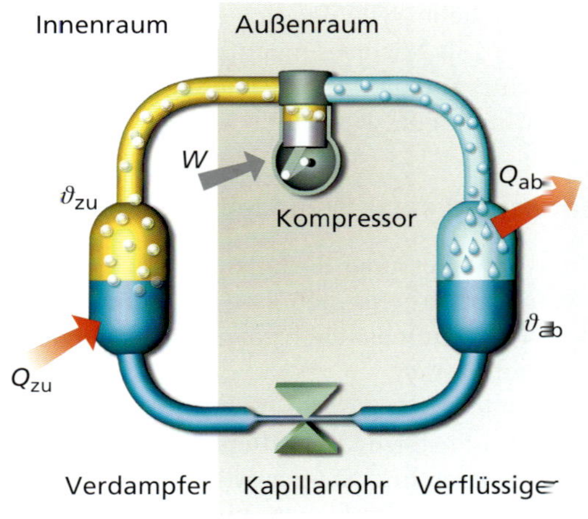

2 Kreislauf des Kühlmittels in einem Kühlschrank

Durch ein **Kapillarrohr** gelangt das Kühlmittel wieder in den Verdampfer. Dadurch verringert sich sein Druck und es beginnt wieder zu verdampfen. Der Kreislauf beginnt erneut.
Worin unterscheidet sich ein Kühlschrank von einer Wärmepumpe?

Der grundsätzliche Aufbau beider Geräte ist gleich. Bei einem **Kühlschrank** wird mithilfe des Kühlaggregats Wärme aus dem Inneren des Geräts nach außen transportiert (Abb. 1, 2). Dadurch wird der Innenraum gekühlt und die Umgebung erwärmt.
Bei einer **Wärmepumpe** dagegen wird dem Außenraum (Erdreich, Grundwasser, Luft) Wärme durch einen Verdampfer entzogen. Der Verdampfer befindet sich außerhalb des Hauses (Abb. 3). Der Verflüssiger steht im Haus. Er gibt die Kondensationswärme an den Innenraum ab.

3 Wärme wird außen aufgenommen und ins Innere des Hauses transportiert.

Immer cool bleiben

Juice, Cola und andere Getränke schmecken am besten, wenn sie kalt sind. Deshalb stellt man sie in den Kühlschrank oder gibt Eiswürfel in das Getränk (Abb. 1).
Wie verändert sich die Temperatur eines Getränks, wenn Eiswürfel zugegeben werden?

Das Getränk hat zunächst Zimmertemperatur. Gibt man Eiswürfel hinzu und rührt gut um, bildet sich ein Flüssigkeit-Eis-Gemisch. Die Eiswürfel beginnen sich zu erwärmen und zu schmelzen. Die dafür erforderliche Wärme wird der Flüssigkeit entzogen. Dabei sind zwei Vorgänge zu unterscheiden:
- Das Eis erwärmt sich zunächst bis auf 0 °C.
- Das Eis beginnt bei 0 °C zu schmelzen.

In den beiden Vorgängen wird der Flüssigkeit Wärme entzogen. Die Temperatur der Flüssigkeit verringert sich, solange noch Eis vorhanden ist. Kälter als 0 °C kann das Gemisch nicht werden. Diese Temperatur wird aber meist nicht erreicht, weil ein ständiger Austausch der Wärme mit der Umgebung des Raumes stattfindet.

1 Je mehr Eis in einem Getränk schmilzt, umso kälter wird es, aber nicht kälter als 0 °C.

Ist das Eis vollständig geschmolzen, erwärmt sich das Getränk wieder. Die dafür erforderliche Wärme stammt aus der Umgebung des Glases. Diese kühlt sich demzufolge geringfügig ab.

Mosaik

Destillation – ein Verfahren zur Stofftrennung

Die unterschiedlichen Siedetemperaturen von Flüssigkeiten werden zum Trennen von Flüssigkeitsgemischen genutzt. Das Verfahren nennt man **Destillieren** (Abb. 2). Mit ihm wird aus Rohöl Benzin gewonnen, reiner Alkohol hergestellt oder Wasser gereinigt.
Wird einem Flüssigkeitsgemisch Wärme zugeführt, so verdampft zunächst die Flüssigkeit mit der niedrigsten Siedetemperatur. Fängt man diesen Dampf auf und kühlt ihn, so kondensiert er und kann aufgefangen werden. Das geschieht solange, bis eine der Flüssigkeiten vollständig verdampft ist.

Um destilliertes Wasser herzustellen, wird die Temperatur langsam erhöht, damit Flüssigkeiten mit einer Siedetemperatur unter der des Wassers verdampfen können. Feste Anteile bleiben in dem Kolben zurück, in dem das Wasser erhitzt wird. Wenn man sehr reines Wasser benötigt, muss der Vorgang mehrfach wiederholt werden.
Die Aufbereitung von Erdöl durch Destillation erfolgt in den riesigen Destillationskolonnen von Erdölraffinerien. Bei Erdöl handelt es sich um ein Gemisch aus Kohlenwasserstoffen.
Das Rohöl wird bei etwa 300 °C verdampft und die Dämpfe von unten in eine Destillationskolonne geleitet. Dort kondensieren die verschiedenen Bestandteile je nach Siedepunkt in verschiedenen Etagen und werden von dort als Flüssigkeiten abgesaugt. So kondensieren z. B. unten in der Kolonne Dieselöl bei 240 °C bis 280 °C, oben in der Kolonne Leichtbenzin bei 50 °C bis 100 °C.

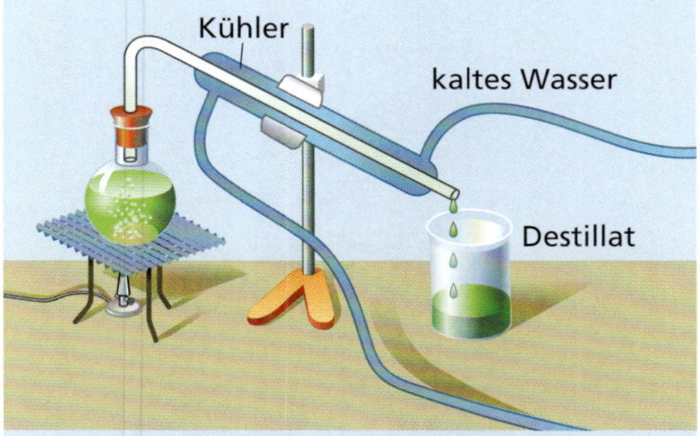

2 Eine einfache Destillationsanlage

Wärme von der Sonne

Jeder von uns kennt die angenehme Wärme der Sonnenstrahlung. Sie gelangt durch den leeren Weltraum, also ohne Stoffe, zur Erde. Der Transport von Wärme erfolgt durch Wärmestrahlung.
Wie viel Wärme wird von der Sonne auf die Erde übertragen?

Die Sonne strahlt Energie in den gesamten Raum ab. Ein kleiner Teil dieser Energie trifft auf die Erde. Messungen an der Grenze der Erdatmosphäre haben ergeben: Bei senkrechtem Einfall beträgt dort die von der Sonne kommende Energie je Quadratmeter und Sekunde 1,37 kJ. Auf die Erdoberfläche gelangen davon nur etwa 50 %. Der Rest wird durch die Atmosphäre zurückgestrahlt bzw. absorbiert (Abb. 2). Die Größe S wird **Solarkonstante** genannt.
Wie beeinflusst die Sonnenstrahlung die Temperatur auf der Erdoberfläche?

Die Sonne ist unsere wichtigste Wärmequelle. Sie strahlt schon seit Millionen Jahren und wird das auch noch Millionen Jahre tun. Sonnenstrahlung und Erdatmosphäre haben dazu geführt, dass an der Erdoberfläche eine Durchschnittstemperatur von etwa 15 °C herrscht. Das hat die Entstehung und Entwicklung des Lebens auf der Erde überhaupt erst ermöglicht.
Für den einzelnen Ort ist entscheidend, unter welchem Einfallswinkel Sonnenlicht auf die Erdoberfläche fällt (Abb. 1). Im Sommerhalbjahr ist bei uns in Deutschland aufgrund der Neigung der Erdachse der Einfallswinkel relativ groß und erreicht Werte bis 63,5°. Im Winterhalbjahr dagegen verringert sich der Einfallswinkel bis auf 16,5°. Entsprechend niedriger sind die Durchschnittstemperaturen.
In Polargebieten ist der Einfallswinkel noch kleiner, die Temperaturen noch niedriger. Während der Polarnacht trifft überhaupt kein Sonnenlicht auf diese Teile der Erdoberfläche. In Äquatorgegenden ist der Einfallswinkel der Sonnenstrahlung dagegen immer relativ groß, die Erwärmung entsprechend stark.
Keine Rolle spielt für die Temperatur auf der Erde die unterschiedliche Entfernung zwischen Sonne und Erde. Diese Entfernung schwankt wegen der elliptischen Umlaufbahn der Erde um die Sonne zwischen 147,1 Mio. Kilometern und 152,1 Mio. Kilometern. Dabei gilt: Im Sommer ist die Sonne weiter von uns entfernt als im Winter.

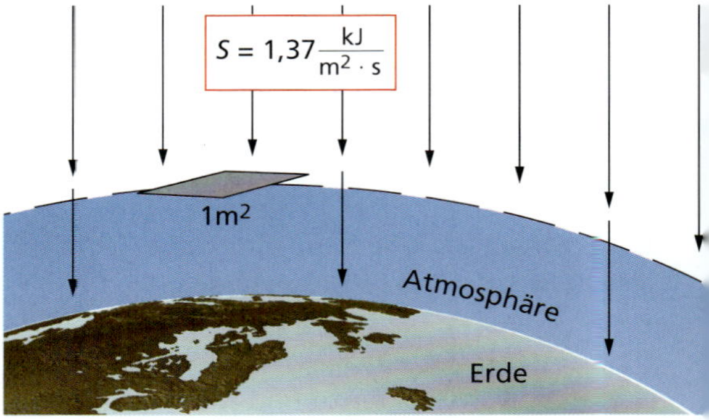

2 Die Sonnenenergie, die die Obergrenze der Atmosphäre erreicht, ist relativ konstant und beträgt 1,37 kJ in jeder Sekunde für einen Quadratmeter.

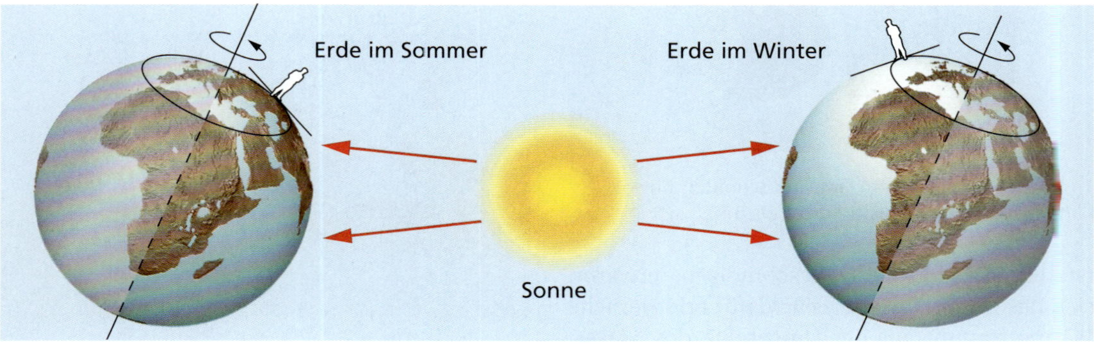

1 Der Einfallswinkel des Lichts hängt von der Jahreszeit und der Tageszeit ab.

gewusst · gekonnt

1. Bruno behauptet: „Wenn einem Körper Wärme zugeführt wird, so erhöht sich dessen Temperatur immer."
Britta dagegen meint: „Wenn einem Körper Wärme zugeführt wird, so erhöht sich dessen Temperatur nicht immer." Wer hat Recht? Begründe!

2. Beim Föhnen der Haare kannst du eine interessante Beobachtung machen: Solange die Haare feucht sind, ist der heiße Luftstrom des Föhns kaum spürbar, mitunter erscheint er sogar kühl. Bei trockenen Haaren merkst du, dass der Luftstrom tatsächlich heiß ist. Wie sind diese Unterschiede zu erklären?

3. Wenn du einen angefeuchteten Finger hochhältst, kannst du recht gut die Windrichtung bestimmen. Probiere es aus! Erkläre!

4. Untersuche, ob sich die Temperatur von Wasser während des Verdampfens ändert!
Vorbereitung:
Stelle ein Gefäß mit Wasser, eine Heizplatte und ein Thermometer bereit!
Durchführung:
Stelle das Gefäß auf eine Heizplatte, die vorher schon einige Minuten eingeschaltet wurde! Miss in Abständen von einer Minute die Temperatur! Notiere die Messwerte! Miss so lange, bis ein Teil des Wassers verdampft ist. Vorsicht! Es besteht Verbrühungsgefahr!
Auswertung:
Trage die Messwerte in ein Diagramm ein! Wähle für die waagerechte Achse die Zeit und für die senkrechte Achse die Temperatur! Formuliere ein Ergebnis!

5. Wie viel Wärme ist erforderlich, um 200 g Eis zu schmelzen bzw. um 200 ml Wasser vollständig zu verdampfen?
Vergleiche das Ergebnis mit der Wärme, die erforderlich wäre, um 200 g Eisen oder 200 g Zinn zu schmelzen!

6. Bei sehr warmem Wetter oder starker Anstrengung schützt sich der menschliche Körper vor Überhitzen durch die Absonderung von Schweiß.
Erläutere, wie durch Schweißabsonderung die menschliche Haut gekühlt wird!

7. Nicht nur der Mensch, sondern auch Tiere schützen sich bei hohen Temperaturen vor Überhitzung.
Erkunde, wie verschiedene Tiere ihre Körpertemperatur regulieren!

8. Wie kann es sein, dass du unmittelbar nach dem Baden leicht frierst, obwohl die Lufttemperatur wesentlich höher als die Wassertemperatur ist?

9. Wickle um ein Thermometergefäß eines Flüssigkeitsthermometers oder um den Messfühler eines elektronischen Thermometers Watte oder Löschpapier.
   a) Feuchte die Watte mit Spiritus an!
   Was kannst du beobachten? Erkläre!
   b) Wiederhole den Versuch! Blase dabei möglichst ständig kalte Luft gegen die angefeuchtete Watte!
   Vergleiche das Ergebnis mit dem bei Teilaufgabe a! Erkläre!

*10. Flugzeuge, die in großer Höhe fliegen, ziehen oft „Kondensstreifen" hinter sich her. Wie kommen sie zustande?

Wärme in Natur und Technik

Um einen Stoff zu schmelzen oder zu verdampfen, ist Wärme erforderlich. Diese Wärme wird beim Erstarren oder beim Kondensieren wieder freigesetzt und an die Umgebung abgegeben.

Schmelzwärme und Erstarrungswärme sind gleich groß.

$$Q_s = q_s \cdot m$$

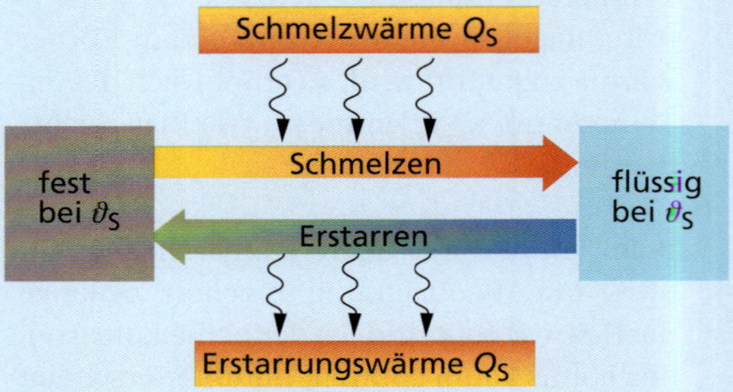

Verdampfungswärme und Kondensationswärme sind gleich groß.

$$Q_v = q_v \cdot m$$

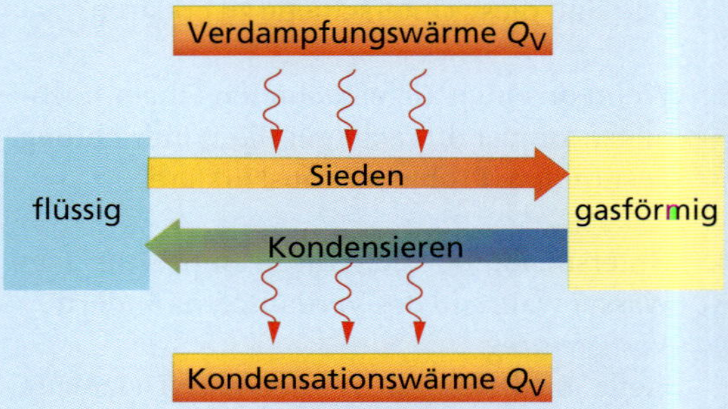

Für Wasser gelten die nachfolgenden Daten.

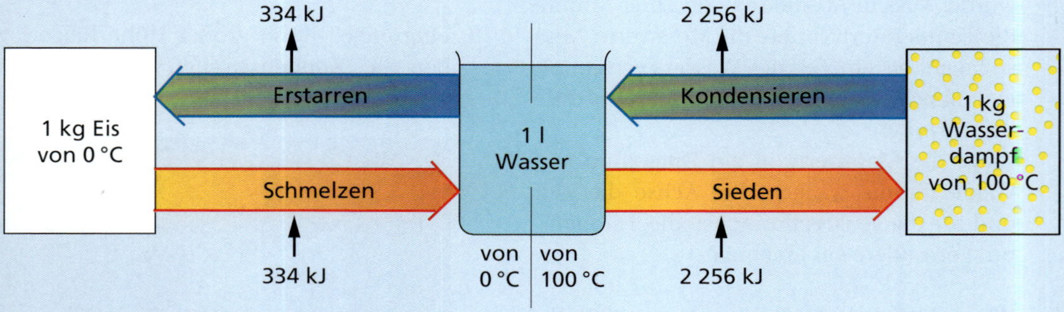

Beim **Verdunsten** geht eine Flüssigkeit unterhalb der Siedetemperatur vom flüssigen in den gasförmigen Aggregatzustand über. Dafür ist Wärme erforderlich, die der Umgebung entzogen wird. Die Umgebung kühlt sich dadurch ab.
Diese **Verdunstungskälte** spielt bei der Regulierung der Körpertemperatur eine wichtige Rolle.

4 Sehen und gesehen werden

4.1 Lichtquellen und Lichtausbreitung

Die verdunkelte Sonne

Sonnen- und Mondfinsternisse sind beeindruckende Naturerscheinungen. Sie sind aber nur relativ selten zu beobachten. So war eine totale Sonnenfinsternis in Teilen Deutschlands 1999 zu sehen. Das wird erst wieder im Jahr 2081 der Fall sein.

Wie kommt eine Sonnenfinsternis, wie eine Mondfinsternis zustande? Wann treten bei uns die nächsten Finsternisse auf?

Reflektoren für die Sicherheit

Für eine bessere Sicherheit im Straßenverkehr sollen Kleidung, Fahrräder und Schultaschen mit Reflektoren ausgestattet sein. Die Reflektoren sind im Dunkeln für Autofahrer bereits von Weitem sichtbar.

Warum kann man die Reflektoren im Scheinwerferlicht von Autos gut sehen, aber die Personen und das Fahrrad kaum?

Licht von der Sonne

Die wichtigste Bedingung für das Leben auf der Erde ist die Strahlung der Sonne. Die Sonne ist eine riesige glühende Gaskugel, die schon viele Millionen Jahre lang Licht aussendet und das auch noch Millionen Jahre tun wird.

Wie breitet sich das Licht von der Sonne zur Erde aus? Welche Bedeutung hat das Licht für das Leben der Menschen?

Lichtquellen und beleuchtete Körper

Körper unserer Umgebung können wir nur sehen, wenn von ihnen Licht in unsere Augen fällt. Manche Körper, z. B. die Sonne oder eine Glühlampe, erzeugen selbst Licht, andere Körper nicht.

Körper, die selbst Licht erzeugen, nennt man Lichtquellen.

Die meisten Lichtquellen sind glühende Körper, also Körper mit einer hohen Temperatur (Abb. 1a, b, c). Es gibt aber auch Körper, die bei normaler Temperatur Licht aussenden, zum Beispiel Glühwürmchen, der Bildschirm eines Computers (Abb. 1d) oder Leuchtdioden. Bei diesen Körpern wird Licht durch komplizierte physikalische oder chemische Vorgänge erzeugt.

Die meisten Körper, die wir sehen, erzeugen selbst kein Licht. Sie werfen nur Licht zurück, das auf sie auftrifft. Der Physiker sagt: Sie reflektieren Licht. Das gilt für eine Wand ebenso wie für einen Apfel oder ein Buch.

Körper, die auftreffendes Licht reflektieren, nennt man beleuchtete Körper.

1 Lichtquellen sind Körper, die selbst Licht erzeugen und aussenden.

Die Ausbreitung von Licht

Von einer Lichtquelle, z. B. der Sonne oder einer Glühlampe, breitet sich Licht nach allen Seiten **geradlinig** aus, wenn es nicht durch andere Körper daran gehindert wird. Das von einer Lichtquelle ausgehende Licht wird auch als **Lichtbündel** bezeichnet. Den Weg des Lichtes können wir durch Geraden veranschaulichen, die als **Lichtstrahlen** bezeichnet werden (Abb. 2, 3).

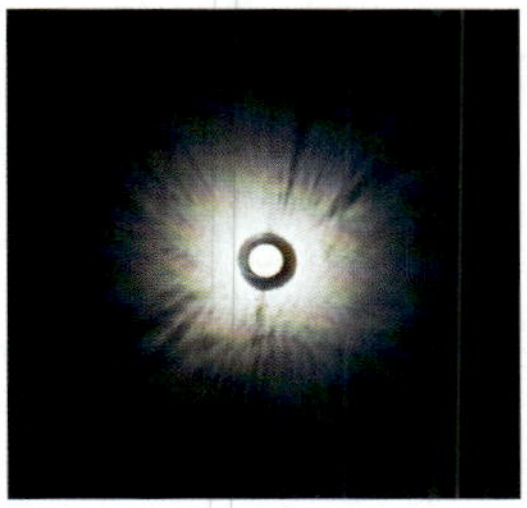

2 Geradlinige Lichtausbreitung von einer Glühlampe aus.

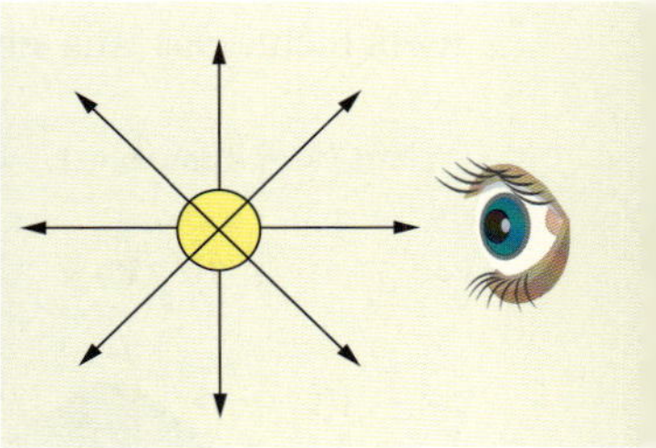

3 Veranschaulichung der Ausbreitung des Lichtes durch Lichtstrahlen

Licht breitet sich geradlinig aus. Der Weg des Lichts kann durch Lichtstrahlen veranschaulicht werden.

Lichtstrahlen sind ein **Modell,** eine Vereinfachung der Wirklichkeit.
Um die Ausbreitung des Lichtes beschreiben und Erscheinungen erklären zu können, reicht es meist aus, einige ausgewählte Lichtstrahlen zu zeichnen (s. S. 99 unten).
Licht breitet sich von einer Lichtquelle mit sehr großer Geschwindigkeit aus. Diese Geschwindigkeit nennt man **Lichtgeschwindigkeit.**

Im Vakuum und in Luft beträgt die Geschwindigkeit des Lichts (Lichtgeschwindigkeit) etwa 300 000 km/s.

Das bedeutet: Licht legt in einer Sekunde einen Weg von etwa 300 000 km zurück. Es braucht damit von der Sonne bis zur Erde etwa 8,3 Minuten und legt dabei einen Weg von etwa 150 Millionen Kilometer zurück. Für die Strecke Erde – Mond braucht Licht 1,3 s.

Absorption, Streuung und Reflexion

Viele Körper, die wir sehen, sind beleuchtete Körper. Sie senden selbst kein Licht aus, sondern werfen einen Teil des Lichts zurück, das auf sie fällt. Der Rest des Lichts wird meist absorbiert (aufgenommen). Der Körper wird dadurch erwärmt. Nur wenn der Körper ganz oder teilweise durchsichtig ist, kann sich ein beträchtlicher Teil des Lichts im Körper ausbreiten und dann zum Teil wieder austreten. Bei rauen Oberflächen wird Licht, das aus einer Richtung kommt, in alle Richtungen **gestreut.** Glattpolierte Oberflächen **reflektieren** Licht, das aus einer Richtung kommt, auch nur in eine bestimmte Richtung. Das kannst du bei einem Spiegel oder einer ganz glatten Wasseroberfläche beobachten.

Licht kann von Körpern absorbiert, gestreut, reflektiert oder durchgelassen werden.

Die meisten Körper absorbieren, streuen und reflektieren das Licht. Nur wenige Körper lassen Licht durch.

Licht wird absorbiert.

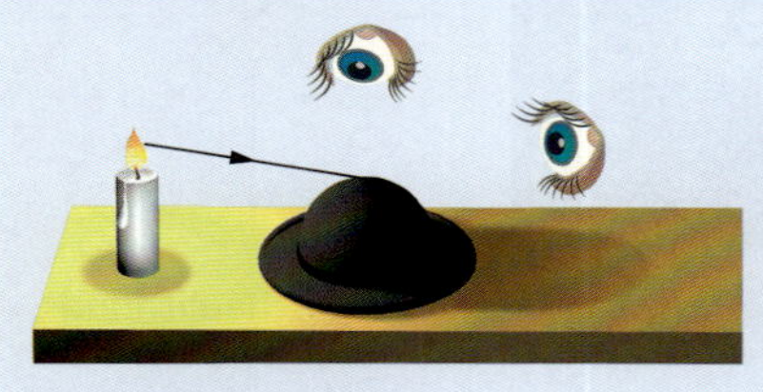

Dunkle und raue Körper absorbieren besonders viel Licht. Deshalb erwärmen sich dunkle Körper im Sonnenlicht schneller als helle Körper.
Das absorbierte Licht kann nicht mehr ins Auge gelangen.
Sehr dunkle Körper nimmt man nur wahr, weil sie sich von der helleren Umgebung abheben.

Licht wird gestreut.

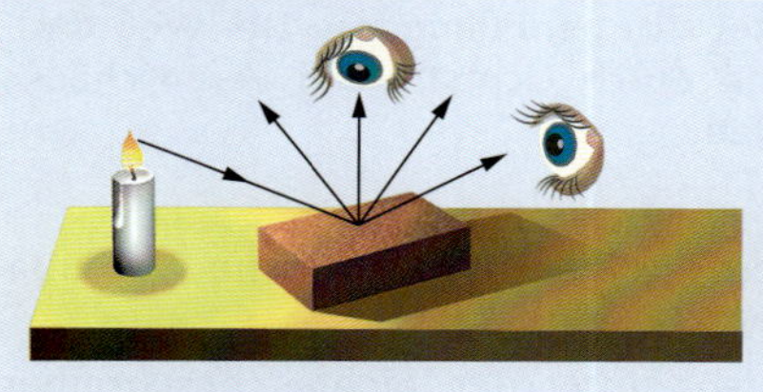

Die meisten Körper sehen wir aufgrund der Lichtstreuung. Auch viele Körper, die glatt aussehen, haben Oberflächen, die so rau sind, dass das Licht in alle Richtungen abgelenkt wird. Deshalb sieht man die meisten Körper aus vielen verschiedenen Richtungen.
Beispiele sind Papier, eine Wand oder die Blätter eines Baums.

Licht wird reflektiert.

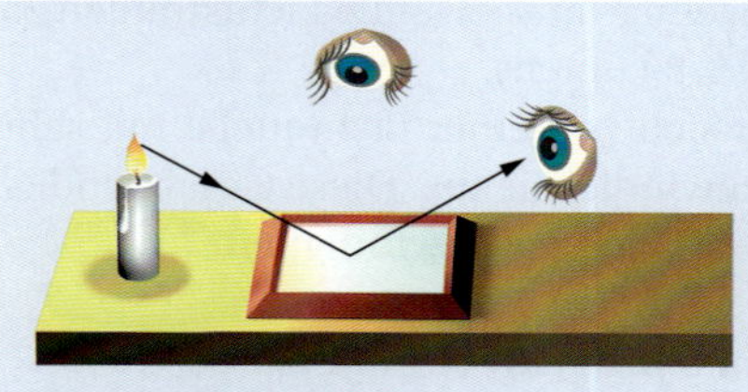

Wenn die Oberfläche eines Körpers genügend glatt ist, dann reflektiert er das einfallende Licht, d.h., wirft es in eine bestimmte Richtung zurück. Eine Glasscheibe ist so glatt, dass man durch Aufdampfen von Metall auf die Rückseite einen ebenen Spiegel erhält.
Wenn die spiegelnde Fläche nicht zu groß ist, kann man die Lichtquelle nur aus einer bestimmten Richtung an dem Körper gespiegelt sehen.

Licht wird durchgelassen.

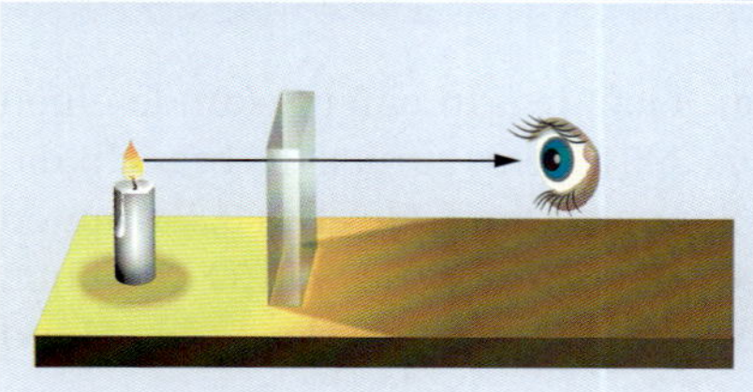

Wie viel Licht von einem Körper durchgelassen wird, hängt von seinem Material und seiner Schichtdicke ab. So kann man durch ein Blatt Papier eine Lichtquelle sehen, nicht aber durch ein ganzes Buch. Selbst Metalle kann man so dünn auswalzen, dass Licht hindurchscheinen kann. Umgekehrt lassen sehr dicke Wasserschichten kaum Licht hindurch.

Licht und Schatten

Trifft Licht auf undurchsichtige Körper, dann gibt es hinter diesen Körpern Bereiche, in die kein Licht gelangt. Diese dunklen Bereiche werden **Schatten** genannt.
Bei einer Lichtquelle mit geringer Ausdehnung, einer fast punktförmigen Lichtquelle, ist dieser Schatten scharf begrenzt (Abb. 1). Die Begrenzung des Schattens erfolgt durch **Randstrahlen,** also durch die Lichtstrahlen, die gerade noch am Hindernis vorbeigehen (Abb. 3).

> **Hinter beleuchteten undurchsichtigen Körpern bilden sich Schatten.**

Bereits zwei Lichtquellen erzeugen Schatten mit unterschiedlichen Helligkeiten (Abb. 2). Den Bereich, der von überhaupt keinem Licht erreicht wird, nennt man **Kernschatten.** Die Bereiche, die

1 Schatten hinter einem undurchsichtigen Körper

2 Kern- und Halbschatten bei zwei Lichtquellen

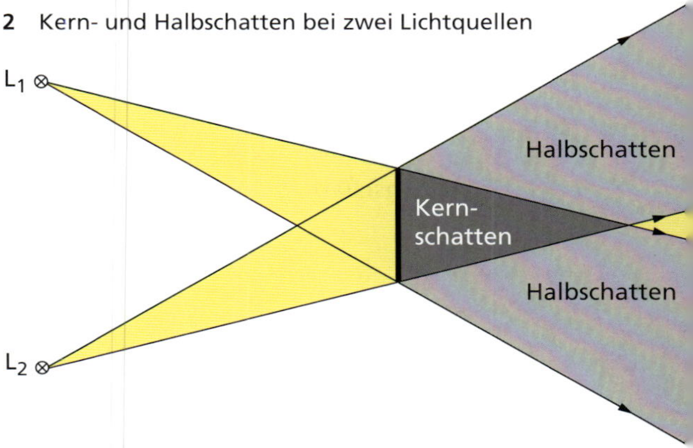

3 Konstruktion von Kern- und Halbschatten bei zwei punktförmigen Lichtquellen

nur vom Licht einer Lichtquelle erreicht werden, heißen **Halbschatten** (Abb. 3). Zur Darstellung von Schatten und anderer optischer Erscheinungen reichen einige Lichtstrahlen aus.

Darstellung optischer Erscheinungen

Zum Verstehen von Sehvorgängen sind nur die Strahlen wichtig, die in unsere Augen fallen.

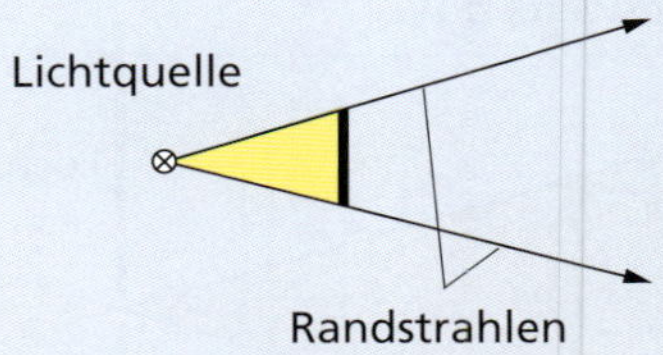

Zum Verstehen der Schattenbildung sind nur die Strahlen wichtig, die direkt am Hindernis vorbeigehen.

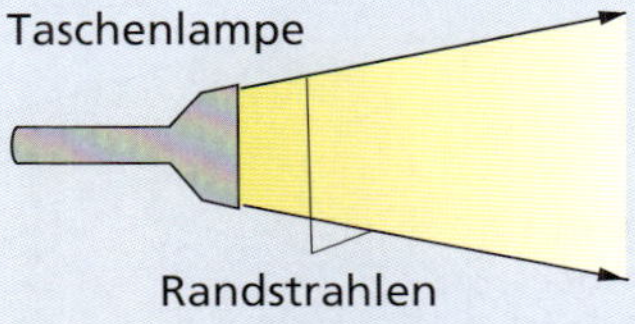

Zum Verstehen der Ausbreitung von Licht sind nur die Strahlen wichtig, die ein Lichtbündel begrenzen.

Bilder durch Öffnungen

Betrachten wir mit den Augen einen Gegenstand, so sehen wir ein scharfes Bild, weil jedem Gegenstandspunkt ein Bildpunkt auf der Netzhaut des Auges zugeordnet ist. Bringt man dagegen einen Schirm vor eine Kerzenflamme (Abb. 1), so erhält man kein Bild, sondern nur eine Aufhellung des Schirms. Bringt man zwischen Kerzenflamme und Schirm eine Lochblende (Abb. 2), so kann man auf dem Schirm ein Bild beobachten.

> **Auf einem Schirm entsteht ein scharfes Bild eines Gegenstandes, wenn jeder Schirmpunkt nur vom Licht eines einzigen Gegenstandspunktes erreicht wird.**

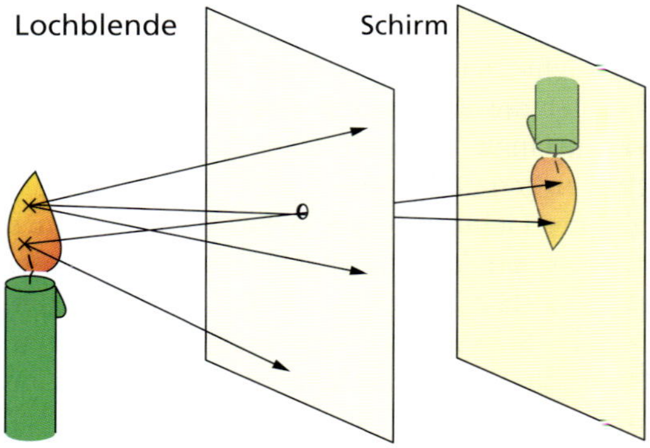

2 Bei einem scharfen Bild kann jedem Punkt der Kerzenflamme ein Bildpunkt zugeordnet werden und umgekehrt.

Je nach der Größe des Loches ist das Bild heller oder dunkler, unschärfer oder schärfer.

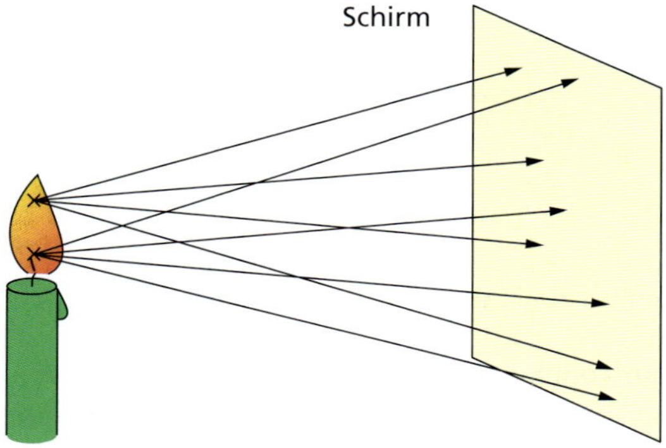

1 Die Lichtstrahlen von einem Punkt der Kerzenflamme treffen auf ganz unterschiedliche Punkte des Schirmes. Der Schirm wird nur aufgehellt.

Wie groß das Bild eines Gegenstandes ist, hängt von der Größe des Gegenstandes, seiner Entfernung von der Lochblende (Gegenstandsweite) sowie von der Entfernung des Schirms von der Lochblende (Bildweite) ab (Abb. 3).
Zwischen den Größen besteht ein einfacher Zusammenhang, der Abbildungsmaßstab *A* genannt wird.

> **Für eine Lochblende gilt:** $A = \frac{B}{G} = \frac{b}{g}$
>
> | | | | |
> |---|---|---|---|
> | ***B*** | **Bildgröße** | ***G*** | **Gegenstandsgröße** |
> | ***b*** | **Bildweite** | ***g*** | **Gegenstandsweite** |

Eine Anordnung aus Lochblende und Schirm mit einem Gehäuse bezeichnet man als **Lochkamera.** Sie bietet die einfachste Möglichkeit, von einem Gegenstand ein Bild zu erzeugen.

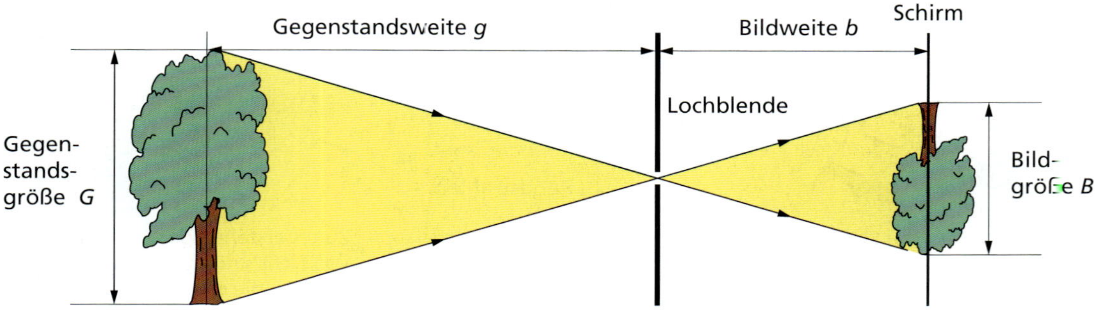

3 Das Bild eines Gegenstandes kann mit Randstrahlen konstruiert werden.

Untersuchungen mit einer Lochkamera

Eine einfache Kamera kannst du dir mit wenigen Hilfsmitteln selbst bauen. Du benötigst dazu Pappe, Klebstoff und Transparentpapier. Du kannst aber statt Pappe auch Holz oder eine lichtundurchlässige Dose nutzen.
Entscheidend ist: Auf einer Seite muss sich ein kleines Loch, auf der anderen Seite Transparentpapier befinden (Abb. 1).

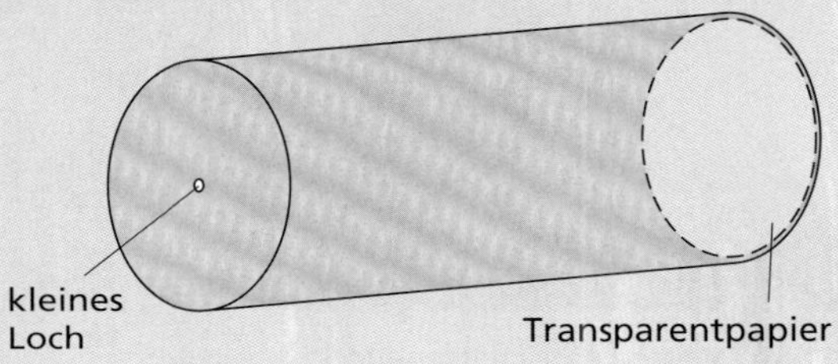

1 Einfache Lochkamera

Für experimentelle Untersuchungen mit der Lochkamera ist es günstig, wenn man die Bildweite, also die Entfernung zwischen dem Loch und dem Transparentpapier, verändern kann. Dies ermöglicht die nachfolgend dargestellte Bauform.

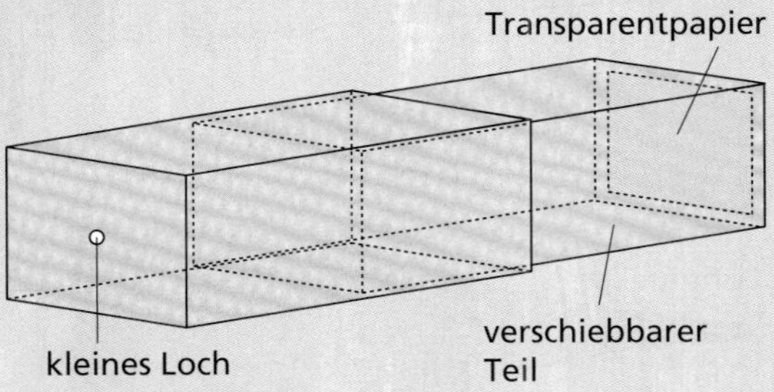

Eine solche Lochkamera mit veränderbarer Bildweite kann folgendermaßen gebaut werden:

1. Zeichne auf Pappe ein Quadernetz, so wie es rechts oben dargestellt ist! Die Maße sind in Millimetern angegeben. Bringe mit einem Locher oder einer Lochzange ein Loch mit ca. 5 mm Durchmesser an! Schneide das Quadernetz aus und klebe die Pappe zu einem Quader zusammen. Du erhältst damit den äußeren Teil der Lochkamera.

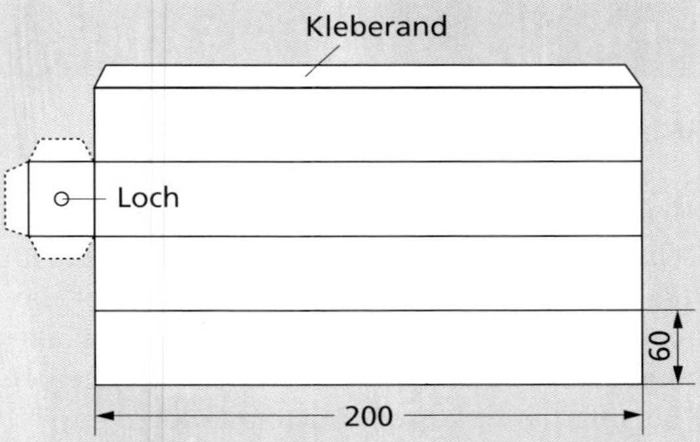

2. Fertige dazu ein zweites Quadernetz mit 59 mm Kantenlänge an! Als Länge können wie bei dem abgebildeten äußeren Teil 200 mm gewählt werden. Schneide in die Rückseite ein Quadrat (etwa 40 mm Kantenlänge), und beklebe dieses Quadrat mit Transparentpapier! Falte die Pappe zu einem Quader zusammen!
3. Beide Quader werden ineinandergeschoben.
4. Stelle einen Streifen Pappe mit verschieden großen Löchern unterschiedlicher Form her, und befestige ihn so, dass er vor dem Loch der Kamera verschoben werden kann!

Führe mit dieser Lochkamera folgende Untersuchungen durch:

1. *Beobachte und beschreibe das entstehende Bild eines hellen Gegenstandes! Erkläre deine Beobachtungen!*
2. *Untersuche, wie sich bei konstanter Bild- und Gegenstandsweite das Bild in Abhängigkeit von der Größe und Form des Loches verändert! Nutze für diese Untersuchung den Pappstreifen mit den verschiedenen Löchern! Beschreibe deine Beobachtungen und erkläre sie!*
3. *Lass zunächst die Bildweite der Lochkamera konstant und verändere nur die Gegenstandsweite! Wie verändert sich das Bild? Erkläre! Nutze dazu die Gleichung auf S. 100!*
4. *Lass jetzt die Gegenstandsweite konstant und verändere durch Verschieben des inneren Teils die Bildweite! Beschreibe deine Beobachtungen und erkläre sie!*

Physik in Natur und Technik

Wir zeichnen Porträts

Heute können wir mithilfe eines Fotoapparats schnell ein Bild herstellen. Die Menschen im 18. Jahrhundert kannten aber noch keinen Fotoapparat. Wenn man ein Porträt haben wollte, musste man es bei einem Maler in Auftrag geben. Die Anfertigung kostete Zeit und Geld.
Welche andere Möglichkeit gibt es, sich ein Porträt herzustellen?

Um seine Landsleute zur Sparsamkeit zu erziehen, erfand der französische Finanzminister E. DE SILHOUETTE Mitte des 18. Jahrhunderts ein einfaches Verfahren zur Zeichnung von **Schattenbildern.** Nach ihm bezeichnet man solche Schattenbilder als **Silhouetten.**
Dicht vor einem Schirm aus weißem Papier, am besten Pergamentpapier, sitzt eine Person so, dass ein Ohr dem Schirm zugewandt ist (Abb. 1). Auf der anderen Seite steht in einer Entfernung von etwa 1 m eine möglichst kleine Lichtquelle. Gut geeignet ist eine starke Taschenlampe. Nun wird die Schattenlinie möglichst genau nachgezeichnet. Die Person muss deshalb ganz ruhig sitzen. Dann wird der Bereich innerhalb der Schattenlinie schwarz ausgemalt.

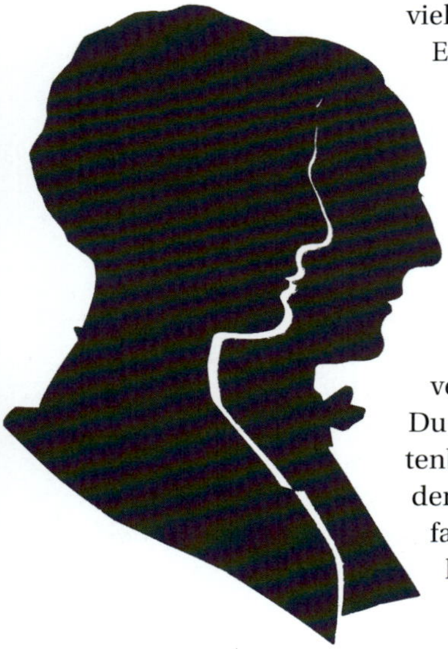

Man kann staunen, wie viele charakteristische Einzelheiten der Person die Silhouette wiedergibt.
Du kannst es selbst ausprobieren, indem du die Schattenbilder verschiedener Personen miteinander vergleichst.
Du kannst das Schattenbild auch ausschneiden und auf einen farbigen Hintergrund kleben.

1 So entsteht ein Schattenbild.

Was ändert sich, wenn die Person weiter vom Schirm wegrückt? Begründe deine Antwort mithilfe einer Zeichnung!

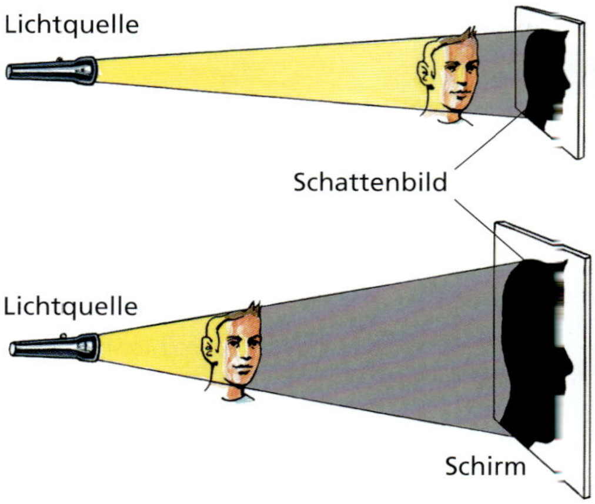

2 Die Entfernung Person–Schirm wird verändert.

Wir stellen die Person vereinfacht in zwei unterschiedlichen Entfernungen vom Schirm dar (Abb. 2). Je weiter die Person vom Schirm wegrückt, desto größer wird das Schattenbild.
Du kannst die Antwort überprüfen, indem du die Person bittest, langsam immer weiter vom Schirm wegzurücken.

Schattenstab und Sonnenuhr

Untersucht man mit einem Schattenstab die Länge und die Richtung des Schattens, dann zeigt sich: Mittags ist der Schatten am kürzesten und bei uns immer nach Norden gerichtet (Abb. 1). Damit kann man einen solchen Schattenstab folgendermaßen nutzen:

- Mit dem Schattenstab kann der Zeitpunkt des wahren Mittags ermittelt werden. Das ist der Zeitpunkt, an dem die Sonne am höchsten steht.
- Es kann die Nord-Süd-Richtung bestimmt werden. Der kürzeste Schatten zeigt genau in Richtung Norden.

Du kannst dir einen solchen Schattenstab selbst bauen und an einem sonnigen Tag stündlich die Punkte markieren, die die Spitze des Schattens erreicht.
Eine Weiterentwicklung des Schattenstabes ist die **Sonnenuhr,** die man in vielen verschiedenen Formen an Gebäuden und in Parks findet (Abb. 2). Sonnenuhren sind die ältesten Uhren und werden schon seit vielen Jahrhunderten von Menschen genutzt.
Wie kann man sich eine solche Sonnenuhr selbst bauen?

Eine einfache Sonnenuhr kannst du dir aus einem dicken Draht und einem Holzbrett bauen. Den Aufbau zeigt Abb. 3. Wichtig für ein genaues Anzeigen der Zeit ist der Winkel α zwischen Draht und Holzbrett. Dieser Winkel ist gleich der geografischen Breite des Ortes, an dem sich die Sonnenuhr befindet. Er beträgt für Berlin 52,5°, für Friedrichshafen 47,6° und für Rostock 54,1°. Für andere Orte kannst du die geografische Breite einem Atlas entnehmen.
Eine Zeiteinteilung erhältst du, wenn du an einem sonnigen Tag zu jeder vollen Stunde den Schatten nachzeichnest und die Zeit dranschreibst.

2 Sonnenuhr an einem Gebäude

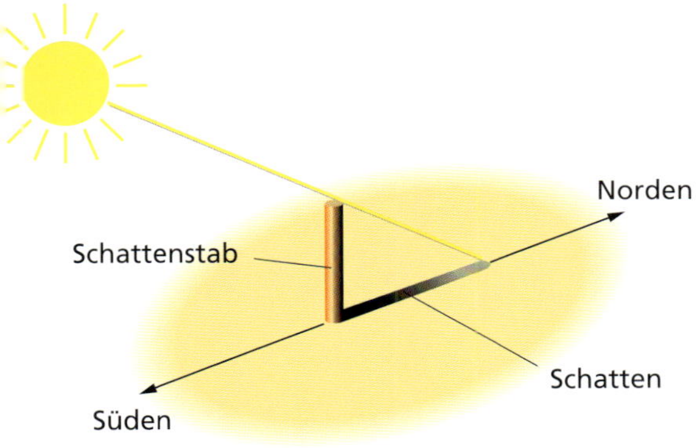

1 Mittags weist der Schatten nach Norden und ist am kürzesten.

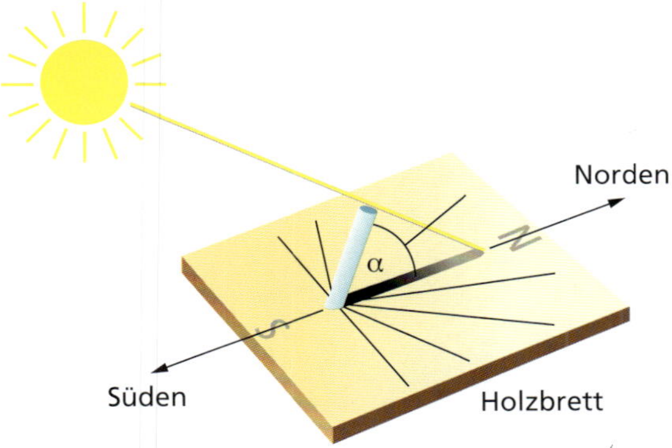

3 Einfache Sonnenuhr: Zum Bau braucht man ein Holzbrett und einen stabilen Stab.

Die Entstehung von Mondphasen

Wenn du den Mond an verschiedenen Tagen beobachtest, siehst du ihn in unterschiedlicher Gestalt: manchmal nur als Sichel, manchmal als Halbmond oder als Vollmond. Diese unterschiedlichen Gestalten des Mondes werden als **Mondphasen** bezeichnet. Darüber hinaus ändert der Mond ständig seine Lage am Himmel. Das siehst du, wenn du ihn im Abstand von einer Stunde betrachtest.

Wie kommen die Mondphasen zustande? In welchem Abstand kann man die gleiche Mondphase beobachten?

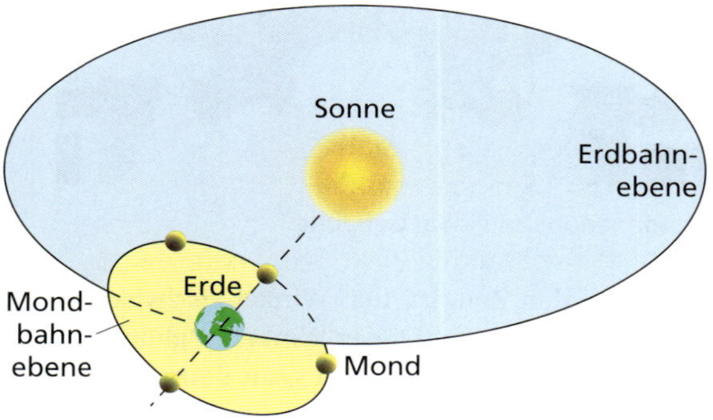

1 Erdbahnebene und Mondbahnebene sind gegeneinander geneigt. Deshalb befinden sich Sonne, Erde und Mond nur selten auf einer Linie.

Der Mond bewegt sich in 29,5 Tagen einmal um die Erde (Abb. 1). Dabei werden Erde und Mond von der Sonne beleuchtet, verändern aber ständig ihre Positionen zueinander (Abb. 2) Wir sehen von der Erde aus jeweils nur den beleuchteten Teil des Mondes. Bei Stellung 1 haben wir Neumond. Mit zunehmendem Mond wird ein immer größerer Teil der Mondoberfläche sichtbar, bis wir schließlich in Stellung 3 Vollmond haben. Anschließend ist abnehmender Mond, in Stellung 4 wieder Halbmond und in Stellung 1 Neumond. Gleiche Mondphasen sieht man nach jeweils 29,5 Tagen.

Sonnen- und Mondfinsternisse sind beeindruckende Naturerscheinungen

Die Sonne sendet ständig Licht nach allen Seiten geradlinig aus und bestrahlt damit Planeten, Monde und andere Himmelskörper in unserem Planetensystem. Manchmal tritt die seltene Erscheinung einer **Sonnenfinsternis** auf.

Auch unser Mond ist, ebenso wie die Erde ein von der Sonne beleuchteter Körper. Er reflektiert das auf ihn auftreffende Sonnenlicht, und deshalb können wir ihn von der Erde aus in verschiedenen Gestalten sehen (Abb. 2). Manchmal kommt es zu einer **Mondfinsternis.**

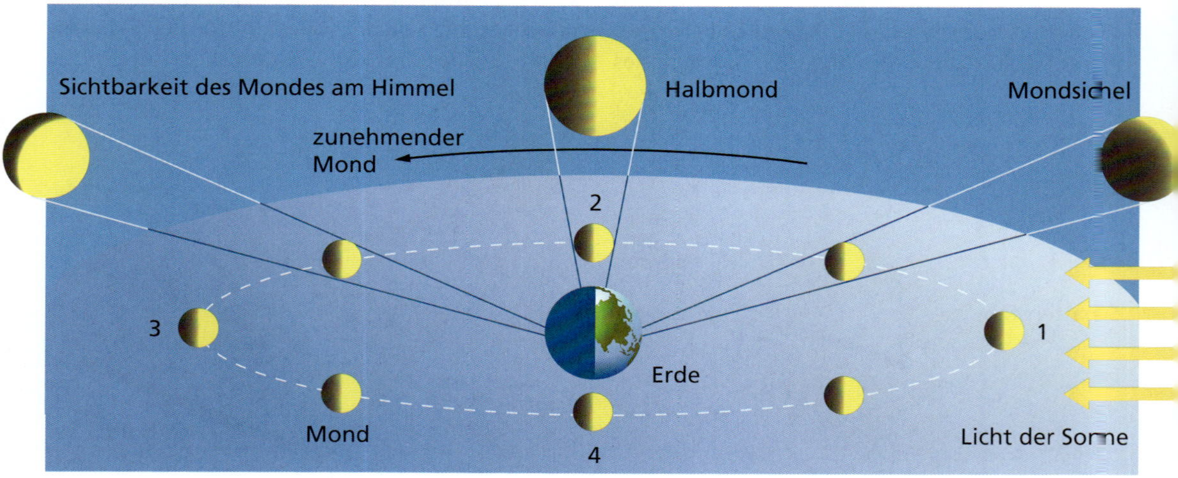

2 Das Aussehen des Mondes hängt davon ab, wie Sonne, Erde und Mond zueinanderstehen.
In der Stellung 1 ist Neumond, in den Stellungen 2 und 4 Halbmond, in der Stellung 3 Vollmond.

Wie kann man sich das Entstehen einer Mondfinsternis bzw. einer Sonnenfinsternis erklären?

Die Sonne als Lichtquelle bestrahlt die Erde und den Mond. Die Erde mit ihrem Mond bewegt sich einmal im Jahr um die Sonne. Außerdem bewegt sich der Mond um die Erde (Abb. 1, S. 104).
Diese Bewegung des Mondes um die Erde ist die Ursache für eine **Sonnenfinsternis** und auch für die Mondphasen (s. S. 104). Bei seiner Bewegung gelangt der Mond manchmal zwischen Sonne und Erde. Für einen Beobachter auf der Erde, der sich im Kernschatten des Mondes befindet, wird damit die Sonne völlig verdeckt. Es tritt Sonnenfinsternis auf (Abb. 1, 2). Sie ist nur bei Neumond zu beobachten. Die Bewegung des Mondes um die Erde ist auch die Ursache für eine **Mondfinsternis.**
Auf der Seite der Erde, die der Sonne abgewandt ist, entstehen Kern- und Halbschatten, die weit in den Weltraum reichen. Für einen Beobachter auf dieser Seite der Erde ist Nacht.
Der Mond kann bei seiner Bewegung um die Erde in den Kernschatten der Erde geraten (Abb. 3).
Solange sich der Mond im Kernschatten der Erde befindet, kann er nicht von der Sonne beleuchtet werden und damit auch kein Sonnenlicht reflektieren. Wir können ihn nicht sehen. Es tritt Mondfinsternis auf. Sie ist nur bei Vollmond möglich.

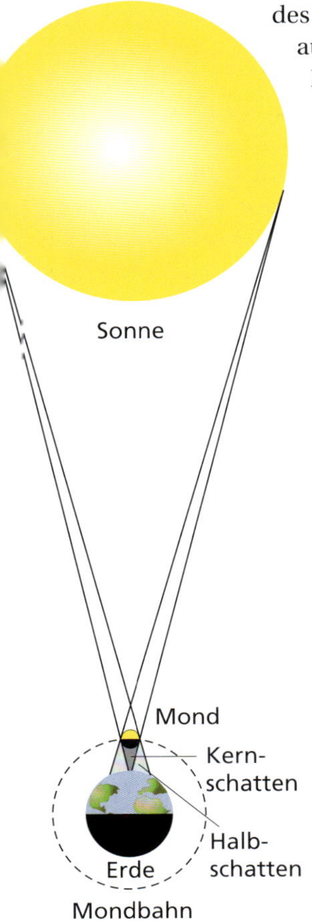

1 Totale Sonnenfinsternis: Der Schatten des Mondes fällt auf die Erde.

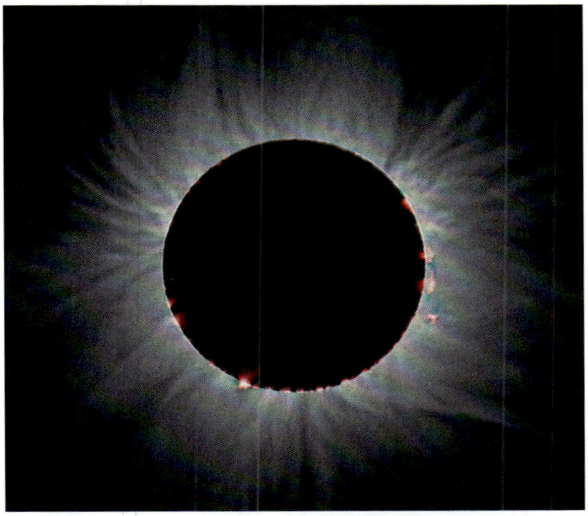

2 Die letzte totale Sonnenfinsternis war in Teilen Deutschlands am 11. August 1999 zu beobachten.

Eine Mondfinsternis ist stets von allen Beobachtern auf der Nachtseite der Erde zu sehen. Eine Sonnenfinsternis dagegen können nur diejenigen auf der Tagseite der Erde beobachten, die sich gerade in dem relativ kleinen Schattengebiet des Mondes befinden. Da sich der Mond um die Erde bewegt und darüber hinaus die Erde um ihre Achse rotiert, beträgt die maximale Dauer einer Sonnenfinsternis für einen Ort auf der Erdoberfläche 7,6 Minuten.
Eine Mondfinsternis kann dagegen mehr als eine Stunde dauern. Für die gesamte Erde sind Sonnenfinsternisse häufiger als Mondfinsternisse.

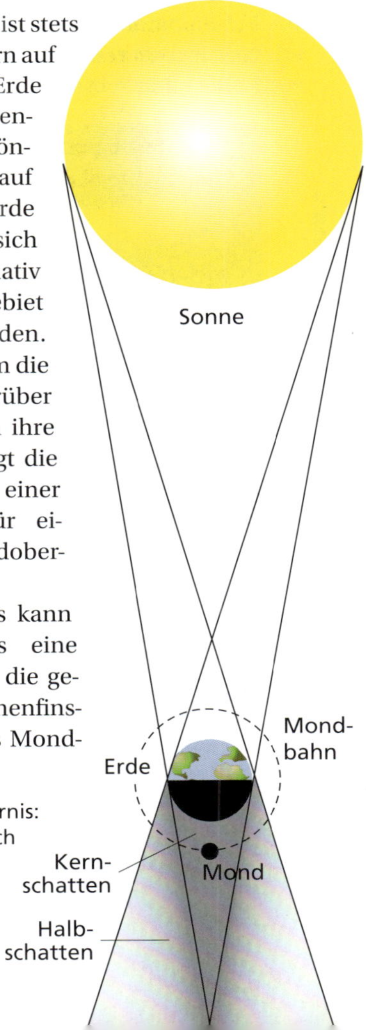

3 Totale Mondfinsternis: Der Mond befindet sich im Schatten der Erde.

gewusst · gekonnt

1. Auf den Fotos sind verschiedene Körper zu erkennen.

Welche Körper sind Lichtquellen, welche beleuchtete Körper? Begründe deine Aussagen!

2. Ein Fotograf hatte die Aufgabe, Lichtquellen zu fotografieren.
Er hat einige Fotos vorgelegt.

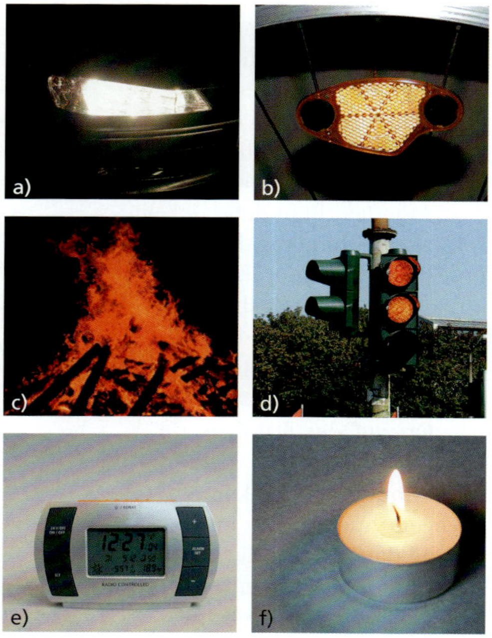

Entscheide, ob er in allen Fällen wirklich Lichtquellen fotografiert hat!
Begründe deine Aussagen!

3. Die meisten Körper sind keine Lichtquellen und trotzdem sind sie zu sehen. Erkläre, wieso das möglich ist!

4. Nenne einige Lichtquellen und gib an, für welchen Zweck sie eingesetzt bzw. genutzt werden!

5. Sind die folgenden Körper Lichtquellen oder beleuchtete Körper: Mond, Buch, Glühwürmchen, Bildschirm eines eingeschalteten Fernsehapparates, Spiegel, brennendes Streichholz? Begründe!

6. In einem Zimmer ist es am Tage auch dann hell, wenn keine Lampe angeschaltet ist und die Sonne nicht in das Zimmer scheint.
Wie ist das zu erklären?

7. Das Lichtbündel einer Taschenlampe soll sichtbar gemacht werden. Eine Möglichkeit besteht darin, einen staubigen Lappen zu schütteln. Probiere das aus!
Überlege weitere Möglichkeiten, den Lichtweg sichtbar zu machen!

8. Ein Arbeiter erzählte, dass er vom Boden eines sehr tiefen Brunnens aus am Tag Sterne beobachten konnte. Ist das möglich?
Begründe deine Aussage!

9. Versuche durch einen kurzen Schlauch eine brennende Kerze zu sehen!
Wie musst du den Schlauch halten?
Begründe!

10. Helle Kleidung ist für eine gute Sichtbarkeit im nächtlichen Straßenverkehr besser als dunkle Kleidung. Begründe!

11. Wenn man Lampenlicht aus- und wieder einschaltet, sieht man sofort wieder den beleuchteten Raum.

a) Wie weit kommt Licht in einer Hundertstelsekunde?

b) Wie lange braucht Licht von der Erde bis zum Erdmond oder umgekehrt?

12. Welche Möglichkeiten gibt es, damit man als Fußgänger oder Radfahrer im Dunkeln von anderen Verkehrsteilnehmern gut gesehen wird?

13. Ein kleiner Baustein soll mit parallelem Licht aus einer Taschenlampe oder mit Sonnenlicht beleuchtet werden (s. Abb.).

a) Sage mithilfe einer Zeichnung voraus, was für ein Schatten hinter dem Körper entsteht!

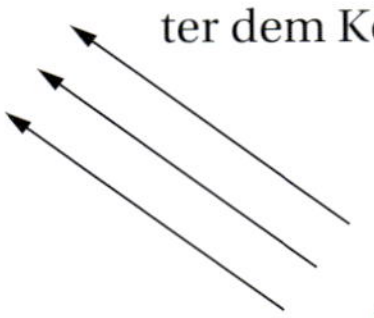

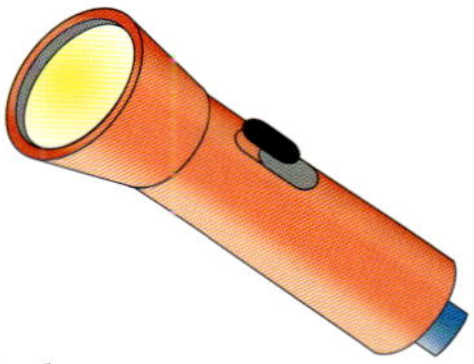

b) Überprüfe deine Voraussage mit einem Experiment!

c) Wie verändert sich der Schatten, wenn man mit der Lampe näher an den Baustein heranrückt?

14. Stelle einen Gegenstand, z. B. eine Flasche, an einer sonnigen Stelle auf ein Blatt Papier! Markiere alle 30 Minuten die Lage und die Länge des Schattens!
Beschreibe und erkläre deine Beobachtungen!

15. Die Balletttänzerin erzeugt auf einer Bühne mehrere Schattenbilder (s. Abb.).

a) Erkläre das Zustandekommen dieser Schattenbilder!

b) Wie viele Lichtquellen sind an der Erzeugung dieser Schattenbilder beteiligt?

16. Ein 3 cm breiter Gegenstand wird von einer punktförmigen Lichtquelle beleuchtet. Die Lichtquelle befindet sich 4 cm vom Gegenstand entfernt.

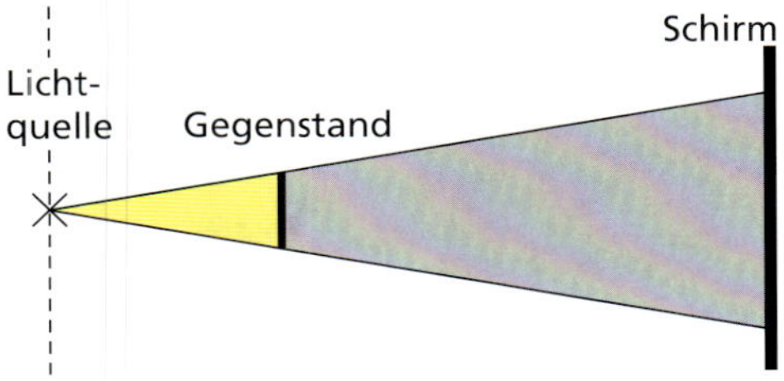

a) Wie breit ist der Schatten, der vom Körper auf einen Schirm geworfen wird? Der Schirm befindet sich 8 cm hinter dem Gegenstand. Löse die Aufgabe mithilfe einer Zeichnung!

*b) Wie verändert sich die Breite des Schattens, wenn die Lichtquelle entlang der gestrichelten Linie (s. Abb.) nach oben oder unten verschoben wird?

17. Von einer 25 cm hohen Blumenvase wird ein Schatten an der Wand erzeugt. Die Lichtquelle befindet sich 40 cm, die Vase 20 cm vor der Wand.

a) Ermittle mithilfe einer maßstäblichen Zeichnung, wie hoch der Schatten der Vase an der Wand ist!

b) Wie verändert sich die Größe des Schattens, wenn die Vase verschoben wird?

c) Probiere aus, ob deine Voraussage richtig war!

18. In welche Richtung zeigt der Schatten eines Lichtmastes um 12 Uhr?

19. Unter welchen Bedingungen können wir
a) eine Mondfinsternis,
b) eine Sonnenfinsternis
beobachten? Begründe deine Antworten!

20. Erkunde, wann an deinem Heimatort die nächste Sonnen- und Mondfinsternis zu beobachten ist! Nutze dazu das Internet!

21. Wird ein Gegenstand vom Licht einer Glühlampe beleuchtet, so ist sein Schatten relativ scharf begrenzt. Bei Beleuchtung mit einer Leuchtstoffröhre ist der Schatten des gleichen Gegenstandes unscharf. Erkläre!

Die Ausbreitung des Lichts

Wir sehen einen Körper, wenn von ihm ausgehendes Licht in unsere Augen fällt.

Lichtquellen sind alle Körper, die selbst Licht aussenden (Sonne, Glühlampe, Kerzenflamme, Feuer, Bildschirm eines Computers).

Beleuchtete Körper werfen auf sie fallendes Licht zurück (Mond, Kleidung, Wände eines Zimmers, Bäume).

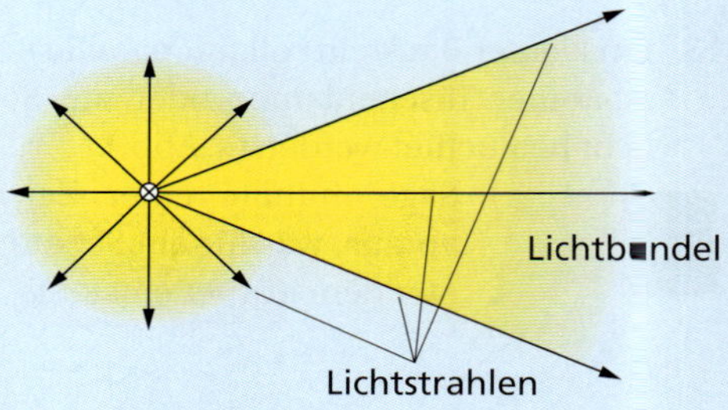

Licht breitet sich von einer Lichtquelle geradlinig und nach allen Seiten aus. Der Weg des Lichts kann durch **Lichtstrahlen** verdeutlicht werden. Lichtstrahlen sind ein **Modell** für Licht.

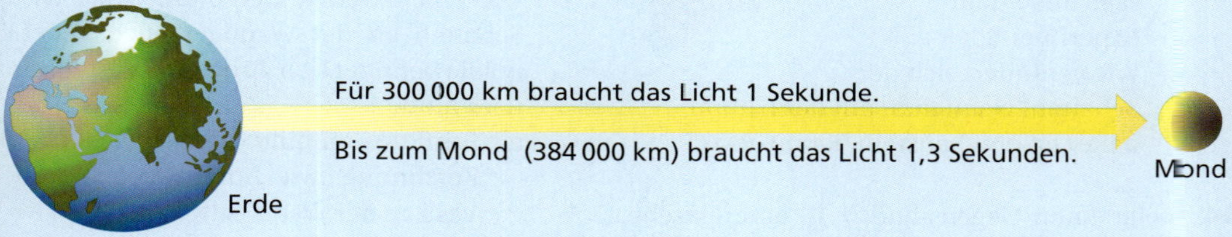

Hinter lichtundurchlässigen Körpern bilden sich bei der Beleuchtung mit Licht **Schatten.**

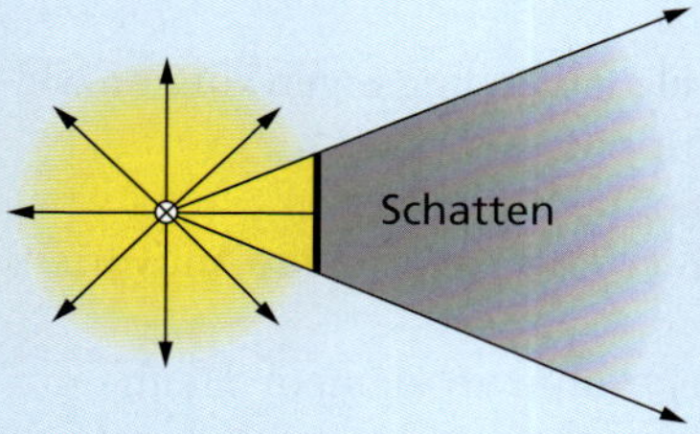

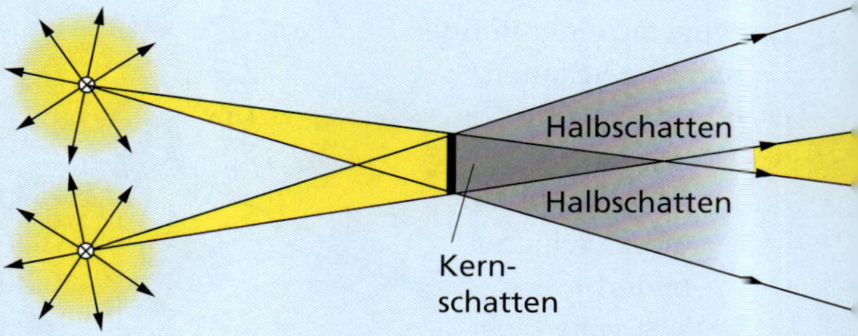

Eine **Sonnenfinsternis** entsteht, wenn der Mond zwischen Sonne und Erde steht und der Mondschatten auf die Erdoberfläche fällt.
Eine **Mondfinsternis** entsteht, wenn die Erde zwischen Sonne und Mond steht. Der Mond befindet sich dann im Schatten der Erde.
Mondphasen kommen dadurch zustande, dass wir immer nur den jeweils beleuchteten Teil des Mondes sehen (s. S. 104).

4.2 Reflexion und Brechung von Licht

Blitzende Kugeln

In Diskotheken werden Kugeln, die mit vielen kleinen Spiegeln besetzt sind, für spezielle Lichteffekte genutzt.
Die Kugeln werden in Drehung versetzt und mit verschiedenen Lichtquellen beleuchtet. Damit werden Lichtpunkte erzeugt, die durch den gesamten Raum wandern.
Wie kommen diese speziellen Lichteffekte zustande?

Spiegel auf dem Mond

Mit dem Raumschiff Apollo 11 wurde 1969 ein Gerät mit 100 kleinen Spiegeln auf den Mond gebracht und dort installiert. Diese Spiegel sollten von der Erde ausgesandte Lichtblitze so reflektieren, dass sie am Ort des Senders wieder empfangen werden können. Aus der Laufzeit der Lichtblitze wurde die Entfernung Erde – Mond sehr genau bestimmt.
Wie müssen Spiegel konstruiert sein, damit das Licht zur gleichen Stelle zurückgelenkt wird, von der es ausgesendet wurde?

Glasfasern übertragen nicht nur Licht

Mit Glasfasern lässt sich nicht nur Licht übertragen. In der Nachrichtentechnik werden Glasfaserkabel zur Übertragung von Telefongesprächen, Rundfunk- und Fernsehprogrammen oder zur Datenübertragung zwischen Computern genutzt.
Wie ist ein Glasfaserkabel aufgebaut? Wie kommt es, dass Licht in einem solchen Kabel fortgeleitet wird, auch wenn das Kabel gekrümmt ist?

Die Reflexion von Licht

Trifft Licht auf die Oberfläche eines Körpers, so kann es reflektiert werden (Abb. 1). Für die Reflexion von Licht gilt das Reflexionsgesetz.

> **Wird Licht an einer Fläche reflektiert, so ist der Einfallswinkel α gleich dem Reflexionswinkel α'.**
>
> $$\alpha = \alpha'$$
>
> **Dabei liegen einfallender Strahl, Einfallslot und reflektierter Strahl in einer Ebene.**

Abbildung 1 zeigt die Reflexion eines Lichtbündels an einem ebenen Spiegel und die Darstellung der Reflexion mithilfe von Lichtstrahlen.
Zu beachten ist auch die räumliche Lage von einfallendem Strahl, Einfallslot und reflektiertem Strahl (Abb. 2).

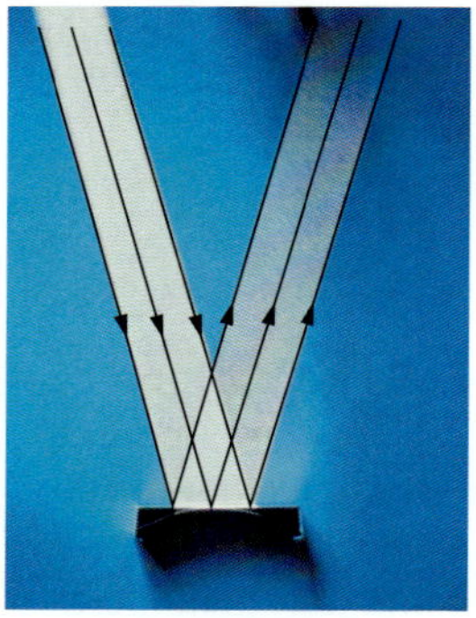

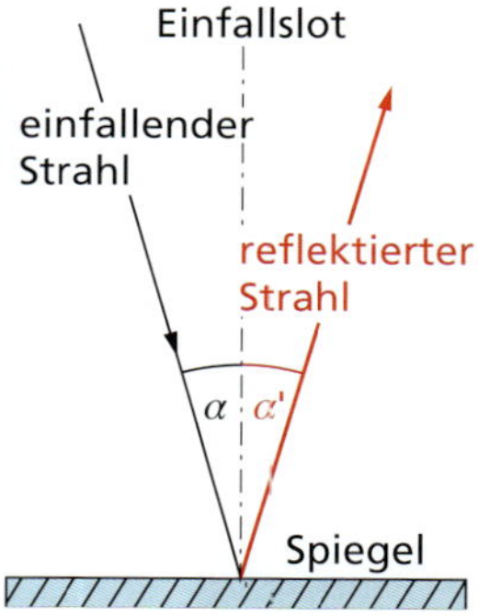

1 Reflexion von Licht an einem ebenen Spiegel

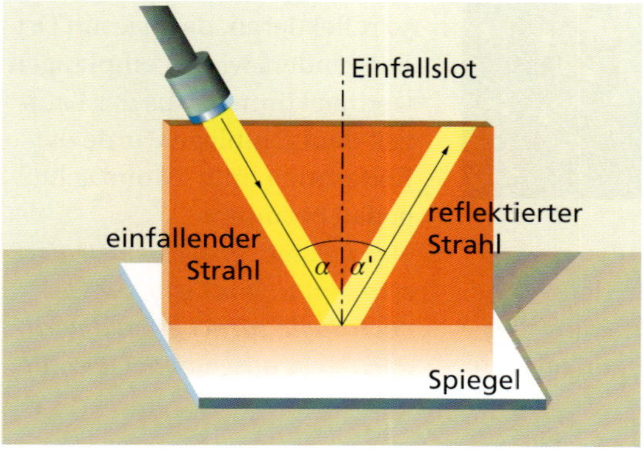

2 Die beiden Lichtstrahlen und das Lot liegen in einer Ebene senkrecht zur Spiegeloberfläche.

Forschungsaufgabe (Partnerarbeit)

Untersucht selbst die Reflexion von Licht!

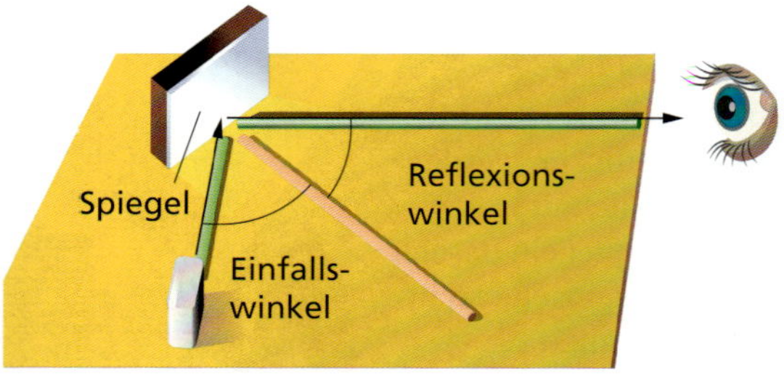

Vorbereitung und Durchführung:
Nutzt dazu einen Radiergummi und einen kleinen Spiegel, die in etwa 50 cm Abstand auf dem Tisch angeordnet werden.

Einer von euch schließt ein Auge und bewegt den Kopf, bis er den Radiergummi im Taschenspiegel sehen kann.
Währenddessen er still hält, legt der Zweite einen Stab vom Radiergummi zum Spiegel und einen zweiten vom Spiegel zum Auge.
Legt einen dritten Stab senkrecht zur Spiegeloberfläche auf den Tisch.
Messt nun mithilfe der Stäbe den Einfalls- und den Reflexionswinkel (s. Abbildung).
Wiederholt das Experiment für verschiedene Positionen des Radiergummis.
Fertigt eine Messwertetabelle mit den Winkeln an und zeichnet ein Diagramm!

Auswertung:
Welches Gesetz kann man aus der Messwertetabelle bzw. aus dem Diagramm erkennen?

Das Reflexionsgesetz ermöglicht es nicht nur, Sachverhalte zu erklären. Es gestattet auch Vorhersagen zu treffen, also z. B. Antworten auf folgende Fragen zu geben:

- Wie muss ich einen Spiegel anordnen, damit ich bei gegebener Blickrichtung einen Gegenstand schräg hinter mir sehen kann?
- Wie groß muss ein Spiegel sein, damit ich mich von Kopf bis Fuß darin sehen kann? Spielt dabei die Neigung des Spiegels eine Rolle?

Reflexion am ebenen Spiegel

Blickt man auf einen ebenen Spiegel, so sieht man sein **Spiegelbild.**
Trifft Licht von einem Punkt P eines Gegenstands auf einen ebenen Spiegel, so wird es nach dem Reflexionsgesetz zurückgeworfen. Für uns scheint das Licht vom Punkt P' aus zu kommen (Abb. 1).

Für einen ebenen Spiegel gilt: Gegenstand und Bild sind bezüglich des Spiegels symmetrisch zueinander.

Wir sehen das Bild von P an der Stelle P', von wo aus die Lichtstrahlen **herzukommen scheinen.** Befindet sich ein Gegenstand vor dem Spiegel, so geht von jedem Punkt des Gegenstands Licht aus. Es entsteht ein Spiegelbild (Abb. 2), das sich scheinbar hinter dem Spiegel befindet.

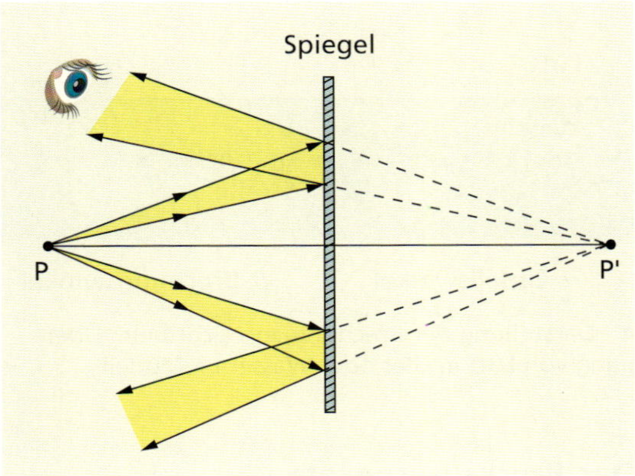

1 Reflexion am ebenen Spiegel

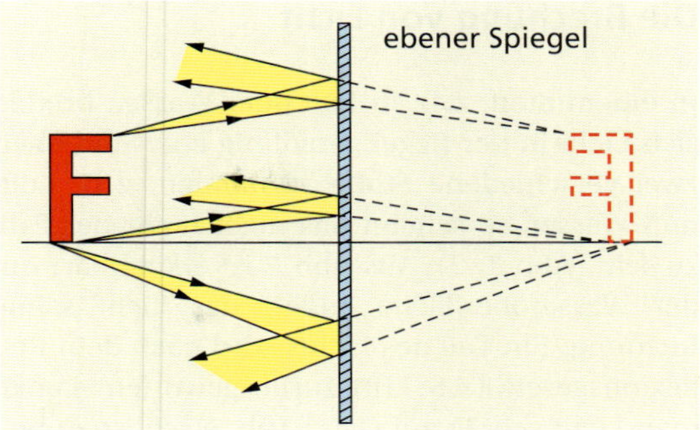

2 Bildentstehung am ebenen Spiegel

Wie wir das Spiegelbild im Vergleich zum Gegenstand sehen, hängt von der Lage von Spiegel, Gegenstand und Betrachter zueinander ab (Abb. 4 – 6). Das Spiegelbild kann man zwar sehen und auch fotografieren. Man kann es aber nicht dort, wo es sich befindet, auf einem Schirm auffangen. Solche Bilder nennt man **scheinbare (virtuelle) Bilder.** Die Abbildung 3 zeigt, wie das Bild eines Gegenstands konstruiert werden kann: Gegenstandspunkt und zugehöriger Bildpunkt sind immer gleich weit vom Spiegel entfernt.

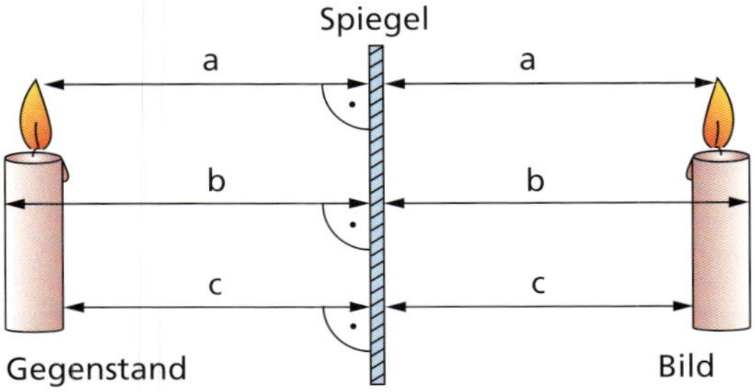

3 Bildkonstruktion am ebenen Spiegel

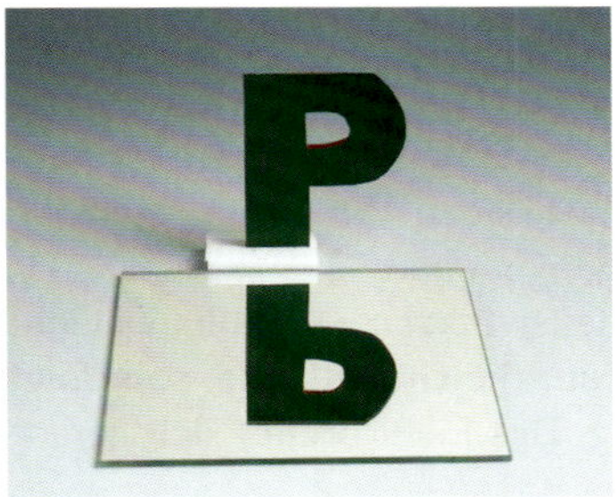

4 Beim Spiegel können oben und unten vertauscht sein.

5 Beim Spiegel können vorn und hinten vertauscht sein.

6 Beim Spiegel können links und rechts vertauscht sein.

Die Brechung von Licht

In einem Stoff, z. B. in Luft oder Wasser, breitet sich Licht in der Regel geradlinig aus. Sind aber zwei verschiedene Stoffe vorhanden, z. B. Luft und Wasser, so scheint das nicht mehr der Fall zu sein (Abb. 1, 2). Aus Abb. 2 ist erkennbar: An der Wasseroberfläche ändert das Licht seine Richtung. Ein Teil des Lichts wird nach dem Reflexionsgesetz (s. S. 110) zurückgeworfen. Lenkt man Licht schräg auf Glas (Abb. 3), so ist zu beobachten: Das Licht ändert an der Grenzfläche Luft–Glas seine Richtung.

Die Änderung der Ausbreitungsrichtung des Lichts an der Grenzfläche zweier lichtdurchlässiger Stoffe bezeichnet man als Brechung.

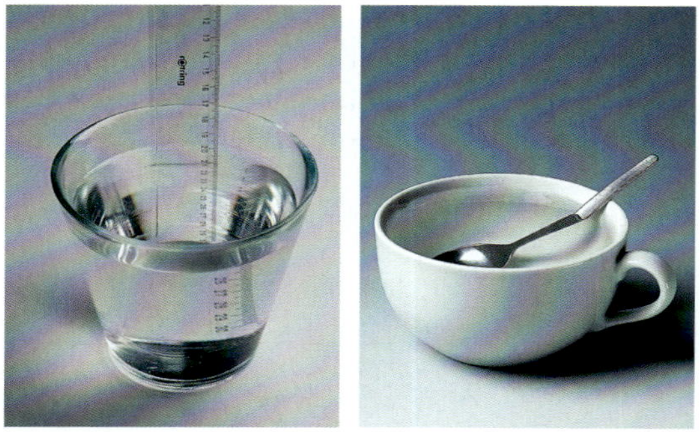

1 Ein Lineal erscheint unter Wasser gestaucht, ein Löffel an der Wasseroberfläche geknickt.

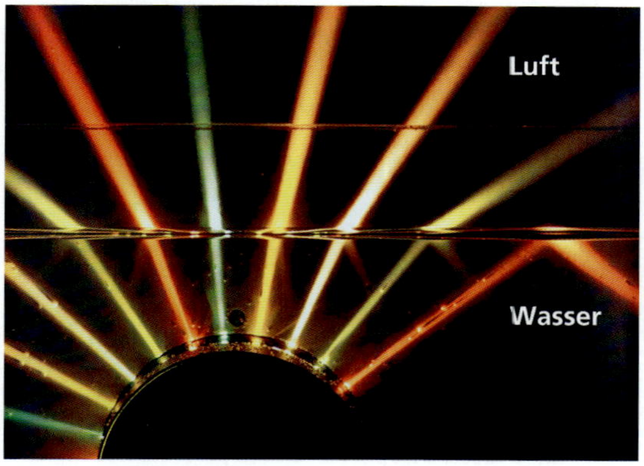

2 Die Lichtquelle befindet sich unter Wasser. An der Grenzfläche Wasser–Luft ändert das Licht seine Richtung. Teilweise wird es reflektiert.

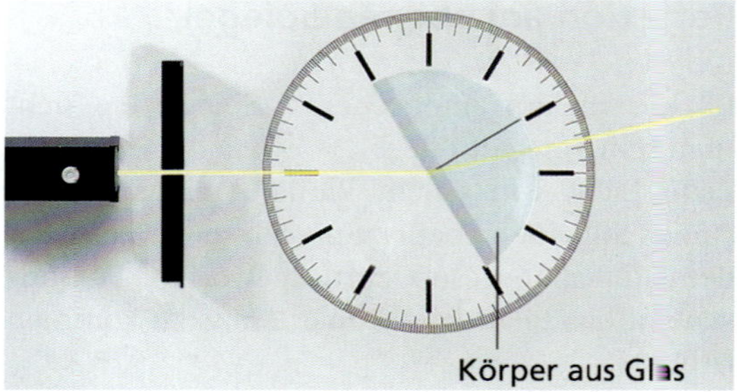

3 Beim Übergang von Luft in Glas wird das Licht zum Lot hin gebrochen.

Zur Beschreibung der Brechung von Licht nutzt man das Modell Lichtstrahl (Abb. 4). Der Winkel zwischen einfallendem Strahl und Lot heißt **Einfallswinkel** α, der Winkel zwischen gebrochenem Strahl und Lot **Brechungswinkel** β.

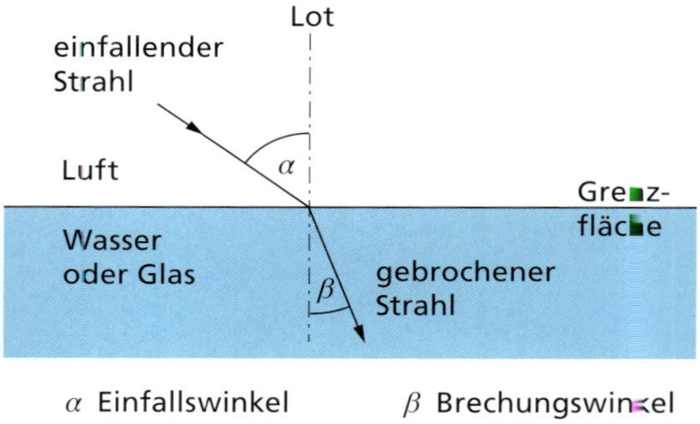

4 Darstellung der Brechung von Licht beim Übergang von Luft in Glas oder Wasser im Modell

Das Brechungsgesetz

Wir untersuchen nachfolgend für den Übergang des Lichts von Luft in Wasser oder Glas den Zusammenhang zwischen Einfallswinkel α und Brechungswinkel β. Dazu ist eine Experimentieranordnung geeignet, wie sie in Abb. 3 dargestellt ist. Die Untersuchungen ergeben:

- Beträgt der Einfallswinkel $\alpha = 0°$, fällt das Licht also senkrecht auf die Grenzfläche, so erfolgt keine Brechung. Das Licht breitet sich geradlinig aus.
- Je größer der Einfallswinkel ist, desto stärker wird das Licht gebrochen (Abb. 2).

Dabei gilt aber immer: Geht Licht von Luft in Wasser oder Glas über, so wird es an der Grenzfläche zum Lot hin gebrochen. Geht Licht dagegen von Wasser oder Glas in Luft über, so wird es an der Grenzfläche vom Lot weg gebrochen. Diese Erkenntnisse werden zum **Brechungsgesetz** zusammengefasst.

Trifft ein Lichtstrahl schräg von Luft auf Glas oder Wasser, so wird er an der Grenzfläche zum Lot hin gebrochen.

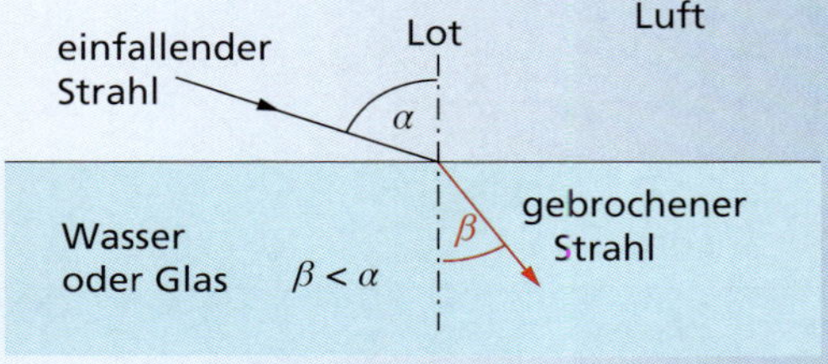

Trifft ein Lichtstrahl schräg von Glas oder Wasser auf Luft, so wird er an der Grenzfläche vom Lot weg gebrochen.

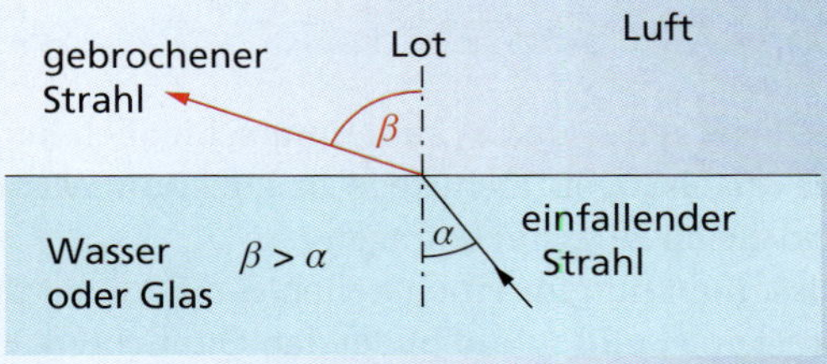

Dabei liegen einfallender Strahl, Lot und gebrochener Strahl in einer Ebene.

Für den Übergang des Lichts von Luft in Wasser bzw. Glas sind in der Tabelle rechts oben einige Werte angegeben.

Vergleicht man die Lichtwege beim Übergang Luft–Wasser/Glas und beim umgekehrten Übergang Wasser/Glas–Luft miteinander, dann zeigt sich der gleiche Strahlenverlauf. Nur die Richtung der Lichtstrahlen ist umgekehrt.

In der Physik formuliert man das so: Der Lichtweg ist bei der Brechung von Licht umkehrbar. Beträgt also z. B. der Einfallswinkel beim Übergang Wasser–Luft 45°, so ist der Brechungswinkel 70° (s. Tabelle rechts oben).

Einfallswinkel α und Brechungswinkel β für den Übergang Luft–Wasser und Luft–Glas

Einfallswinkel α	Brechungswinkel β für Luft–Wasser	Brechungswinkel β für Luft–Glas
10°	8°	6°
20°	15°	12°
30°	22°	18°
40°	29°	24°
50°	35°	28°
60°	41°	33°
70°	45°	36°
80°	48°	38°
90°	49°	38°

Mosaik

Die Totalreflexion

Vergrößert man beim Übergang von Licht aus Glas oder Wasser in Luft den Einfallswinkel immer mehr, dann erreicht der Brechungswinkel schließlich 90° (Abb. 1a). Wird nun der Einfallswinkel weiter vergrößert, so wird das gesamte einfallende Licht an der Grenzfläche reflektiert (Abb. 1b). Diese Erscheinung nennt man **Totalreflexion.** Der Winkel, ab dem das Licht total reflektiert wird, heißt **Grenzwinkel.**

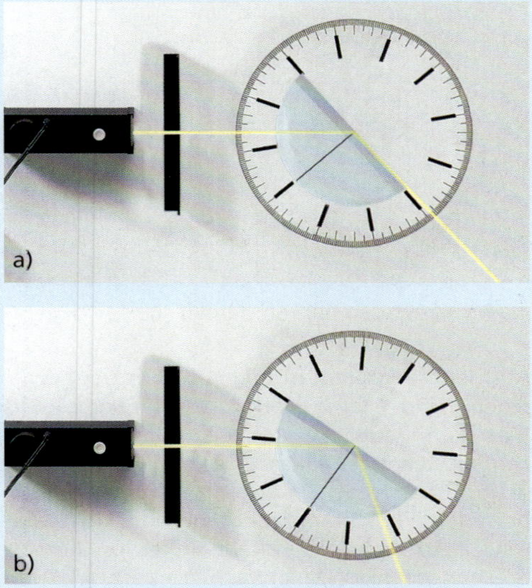

1 Brechung und Totalreflexion

Arbeiten mit Diagrammen

Mit einer Experimentieranordnung, wie sie in Abb. 3, S. 112, dargestellt ist, werden der Einfallswinkel α und der Brechungswinkel β gemessen. Es ergibt sich folgende Messwertetabelle:

α	0°	10°	20°	30°	40°	50°	60°	70°	80°
β	0°	7°	13°	19°	25°	31°	35°	39°	41°

Aus dieser Messwertetabelle ist erkennbar: Einfallswinkel α und Brechungswinkel β sind vermutlich nicht proportional zueinander. Verdoppelt man nämlich den Einfallswinkel α von 40° auf 80°, so verdoppelt sich β nicht. Deshalb kann man keine einfache Formel zur Berechnung des Brechungswinkels aus dem Einfallswinkel angeben. Trotzdem lassen sich gute Vorhersagen machen, wenn man die Messwerte in einem Diagramm darstellt.
Beachte beim Zeichnen: Es ist die Ausgleichskurve (s. S. 24) zu zeichnen.

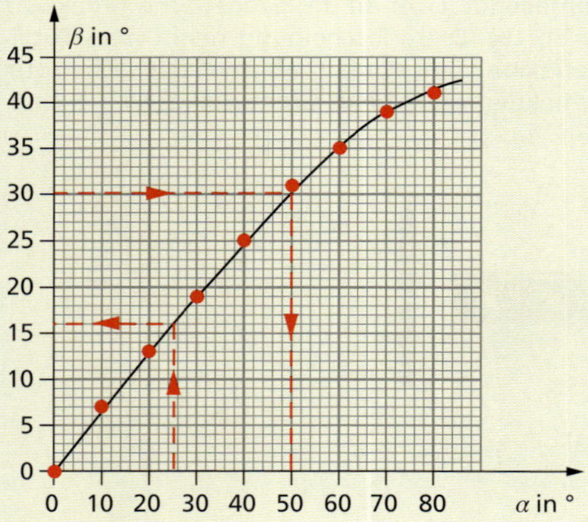

Aus dem Diagramm ist erkennbar: Es liegt zwischen α und β keine Proportionalität vor.
Man kann aber z. B. ablesen, dass der Brechungswinkel bei einem Einfallswinkel von 25° etwa 16° beträgt. Umgekehrt kann man vorhersagen, dass beim Übergang von Licht aus Glas in Luft zu einem Einfallswinkel von 30° ein Brechungswinkel von etwa 50° gehört.

Die Brechzahl

Aus der Übersicht über die Einfalls- und Brechungswinkel (s. S. 113) und aus der grafischen Darstellung links ist erkennbar: Zwischen Einfallswinkel und Brechungswinkel besteht kein einfacher Zusammenhang.
Ein solcher Zusammenhang ergibt sich aber, wenn man statt der Winkel die Lichtwege bzw. entsprechende Strecken betrachtet (s. Abb.).

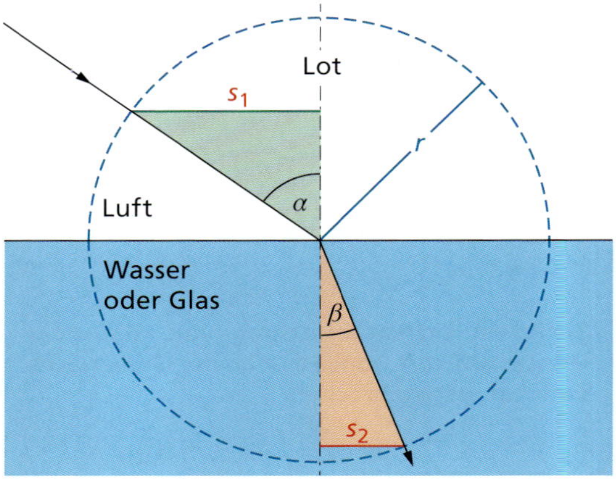

Die Strecken s_1 und s_2 sind unterschiedlich lang. Die zugehörigen Lichtwege in Luft und Wasser sind gleich lang und betragen r.
Misst man nun für einen beliebigen Radius r die Strecken s_1 und s_2 und bildet den Quotienten aus diesen beiden Größen, dann zeigt sich: Für ein bestimmtes Stoffpaar (z. B. Luft-Wasser oder Luft-Glas) hat der Quotient unabhängig vom Einfallswinkel immer den gleichen Wert. Dieser Zahlenwert wird als **Brechzahl *n*** bezeichnet. Damit gilt:

$$n = \frac{s_1}{s_2}$$

Die nachfolgende Tabelle zeigt einige Werte für $r = 10$ cm beim Übergang Luft-Glas.

α in °	s_1 in cm	s_2 in cm	n
20	3,4	2,1	1,6
40	6,4	4,0	1,6
60	8,7	5,4	1,6
80	9,8	6,2	1,6

Mosaik

Informationsübertragung mit Licht

Mithilfe von Glasfaserkabeln (Abb. 1) können Telefongespräche, Computerdaten, Fernsehbilder und Rundfunkprogramme übertragen werden.

1 100-adriges Kabel für einen digital gesteuerten Multimedia-Arbeitsplatz

Solche Kabel haben den Vorteil, dass sie relativ leicht und flexibel sind. Zugleich können mehr Daten in besserer Qualität als mit vergleichbaren Kupferkabeln übertragen werden.

Die Nachrichtenübertragung in Glasfaserkabeln geschieht dabei mit Licht. Deshalb bezeichnet man Glasfaserkabel für die Nachrichtenübertragung häufig auch als Lichtleitkabel oder Lichtleiter.

Wie ist ein Glasfaserkabel aufgebaut?

Wie können mit seiner Hilfe Daten übertragen werden?

Glasfaserkabel bestehen aus vielen Tausenden feinen Glasfasern, die gebündelt und mit einer Isolierschicht versehen sind.

Jede einzelne Glasfaser besteht aus einem Mantel und einem Kern. Glasfasern werden mit Durchmessern von 0,005 mm–0,5 mm hergestellt. Mantel und Kern haben unterschiedliche optische Eigenschaften: Das Material des Mantels ist so gewählt, dass in ihm die Lichtgeschwindigkeit größer als im Glasfaserkern ist. Damit tritt an der Grenzfläche Kern–Mantel ab einem bestimmten Winkel Totalreflexion auf (s. S. 113). Dieser Winkel hängt von den Lichtgeschwindigkeiten im Mantel und im Kern ab. Zur Nachrichtenübertragung lässt man das Licht unter einem solch großen Einfallswinkel einfallen, dass Totalreflexion auftritt.

Bei der Übertragung von Daten mittels Glasfaserkabel werden digitale Signale (z. B. von Computern) oder analoge Signale (z. B. elektromagnetische Schwingungen, in die Sprache durch ein Mikrofon umgewandelt wird) in Lichtschwankungen bzw. Lichtimpulse umgewandelt. Das geschieht in elektrooptischen Wandlern.

Diese Lichtimpulse werden auf das Glasfaserkabel übertragen, wobei der Winkel größer als der Grenzwinkel der Totalreflexion ist. Die Lichtimpulse werden vielfach an der Grenzfläche zwischen Kern und Mantel der Glasfaser total reflektiert, gelangen so zum anderen Ende der Glasfaser und von dort zu einem optoelektronischen Wandler.

In diesem werden die Lichtimpulse wieder in digitale oder analoge elektromagnetische Signale umgewandelt. Damit auf langen Strecken kein Intensitätsverlust auftritt, werden in bestimmten Abständen Lichtverstärker eingebaut.

Neben Glasfaserkabeln werden heute auch Kunststoff-Lichtleiter genutzt. Sie sind noch leichter und vor allem flexibler als Glasfaserkabel.

Lichtleiter werden in vielen Bereichen der Technik und der Medizin verwendet.

In der Technik geht es vor allem um die Übertragung von Informationen durch Lichtimpulse, so wie es oben beschrieben wird. Im medizinischen Bereich dienen Lichtleiter u. a. dazu, bei endoskopischen Untersuchungen die betreffenden Stellen im Körperinneren zu beleuchten, also um Licht fortzuleiten.

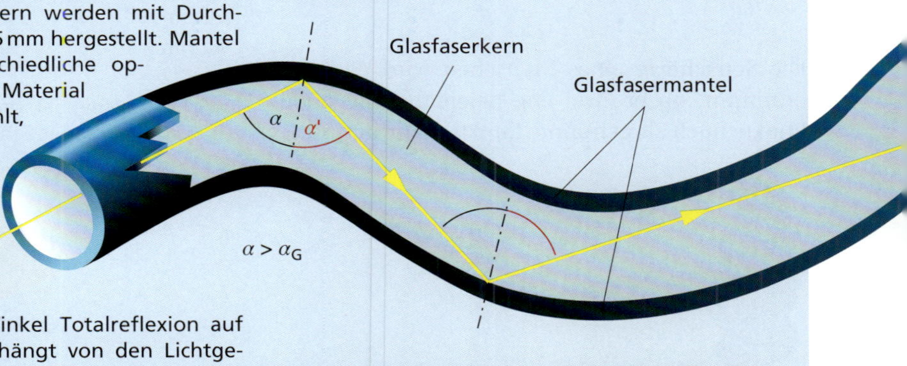

2 Aufbau einer einzelnen Glasfaser: Trifft Licht von innen auf den Glasfasermantel, so wird es mehrfach total reflektiert und damit durch die Glasfaser geleitet.

Das Auge – optische Spielereien

Mehr als 50 % aller Informationen über unsere Umwelt nehmen wir mit den Augen wahr. Wir erkennen, ob es hell oder dunkel ist, ob Gegenstände groß oder klein sind, wie weit Personen von uns entfernt sind, welche Farben ihre Kleidung hat. Das menschliche Auge ist ein relativ kompliziertes Organ.

1. *Erkunde, wie ein menschliches Auge aufgebaut ist! Fertige eine Skizze an und benenne die wichtigsten Teile des Auges! Nutze dazu Nachschlagewerke oder das Internet, z. B. die Adresse* ***www.schuelerlexikon.de!***

2. *Untersuche an einem Augenmodell (Abb. 2), wie das Bild eines Gegenstands im menschlichen Auge entsteht!*

Wir nehmen einen Gegenstand mit unseren Augen dann wahr, wenn Licht von ihm in die Augen fällt. Auf der Netzhaut entsteht dann ein stark verkleinertes Bild. Von den lichtempfindlichen Zellen der Netzhaut werden die Informationen an das Gehirn weitergeleitet und dort verarbeitet. Wir nehmen ein aufrechtes Bild wahr.

3. *Beobachte Gegenstände über einen Taschenspiegel! Wo siehst du die Gegenstände, wo befinden sie sich? Was kann man daraus ableiten?*

Die **Sehschärfe** eines Menschen wird dadurch bestimmt, ob er zwei eng beieinanderliegende Punkte noch als getrennte Punkte wahrnimmt.

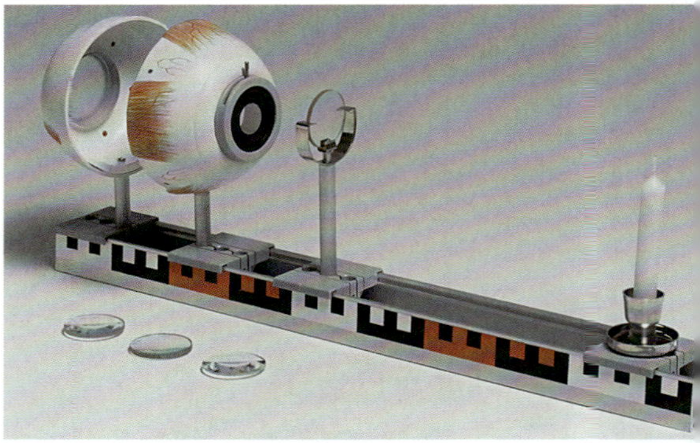

2 Modell des menschlichen Auges

4. *Nutze zur Bestimmung deiner Sehschärfe die Figuren oder Zahlen und Buchstaben (Abb. 3). Gehe so vor:*
   a) *Schreibe mit einem Computer Zahlen und Buchstaben!*
   b) *Formatiere sie so, dass die in der Tabelle genannten Schriftgrößen entstehen!*
   c) *Bestimme dann mit dieser „Sehtafel" deine Sehschärfe!*

Höhe der Schrift	Sehschärfe
5 mm	145 %
6 mm	120 %
7 mm	100 %
9 mm	80 %
10 mm	70 %
15 mm	50 %
20 mm	35 %
30 mm	25 %

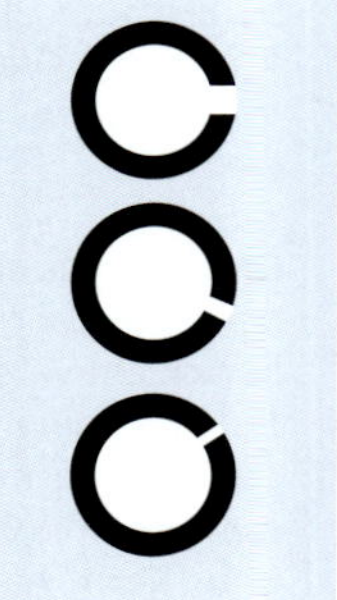

3 Schriftgrößen bei 5 m Entfernung und Figuren zur Bestimmung der Sehschärfe

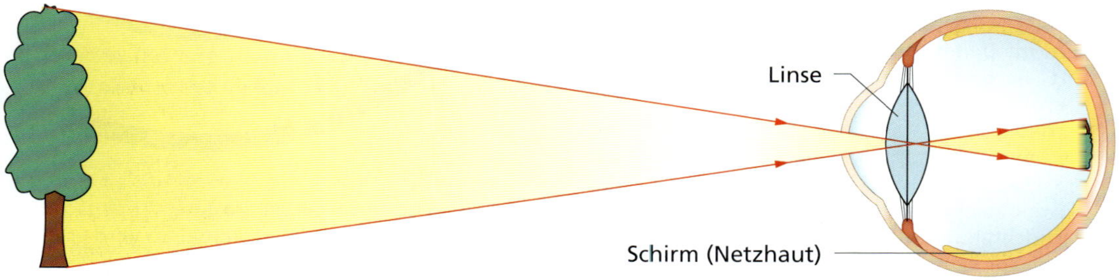

1 Bildentstehung beim Auge: Auf der Netzhaut entsteht ein verkleinertes Bild des Gegenstandes.

Wenn jemand behauptet, er habe etwas genau gesehen, sollte man vorsichtig sein. Manchmal glauben wir etwas zu sehen, was in Wirklichkeit anders ist, als wir es wahrnehmen. Solche „falschen" optischen Eindrücke bezeichnet man als **optische Täuschungen.** Es gibt sie in relativ großer Anzahl.

Eine Art optischer Täuschungen sind Richtungstäuschungen. Sie führen dazu, dass wir meinen,

- parallele oder gerade Linien seien nicht parallel oder gerade (Abb. 1a, b),
- regelmäßig geformte Figuren (Kreis, Quadrat) seien nicht regelmäßig (Abb. 1c, d).

Die Ursache für solche Richtungstäuschungen sind meist weitere Linien, die in ihrer Gesamtheit einen falschen Eindruck bewirken.

5. *Prüfe am Beispiel der Abbildungen 1a–d nach, dass der optische Eindruck falsch ist!*

6. *Suche weitere Beispiele für Richtungstäuschungen! Stelle sie deinen Mitschülern vor! Diskutiert über die Ursachen der Täuschungen!*

Eine spezielle Art von Richtungstäuschung kommt dadurch zustande, dass wir einen Gegenstand immer in der Richtung sehen, aus der das Licht geradlinig herzukommen scheint.

7. *Halte ein Lineal in ein Glas mit Wasser! Blicke schräg auf die Zentimeterskala! Was kannst du beobachten? Erkläre!*

Nicht selten täuschen wir uns auch über die Größe von Personen und Gegenständen oder über die Länge von Strecken.

8. *Vergleiche die Größe der Personen in Abb. 2! Miss nach! Was ist die Ursache für unsere Wahrnehmung?*

9. *Versuche nach dem Muster von Abb. 2 selbst ein Bild zu zeichnen, auf dem Personen oder Gegenstände gleich groß sind, aber unterschiedlich groß zu sein scheinen!*

2 Sind die Personen gleich groß oder nicht?

10. *Wenn man die Sonne und den Mond am Himmel beobachtet, dann stellt man fest: Sonne und Mond scheinen etwa gleich groß zu sein. In Wirklichkeit ist aber der Durchmesser der Sonne 370-mal größer als der Monddurchmesser.*
Wie ist unsere Wahrnehmung zu erklären?

Auch über die Länge von Strecken kann man sich leicht täuschen, wie die folgenden Abbildungen zeigen.

11. *Vergleiche die Länge der Strecken $\overline{AB}$ und $\overline{BC}$! Ziehe Schlussfolgerungen!*

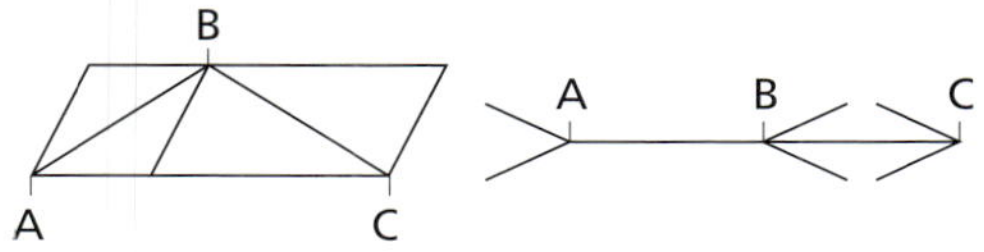

12. *Erkunde, welche weiteren optischen Täuschungen es gibt! Nutze dazu Nachschlagewerke und das Internet, z. B. die Adresse **www.schuelerlexikon.de!***

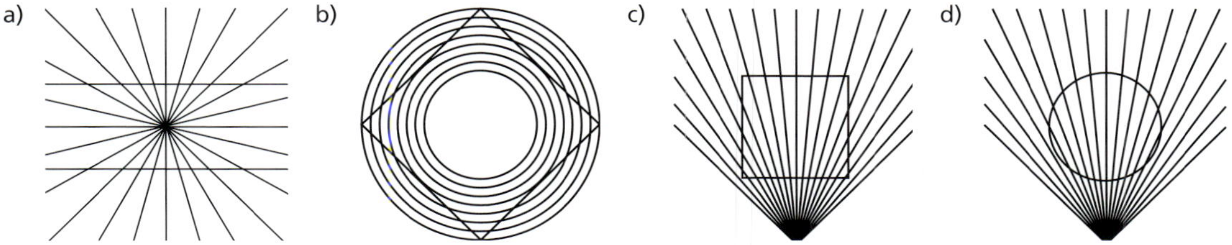

1 Beispiele für Richtungstäuschungen

Physik in Natur und Technik

Ein Zaubertrick mit brennender Kerze

Es ist schon sonderbar, dass eine Kerze unter Wasser brennen kann (Abb. 1). Ist das ein Trick? Blickt man hinter die Glasscheibe, so zeigt sich: Hinter der Glasscheibe ist keine Kerze, weder im Wasserglas noch daneben.
Wie kann man diese Erscheinung erklären?

Das Bild der Kerze entsteht durch die Reflexion des Lichtes an der Oberfläche der Glasscheibe (Abb. 2). Von jedem Punkt der Kerze und der Flamme gelangen so Lichtstrahlen in das Auge des Beobachters. Diese Lichtstrahlen scheinen geradlinig vom Spiegelbild der Kerze hinter der Glasscheibe zu kommen.

1 Eine Kerze scheint unter Wasser zu brennen.

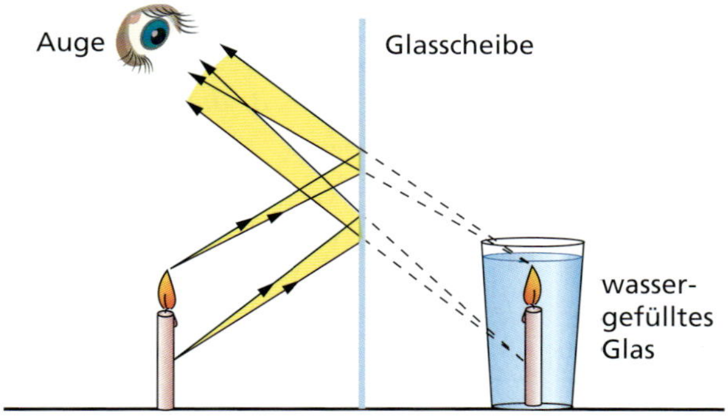

2 Wir sehen das scheinbare Bild der Kerze im wassergefüllten Glas.

3 Bei einem Kaleidoskop sieht man die Bilder ebenfalls dort, wo das Licht herzukommen scheint.

Das Auge bemerkt nichts von der Reflexion am Spiegel. Wir aber sehen das Bild der Kerze an der Stelle, von der aus die Lichtstrahlen geradlinig in unser Auge herzukommen scheinen. An dieser Stelle, im Wasserglas, befindet sich das scheinbare Bild der Kerze.

Der Sonnenofen

Mithilfe von Sonnenlicht können Stoffe so erhitzt werden, dass sie schmelzen oder verdampfen.
Eine solche Anordnung wird als Sonnenofen bezeichnet (Abb. 4).
Wie ist ein solcher Sonnenofen aufgebaut?
Wie funktioniert er?

4 Der Sonnenofen von Odeillo (Frankreich) ist eine der größten Anlagen dieser Art.

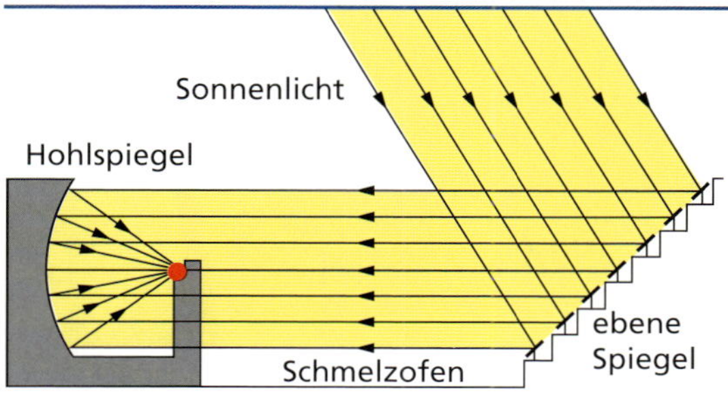

1 Strahlenverlauf beim Sonnenofen

Der auf S. 122 abgebildete Sonnenofen besteht aus verschieden angeordneten Spiegeln. Das parallele Sonnenlicht fällt zunächst auf ebene Spiegel (Abb. 1). Es wird von diesen Spiegeln nach dem Reflexionsgesetz so reflektiert, dass es als paralleles Licht auf den Hohlspiegel fällt.

Vom Hohlspiegel wird das parallele Licht so reflektiert, dass es in einem kleinen Bereich konzentriert wird. In diesem Bereich werden im Sonnenofen von Odeillo Temperaturen bis 3 300 °C erreicht. Solche Temperaturen reichen aus, um fast alle Metalle zu schmelzen.

2 Das Foto zeigt einen Sonnenofen in Almeria (Spanien). Der Turm ist 60 m hoch.

Eine Landschaft im Spiegel

An einem See oder Teich kann man bei Windstille auf der Wasseroberfläche das Spiegelbild des gegenüberliegenden Ufers sehen (Abb. 3a). Bei stärkerem Wind ist das aber nicht möglich (Abb. 3b).

Erkläre, warum man bei glatter Wasseroberfläche ein Spiegelbild sieht und bei rauer und welliger Oberfläche nicht!

Eine glatte Wasseroberfläche wirkt wie ein ebener Spiegel. Es tritt Reflexion auf. Das von den Gegenständen (Baum, Haus) ausgehende Licht fällt auf die glatte Oberfläche und wird reflektiert. Das reflektierte Licht, das in unser Auge fällt, scheint aus Richtung der Wasseroberfläche zu kommen. Wir sehen dort das Spiegelbild. Gleichzeitig fällt aber auch Licht direkt vom Gegenstand in unser Auge. Das bedeutet: Wir sehen den Gegenstand und zugleich sein auf dem Kopf stehendes Spiegelbild (Abb. 3a).

Bei einer rauen und welligen Oberfläche tritt ebenfalls Reflexion auf. Jeder einzelne Lichtstrahl wird zwar nach dem Reflexionsgesetz reflektiert. Da jedoch die Lagen der reflektierenden Flächen verschieden sind, werden die Lichtstrahlen in die unterschiedlichsten Richtungen reflektiert. Das bezeichnet man auch als Streuung. Wir sehen kein Spiegelbild der Gegenstände (Abb. 3b), sondern nur eine aufgehellte Fläche.

3 Ein See bei Windstille (a) und vom gleichen Standort aus bei stärkerem Wind (b)

Verbogene Trinkhalme – eine optische Täuschung?

Stellt man einen Trinkhalm in ein Gefäß mit Wasser, so scheint er an der Wasseroberfläche einen Knick zu haben (Abb. 1). Wird er etwa durch das Wasser verbogen? Nimmt man den Trinkhalm aus dem Wasser heraus, ist er wieder ohne Knick.
Wie kann man die Erscheinung des Abknickens eines Trinkhalmes im Wasser erklären?

Der Trinkhalm bekommt tatsächlich keinen Knick. Es liegt eine optische Täuschung vor, die wir mithilfe des Brechungsgesetzes erklären können. Dazu muss man vom Sehvorgang ausgehen. Aufgrund unserer Erfahrungen mit der geradlinigen Lichtausbreitung sehen wir einen Körper an der Stelle, von der aus die Lichtstrahlen herzukommen scheinen. Von dem Teil des Trinkhalmes, der sich außerhalb des Wassers befindet, fällt das Licht geradlinig in unser Auge (Abb. 2).
Anders ist es mit dem Licht von dem Teil des Trinkhalmes, der sich unter Wasser befindet.
Dieses Licht, das vom Trinkhalm ausgeht, wird an der Grenzfläche Wasser–Luft nach dem Brechungsgesetz vom Lot weg gebrochen.

1 Der Trinkhalm in einem Gefäß mit Wasser erscheint wegen der Brechung geknickt.

Die rückwärtigen geradlinigen Verlängerungen der Lichtstrahlen, die ins Auge fallen, schneiden sich an den Stellen, an denen wir den Körper sehen. Dort entsteht ein scheinbares Bild des Trinkhalmes unter Wasser. Dieses Bild sehen wir. Damit scheint der Trinkhalm an der Wasseroberfläche einen deutlichen Knick zu haben.
Ähnliche Effekte kann man auch an Teichen beobachten.

2 Strahlenverlauf vom Trinkhalm zum Auge

Mosaik

Die optische Dichte

Stoffe haben nicht nur eine Dichte, die sich in der Einheit g/cm³ angeben lässt (s. S. 33). Lichtdurchlässige Stoffe haben auch eine optische Dichte. Man bezeichnet einen Stoff im Vergleich zu einem anderen als optisch dichter, wenn die Lichtgeschwindigkeit in ihm kleiner ist. So sind z. B. Wasser oder Glas optisch dichter als Luft. Oder: Luft ist optisch dünner als Glas.

optische Dichte	Stoff	Lichtgeschwindigkeit
↓	Luft	299 711 ≈ 300 000
	Wasser	225 000
	Plexiglas	201 000
	Kronglas	
	leicht	199 000
	schwer	186 000
	Flintglas	
	leicht	186 000
	schwer	171 000
	Diamant	124 000

Zwischen der Brechzahl n und den Lichtgeschwindigkeiten c_1 und c_2 in zwei Stoffen besteht folgender Zusammenhang:

$$n = \frac{c_1}{c_2}$$

gewusst · gekonnt

1. Wie breitet sich Licht von einer Lichtquelle aus? Was unterscheidet ein Lichtbündel von einem Lichtstrahl?

2. Welches ist in den Abbildungen der Einfallswinkel, welches der Reflexionswinkel?

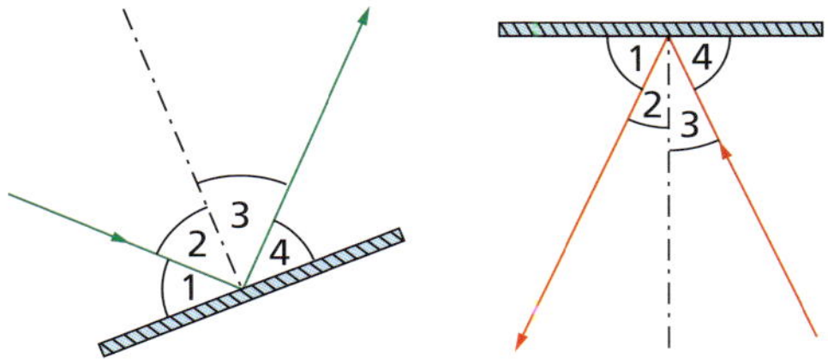

3. Welche Gerade ist in der Abbildung das Einfallslot?

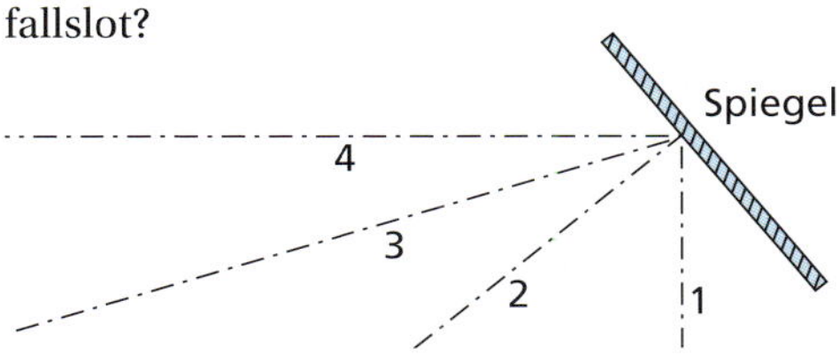

4. Licht fällt unter einem Winkel von 40° auf einen ebenen Spiegel.
Zeichne einfallenden Strahl, Einfallslot und reflektierten Strahl!

5. Nenne Gegenstände (Körper, Flächen) aus deiner Umgebung, die Licht
a) in nur eine Richtung bzw.
b) in sehr unterschiedliche Richtungen reflektieren!

6. Ein Spiegel reflektiert das auffallende Licht. Weißes Papier streut es. Worin besteht der Unterschied?

7. Christian will ein Wandbild, das mit einer Glasscheibe versehen ist, im Zimmer aufhängen.
Worauf sollte er aus optischer Sicht achten, damit man das Bild auch gut betrachten kann? Begründe!

8. Manchmal kann man bei Sonnenschein einzelne Fensterscheiben in Gebäuden hell glühend sehen.

Erkläre das Entstehen dieses hellen Glühens einer Fensterscheibe!

9. Felix behauptet, er könne „um die Ecke“ gucken. Was meint er wohl?

10. Welches von den Spiegelbildern ist das Bild der Kerze? Begründe deine Antwort!

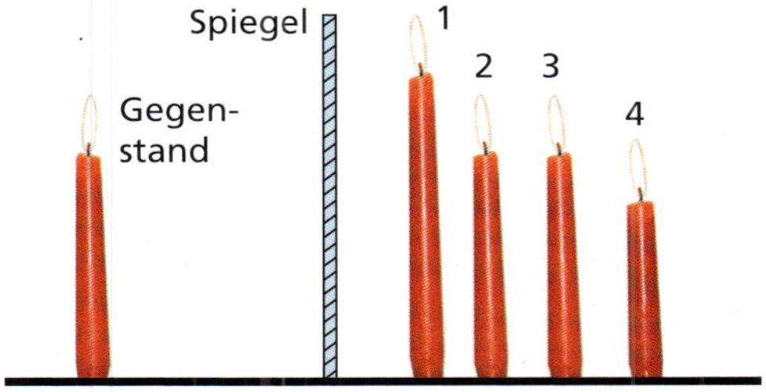

11. Ein Winkelspiegel besteht aus zwei Spiegeln, die senkrecht aufeinanderstehen.

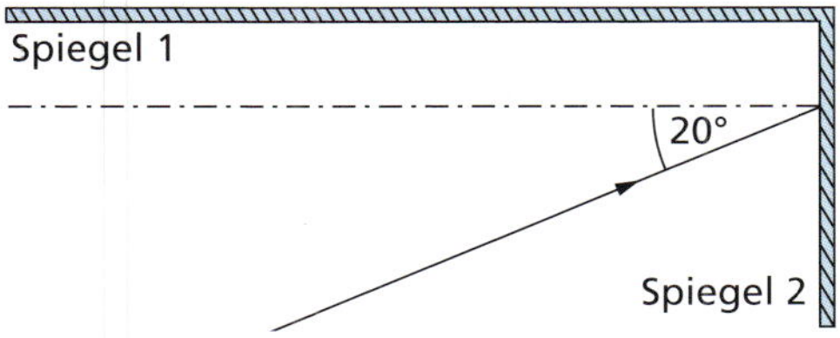

a) Konstruiere für den einfallenden Strahl die Richtung des Lichtstrahls nach der Reflexion an beiden Spiegeln!
b) Welche Aussage kann man aus der Konstruktion über den Verlauf des einfallenden und des zweimal reflektierten Lichtstrahls treffen?

12. Kannst du den folgenden Text lesen? Entwirf selber eine Zeile!

13. Ein vor einem Spiegel stehender Gegenstand erscheint dem Beobachter grün, das Spiegelbild dagegen rot.
Wie kann man das erklären?

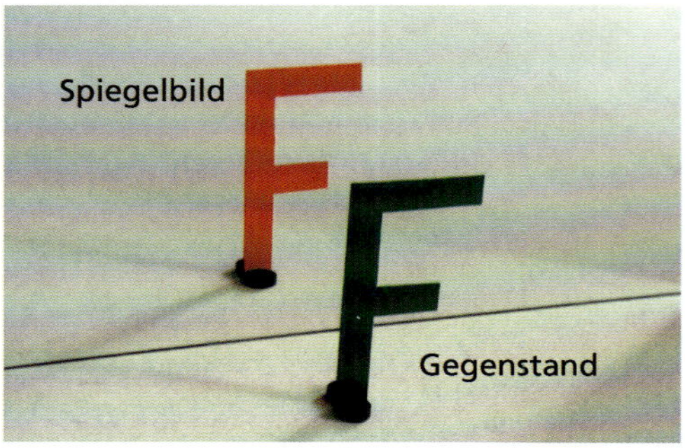

14. Vor einem ebenen Spiegel befindet sich ein Gegenstand.

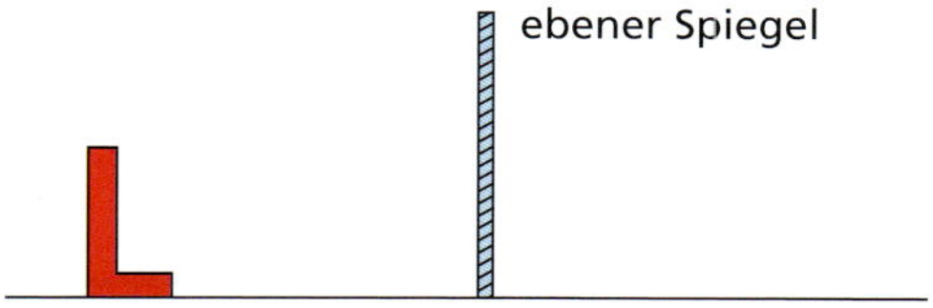

Konstruiere im Heft das Spiegelbild!

15. Max behauptet, dass in einem Spiegelbild vorn und hinten sowie links und rechts eines Gegenstands vertauscht werden. Welche Ideen hast du, um diese Behauptungen zu prüfen?

16. Claudia und Wenzel sind in einem Spiegelkabinett. Von einer Stelle aus sieht Claudia den Kopf von Wenzel.
Kann in diesem Moment Wenzel auch Claudia sehen? Begründe!

17. Eine Flasche wird zur Kühlung in eine Schüssel gestellt. Ohne Wasser in der Schüssel hat die Flasche ihre normale Größe (s. Abb.). Im Wasser erscheint sie zusammengedrückt.

Wie kommt diese scheinbare Stauchung der Flasche zustande?

18. Ein Teich erscheint uns meist nicht sehr tief. Wenn wir einen Stein aus dem Wasser holen wollen, täuschen wir uns oft. Der Stein liegt tiefer, als wir ihn sehen. Wieso?

19. Die Fotos zeigen eine Tasse ohne Wasser (Abb. links) und mit Wasser (Abb. rechts).

Probiere es aus! Erkläre, wieso man die Münzen in beiden Fällen unterschiedlich sieht!

20. Legt man eine planparallele Platte aus Glas auf einen Bleistift, so scheint es, als ob ein Stück des Bleistifts verschoben wird.
Probiere es aus! Erkläre!

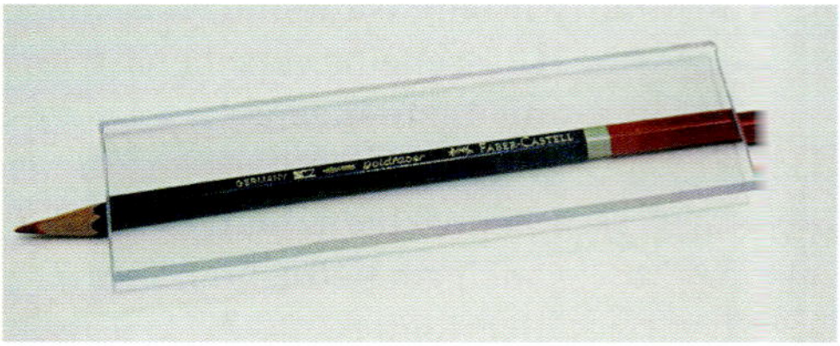

21. Das Foto zeigt den Blick durch ein kleines Aquarium. Man kann auch eine durchsichtige Plastikdose nutzen.

a) Probiere es selbst aus!
b) Wie kann man diese Erscheinung erklären? Fertige dazu einen Strahlenverlauf an (Blick von oben)!
c) Tritt diese Erscheinung auch bei Fensterscheiben auf? Begründe!

***22.** Das Licht einer Lichtquelle trifft auf eine Grenzfläche zwischen Wasser und Luft.
a) Wie groß ist hierbei der Winkel, ab dem Totalreflexion auftritt?
b) Zeichne von einer punktförmigen Lichtquelle, die sich 5 cm unter einer Wasseroberfläche befindet, den Verlauf der Lichtstrahlen für Einfallswinkel von 0°, 10°, 20°, 30°, 40° und 50° ein!

***23.** Ein Taucher befindet sich unter Wasser. Wenn er in Richtung Wasseroberfläche schaut, dann sieht er einen kreisrunden hellen Fleck.
a) Erkläre, wie ein solcher heller Fleck zustande kommt!
b) Ermittle durch eine maßstäbliche Zeichnung, welchen Durchmesser das helle „Guckloch" des Tauchers hat, durch das Licht von oberhalb der Wasseroberfläche in seine Augen gelangt! Die Augen des Tauchers befinden sich 2 m unter der Wasseroberfläche.

24. Eine punktförmige Lichtquelle befindet sich 4 cm über einer glatten Wasseroberfläche.
a) Konstruiere den Verlauf der Lichtstrahlen mit den Einfallswinkeln 0°, 15°, 30°, 60°!
b) Kann beim Übergang Luft–Wasser Totalreflexion auftreten?
Begründe!

***25.** Übernimm die Skizze ins Heft und zeichne den schnellsten Weg des Lichts
a) von A nach B,
b) von A nach B
über die beiden Spiegel ein! Spiegele für die Lösung von Teilaufgabe b beide Punkte an je einem Spiegel!

26. Licht tritt aus Luft in einen halbkreisförmigen Körper über und wird dabei gebrochen.

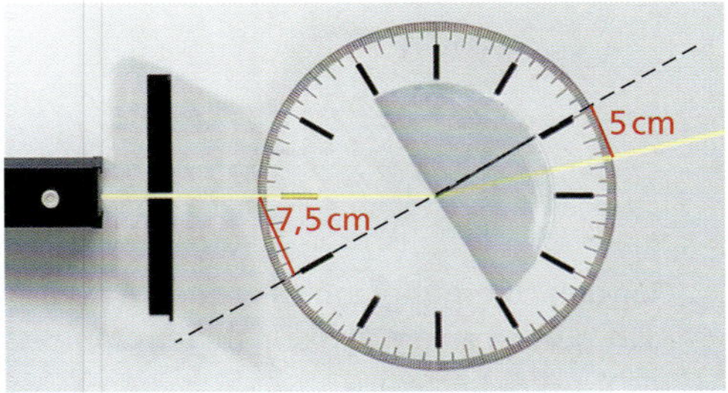

Der Radius der Winkelscheibe beträgt 15 cm, der Einfallswinkel 30°, der Brechungswinkel 20°.
a) Wie groß ist die Brechzahl für den Übergang Luft–Körper?
b) Aus welchem Stoff könnte der halbkreisförmige Körper bestehen?

27. Licht geht von einem Stoff in einen anderen über. Die Brechzahl beträgt dabei $n = 1{,}33$. Ermittle zeichnerisch, wie groß der Brechungswinkel bei einem Einfallswinkel von 30° bzw. von 60° ist!

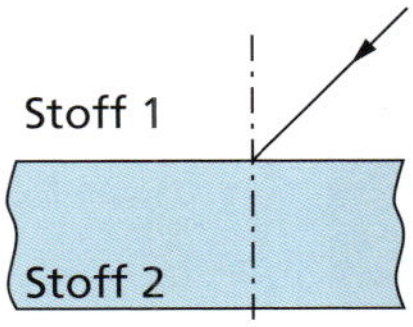

Reflexion und Brechung von Licht

Trifft Licht auf Körper, so wird es teilweise reflektiert (zurückgeworfen), teilweise absorbiert (aufgenommen, und teilweise gebrochen.

An glatten Flächen wird Licht in eine bestimmte Richtung reflektiert.

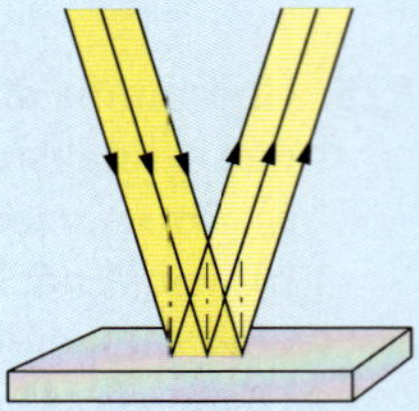

An rauen Flächen wird Licht in die unterschiedlichsten Richtungen gestreut.

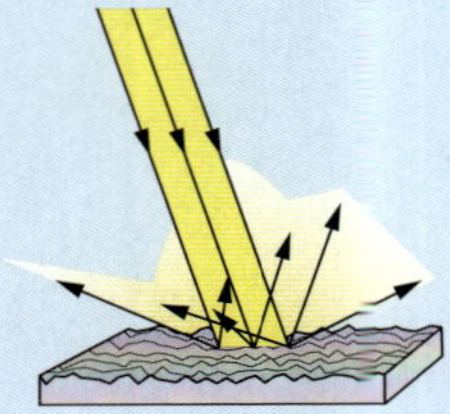

Reflexion von Licht

Wird Licht an einer Fläche reflektiert, so ist der Einfallswinkel α gleich dem Reflexionswinkel α'. Dabei liegen einfallender Strahl, Lot und reflektierter Strahl in einer Ebene.

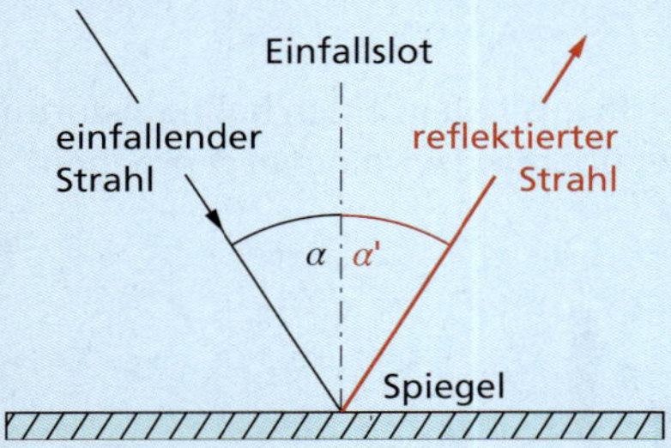

Brechung von Licht

Trifft Licht unter einem Winkel $\alpha \neq 0$ auf die Grenzfläche zweier Stoffe, so wird es gebrochen. Dabei liegen einfallender Strahl, Lot und gebrochener Strahl in einer Ebene.

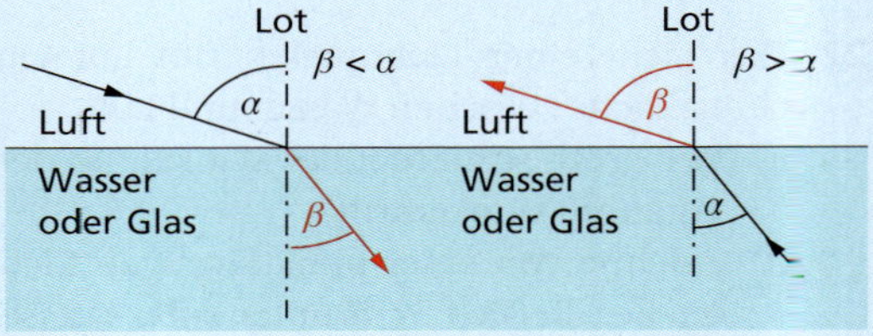

Für den Übergang von Glas oder Wasser in Luft gibt es einen Winkel, ab dem sämtliches Licht reflektiert wird.
Diese Erscheinung nennt man **Totalreflexion,** den betreffenden Winkel den **Grenzwinkel der Totalreflexion.**

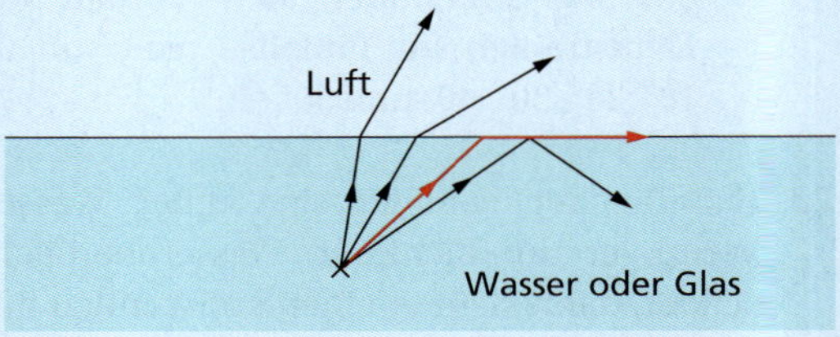

Reflexion und Totalreflexion werden bei Spiegeln oder Lichtleitern genutzt. Brechung tritt beim Übergang des Lichts von Luft in Glas oder Wasser auf.

ebener Spiegel	**scheinbare Hebung eines Körpers**	**Lichtleiter**
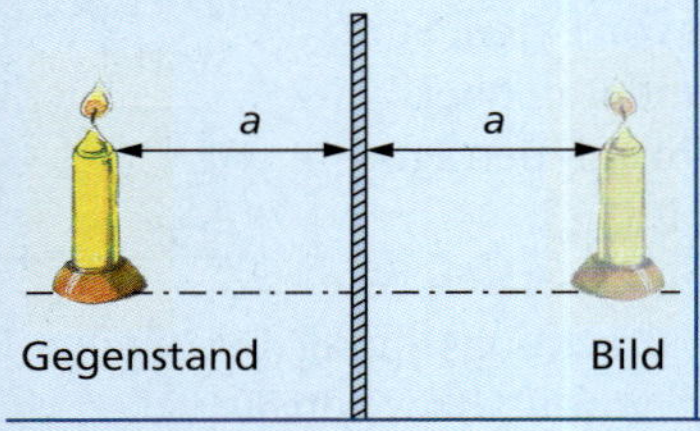	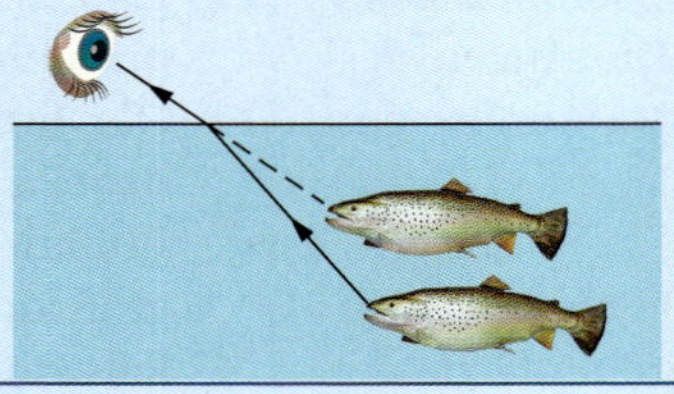	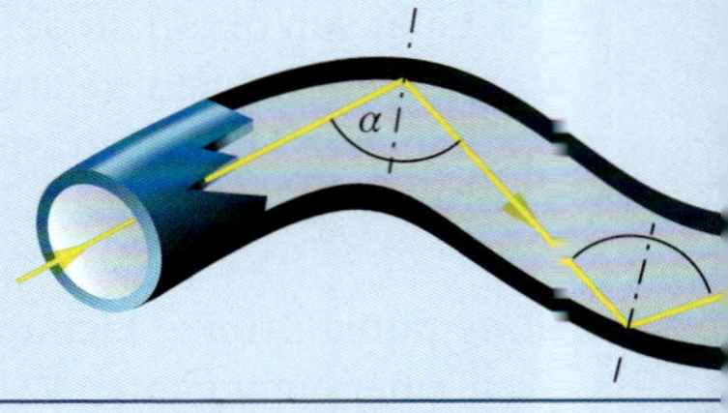

Vom Tragen zur Goldenen Regel der Mechanik

5

5.1 Kräfte und ihre Wirkungen

Große Sprünge leichtgemacht

Als erste Menschen betraten 1969 die Astronauten NEIL ARMSTRONG und EDWIN ALDRIN den Mond. Sie konnten dort mit ihren schweren Ausrüstungen (84 kg) große Sprünge ausführen. Auf der Erde wäre das nicht möglich gewesen.

Wie ist diese ungewöhnliche sportliche Leistung auf dem Mond zu erklären?

Immer hart am Wind

Damit ein Surfbrett so richtig „in Fahrt kommt“, versucht der Surfer, es möglichst wirkungsvoll in den Wind zu stellen. Dabei beachtet er nicht nur die Stärke und Richtung des Windes, sondern auch Strömungen und Wellen.

Welche Kräfte hemmen die Bewegung eines Surfbretts, welche treiben es an?

Ein gekonnter Aufschlag

Um beim Tennis einen harten Aufschlag zu haben, besser noch um ein Ass zu landen, muss der Spieler kräftig und geschickt gegen den Ball schlagen. Dadurch wird dieser beschleunigt, erhält seine Richtung und einen Drall. Sowohl der Ball als auch der Schläger werden verformt.

Um welche Kräfte geht es? Was bewirken sie?

Wirkungen von Kräften auf Körper

Im Alltag sagen wir über Vorgänge, bei denen Körper bewegt oder verformt werden, dass Kräfte wirken. **Naturkräfte,** die bei Erdbeben wirken, können Ortschaften zerstören. Mit **Muskelkräften** heben wir eine Tasche oder bewegen einen Ball. Die **Schubkraft** von Triebwerken setzt ein Flugzeug auf einer Startbahn in Bewegung.
Bei diesen und anderen Vorgängen wirken Körper aufeinander ein, wobei sich ihre Bewegung oder ihre Form oder beides ändert (Abb. 1–4). So wird z. B. beim Abschuss eines Fußballs nicht nur die Bewegung des Balls geändert, sondern kurzzeitig auch seine Form. Beim Aufprall eines Autos auf einen Baum wird es sowohl abgebremst als auch verformt.
Die Einwirkungen der Körper aufeinander sind wechselseitig. Man sagt auch: Die Kraft ist eine **Wechselwirkungsgröße:** Körper A übt eine Kraft auf Körper B aus; Körper B wirkt auf Körper A mit der gleichen Kraft.

Für das Beispiel mit dem Auto bedeutet das: Bei einem Unfall wirkt auch das Auto auf den Baum ein und verformt ihn.

Körper können Kräfte aufeinander ausüben. Die Kräfte sind an ihren Wirkungen erkennbar: Sie bewirken eine Änderung der Bewegung oder der Form von Körpern oder beides.

Körper können mehr oder weniger stark aufeinander einwirken und dadurch kleine oder große Wirkungen hinterlassen.
Wie stark verschiedene Körper aufeinander einwirken, wird durch die physikalische Größe Kraft beschrieben.

Die Kraft gibt an, wie stark ein Körper auf einen anderen einwirkt.

Formelzeichen: F
Einheit: 1 Newton (1 N)

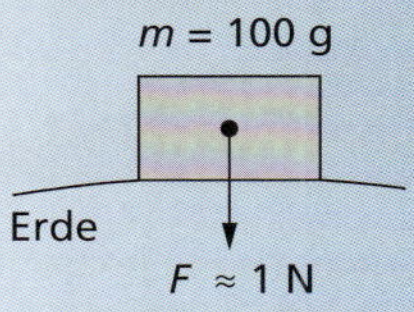

1 N ist etwa die Kraft, mit der die Erde einen Körper anzieht, der eine Masse von 100 g hat.

Die Einheit ein Newton (1 N) wurde nach dem englischen Physiker Isaac Newton (1643–1727) benannt, der wichtige Gesetze der Mechanik, der Elektrizitätslehre und der Optik entdeckt hat.
Isaac Newton war einer der bedeutendsten Physiker der Wissenschaftsgeschichte. Er fand nicht nur den grundlegenden Zusammenhang zwischen der Kraft und der Bewegungsänderung eines Körpers, sondern entdeckte auch, dass sich Körper aufgrund ihrer Masse gegenseitig anziehen und dass die Gesetze der Mechanik auch im Weltraum wirken.

Vielfache der Einheit 1 N sind ein Kilonewton (1 kN) und ein Meganewton (1 MN):

$$1\,\text{kN} = 1\,000\,\text{N}$$
$$1\,\text{MN} = 1\,000\,\text{kN} = 1\,000\,000\,\text{N}$$

1 Ein Radfahrer wirkt auf die Pedale ein und hält das Fahrrad in Bewegung.

2 Die Spieler wirken auf den Ball, bremsen ihn ab und geben ihm eine andere Richtung.

3 Der Sturm wirkt auf das Wasser, setzt es in Bewegung und türmt riesige Wellen auf.

4 Bei einem Crashtest wird das Auto bis zum Stillstand abgebremst und verformt sich.

Arten von Kräften

Magnetische Kraft

Durch einen Elektromagneten werden Körper aus Eisen angezogen. Zwischen Magnet und Eisenkörper wirken **magnetische Kräfte.**

Elektrische Kraft

Ein Kamm wird durch Reibung elektrisch geladen und zieht Kugeln aus Styropor an. Zwischen Styroporkugeln und Kamm wirken **elektrische Kräfte.**

Federspannkraft

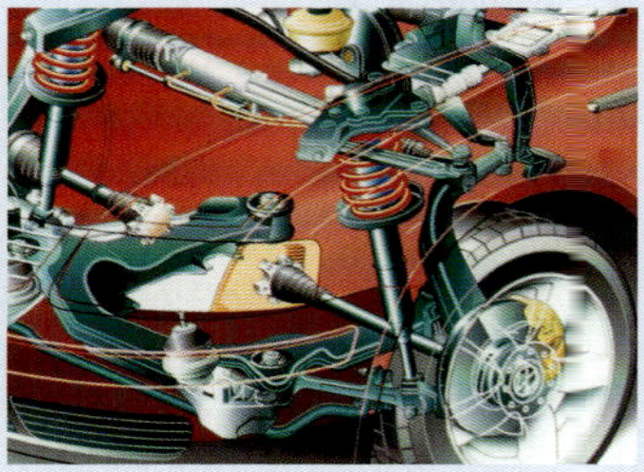

Eine gespannte Feder übt eine Kraft aus. Diese Kraft wird als **Federspannkraft** bezeichnet. Die Feder kann dabei gedehnt oder gestaucht sein.

Gewichtskraft

Jeder Körper wird von der Erde angezogen und übt auf seine Unterlage eine Kraft aus, die man **Gewichtskraft** nennt.

Reibungskraft

Beim Fahren mit dem Fahrrad wirken immer auch Kräfte, die die Bewegung hemmen. Sie heißen **Reibungskräfte.**

Zugkraft

Waggons werden durch eine Lokomotive in Bewegung gesetzt. Dabei wirken auf die Waggons **Zugkräfte.**

Windkraft

In einer Windkraftanlage zur Gewinnung von Elektroenergie werden die Rotoren von Windrädern durch **Windkraft** in Bewegung versetzt.

Wasserkraft

In alten Mühlen wird **Wasserkraft** genutzt, um mithilfe von Wasserrädern Mahl- oder Schleifsteine anzutreiben. Man kann auch Elektroenergie gewinnen.

Schubkraft

Um eine Rakete in Bewegung zu setzen, werden Verbrennungsgase mit großer Geschwindigkeit ausgestoßen. Auf die Rakete wirkt dann eine **Schubkraft.**

Mosaik

Plastische und elastische Verformung

Wenn Kräfte auf Körper einwirken, können die Verformungen plastisch oder elastisch sein.
Die Verformung eines Körpers ist plastisch, wenn er nicht wieder von allein seine ursprüngliche Form annimmt, wie das beim Schmieden eines Werkstücks, beim Biegen eines Rohres, beim Bearbeiten von Knetmasse oder beim Pressen eines Karosserieteils der Fall ist.

1 Beim Töpfern einer Tonvase erfolgen plastische Verformungen.

Auch das Ausrollen eines Kuchenteigs oder das Töpfern einer Tonvase (Abb. 1) sind plastische Verformungen. Nach einer plastischen Verformung behält ein Körper seine Form bei.

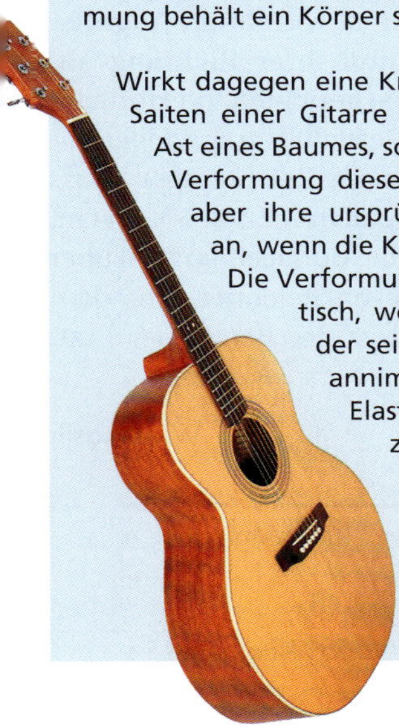

Wirkt dagegen eine Kraft auf einen Ball, die Saiten einer Gitarre (Abb. links) oder den Ast eines Baumes, so erfolgt ebenfalls eine Verformung dieser Körper. Sie nehmen aber ihre ursprüngliche Form wieder an, wenn die Kraft nicht mehr wirkt.
Die Verformung des Körpers ist elastisch, wenn er von allein wieder seine ursprüngliche Form annimmt.
Elastisch verformt werden z.B. auch die metallischen Zungen bei einer Mundharmonika, die Stimmbänder oder Flugzeugtragflächen.

Messen und Darstellen von Kräften

Die elastische Verformung von Stahlfedern kann man nutzen, um Kräfte zu messen. Die Entwicklung solcher Federkraftmesser geht auf Untersuchungen des englischen Physikers Robert Hooke (1635–1703) zurück. Er führte Messungen mit verschiedenen Federn durch und untersuchte die Dehnung der Federn in Abhängigkeit von der wirkenden Kraft (Abb. 2). Lagen die Kräfte in einem Bereich, in dem sich die Feder elastisch verformt, so erhielt er in Auswertung seiner Messreihen ein Diagramm, wie es in Abb. 3 für zwei Federn dargestellt ist.

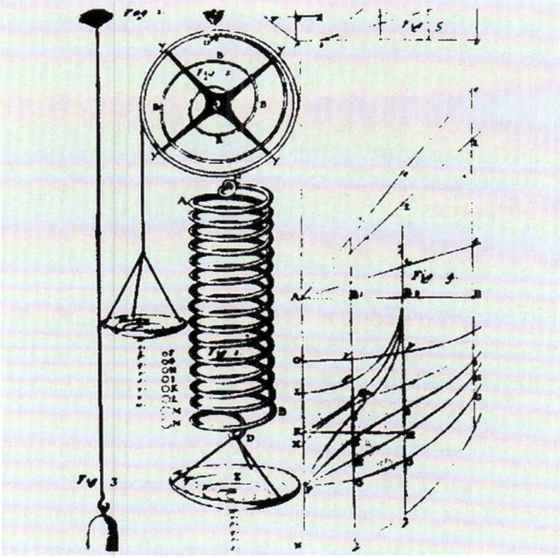

2 Seite aus dem 1687 veröffentlichten Buch „Hookesche Lectures de Potentia Restitutiva"

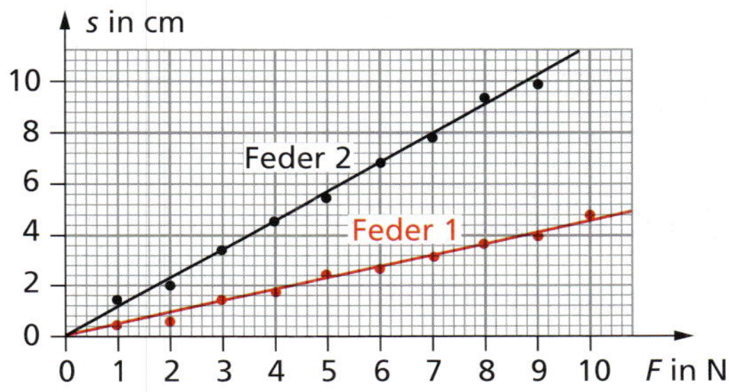

3 Die Verlängerung der elastischen Federn ist proportional zur angreifenden Kraft.

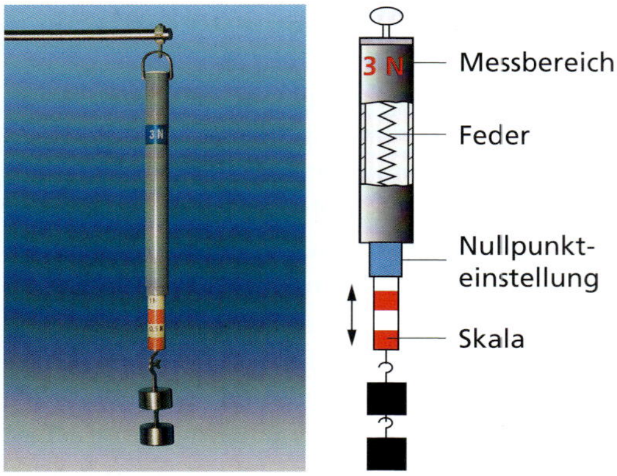

1 Ein Federkraftmesser und sein Aufbau

Für die Ausdehnung einer Feder fand R. HOOKE das nach ihm benannte **hookesche Gesetz:**

> **Unter der Bedingung, dass eine Feder elastisch verformt wird, gilt: Die Verlängerung der Feder *s* ist der angreifenden Kraft *F* proportional.**
>
> $$s \sim F$$

Für andere Körper, z. B. für ein Gummiband, gilt das hookesche Gesetz nicht. Es dehnt sich bei bestimmten Kräften überproportional aus. Es gilt nicht $s \sim F$.

Das hookesche Gesetz wird zum Messen von Kräften mit einem **Federkraftmesser** genutzt (Abb. 1). Sein wichtigster Teil ist eine elastische **Feder.** Um an einer **Skala** die Kraft in Newton (N) ablesen zu können, muss diese Skala geeicht werden. Dazu lässt man z. B. eine Kraft von 1 N, 2 N usw. einwirken und markiert die jeweilige Dehnung der Feder.

Vor jeder Messung ist der **Nullpunkt** der Skala einzustellen. Je nach Bauart des Federkraftmessers kann man das durch Verschieben einer Hülse oder Verstellen einer Schraube machen.

Um kleine bzw. große Kräfte zu messen, verwendet man Federkraftmesser, die unterschiedliche Federn und damit einen verschiedenen **Messbereich** haben. Federkraftmesser für große Kräfte haben dicke Federn, solche für kleine Kräfte dagegen dünne Federn. Der Physiker spricht auch von harten und weichen Federn.

Vorgehen beim Messen von Kräften

1. Schätze die Kraft und wähle davon ausgehend einen geeigneten Federkraftmesser aus!
2. Stelle den Nullpunkt ein!
3. Lass die Kraft einwirken, und lies an der Skala den Betrag der Kraft ab!

Kräfte in Natur und Technik	
Gewichtskräfte	
10-Cent-Stück	0,04 N
Schokoladentafel (100 g)	1 N
1 l Wasser	10 N
Mensch	500 N – 800 N
Pkw	≈ 10 000 N
Zugkräfte	
Pferd	400 N – 750 N
Pkw	≈ 5 000 N
Lokomotive	≈ 200 000 N
Hubkräfte	
Gewichtheben	1 000 N – 2 500 N
Eisenbahndrehkran	bis 2 500 000 N

Die Wirkung einer Kraft ist von ihrem **Angriffspunkt,** ihrem **Betrag** und ihrer **Richtung** abhängig. Die Kraft ist eine gerichtete (vektorielle) Größe. Kräfte werden deshalb durch Pfeile dargestellt (Abb. 2). Für genaue Zeichnungen muss man einen Maßstab vereinbaren, z. B. 5 N ≙ 1 cm. Gerichtete Größen werden durch einen Pfeil über dem Formelzeichen gekennzeichnet. Mit dem Kurzzeichen ohne Pfeil ist der Betrag der Kraft gemeint.

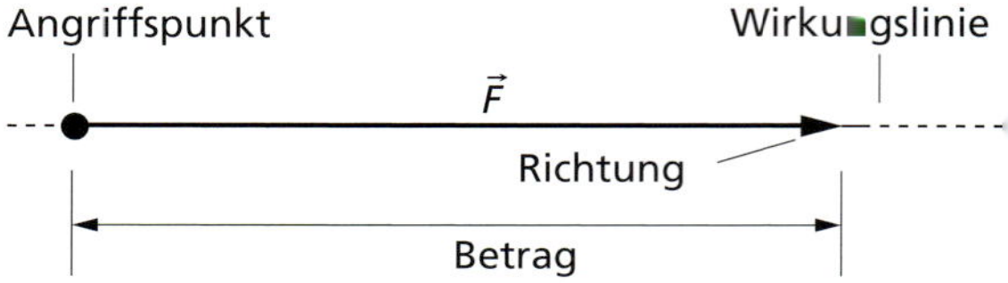

2 Darstellung einer Kraft durch einen Pfeil

Zusammensetzung von Kräften

Auf einen Körper können gleichzeitig mehrere Kräfte wirken. Das ist z. B. der Fall, wenn zwei Personen ein Auto anschieben, ein Radfahrer bergauf fährt oder Schüler beim Tauziehen ihre Kräfte messen (Abb. 1).

Wirken zwei Kräfte längs einer Wirkungslinie auf einen Körper in gleicher Richtung, so addieren sich ihre Beträge:

$$F = F_1 + F_2$$

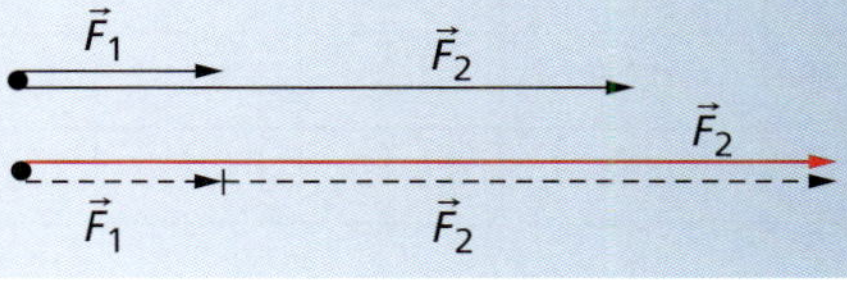

Das gilt nur, wenn die Kräfte längs einer Linie wirken. Bei Kräften, die in entgegengesetzter Richtung wirken, gilt ein anderes Gesetz.

Wirken zwei Kräfte längs einer Wirkungslinie auf einen Körper in entgegengesetzter Richtung, so subtrahieren sich ihre Beträge:

$$F = F_1 - F_2$$

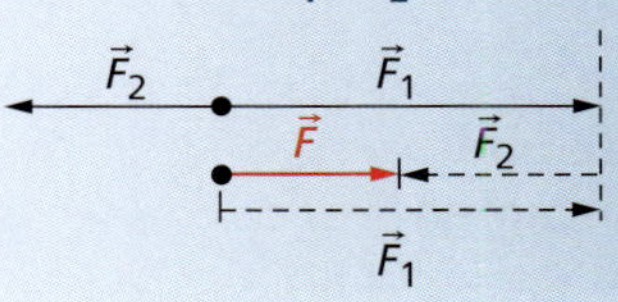

Die Richtung der Gesamtkraft ist gleich der Richtung der größeren der beiden Teilkräfte. Obwohl z. B. die Teilkräfte der beiden Schüler beim Tauziehen groß sind, ist die Gesamtkraft klein, wenn einer der Schüler gewinnt.
Sind beide Schüler gleich stark, so bewegt sich die Markierung des Taus nicht. Die beiden Kräfte gleichen sich aus. Die Gesamtkraft ist null. Man spricht dann von einem **Kräftegleichgewicht.**

Sind zwei entgegengesetzt gerichtete Kräfte längs einer Wirkungslinie auf einen Körper gleich groß, so ist die resultierende Kraft null. Es herrscht Kräftegleichgewicht:

$$F = 0\,\mathrm{N}$$

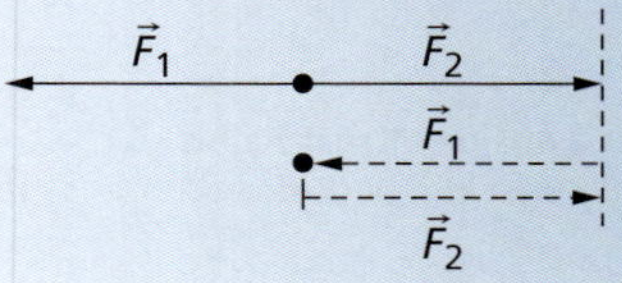

Zwei Kräfte auf einen Körper können auch in beliebigen anderen Richtungen wirken, z. B. auf ein Flugzeug die Antriebskraft in der einen und die Kraft des Windes in einer beliebigen anderen Richtung. In diesem Fall gilt für die Gesamtkraft:

Wirken zwei Kräfte mit gemeinsamem Angriffspunkt in unterschiedlichen Richtungen auf einen Körper ein, so erhält man die Gesamtkraft durch ein Kräfteparallelogramm.

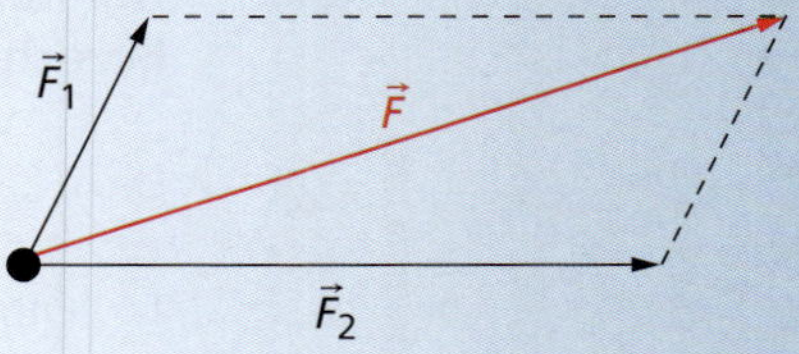

1 Zwei Kräfte wirken in entgegengesetzter Richtung auf das Seil ein.

Messen von Kräften und Dehnungen bei Federn und Gummibändern

Beachte!
Mithilfe von **Tabellenkalkulationsprogrammen** kann man Daten in Tabellen ordnen, in Diagrammen veranschaulichen und auch Berechnungen durchführen. Für die dargestellten Beispiele eignet sich jedes gängige Tabellenkalkulationsprogramm. Hier wurde das Programm **MS Excel** verwendet.

Der Quotient aus der **Kraft *F*** und der **Dehnung *s*** ist die **Federkonstante *D*:**

$D = \frac{F}{s}$

Bei einer elastischen Feder ist die Federkonstante D immer gleich groß.

Die Formel
$F = D \cdot s$
wird nach ihrem Entdecker ROBERT HOOKE (1635–1703) **hookesches Gesetz** genannt.

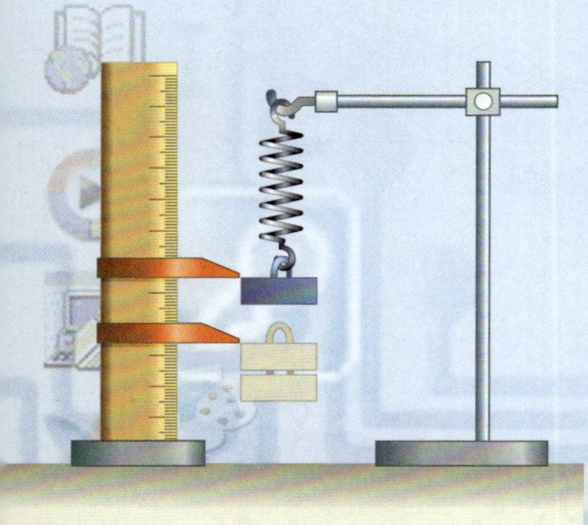

Stahlfedern sind in bestimmten Bereichen elastisch verformbar. Das bedeutet: Sie „gehorchen“ dem hookeschen Gesetz. Für Gummibänder gilt dieses Gesetz nicht. Für zwei verschiedene Federn und ein Gummiband wird die Dehnung in Abhängigkeit von der wirkenden Kraft untersucht. Die Messwerte sind in der folgenden Messwertetabelle erfasst:

F in N	0	0,5	1,0	1,5	2,0	2,5
s_1 in cm	0	0,9	1,7	2,4	3,1	4,1
s_2 in cm	0	0,35	0,75	1,15	1,55	1,95
s_3 in cm	0	0	0,25	0,5	0,75	0,8

Um zu erkennen, ob das hookesche Gesetz gilt, gibt es zwei Möglichkeiten:

a) Es wird der Quotient aus der wirkenden Kraft und der Verlängerung der Feder bzw. des Gummibandes gebildet. Ist dieser Quotient konstant, so gilt das hookesche Gesetz.
b) Es wird ein Dehnungsdiagramm gezeichnet. Ist der Graph eine Gerade, so gilt das hookesche Gesetz.

Beide Möglichkeiten kannst du mit einem Computer in einem Tabellenkalkulationsprogramm realisieren.

Darstellen der Messwerte und Berechnen der Federkonstanten

Dazu kannst du in folgenden Schritten vorgehen:

1. Öffne das Tabellenkalkulationsprogramm!
2. Trage in die erste Zeile den Kopf der Tabelle ein!
   Der Tabellenkopf kann farbig, die Schrift fett gestaltet werden. Dazu musst du die jeweiligen Zellen markieren und im Menü „Format“ die entsprechenden Einstellungen vornehmen.
3. Speichere die Daten, z. B. unter dem Dateinamen „Feder 1“!
4. Gib die Messwerte für die Kraft und die Dehnung ein!
5. Wenn du die Berechnung vornehmen willst, kannst du so vorgehen:
   - Markiere das Feld C3!
   - Klicke im Menü auf das Gleichheitszeichen und gib die Rechenoperation B3/A3 ein! Drücke „Enter“!
   - Wiederhole das für die Felder C4 bis C7!

Du erhältst die Tabelle, die auf S. 133 links dargestellt ist.

Feder 1.xls

	A	B	C
1	Kraft F in N	Dehnung s in cm	Federkonstante D in N/cm
2	0	0	0
3	0,5	0,9	0,56
4	1,0	1,7	0,59
5	1,5	2,4	0,63
6	2,0	3,1	0,65
7	2,5	4,1	0,61
8			

Feder 1.2.xls

	A	B	C	D
1	Kraft F in N	Dehnung Feder 1 in cm	Dehnung Feder 2 in cm	Dehnung Gummi in cm
2	0	0	0	0
3	0,5	0,9	0,35	0
4	1,0	1,7	0,75	0,25
5	1,5	2,4	1,15	0,5
6	2,0	3,1	1,55	0,75
7	2,5	4,1	1,95	0,8
8				

So kann man die Messwerte im Tabellenkalkulationsprogramm darstellen und die Federkonstante berechnen.

Darstellen der Messwerte in einem Dehnungsdiagramm

Die Messwerte können auch in einem Dehnungsdiagramm dargestellt werden, wenn man ein Tabellenkalkulationsprogramm nutzt. Dabei kann man den Graphen für eine oder auch für mehrere Messreihen in einem Diagramm darstellen:

1. Trage die Messwerte so in die Tabelle ein, wie es rechts oben dargestellt ist.
2. Markiere die Messwerte für die Dehnungen der beiden Federn und des Gummibandes!
3. Rufe den Diagrammassistenten durch Klicken auf das entsprechende Symbol in der Menüleiste auf! Wähle ein Liniendiagramm mit Datenpunkten aus! Drücke dann auf die Schaltfläche „Weiter“!
4. Gehe zum Bereich Reihe! Setze den Cursor in die Beschriftung der Rubrikenachse (X)! Markiere die Messwerte für die Kraft in der Tabelle! Mit „Weiter“ kommst du zum nächsten Schritt.
5. Nun kannst du das Diagramm und die Achsen beschriften und das Diagramm fertigstellen.
6. Die Graphen verlaufen nicht durch den Punkt (0;0). Um das zu ändern, bewege den Mauszeiger in die Nähe der Kraftachse. Wenn das Wort „Rubrikenachse“ erscheint, öffnet sich durch Doppelklick ein Menü. Öffne „Skalierung“ und entferne bei der Größenachse das Häkchen. Damit erhältst du das unten abgebildete Dehnungsdiagramm.

Der Diagramm-Assistent hat das Symbol

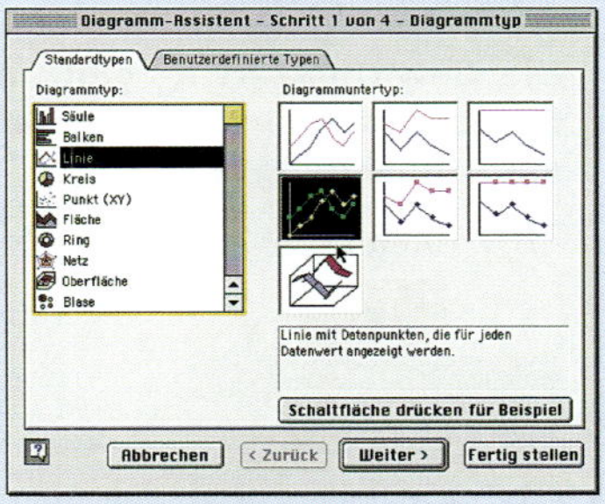

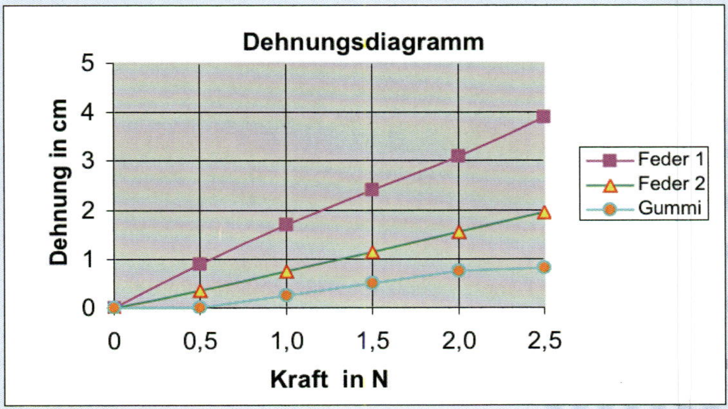

Die Farben der Graphen und der Flächen kannst du beliebig ändern!

Aus dem Diagramm ist erkennbar:

1. Beide Federn genügen näherungsweise dem hookeschen Gesetz.
2. Feder 1 ist weicher als Feder 2, weil sie bei der gleichen Kraft stärker gedehnt wird.
3. Das Gummiband genügt nicht dem hookeschen Gesetz.

Die Gewichtskraft von Körpern

Alle Körper ziehen sich aufgrund ihrer Massen gegenseitig an. Die Erde zieht alle Körper an, die sich auf ihr befinden. Hält man einen Gegenstand, z. B. ein Schulbuch, in der Hand, so spürt man eine Kraft, die nach unten zieht. Legt man das Schulbuch auf einen Tisch, so drückt es mit derselben Kraft auf diese Unterlage. Lässt man es los, fällt es nach unten, also in Richtung Erdmittelpunkt. Hängen wir es an einen Federkraftmesser, so zieht es mit derselben Kraft an der Aufhängung. Die Ursache dafür ist in allen Fällen die Erdanziehungskraft.
In der Physik wird die Kraft, die dadurch auf alle Körper auf der Erdoberfläche und in Erdnähe wirkt, als **Gewichtskraft** bezeichnet.

Die Gewichtskraft F_G gibt an, wie stark ein Körper auf eine Unterlage drückt oder an einer Aufhängung zieht.

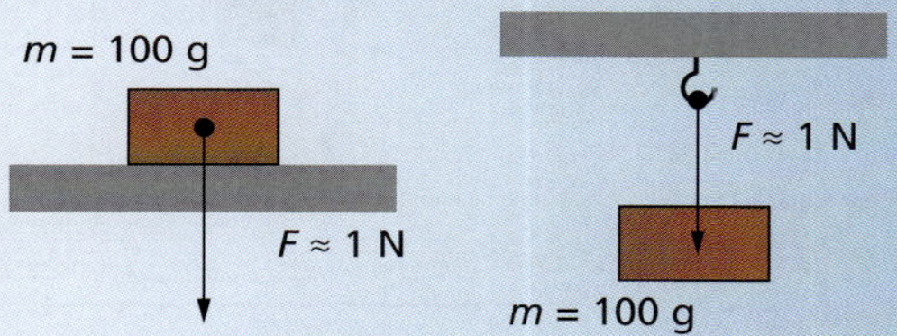

Die Gewichtskraft, die auf einen Körper wirkt, hängt ab
- von seiner Masse und
- von dem Ort, an dem er sich befindet.

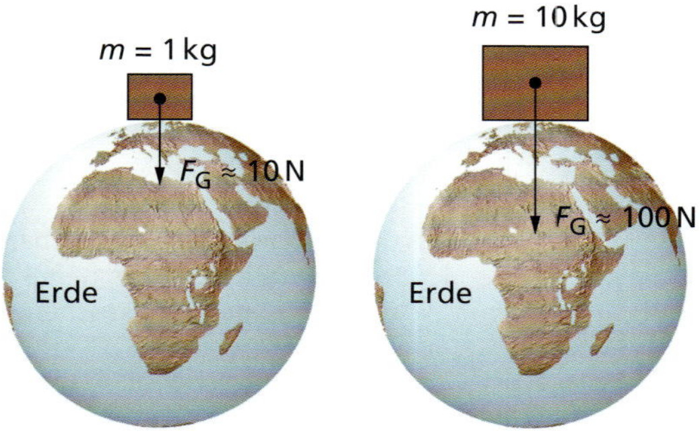

1 Je größer die Masse eines Körpers ist, desto größer ist am gleichen Ort auch seine Gewichtskraft.

Für relativ kleine Höhen, z. B. beim Aufstieg auf einen 3000 m hohen Berg oder beim Flug mit einem Airbus in etwa 10 km Höhe, ist die Gewichtsverminderung so klein, dass man sie vernachlässigen kann.
In einer Entfernung von etwa 1000 km über der Erdoberfläche ist die Gewichtskraft um etwa ein Viertel kleiner als auf ihr, in 10 000 km Höhe beträgt sie noch etwa ein Siebtel der Gewichtskraft auf der Erdoberfläche.

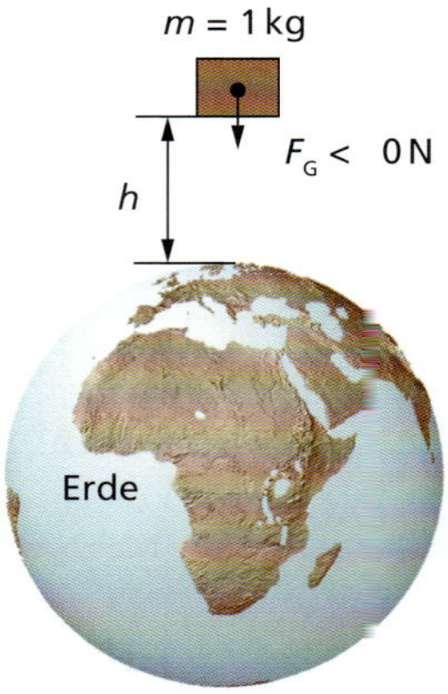

2 Je weiter ein Körper von der Erde entfernt ist, desto kleiner ist seine Gewichtskraft.

Die Gewichtskraft kann berechnet werden mit der Gleichung:

$F_G = m \cdot g$

m	**Masse des Körpers**
g	**Ortsfaktor (Fallbeschleunigung)**

Der Ortsfaktor ist eine Konstante, die vom jeweiligen Ort abhängig ist. Ihr durchschnittlicher Wert für die Erdoberfläche beträgt:

$$g = 9{,}81\,\frac{\text{N}}{\text{kg}} \approx 10\,\frac{\text{N}}{\text{kg}}$$

Für den Mars (Abb. 3) beträgt der Wert $3{,}71\,\frac{\text{N}}{\text{kg}}$.

3 Die Gewichtskraft des Mars-Rovers ist auf diesem Planeten nur 0,4-mal so groß wie auf der Erde.

Reibungskräfte

Zwischen zwei Körpern, die sich berühren, wirken Reibungskräfte. Das spüren wir beispielsweise, wenn wir einen Schrank wegschieben wollen oder wenn wir mit dem Fahrrad einen sandigen Weg entlangfahren. Dabei gilt für beliebige Reibungskräfte:

> **Reibungskräfte sind immer so gerichtet, dass sie der Bewegung entgegenwirken und diese hemmen oder verhindern.**

Sie sind u. a. die Ursache für Bremsvorgänge und für Erwärmungen bei sich bewegenden Körpern. Dabei wird zwischen der **Haftreibungskraft,** der **Gleitreibungskraft** und der **Rollreibungskraft** unterschieden.

Die wesentliche Ursache für das Auftreten von Reibungskräften liegt in der Oberflächenbeschaffenheit der Körper begründet, die sich berühren. Die Oberflächen der Körper sind mehr oder weniger rau. Liegen die Körper aufeinander oder bewegen sie sich gegeneinander, so „verhaken" sich die Unebenheiten der Flächen. Die Bewegung wird gehemmt oder verhindert.

Der Betrag der Reibungskraft ist umso größer, je größer die Kraft ist, mit der ein Körper senkrecht auf seine Unterlage drückt.
Bei rauen Oberflächen ist die Reibungskraft größer als bei glatten Oberflächen.
Für einen Körper, der sich auf einer bestimmten Unterlage befindet, ist die Haftreibungskraft größer als die Gleitreibungskraft und diese ist größer als die Rollreibungskraft. Reibungskräfte sind teils **erwünscht,** teils **unerwünscht.** Wenn wir gehen, ist eine große Reibungskraft zwischen unseren Schuhen und der Straße erwünscht.

Beim Rodeln, Radfahren oder Skifahren ist die bewegungshemmende Reibungskraft meist unerwünscht. Das gilt auch für viele Fahrzeuge und Maschinen.
Die Reibungskraft kann **vergrößert** werden durch
- Vergrößerung der Kraft, mit der die Körper aufeinandergepresst werden,
- Aufrauung der Oberflächen.

Die Reibungskraft kann **verringert** werden durch
- Verkleinerung der Kraft, mit der die Körper aufeinandergepresst werden,
- Glättung der Oberflächen,
- Schmiermittel (Fett, Öl, Wasser).

Arten der Reibung

Haftreibung	Gleitreibung	Rollreibung
liegt vor, wenn ein Körper auf einem anderen haftet.	liegt vor, wenn ein Körper auf einem anderen gleitet.	liegt vor, wenn ein Körper auf einem anderen abrollt.

Die Kraft, die zwischen Reifen und Straße wirkt und das Rutschen der Räder verhindert, nennt man Haftreibungskraft.	Kinder rutschen oder gleiten auf der Rutsche herab. Die bewegungshemmende Kraft nennt man Gleitreibungskraft.	Die Kraft, die zwischen rollenden Rädern und dem Weg auftritt und die Bewegung hemmt, nennt man Rollreibungskraft.

Physik in Natur und Technik

Verschiedene Kräfte – unterschiedliche Wirkungen

Beim Wasserspringen (Abb. 1) biegt sich das Sprungbrett durch die Gewichtskraft des Springers durch. Bei verschiedenen Springern biegt sich das Brett unterschiedlich stark durch. Die Gewichtskräfte haben unterschiedliche Wirkungen auf das Sprungbrett.
Wovon ist die Wirkung der Gewichtskraft auf ein Sprungbrett abhängig?
Wie ändert sich die Verformung des Sprungbretts, wenn es schräg nach oben gestellt wird?

Die Kraft, die auf das Sprungbrett einwirkt, ist die Gewichtskraft des Springers. Wir müssen herausfinden, ob Betrag, Richtung und Angriffspunkt die Wirkung dieser Kraft beeinflussen. Dazu untersuchen wir systematisch die Wirkung von Kräften auf eine biegsame Holzleiste anstelle des Sprungbrettes. Wir führen also für den gegebenen Fall ein Experiment am Modell durch.
Damit wenden wir eine für die Physik typische Arbeitsweise an: An einem vereinfachten Beispiel (Modell) werden Zusammenhänge untersucht und die Ergebnisse auf das Original, das elastische Sprungbrett, übertragen.

1 Die Verformung eines elastischen Bretts hängt u. a. von der Gewichtskraft des Jungen ab.

1. Fall:
Wir untersuchen, ob die Wirkung einer Kraft vom Betrag abhängig ist. Angriffspunkt und Richtung der Kraft bleiben konstant.
Die Experimente (Abb. 2a, b) zeigen:

Die Wirkung einer Kraft auf einen Körper ist von ihrem Betrag abhängig.

Je größer die Gewichtskraft eines Springers ist, desto stärker biegt sich das Sprungbrett durch, wenn er an einer bestimmten Stelle auf dem Brett steht und die Richtung der Kraft auf das Brett jeweils gleich ist.

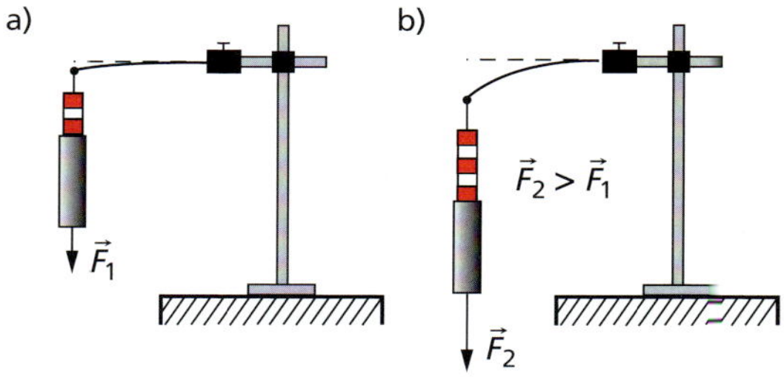

2 Abhängigkeit der Wirkung einer Kraft von ihrem Betrag

2. Fall:
Wir untersuchen die Abhängigkeit der Wirkung einer Kraft vom Angriffspunkt und lassen Betrag und Richtung der Kraft konstant. Die Experimente (Abb. 3a, b) zeigen:

Die Wirkung einer Kraft ist von ihrem Angriffspunkt abhängig.

Je weiter nach vorn ein Springer auf das Sprungbrett geht, desto stärker biegt es sich durch.

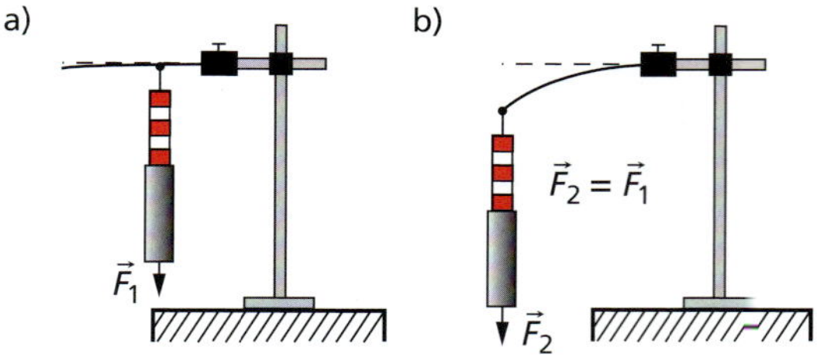

3 Abhängigkeit der Wirkung einer Kraft vom Angriffspunkt

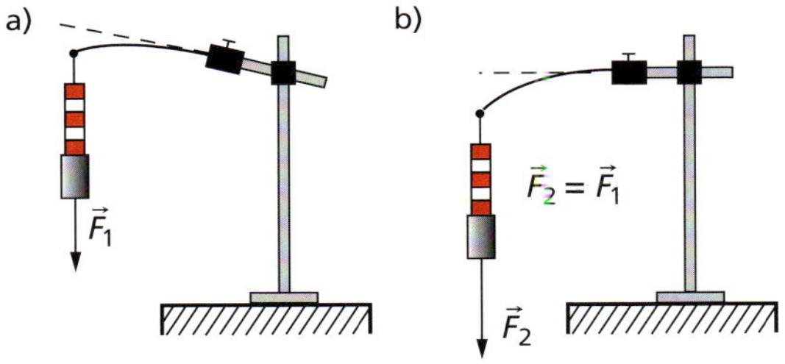

1 Abhängigkeit der Wirkung einer Kraft von ihrer Richtung

3. Fall:
Wir untersuchen die Abhängigkeit der Wirkung einer Kraft von ihrer Richtung und verändern die Richtung der angreifenden Kraft (Abb. 1). Angriffspunkt und Betrag lassen wir konstant. Die Experimente (Abb. 1a, b) zeigen:

Die Wirkung einer Kraft ist von ihrer Richtung abhängig.

Würde man das Sprungbrett beim Wasserspringen schräg nach oben stellen, so würde es sich bei gleicher Gewichtskraft nicht so stark durchbiegen wie bei horizontaler Lage.

Auf dem Mond ist alles leichter

In den Jahren 1969–1972 landeten amerikanische Astronauten auf dem Mond. Im Rahmen des Apollo-Mondlandeprogramms betrat NEIL ARMSTRONG im Juli 1969 als Erster die Mondoberfläche. Die Ausrüstung eines Astronauten hatte auf der Erde eine Masse von 84 kg und damit auf der Erdoberfläche eine Gewichtskraft von etwa 840 N. So viel wiegt auf der Erde ein ausgewachsener Mann. Auf dem Mond führten die Astronauten aber mit dieser Ausrüstung ohne Schwierigkeiten große Sprünge aus.

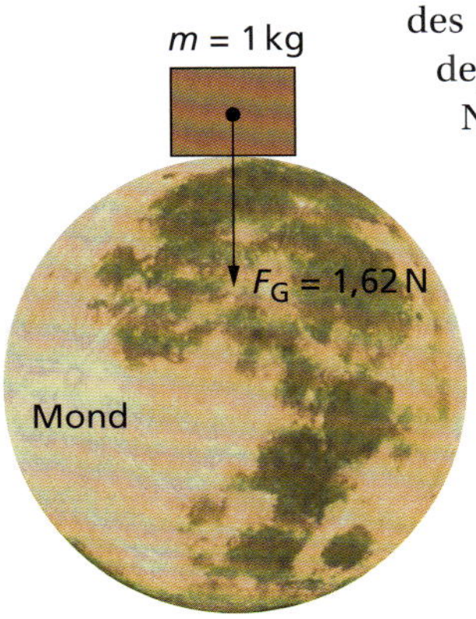

2 Die Gewichtskraft auf dem Mond ist nur etwa 1/6 so groß wie auf der Erde.

Wie ist das zu erklären? Welche Gewichtskraft hatte die Ausrüstung eines Astronauten auf dem Mond?

Die Masse der Ausrüstung ist auf dem Mond genauso groß wie auf der Erde. Sie beträgt 84 kg und ist nicht vom Ort abhängig.
Die Gewichtskraft eines Körpers ist jedoch vom Ort abhängig. Während der Ortsfaktor auf der Erde g = 9,81 N/kg beträgt, ist sein Wert auf dem Mond 1,62 N/kg. Demzufolge ist die Gewichtskraft auf dem Mond nur etwa 1/6 der Gewichtskraft auf der Erde. Die Ausrüstung eines Astronauten hat auf dem Mond nicht mehr eine Gewichtskraft von 840 N wie auf der Erde, sondern nur von 140 N. Auch die Gewichtskraft des Astronauten selbst verringert sich auf dem Mond auf 1/6. Da die Muskelkräfte die gleichen waren wie auf der Erde, konnten die Astronauten auf dem Mond große Sprünge ausführen und ihre schwere Ausrüstung ohne Probleme transportieren

Erklären physikalischer Erscheinungen

Beim Erklären wird zusammenhängend und geordnet dargestellt, warum eine Erscheinung in Natur und Technik so und nicht anders auftritt. Dabei wird die einzelne Erscheinung auf das Wirken von Gesetzen zurückgeführt. Auch Modelle können zum Erklären herangezogen werden.

Gehe in folgenden Schritten vor:

1. Beschreibe die für das Wirken von Gesetzen und Anwenden von Modellen wesentlichen Seiten in der Erscheinung! Lass Unwesentliches unberücksichtigt!
2. Nenne Gesetze und Modelle, mit denen die Erscheinung erklärt werden kann, weil deren Wirkungsbedingungen vorliegen!
3. Führe die Erscheinung auf das Wirken physikalischer Gesetze bzw. auf das Anwenden von Modellen zurück!

gewusst · gekonnt

1. Gib jeweils an, welche Körper in den folgenden Situationen aufeinander einwirken und welche Kräfte wirken!
a) Eine Handballspielerin wirft den Ball ab.
b) Ein Baum biegt sich im Wind.
c) Du bremst mit deinem Fahrrad an einer Kreuzung.
d) Du biegst eine Büroklammer aus Metall auf.
e) Ein Turmspringer taucht ins Wasser ein.

2. Erläutere an Beispielen, wie durch das Wirken von Kräften
a) die Bewegung von Körpern,
b) die Form von Körpern,
c) die Bewegung und die Form von Körpern gleichzeitig geändert werden!

3. Von Ronaldo sagen seine Mitschüler, er sei ein Kraftprotz.
Was meinen sie wohl damit? Versuche eine physikalische Interpretation!

4. Bei einem Experiment wurde die Verlängerung einer Schraubenfeder und eines Gummibands durch verschiedene Wägestücke gemessen.

Kraft in N	Verlängerung in cm	
	Feder	Gummiband
0	0	0
0,1	2,1	2,4
0,2	3,9	5,6
0,3	6,0	8,1
0,4	8,0	12,1

a) Um wie viel länger sind die Feder und das Gummiband bei jedem Wägestück von 0,1 N geworden?
b) Stelle die Messwerte für Feder und Gummiband in einem Diagramm dar!
c) Warum nutzt man zum Bau von Kraftmessern kein Gummiband, sondern elastische Federn aus Stahl?

5. Suche und erläutere Beispiele, wo im Alltag von Kräften gesprochen wird, aber damit nicht eine Kraft im physikalischen Sinne gemeint ist!

6. Die Knautschzone eines Pkw dient dem Schutz der Fahrzeuginsassen.
a) Erläutere die Funktion einer solchen Knautschzone! Erfolgt bei einem Unfall eine elastische oder plastische Verformung eines Pkw?
b) Wie würde ein Unfall im dichten Straßenverkehr verlaufen, wenn die Karosserien aller Autos elastisch wären?

7. Ein Federkraftmesser hat noch keine Skala.
a) Wie könnte man sich eine solche Skala herstellen? Als Hilfsmittel stehen dir Wägestücke und ein Lineal zur Verfügung.
b) Stelle selbst eine solche Skala her!

8. Untersuche experimentell, wie sich ein langes Lineal in Abhängigkeit von seiner Belastung durchbiegt (s. Abbildung)!
Dazu wird ein langes und biegsames Lineal so angeordnet, wie es die Skizze zeigt. An einem Ende wird es durch 10-Cent-Münzen belastet. Eine 10-Cent-Münze hat eine Gewichtskraft von 0,04 N.

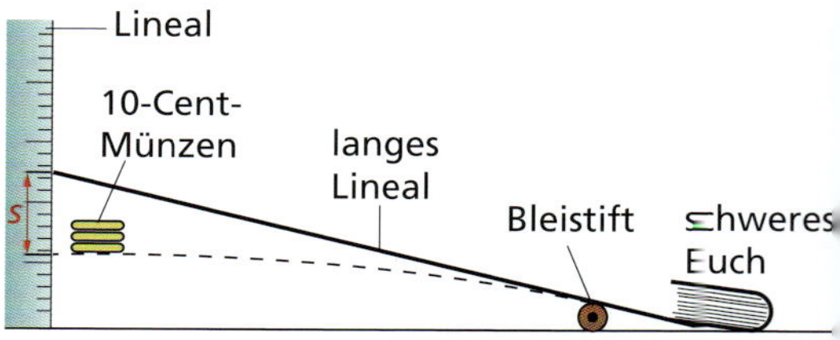

a) Bestimme die Durchbiegung s in Abhängigkeit von der Belastung F!
b) Trage die Messwerte in eine Tabelle ein! Übernimm dazu das Muster ins Heft!

F in N	0,04	0,08	0,12	…
s in cm				

c) Stelle die Messwerte in einem Diagramm dar! Interpretiere es! Gilt $s \sim F$?

***9.** Das hookesche Gesetz kann auch als Gleichung in der Form $F = D \cdot s$ geschrieben werden. Erkunde, welche physikalische Bedeutung D hat! Nutze die Internetadresse **www.schuelerlexikon.de!**

10. Zwei Autos sind vom gleichen Typ, aber unterschiedlich alt. Wenn beide mit je zwei Kästen Limonade beladen werden, sinkt das ältere Auto tiefer als das neue. Was könnte der Grund sein?

11. Nachfolgend sind einige Kräfte dargestellt. Als Maßstab wurde vereinbart: 0,5 cm entsprechen 1 N. Welche Beträge haben die dargestellten Kräfte F_1 bis F_5? Welche Beträge hätten sie, wenn gilt: 2 cm ≙ 10 N?

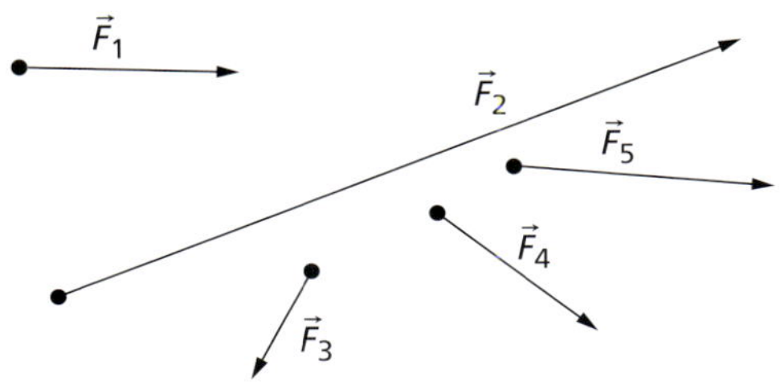

12. Zwei Mannschaften tragen einen Wettkampf im Tauziehen aus. Nach links ziehen drei Schüler mit den Kräften 380 N, 400 N und 360 N. Auf der anderen Seite ziehen zwei Schüler mit 410 N und 400 N. Nun kommt den beiden ein dritter Schüler zu Hilfe.
Mit welcher Kraft muss er mindestens ziehen, damit seine Mannschaft gewinnt?

13. Im Märchen klettern die Bremer Stadtmusikanten aufeinander, um den Räubern auf die Schliche zu kommen. Wie setzt sich die Kraft zusammen, die von Hund, Katze und Hahn auf den Esel ausgeübt wird?

14. Beatrice wird auf einem Schlitten gezogen. Begründe, welche Zugrichtung am Seil für den Ziehenden am vorteilhaftesten ist!

15. An der Skala eines Federkraftmessers kannst du nur noch die Werte 0 N und 8 N erkennen, die übrigen sind nicht mehr lesbar.
Wie könntest du die Skala ergänzen, um auf 1 N genau ablesen zu können? Begründe!

16. Verschiedene Körper haben folgende Masse: 2,5 g; 36 g; 1,5 kg; 7,8 kg; 3,2 t. Gib ihre Gewichtskräfte auf der Erdoberfläche an!

17. Verschiedene Körper haben auf der Erdoberfläche folgende Gewichtskraft: 0,5 N; 5,8 N, 3,1 N; 25 kN; 680 N. Gib ihre Masse an!

18. Ein Schüler mit der Masse 42 kg wird von der Erde mit der Gewichtskraft 420 N angezogen. Zieht auch der Schüler die Erde an? Wenn ja, mit welcher Kraft?

19. Die Mondlandeeinheit, mit der Menschen im Jahre 1969 erstmals zum Mond gelangten, hatte eine Masse von 14 700 kg.
a) Wie groß war die Gewichtskraft der Mondlandeeinheit auf der Erde und auf dem Mond?
b) Vergleiche die Gewichtskraft der Mondlandeeinheit mit der eines Pkw auf der Erde!

***20.** Experimentiere „in Gedanken": Am Südpol beträgt die Gewichtskraft einer Packung Reis genau 10 N. Musst du am Äquator Reis dazugeben oder ausschütten, um wieder genau 10 N zu erhalten? Was musst du im Flugzeug in 10 000 m Höhe tun?

summa summarum

Kräfte und ihre Wirkungen

Kräfte können bewirken

- eine Änderung der Form von Körpern (plastische oder elastische Verformung)
- eine Änderung der Bewegung von Körpern (Betrag oder Richtung der Bewegung)

Erkennbar ist eine Kraft an ihren Wirkungen. Sie ist umso größer,
- je stärker ein Körper verformt wird und
- je schneller und stärker sich die Bewegung eines Körpers ändert.

Gemessen wird die Kraft in der Einheit 1 Newton (1 N). Das Messgerät für die Kraft ist der Federkraftmesser.

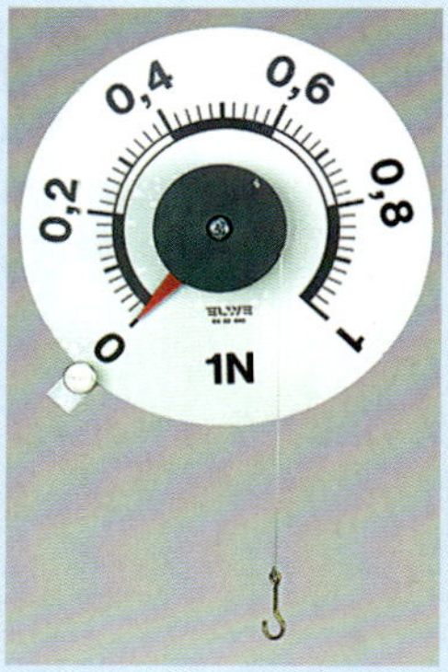

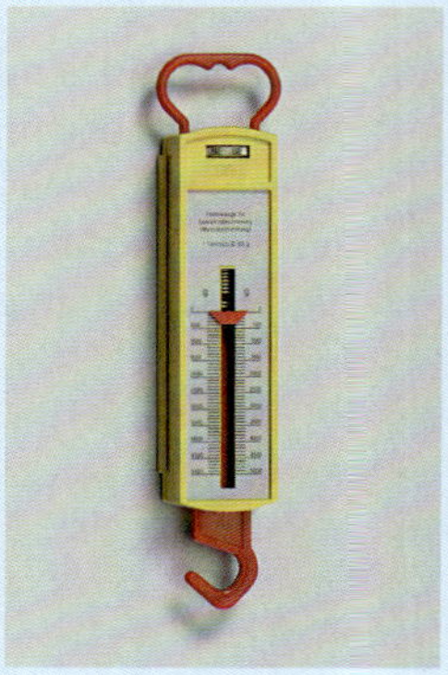

Die Wirkung einer Kraft auf einen Körper ist abhängig
- vom Betrag der Kraft,
- von der Richtung der Kraft,
- vom Angriffspunkt der Kraft.

Die **Darstellung einer Kraft** erfolgt durch einen Pfeil.

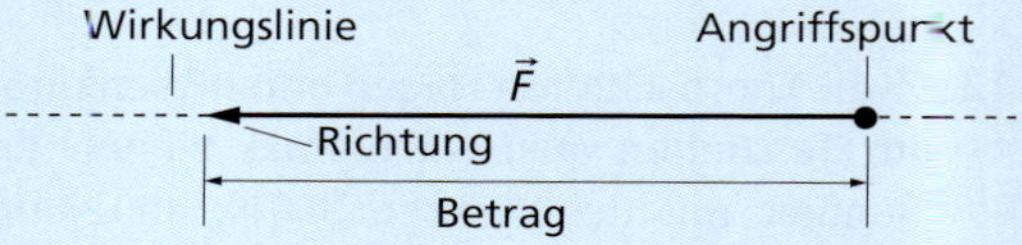

Es gibt vielfältige Arten von Kräften. Eine wichtige Art ist die **Gewichtskraft F_G.**

Ursache der Gewichtskraft ist die Massenanziehung zwischen dem Körper und der Erde.

Für die Gewichtskraft gilt:

$F_G = m \cdot g$

m Masse
g Ortsfaktor

Ein Körper der Masse 1 kg hat auf der Erdoberfläche eine Gewichtskraft von etwa 10 N.

Durch Kräfte können Körper gehoben, verformt oder beschleunigt werden. Dadurch ändert sich die Energie des betreffenden Körpers.

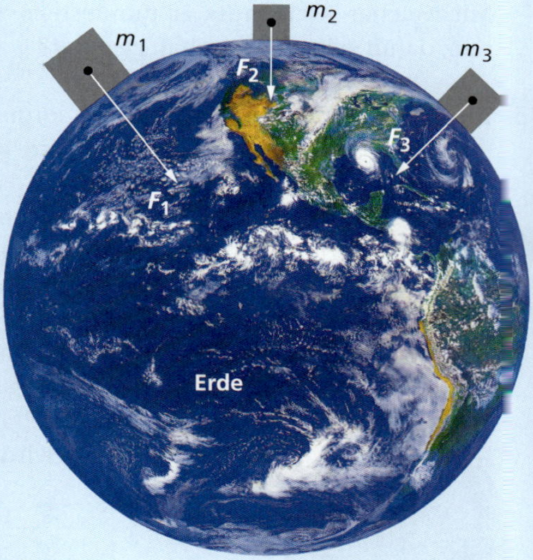

5.2 Kraftwandler

So steil und doch ...
Ein noch so steiler und steiniger Berg schreckt einen echten Mountainbiker nicht. Im Gegenteil! Er fühlt sich herausgefordert. Aber erst aus dem Zusammenspiel seiner Muskelkräfte und den Vorzügen einer Gangschaltung mit mehr als 20 Gängen bezwingt er enorme Steigungen.
Was bewirkt eigentlich eine Gangschaltung?

So schwer und doch ...
In jedem Hafen gibt es riesige Krananlagen. Es werden große Lasten bewegt und Frachtschiffe be- und entladen. Allein mit Muskelkräften wäre das nicht möglich.
Was ist das Besondere an einem Kran? Welche physikalischen Gesetze werden genutzt?

Eine kurvenreiche Strecke
Die Strecke, die Fahrzeuge auf Serpentinen in gebirgigen Regionen zurücklegen, ist wesentlich länger als der direkte Weg, der aber sehr viel steiler wäre.
Warum haben sich die Ingenieure trotzdem für diese Streckenführung, also für einen langen Weg entschieden?

Was sind kraftumformende Einrichtungen?

Die menschliche Muskelkraft reicht in vielen Fällen nicht aus, um Körper zu bewegen oder zu verformen. Deshalb nutzen die Menschen schon seit Jahrtausenden Hilfsmittel, die die menschliche Muskelkraft vergrößern. Zu solchen Hilfsmitteln gehören Hebel, Rollen, Flaschenzüge, geneigte Ebenen sowie hydraulische und pneumatische Anlagen. Auch in der modernen Technik können wir auf diese Hilfsmittel nicht verzichten. Der Physiker bezeichnet sie als **kraftumformende Einrichtungen** oder **Kraftwandler,** weil mit ihrer Hilfe der Betrag oder die Richtung der Kraft oder beides verändert werden kann.

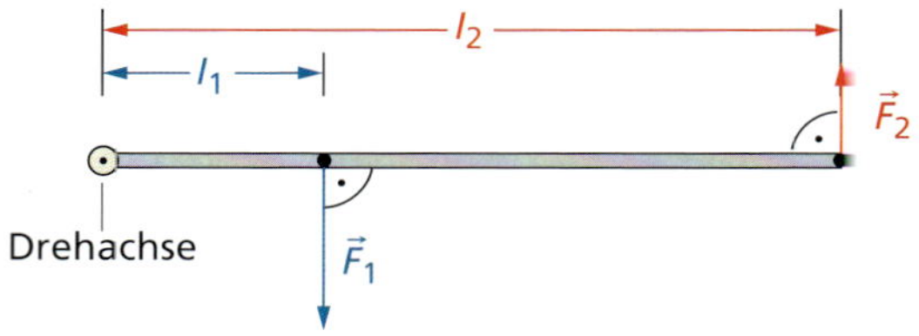

2 Einseitiger Hebel: Die Kräfte greifen, von der Drehachse aus gesehen, auf **einer** Seite an.

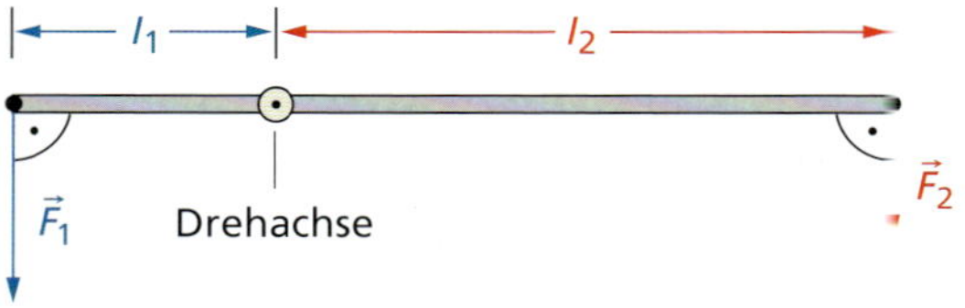

3 Zweiseitiger Hebel: Die Kräfte greifen, von der Drehachse aus gesehen, auf **verschiedenen** Seiten an.

Hebel

Hebel können je nach ihrem Verwendungszweck unterschiedliche Formen und Anordnungen haben (Abb. 1). Alle Hebel besitzen jedoch eine **Drehachse** und zwei **Kraftarme.** Je nach Lage der Kraftarme zur Drehachse unterscheidet man zwischen **einseitigen** und **zweiseitigen Hebeln** (Abb. 2, 3). Beispiele für einen einseitigen Hebel sind Flaschenöffner, Nussknacker, Pinzetten oder Schraubenschlüssel. Beispiele für einen zweiseitigen Hebel sind Zangen, Scheren, Wippen oder Balkenwaagen.

1 Verschiedene Hebel

Befindet sich ein einseitiger oder zweiseitiger Hebel im Gleichgewicht, so gilt das **Hebelgesetz.** Es lautet:

> **Je länger der gewählte Kraftarm ist, desto kleiner ist die aufzuwendende Kraft. Für einen Hebel im Gleichgewicht gilt:**
>
> $F_1 \cdot l_1 = F_2 \cdot l_2$ **oder** $\frac{F_1}{F_2} = \frac{l_2}{l_1}$
>
> F_1, F_2 **wirkende Kräfte**
> l_1, l_2 **Längen der zugehörigen Kraftarme**

Diesen Zusammenhang kann man z. B. feststellen, wenn man mit einer Brechstange eine schwere Kiste anheben oder mit einem Schraubenschlüssel eine Radmutter lösen will (Abb. 4).

4 Je länger der Kraftarm, desto kleiner die Kraft.

Rollen und Flaschenzüge

Rollen und **Flaschenzüge** ermöglichen es, den Angriffspunkt einer Kraft zu verschieben, ihre Richtung zu ändern oder den Betrag der aufzubringenden Kraft zu verringern. Dazu werden **feste Rollen** und **lose Rollen** verwendet.

1 Mit einer festen Rolle wird nur die Richtung der Kraft verändert.

Bei einer festen Rolle (Abb. 1) ist die Zugkraft genauso groß wie die Gewichtskraft der Last. Zugweg und Lastweg sind ebenfalls gleich groß. Man kann aber die Kraft in eine andere Richtung umlenken. Dabei ist es egal, ob man senkrecht oder schräg am Seil zieht. Deshalb wird eine feste Rolle auch als **Umlenkrolle** bezeichnet.
Bei einer losen Rolle (Abb. 2) verteilt sich die Gewichtskraft der Last auf zwei Seile. Auf jedes Seilstück wirkt nur die halbe Kraft. Um die Last zu bewegen, ist also nur die halbe Gewichtskraft der Last erforderlich. Die feste Rolle in Abb. 2 dient lediglich zur Umlenkung dieser Kraft. Der Zugweg ist allerdings doppelt so groß wie der Lastweg.
Eine Anordnung von mehreren festen und losen Rollen bezeichnet man als **Flaschenzug.** Bei einem Flaschenzug verteilt sich die Gewichtskraft der Last auf die Anzahl der tragenden Seile. Die aufzubringende Kraft ist damit noch kleiner als bei einer losen Rolle, der Zugweg dafür aber größer. Für lose Rollen und Flaschenzüge gilt:

Je größer die Anzahl der tragenden Seile ist, desto kleiner ist die aufzuwendende Kraft und desto größer ist der Zugweg.

2 Mit einer losen Rolle wird der Betrag der aufzubringenden Kraft verkleinert.

Mosaik

Unser Arm – ein Hebel

Unsere Arme und Beine wirken ebenfalls wie Hebel. Wenn wir den Unterarm waagerecht halten, dann gilt für die Kraftarme etwa:

$$l_1 : l_2 = 1 : 8$$

Das bedeutet: Um in dieser Stellung eine bestimmte Last zu halten, muss durch die Muskeln etwa die achtfache Kraft aufgebracht werden. Für größere Lasten reicht die Muskelkraft nicht aus.

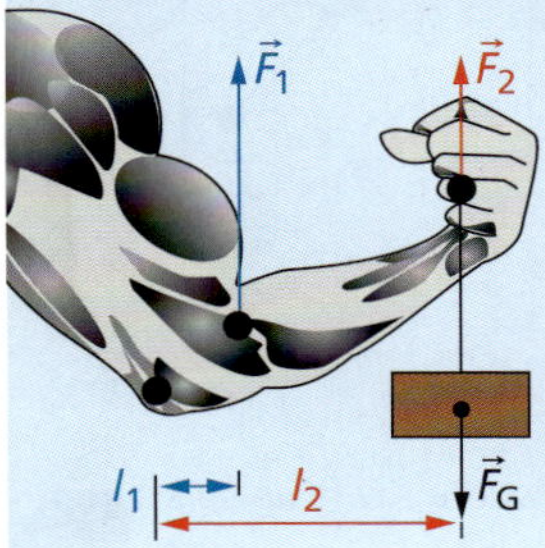

Um solch eine größere Last, z. B. eine schwere Tasche, zu halten, muss der Kraftarm l_2 verkürzt werden. Das geschieht dadurch, dass man den Unterarm in eine fast senkrechte Stellung bringt.
Die Wirkung einer Kraft auf einen drehbaren Körper beschreibt man in der Physik auch mit der Größe **Drehmoment.** Wirkt eine Kraft F senkrecht zum Kraftarm l, dann gilt für das Drehmoment M:

$$M = F \cdot l$$

Bei allen Hebeln wirken Drehmomente. Befindet sich z. B. ein zweiseitiger Hebel im Gleichgewicht, dann sind die links und rechts wirkenden Drehmomente gleich groß. Man kann das Hebelgesetz (s. S. 142) auch so formulieren:
Im Gleichgewicht ist das linksdrehende Drehmoment genauso groß wie das rechtsdrehende Drehmoment:

$$M_{\text{links}} = M_{\text{rechts}}$$

Geneigte Ebenen

Auch eine geneigte Ebene ist eine kraftumformende Einrichtung, da mit ihrer Hilfe der Betrag der aufzubringenden Kraft verringert werden kann. Beispiele für geneigte Ebenen sind Straßen mit Anstieg oder Gefälle, Treppen, Rollbänder (Abb. oben), schräge Rampen oder entsprechend gestaltete Bauaufzüge. Der Betrag der aufzuwendenden Kraft zum Bewegen eines Körpers hängt von der Neigung der Ebene ab. Es gilt:

Je weniger eine Ebene geneigt ist, desto kleiner ist die erforderliche Zugkraft und desto länger ist der Weg *s*, um eine bestimmte Höhe *h* zu erreichen.

$$\frac{F_Z}{F_G} = \frac{h}{s}$$

F_Z **Zugkraft**
F_G **Gewichtskraft**
s **zurückgelegter Weg**
h **Höhe der geneigten Ebene**

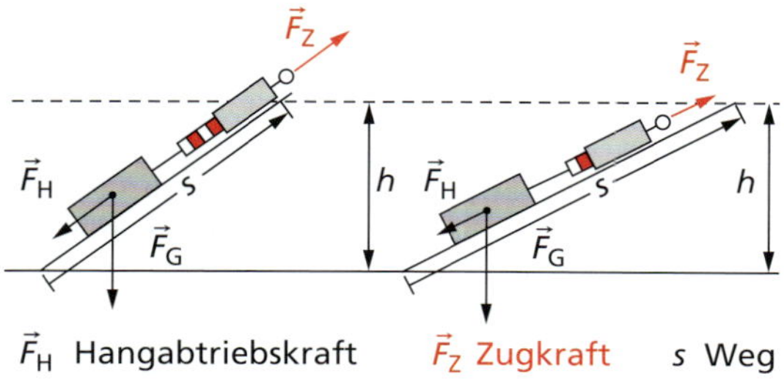

1 Die aufzubringende Kraft an der geneigten Ebene ist umso geringer, je weniger sie geneigt ist.

Die Goldene Regel der Mechanik

Vergleicht man Kräfte und Wege bei Rollen, Hebeln oder geneigten Ebenen miteinander, so stellt man fest, dass sich der Weg stets vergrößert, wenn die aufzuwendende Kraft kleiner wird (Abb. 2). Dieser Zusammenhang zwischen Kraft und Weg gilt für alle kraftumformenden Einrichtungen und wird als **Goldene Regel der Mechanik** bezeichnet. Diese Goldene Regel der Mechanik wurde vor ca. 400 Jahren von dem italienischen Physiker GALILEO GALILEI (1564–1642) wie folgt formuliert:

Was man an Kraft spart, muss man an Weg zusetzen.

Die Goldene Regel der Mechanik lässt sich auch in Form einer Proportionalität ausdrücken.

Für alle kraftumformenden Einrichtungen gilt unter der Bedingung, dass die Reibung nicht berücksichtigt wird:

$F \sim \frac{1}{s}$

F **Kraft**
s **zurückgelegter Weg**

Das bedeutet: Eine Verdopplung der Kraft verringert den Weg auf die Hälfte, eine Verdreifachung der Kraft auf ein Drittel. Es heißt auch: Eine Halbierung der Kraft führt zu einer Verdopplung des Weges. Will man nur ein Drittel der Kraft aufwenden, dann muss man den dreifachen Weg zurücklegen. Welche Möglichkeit man wählt, hängt von den jeweiligen Bedingungen ab.

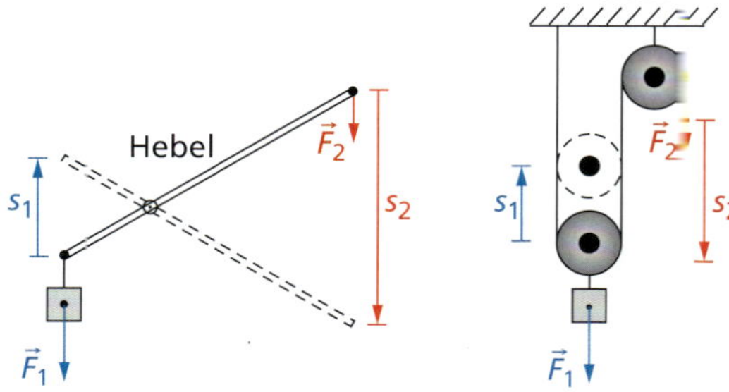

2 Bei Hebeln und Rollen ist die Kraft umso kleiner, je größer der Weg ist.

Physik in Natur und Technik

Auch Wippen will gelernt sein

Manfred und Alexander wollen wippen (Abb. 1). Manfred hat eine Masse von 75 kg, Alexander eine Masse von 35 kg.
Wenn sich beide an das jeweilige Ende der Wippe setzen, funktioniert es nicht so recht. Alexander kommt gar nicht auf den Boden. Bei den meisten Wippen sind aber die Sitze verschiebbar oder es sind mehrere Sitze vorhanden.
Wie müssen sich die beiden auf die Wippe setzen, damit sie problemlos schaukeln können? Die Gesamtlänge der Wippe beträgt 5 m.

Analyse:
Die Wippe ist ein zweiseitiger Hebel. An jedem Kraftarm greift die Gewichtskraft einer Person aufgrund ihrer Masse an.
Das Schaukeln funktioniert dann besonders gut, wenn sich dieser Hebel im Gleichgewicht befindet. Dann gilt das Hebelgesetz. Da die Gewichtskräfte der Personen verschieden sind, müssen sich die beiden in unterschiedlichen Entfernungen von der Drehachse auf die Wippe setzen. Da Manfred wegen seiner größeren Masse die größere Gewichtskraft hat, muss der Kraftarm auf seiner Seite kürzer sein.
Die Skizze zeigt den Sachverhalt vereinfacht:

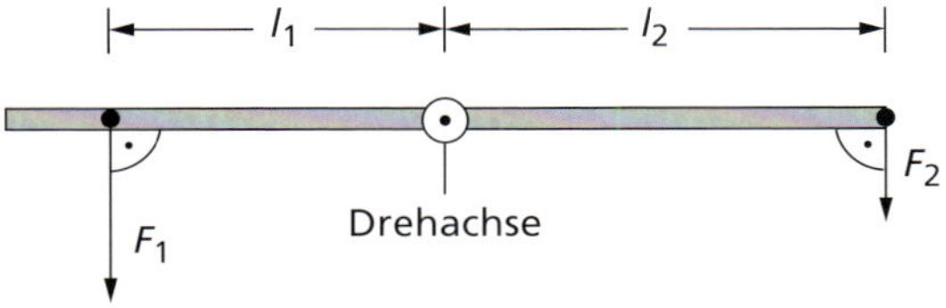

Gesucht: l_1
Gegeben: $l_2 = 2{,}50\,\text{m}$
$m_1 = 75\,\text{kg}$
$m_2 = 35\,\text{kg}$

Lösung:
Aus der Masse der Personen können deren Gewichtskräfte berechnet werden: Sie betragen $F_1 = 750\,\text{N}$ und $F_2 = 350\,\text{N}$.

1 Unterschiedlich schwere Personen auf einer Wippe im Gleichgewicht: Ihre Entfernungen von der Drehachse sind unterschiedlich.

Zur Berechnung von l_1 benutzen wir das Hebelgesetz in der Form:

$$F_1 \cdot l_1 = F_2 \cdot l_2 \qquad | : F_1$$

$$l_1 = F_2 \cdot \frac{l_2}{F_1}$$

$$l_1 = 350\,\text{N} \cdot \frac{2{,}50\,\text{m}}{750\,\text{N}}$$

$$\underline{l_1 = 1{,}17\,\text{m}}$$

Ergebnis:
Damit Manfred und Alexander problemlos wippen können, muss Manfred ungefähr 1,2 m vom Drehpunkt entfernt sitzen, wenn Alexander am Ende der Wippe sitzt.

Die günstigste Entfernung der beiden Personen von der Drehachse kann man auch durch einfaches Probieren finden:
Die Sitzpositionen werden so lange verändert, bis die Wippe näherungsweise im Gleichgewicht ist.
Die leichtere Person sollte dabei am Ende der Wippe sitzen und die schwerere Person ihre Sitzposition ändern, denn aus dem Hebelgesetz folgt: Je größer die Gewichtskraft einer Person ist, desto kleiner ist die Länge des Kraftarms, um den Hebel ins Gleichgewicht zu bringen. Sind die richtigen Sitzpositionen gefunden, braucht man nur kleine Kräfte, um hin- und herzuwippen.
Sind die Kraftarme gleich lang, so müssten auch die beiden Kräfte gleich groß sein, damit der Hebel im Gleichgewicht ist.

Brücken zur Mechanik

Kräne, Masten oder Brücken müssen nicht nur stabil konstruiert sein. Sie müssen auch eine große Standfestigkeit haben und den unterschiedlichsten Belastungen standhalten. Deshalb werden dafür bestimmte Konstruktionen gewählt (Abb. 1, 2).

1. *Stellt in einer Übersicht zusammen, welchen Belastungen*
   a) ein Kran auf einer Baustelle,
   b) eine Straßenbrücke
   ausgesetzt sein kann! Überlegt dabei auch, wie die verschiedenen Belastungen zusammenwirken können!

2. *Erkundet mithilfe von Nachschlagewerken oder im Internet: Wo befinden sich die längsten Brücken der Welt und wie lang sind sie? Welche sind die höchsten Brücken der Welt?*

Um bei Kränen, Hochspannungsmasten oder Brücken eine hohe Stabilität zu gewährleisten, nutzt man bestimmte Anordnungen von Trägern und Verbindungsteilen, also bestimmte Gitterkonstruktionen. Sie sind vor allem bei Kränen gut zu sehen (Abb. 1).

3. *Sieh dir einen Kran und eine Brücke genauer an! Skizziere, wie Kran bzw. Brücke aufgebaut sind! Was sind die „tragenden" Elemente? Präsentiere die Ergebnisse deinen Mitschülern!*

1 Kräne oder Masten müssen nicht nur standfest sein, sondern auch große Lasten tragen.

2 Brücken müssen stabil sein und wechselnden Belastungen standhalten.

Kräne müssen nicht nur stabil konstruiert, sondern vor allem auch standfest sein. Das bedeutet: Sie dürfen auf keinen Fall kippen, auch wenn die Last ans Kranende verschoben wird oder wenn starker Wind weht. Entscheidend für die Standfestigkeit eines Krans oder eines anderen beliebigen Bauwerks ist die Lage seines Schwerpunkts bezüglich seiner Auflagefläche (Abb. 3). Der Schwerpunkt oder Massenmittelpunkt *S* befindet sich bei regelmäßig geformten Körpern in der Körpermitte. Bei einem Kran kann er auch außerhalb des Körpers liegen.

4. *Baut oder nutzt ein Kranmodell. Untersucht an diesem Modell, unter welchen Bedingungen ein Kran noch standfest ist! Entwickelt und erprobt Vorschläge, wie man die Standfestigkeit eines Krans erhöhen kann!*

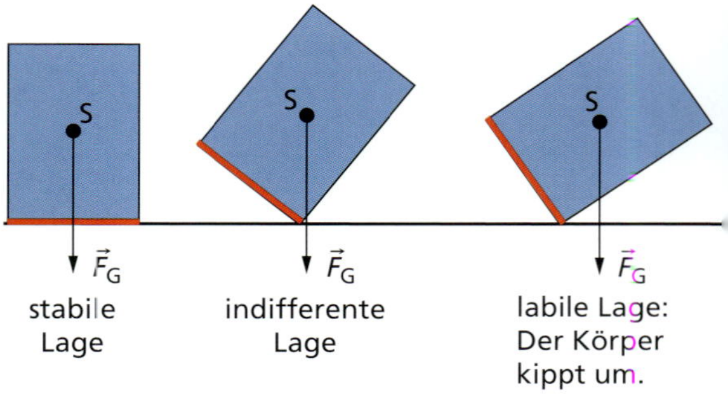

3 Ein beliebiger Körper kann sich in verschieden stabilen Zuständen befinden.

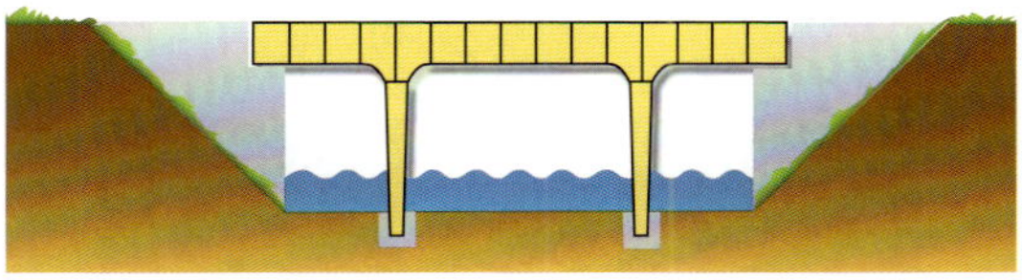

a) Rahmenbrücke

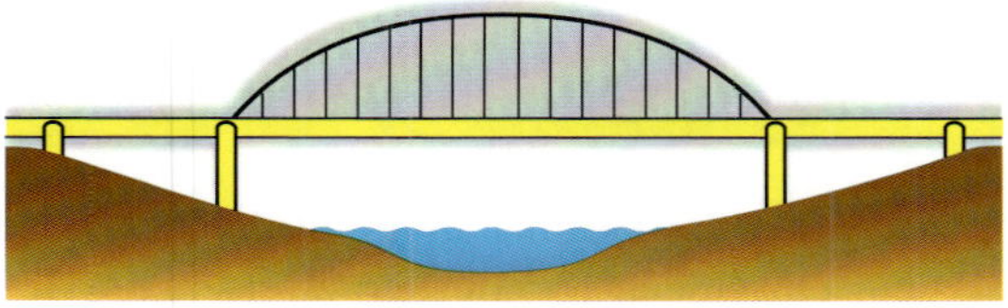

c) Bogenbrücke

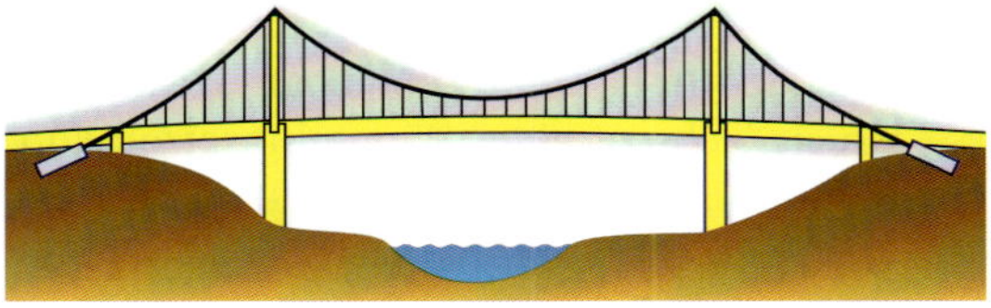

b) Hängebrücke

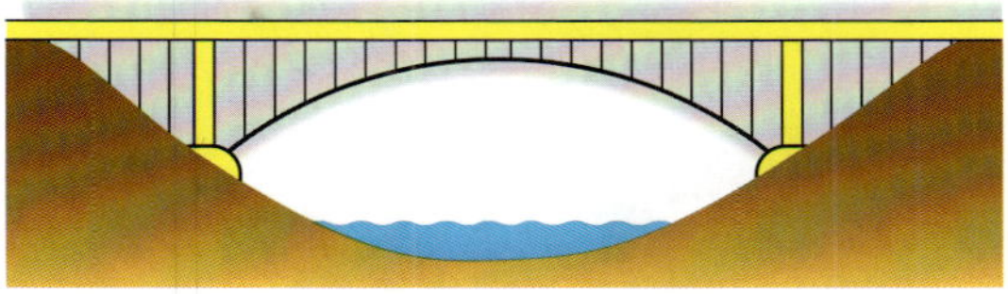

d) Stahlbogenbrücke

1 Verschiedene Arten von Brücken: Die Bauweise hängt von den Bedingungen ab.

Brücken werden in sehr verschiedener Weise gebaut. Abb. 1a–d zeigt einige Beispiele.

5. *Erkunde, welche weiteren Brückenformen üblich sind! Skizziere sie!*

6. *Diskutiert an ausgewählten Arten von Brücken, auf welche Teile einer Brücke Zugkräfte bzw. Druckkräfte wirken und welches jeweils die „tragenden" Teile sind!*

Einfache und relativ kurze Brücken werden meist aus Trägern zusammengebaut. Die nachfolgende Skizze zeigt zwei Beispiele.

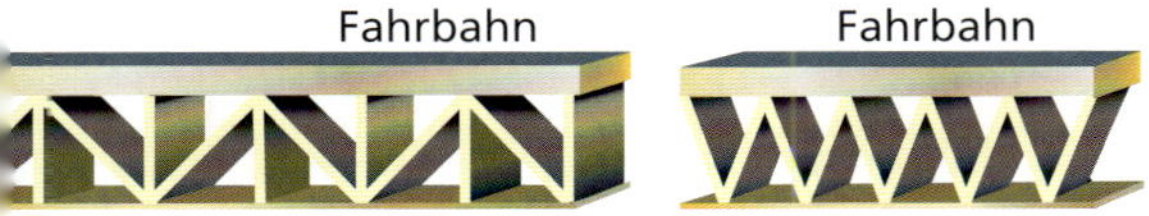

Es sind noch viele andere Varianten denkbar. Typisch sind aber Dreieckskonstruktionen.

7. *Veranstaltet einen Wettbewerb zum Thema „Wer baut die stabilste Trägerbrücke?"! Damit die Brücken vergleichbar sind, solltet ihr euch auf bestimmte Bedingungen einigen.*

Alte Steinbrücken haben eine ganz charakteristische Form. Überraschend ist dabei: Sie sind stabil, selbst wenn die Steine nicht durch Mörtel miteinander verbunden sind. Das Geheimnis solcher Brücke ist: Sie haben die Form einer gespiegelten Kettenlinie (Abb. 2).

8. *Baut eine solche Brücke aus Bausteinen! Geht dabei so vor:*
   a) Legt zunächst ein großes Blatt Papier auf ein Holzbrett! Stellt dieses Brett senkrecht, bringt eine Kette an und markiert auf dem Papier die Kettenlinie!
   b) Dreht das Brett mit dem Papier, stellt es schräg und baut die Brücke (Abb. 2b)! Stellt dann das Brett vorsichtig senkrecht! Belastet die Brücke!

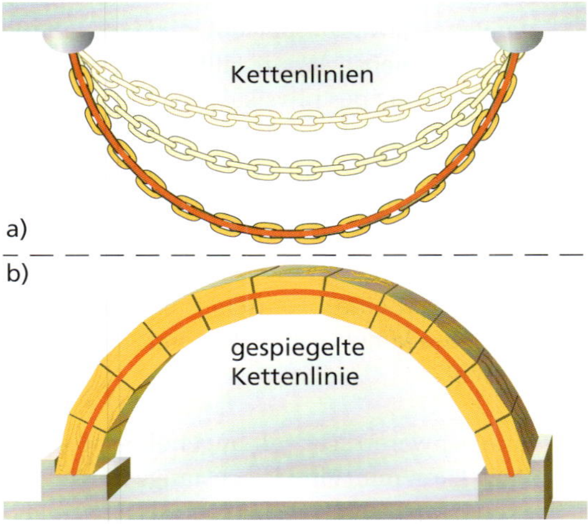

2 Eine Brücke aus Bausteinen ist stabil, wenn sie die Form einer Kettenlinie hat.

gewusst · gekonnt

1. Welcher der Gegenstände auf den Fotos ist ein einseitiger, welcher ein zweiseitiger Hebel? Wo befinden sich die Drehachsen und wo greifen Kräfte an?

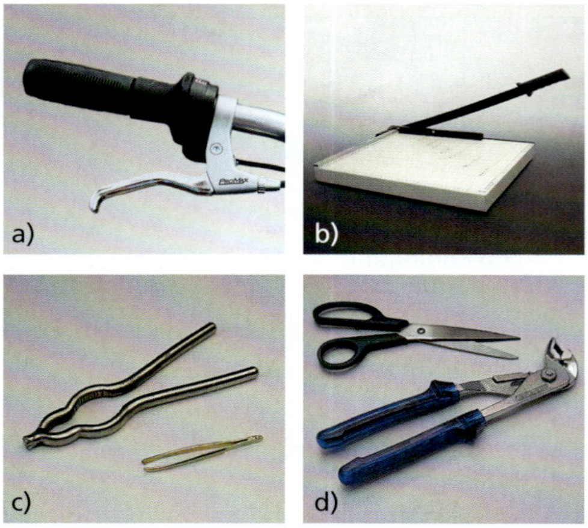

2. Zerbrich einen Zahnstocher, ein Streichholz oder einen dünnen Ast und wiederhole das mit den kleineren Stücken so lange wie möglich. Was stellst du fest? Wie kann man das physikalisch erklären?

3. Schneide Pappe mit einer Schere, indem du die Pappe jeweils unterschiedlich weit in die Schere schiebst! Wann fällt es dir leichter? Was bedeutet das physikalisch?

4. Welche Hebel gibt es am Fahrrad? Welche Funktion haben die verschiedenen Hebel am Fahrrad?

5. Warum hat eine Blechschere kurze Schneiden, aber lange Griffe? Begründe das physikalisch!

6. Eine schwere Kiste soll angehoben werden. Dazu kann man eine Brechstange nutzen. Ist es günstiger, eine Brechstange als einseitigen oder als zweiseitigen Hebel zu benutzen (siehe Skizzen rechts oben)? Begründe!

a) b)

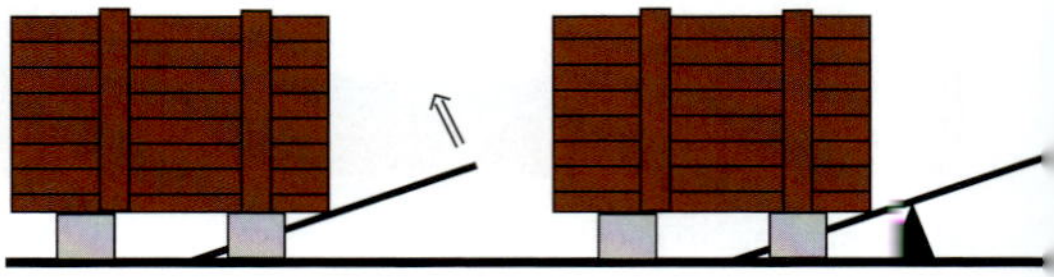

7. Martin ist doppelt so schwer wie Marie. Trotzdem gibt es verschiedene Positionen, wo sie sich auf einer Wippe hinsetzen können, um ins Gleichgewicht zu kommen. Die Wippe ist 4 m lang, die Drehachse befindet sich in der Mitte.
Gib drei verschiedene Möglichkeiten an!

8. Angenommen, Hasen, Pakete, Katzen und Paul würden alle mit ihren Gewichtskräften am Ende der Wippe angreifen.
Finde mindestens eine Lösung, die Paul auf der Wippe im Bild im Gleichgewicht hält!

9. Auch unsere Beine und Arme sind Hebel. Wenn das Verhältnis der Hebelarme beim Arm etwa 1 : 8 beträgt, wie groß ist dann die Kraft, die der Bizeps zum Halten eines Eimers Wasser (ca. 10 kg) aufbringen muss?

10. Um einen Nagel mit einer Zange abkneifen zu können, muss an den Schneiden eine große Kraft wirken. Sage mithilfe der Skizze voraus, wie sich die erforderliche Muskelkraft ändern würde, wenn du dicht an der Drehachse bzw. am Ende der Zange drückst!

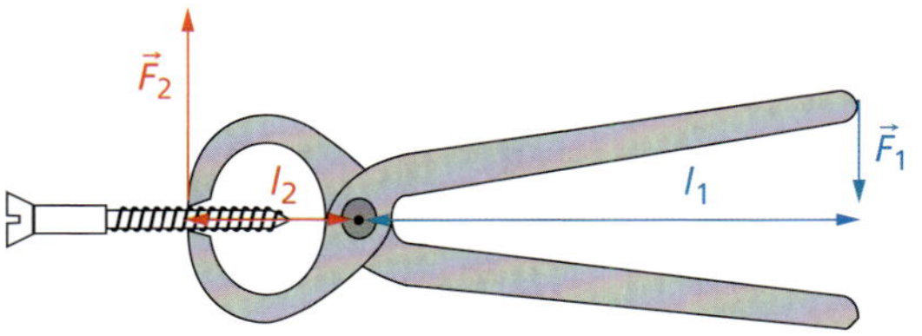

11. Tim und Tom heben jeder eine schwere Kiste mit Flaschen. Wer von den beiden beachtet besser, dass er seine Wirbelsäule möglichst entlasten sollte? Begründe!

12. Bestimmt bist du schon einmal ein Seil hinaufgeklettert. Wie groß war dabei die Kraft, die du aufwenden musstest?

13. Reicht die Muskelkraft eines Arbeiters (800 N) aus, um mit der in der Skizze dargestellten Anordnung eine Betonplatte von 0,4 t zu heben? Die Masse der mitzuhebenden Rollen beträgt 2 kg.

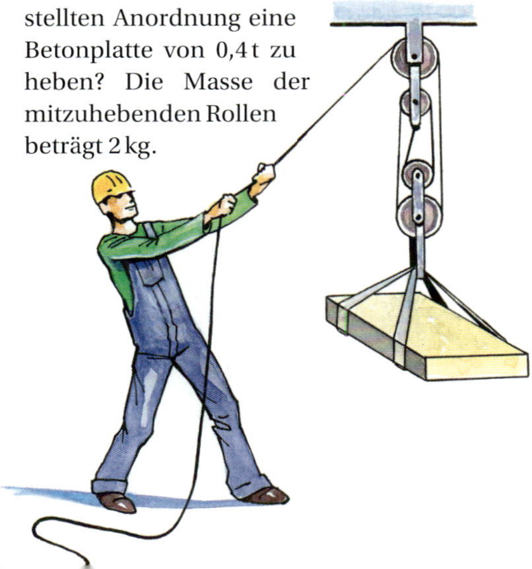

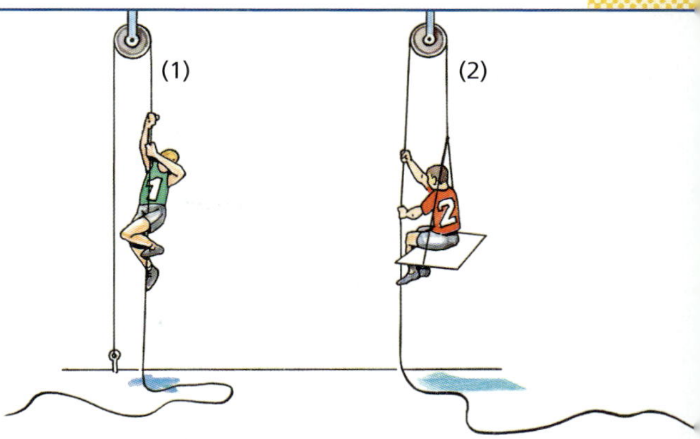

14. Thomas und Patrick überlegen, wie sie beim Seilklettern Kraft sparen könnten. Thomas schlägt Variante 1 (s. oben) vor, Patrick Variante 2. Welche Variante würdest du bevorzugen? Begründe deine Entscheidung!

15. Auf einer Baustelle soll ein Gefäß mit Mörtel (25 kg) ins erste Stockwerk transportiert werden. Die zur Verfügung stehende lose Rolle hat eine Gewichtskraft von 15 N.

a) Welche Kraft muss der Bauarbeiter mindestens aufbringen?

b) Ändert sich diese Kraft, wenn er das Seil zusätzlich noch über eine feste Rolle führt?

c) Wie verändert sich die Kraft, wenn er das Seil nicht senkrecht nach unten, sondern schräg zieht?

16. Auf einer Bergwanderung wählen alle bis auf eine gut trainierte Person einen allmählich ansteigenden kurvigen Weg. Der Sportler entscheidet sich für eine sehr steile Abkürzung.

a) Wer hat den längeren Weg, wer braucht die größere Kraft?

b) Erläutere an diesem Beispiel die Goldene Regel der Mechanik!

***17.** Wie lang muss ein Brett mindestens sein, damit ein Junge eine 50 kg schwere Schubkarre über eine 30 cm hohe Stufe schieben kann, wenn seine Muskelkraft in Wegrichtung maximal 300 N beträgt? Welche Auswirkung hätte eine Verdopplung der Brettlänge auf die dann aufzubringende Kraft?

Hebel, Rollen, geneigte Ebenen

Zu den kraftumformenden Einrichtungen gehören **Hebel, Rollen** und **geneigte Ebenen.**

Hebel

zweiseitiger Hebel

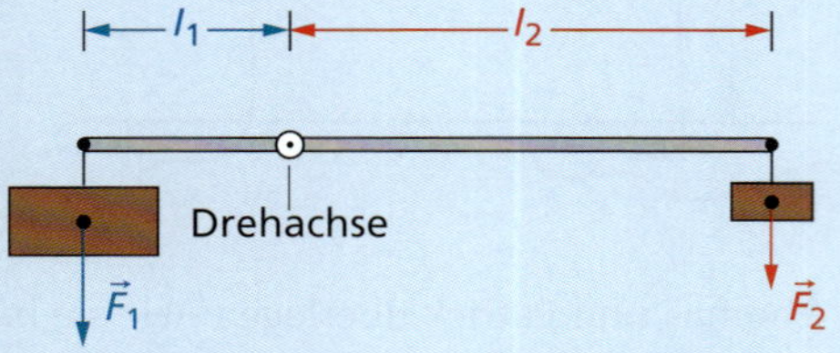

einseitiger Hebel

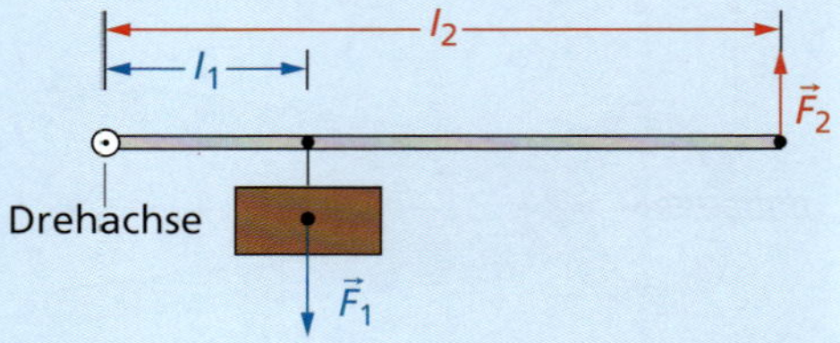

Im Gleichgewicht wirkt am kurzen Kraftarm eine große Kraft und am langen Kraftarm eine kleine Kraft. Für alle Hebel im Gleichgewicht gilt das **Hebelgesetz.**

$$\frac{F_1}{F_2} = \frac{l_2}{l_1}$$

Rollen

Bei einer **festen Rolle** wird nur die Richtung der Kraft und ihr Angriffspunkt verändert (Umlenkrolle).

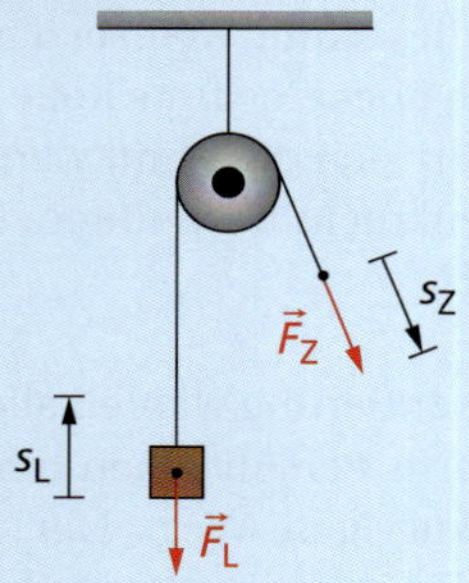

$F_Z = F_L$
$s_Z = s_L$

Bei einer **losen Rolle** ändern sich Richtung, Betrag und Angriffspunkt der Kraft.

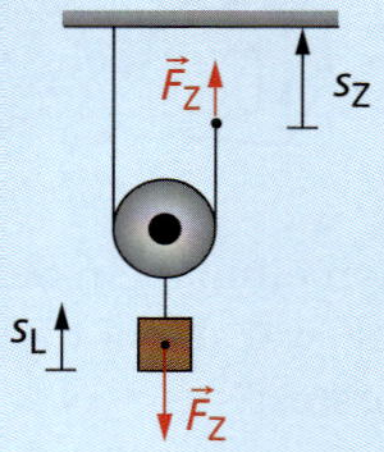

$F_Z = \frac{1}{2} \cdot F_L$
$s_Z = 2 \cdot s_L$

Geneigte Ebenen

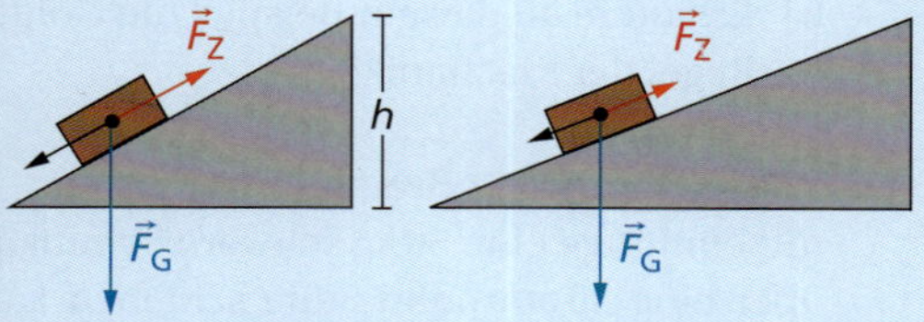

Je kleiner die Neigung der Ebene ist, umso kleiner ist die notwendige Kraft und umso größer ist der Weg. Bei reibungsfreier Bewegung gilt:

$$\frac{F_Z}{F_G} = \frac{h}{s}$$

Für alle kraftumformenden Einrichtungen gilt die **Goldene Regel der Mechanik:**

Was man an Kraft spart, muss man an Weg zusetzen.

5.3 Mechanische Arbeit und Energie

Was ist mechanische Arbeit?

Beim Kugelstoßen, beim Spannen eines Bogens, beim Dehnen einer Feder oder beim Biegen eines Astes wird mechanische Arbeit verrichtet. Dabei wirkt häufig eine Kraft nur kurzzeitig mit veränderlichem Betrag ein.
Wie kann man in solchen Fällen die verrichtete mechanische Arbeit bestimmen? Wie groß ist die Energie, die der Körper dann besitzt?

Energieumwandlungen

Beim Start einer Rakete muss in kurzer Zeit eine gewaltige Menge Treibstoff verbrannt werden, damit die Rakete von der Startrampe abheben kann. Bei großen Raketen, z. B. beim Start eines Spaceshuttle, werden in jeder Sekunde etwa 10 Tonnen Treibstoff verbrannt. Die Verbrennungsgase strömen mit ca. 2 300 m/s aus den Düsen der Triebwerke. Aus der Ruhe heraus erreicht die Rakete nach wenigen Minuten eine Geschwindigkeit von etwa 8 km/s.
Welche Energieumwandlungen treten beim Start einer Rakete auf? Welche Arten von Arbeit werden verrichtet?

Energie und Arbeit

Nach dem Start eines Abfahrtsläufers vergrößert sich zunächst seine Geschwindigkeit und kann bis über 100 km/h erreichen. In Kurven verringert sich die Geschwindigkeit, bei Schussfahrten vergrößert sie sich. Hinter dem Ziel bremst der Fahrer auf einer kurzen Strecke bis zum Stillstand ab.
Welche Energieumwandlungen gehen vom Start bis zum Ziel vor sich? Welche Arten von Arbeit werden verrichtet?

Mechanische Arbeit

Bei allen physikalischen Vorgängen, bei denen ein Körper durch eine Kraft bewegt oder verformt wird, wird **mechanische Arbeit** verrichtet (s. Übersicht unten). Sie ist eine Größe, die einen Vorgang bzw. Prozess beschreibt (Prozessgröße).

Mechanische Arbeit wird verrichtet, wenn ein Körper durch eine Kraft bewegt oder verformt wird.

Formelzeichen: W
Einheiten: 1 Newtonmeter (1 N·m)
1 Joule (1 J)

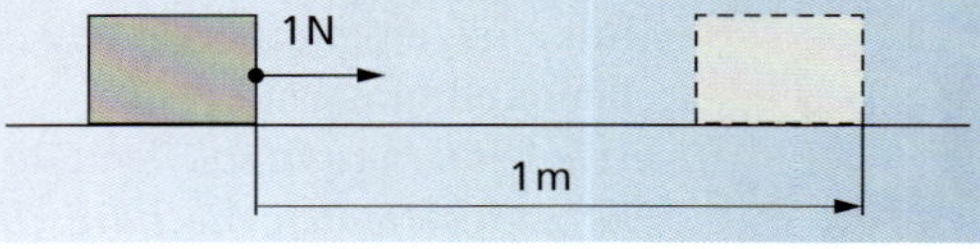

Die bei einem Vorgang verrichtete mechanische Arbeit kann man aus dem Betrag der einwirkenden Kraft und dem zurückgelegten Weg berechnen, wobei die Richtungen von Kraft und Weg zu beachten sind. Wir betrachten immer nur den Fall, dass die Kraft in Richtung des Weges wirkt und immer den gleichen Betrag hat.

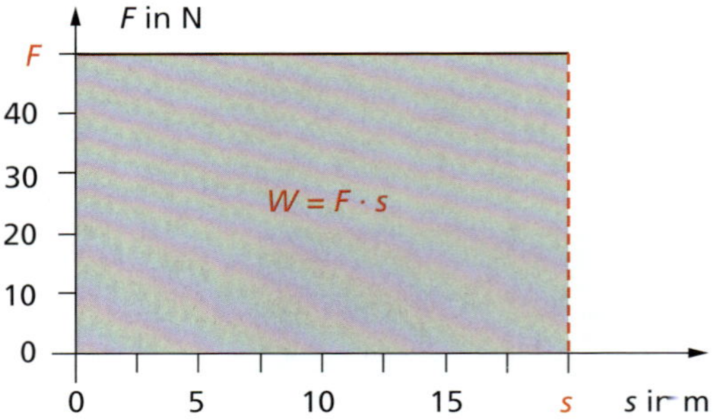

1 F-s-Diagramm bei F = konstant. Die konstante Kraft beträgt hier $F = 50\,\text{N}$, der Weg $s = 20\,\text{m}$.

Unter der Bedingung, dass die Kraft konstant ist und in Richtung des Weges wirkt, gilt:

$W = F \cdot s$ — F einwirkende Kraft, s zurückgelegter Weg

Stellt man Kraft und Weg in einem Diagramm dar, so kann aus einem solchen F-s-Diagramm ebenfalls die Arbeit ermittelt werden (Abb. 1). Das Produkt aus der einwirkenden Kraft und dem zurückgelegten Weg entspricht der Fläche unter dem Graphen. Dabei müssen die jeweiligen Einheiten beachtet werden. Im betrachteten Fall ergibt sich $W = 50\,\text{N} \cdot 20\,\text{m} = 1\,000\,\text{N} \cdot \text{m}$.

Heben eines Körpers	Verformen (Spannen) einer Feder	Anfahren eines Autos	Fahren eines Schiffs
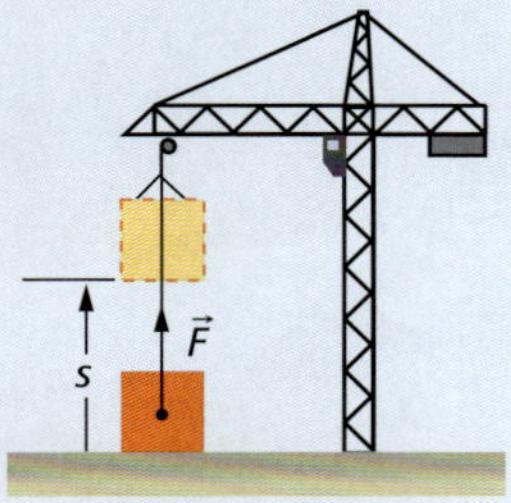	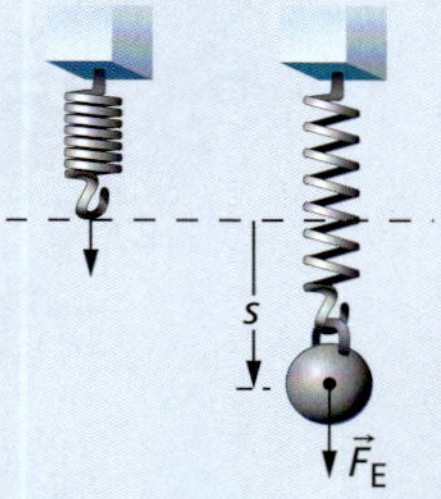	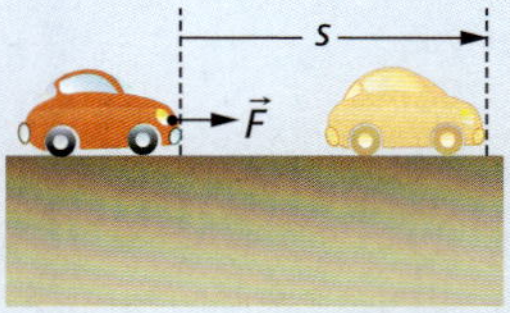	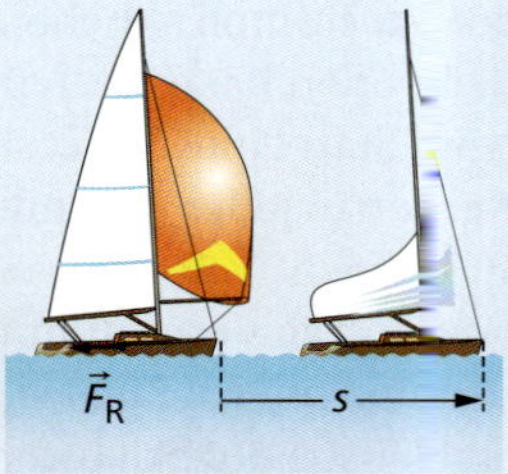
Wird ein Körper gehoben, so wird **Hubarbeit** verrichtet. Die dazu erforderliche Kraft ist die Gewichtskraft.	Wird ein Körper verformt, so wird **Verformungsarbeit** (Spannarbeit) verrichtet. Bei elastischer Verformung gilt:	Wird ein Körper beschleunigt, so wird **Beschleunigungsarbeit** verrichtet. Hier wird der Körper noch gehoben.	Wird die Bewegung eines Körpers durch Reibungskräfte gehemmt, so wird **Reibungsarbeit** verrichtet.
$W = F_G \cdot h$ $W = m \cdot g \cdot h$	$W = \frac{1}{2} F_E \cdot s$	$W = F \cdot s$	$W = F_R \cdot s$

Mosaik

Diagramme in Wissenschaft und Technik

Zur Veranschaulichung von Zusammenhängen sowie zur Darstellung von Verläufen oder von Abhängigkeiten werden in vielen Bereichen von Wissenschaft und Technik Diagramme genutzt. Wichtige Arten von Diagrammen sind **Kreisdiagramme, Säulendiagramme** und **Liniendiagramme** (s. Übersicht unten).

Die sinnvolle Interpretation von Diagrammen ist in vielen Bereichen von Wissenschaft und Technik eine wichtige Aufgabe. So muss z. B. ein Mediziner ein EKG (s. Übersicht) richtig interpretieren oder ein Techniker aus dem Diagramm einer Schwingungsdämpferprüfung die richtigen Folgerungen ableiten. Physikalische, chemische oder biologische Zusammenhänge lassen sich häufig nur in Diagrammen sinnvoll und sehr anschaulich darstellen. Bei der Interpretation eines Diagramms ist sorgfältig zu prüfen, welche Aussagen aus ihm ableitbar sind. In vielen Fällen reicht es aus, den Kurvenverlauf zu interpretieren. So geben z. B. in der Medizin und in der Technik Abweichungen vom „Normalverlauf" Hinweise auf Erkrankungen bzw. Defekte.

In der Physik ist nicht nur der Verlauf des Graphen von Interesse. Bei einer Reihe von Diagrammen hat auch die Fläche unter dem Graphen bzw. der Anstieg des Graphen eine physikalische Bedeutung (s. Übersicht).

Arten von Diagrammen

Kreisdiagramm

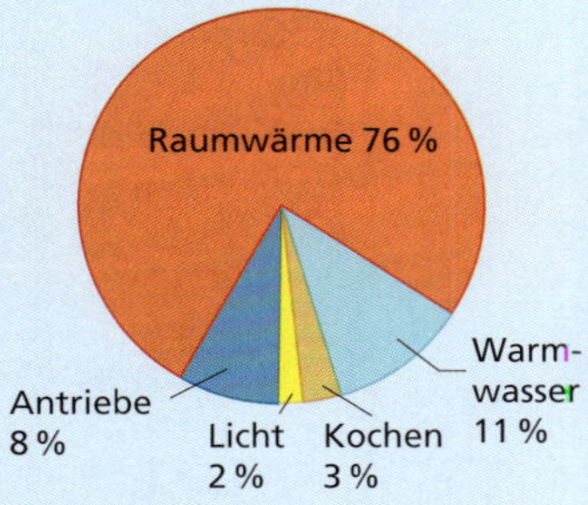

Aufteilung des Energieverbrauchs in deutschen Privathaushalten

Säulendiagramm

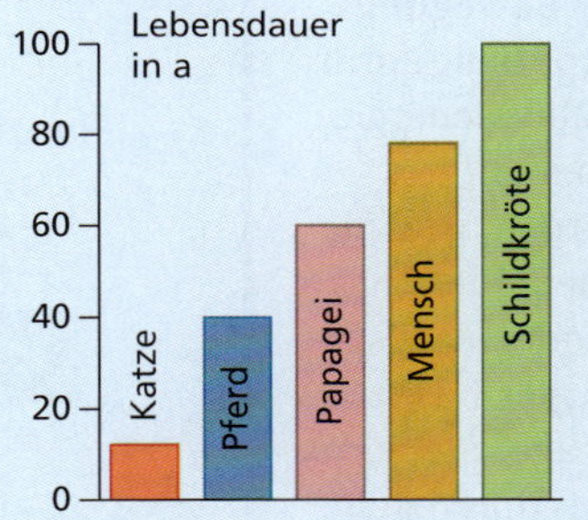

Durchschnittliche Lebensdauer einiger Lebewesen

Liniendiagramm

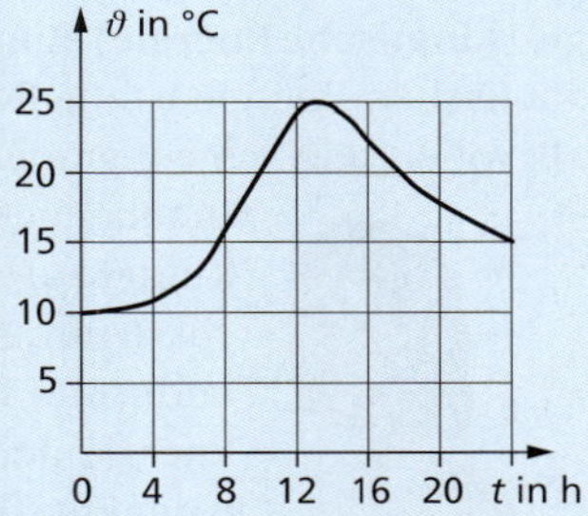

Abhängigkeit der Temperatur von der Tageszeit

Interpretation von Diagrammen

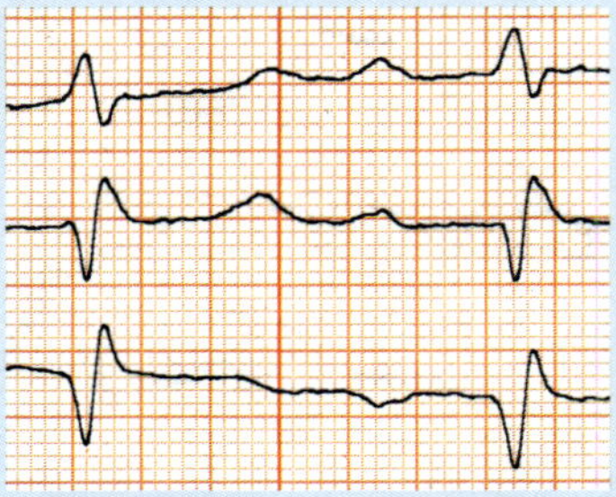

EKG: Aus dem Kurvenverlauf können Aussagen über die Herztätigkeit abgeleitet werden.

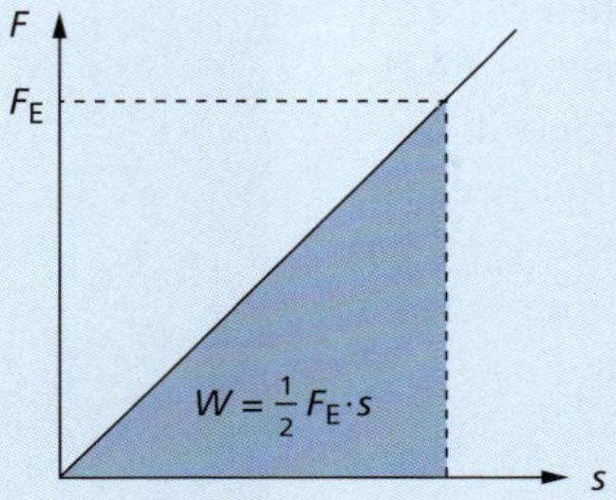

Im Kraft-Weg-Diagramm für eine Feder hat die Fläche eine physikalische Bedeutung.

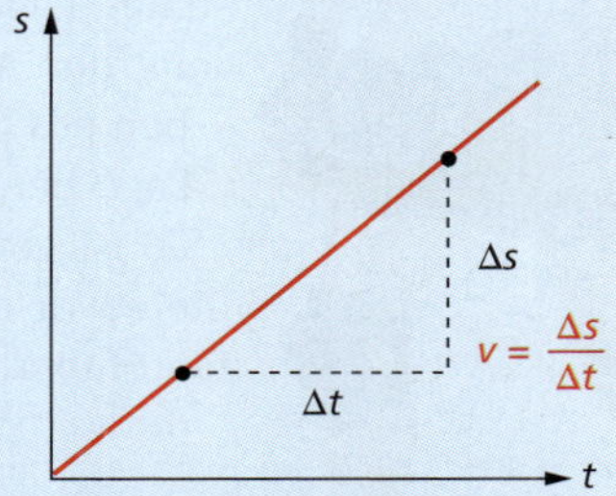

Im Weg-Zeit-Diagramm hat der Anstieg eine physikalische Bedeutung

Mechanische Energie

Ein fallender Stein, ein fahrendes Auto, eine gespannte Feder oder ein rotierendes Schwungrad besitzen Energie. Das gilt auch für strömendes oder angestautes Wasser, für Wind oder für Dachziegel, die sich 10 m über dem Erdboden auf einem Dach befinden. Die Energie, die Körper aufgrund ihrer Lage oder ihrer Bewegung haben, wird als **mechanische Energie** bezeichnet. Auch für mechanische Energie gilt:

> **Mechanische Energie ist die Fähigkeit eines Körpers, Arbeit zu verrichten, Wärme abzugeben oder Licht auszusenden.**
>
> **Formelzeichen:** E_{mech}
> **Einheit:** **1 Joule (1 J)**

Energie kann in verschiedenen Formen auftreten. Bewegte Körper (Abb. 1) besitzen **Bewegungsenergie (kinetische Energie).** Eine spezielle Form der kinetischen Energie ist die Rotationsenergie, die z. B. rotierende Schwungräder haben.

Gehobene Körper, wie die Kinder auf einem Klettergerüst (Abb. 2), oder elastisch verformte Körper besitzen Energie der Lage. Sie wird in der Physik als **potenzielle Energie** oder als **Lageenergie** bezeichnet.

Die **potenzielle Energie,** die ein Körper aufgrund seiner Lage besitzt, kann aus der Arbeit zum Heben des Körpers in diese Lage berechnet werden. Sie ist genauso groß wie die zuvor an ihm verrichtete Hubarbeit.

1 Ein bewegter Körper besitzt kinetische Energie.

Mechanische Energien in Natur und Technik	
potenzielle Energie	
Ziegelstein (m = 3,5 kg), um 1 m gehoben	35,0 J
Mensch (55 kg) auf 10-m-Sprungbrett	5,5 kJ
Rammbär (m = 1 000 kg), um 1 m gehoben	10 kJ
kinetische Energie	
Apfel (m = 100 g) bei 1 m freiem Fall	1 J
Mensch (m = 55 kg) beim normalen Gehen	50 J
Pkw (m = 1 000 kg) bei 100 km/h	386 kJ

> **Die potenzielle Energie kann berechnet werden mit der Gleichung:**
>
> $E_{pot} = F_G \cdot h$ — F_G Gewichtskraft des Körpers, h Höhe
>
> $E_{pot} = m \cdot g \cdot h$ — m Masse des Körpers, g Ortsfaktor

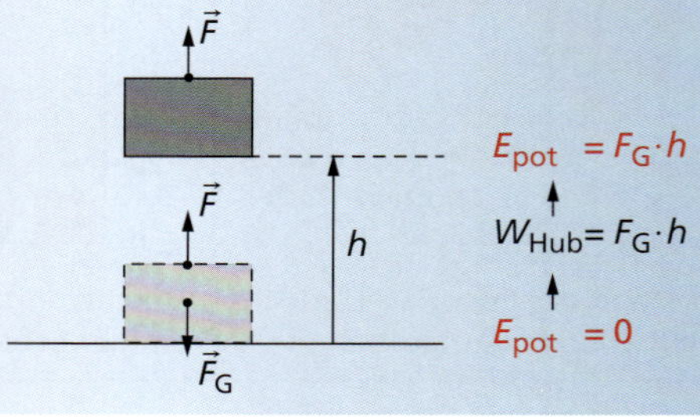

2 Ein gehobener Körper besitzt potenzielle Energie.

Mosaik

Energie einer Feder

Die Energie, die eine gespannte Feder besitzt, ist ebenfalls potenzielle Energie (Spannenergie). Die potenzielle Energie einer gespannten Feder ist genauso groß wie die zuvor an ihr verrichtete Spannarbeit. Je stärker eine Feder gedehnt wird, desto größer ist ihre Spannenergie. Spannenergie besitzen auch ein gespannter Bogen oder ein verformter Expander.

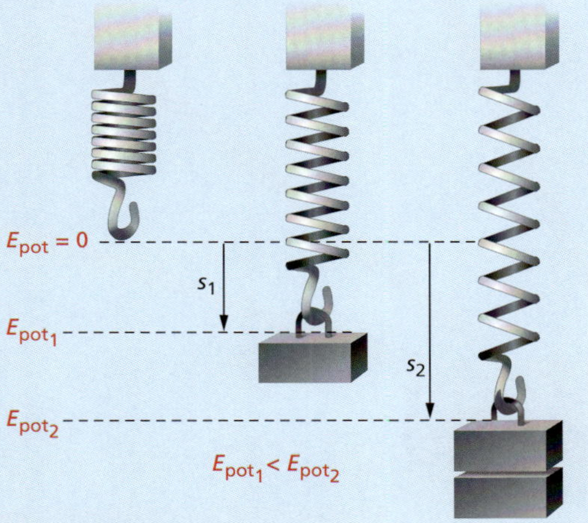

Die **kinetische Energie** eines Körpers ist von seiner Masse und von seiner Geschwindigkeit abhängig. So hat bei einer bestimmten Geschwindigkeit ein schwerer Lkw eine wesentlich größere kinetische Energie als ein leichter Pkw. Die kinetische Energie eines Pkw, der mit 130 km/h fährt, ist wesentlich größer als die bei einer Geschwindigkeit von 50 km/h.

Die kinetische Energie (Bewegungsenergie) eines Körpers ist umso größer,
- **je größer die Masse des Körpers ist und**
- **je größer seine Geschwindigkeit ist.**

Die Bewegungsenergie kann berechnet werden mit der Gleichung:

$E_{kin} = \frac{1}{2} m \cdot v^2$

m	Masse des Körpers
v	Geschwindigkeit des Körpers

Energieerhaltungssatz der Mechanik

Beim Herabfallen eines Steins oder beim Hochwerfen eines Balls wird potenzielle Energie in kinetische Energie umgewandelt und umgekehrt. Geht man davon aus, dass keine mechanische Energie in andere Energieformen umgewandelt wird und kein Energieaustausch mit der Umgebung erfolgt, spricht man von einem abgeschlossenen mechanischen System. Dafür gilt der **Energieerhaltungssatz der Mechanik.**

In einem abgeschlossenen mechanischen System ist die mechanische Energie stets konstant.

$E_{mech} = E_{pot} + E_{kin} = \text{konstant}$

E_{mech}	mechanische Energie
E_{pot}	potenzielle Energie
E_{kin}	kinetische Energie

Der Energieerhaltungssatz der Mechanik ist ein Spezialfall des allgemeinen Energieerhaltungssatzes: Energie kann weder erzeugt noch vernichtet werden.
Zwischen der Energie eines Körpers und der an ihm verrichteten Arbeit besteht ein enger Zusammenhang.

Die an einem Körper oder von einem Körper verrichtete mechanische Arbeit ist genauso groß wie die Änderung seiner Energie.

$W = \Delta E$

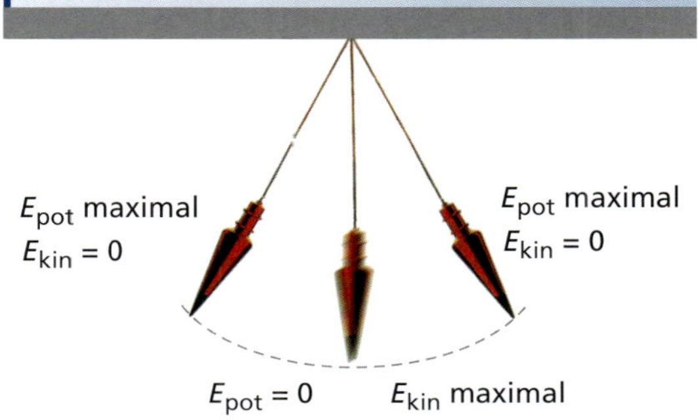

1 Die Umwandlung von kinetischer in potenzielle Energie und umgekehrt kann man gut bei einem Fadenpendel verfolgen.

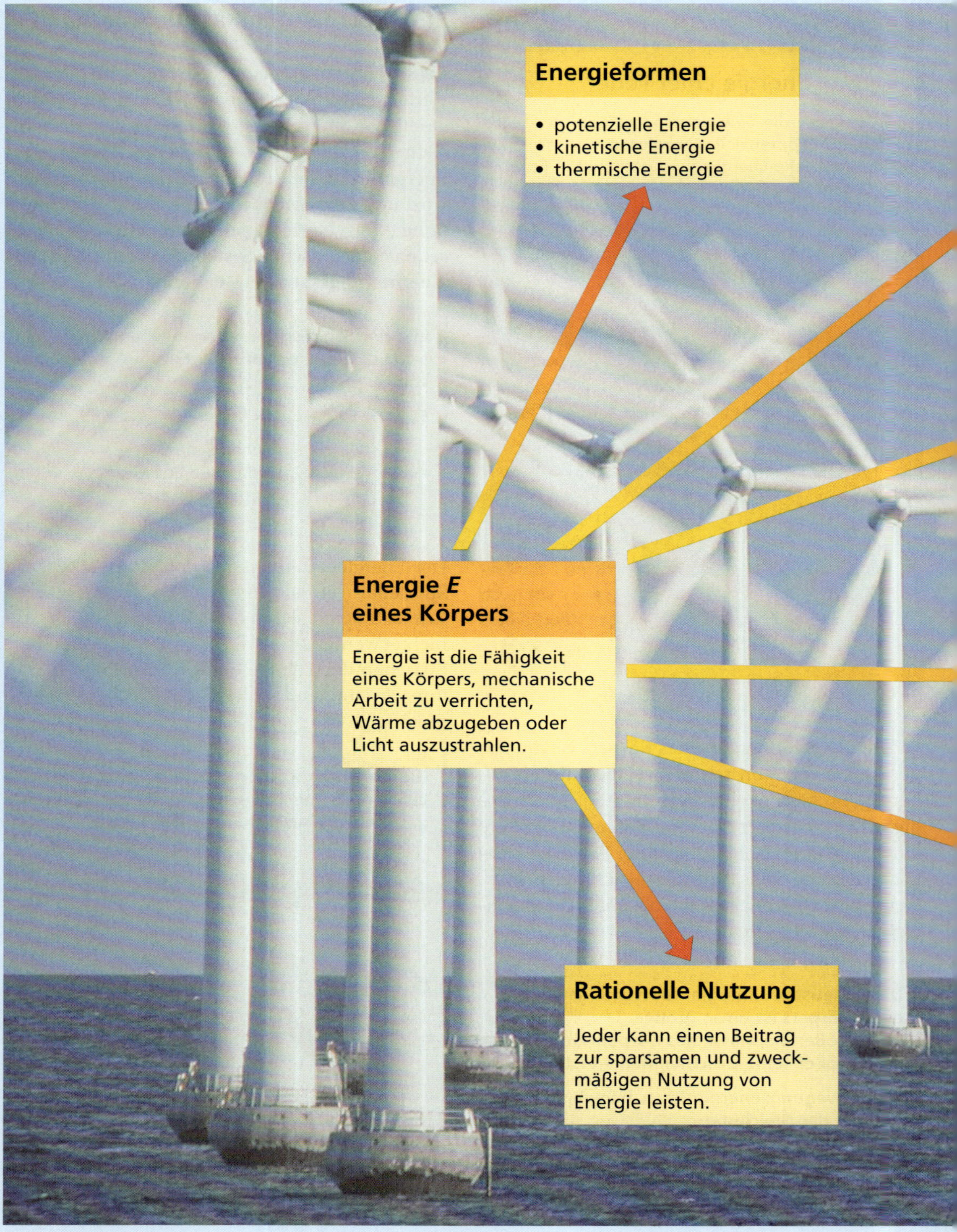

Energieformen

- potenzielle Energie
- kinetische Energie
- thermische Energie

Energie *E* eines Körpers

Energie ist die Fähigkeit eines Körpers, mechanische Arbeit zu verrichten, Wärme abzugeben oder Licht auszustrahlen.

Rationelle Nutzung

Jeder kann einen Beitrag zur sparsamen und zweckmäßigen Nutzung von Energie leisten.

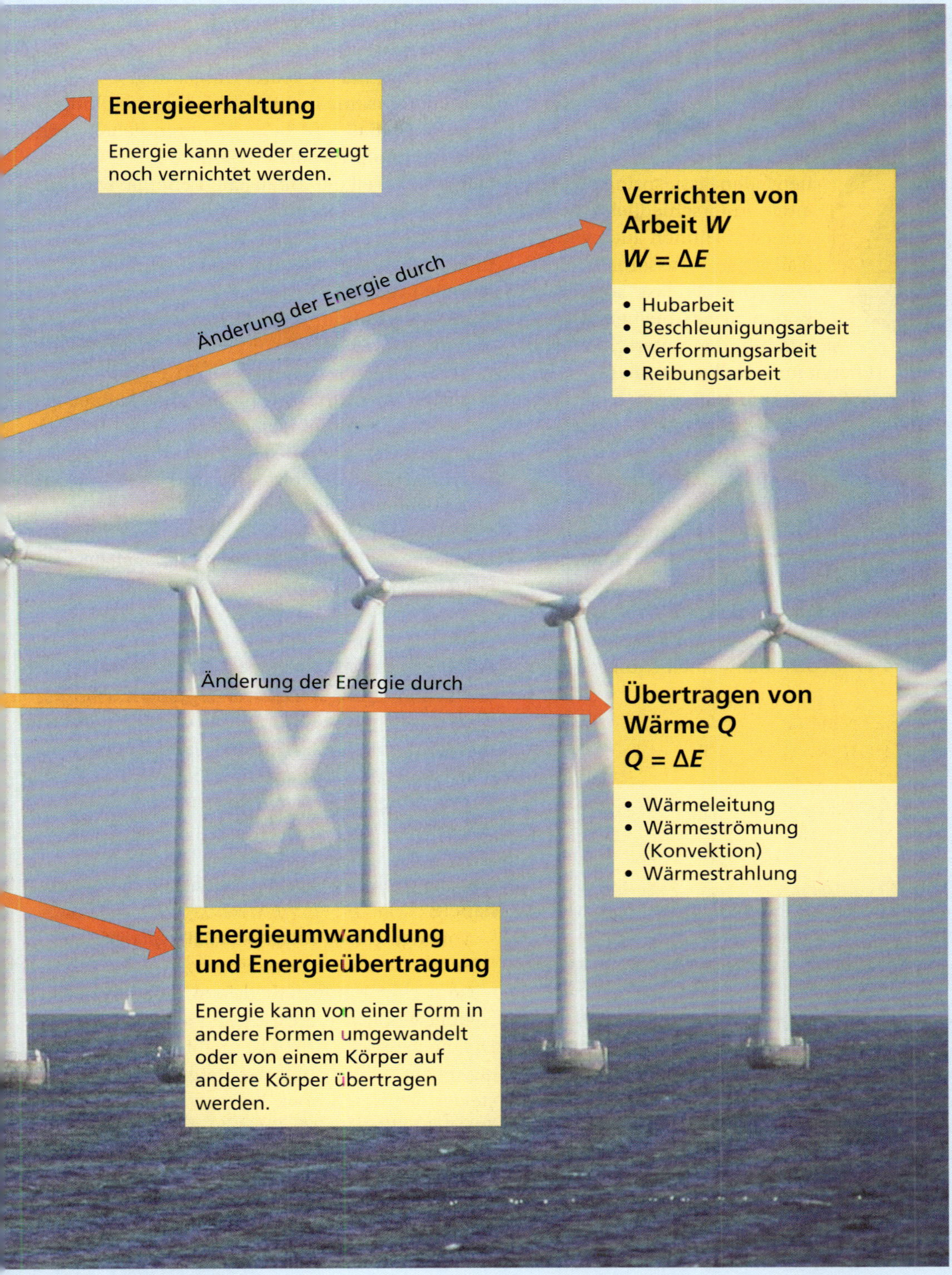

Energieerhaltung

Energie kann weder erzeugt noch vernichtet werden.

Änderung der Energie durch

Verrichten von Arbeit *W*

$W = \Delta E$

- Hubarbeit
- Beschleunigungsarbeit
- Verformungsarbeit
- Reibungsarbeit

Änderung der Energie durch

Übertragen von Wärme *Q*

$Q = \Delta E$

- Wärmeleitung
- Wärmeströmung (Konvektion)
- Wärmestrahlung

Energieumwandlung und Energieübertragung

Energie kann von einer Form in andere Formen umgewandelt oder von einem Körper auf andere Körper übertragen werden.

Physik in Natur und Technik

Bälle für alle Fälle

Bälle, die man aus gleichen Höhen fallen lässt, springen nicht nur unterschiedlich hoch, sondern können auch wie im Fall eines Wasserballs oder Medizinballs fast sofort am Boden liegen bleiben. Offensichtlich finden unterschiedliche Energieumwandlungen statt.

Beschreibe die Energieumwandlungen, wenn ein Superball, ein Tischtennisball und ein Medizinball aus gleichen Höhen fallen! Welche Gemeinsamkeiten und welche Unterschiede gibt es?

Während der Superball A nach dem ersten Aufprall auf dem Boden fast wieder seine ursprüngliche Höhe erreicht und noch lange springt, bleibt der Tischtennisball B deutlich unter dessen Höhe und springt nur noch einige Male immer weniger hoch. Der Medizinball C bleibt sofort liegen (Abb. 1).

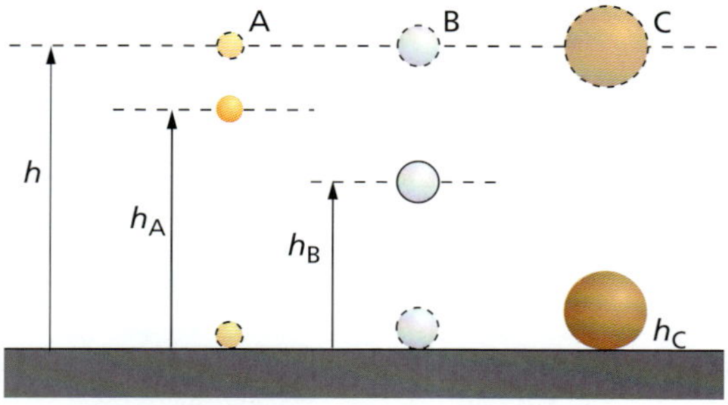

1 Nach dem Aufprall gilt: $h > h_A > h_B$ und $h_C = 0$.

In allen drei Fällen wird die Lageenergie beim Fallen in kinetische Energie umgewandelt. Am Boden ist die kinetische Energie am größten und die Lageenergie ist null.
Mit dem Aufprall auf dem Boden unterscheiden sich die drei Vorgänge.
Beim **Medizinball** führt die kinetische Energie zur unelastischen Verformung. Ein Teil der Energie wird durch Reibung in thermische Energie umgewandelt. Der Ball erhöht geringfügig seine Temperatur und die seiner Umgebung.
Das **Gemeinsame** in den Energieumwandlungen beim **Superball** und beim **Tischtennisball** zeigt sich beim Aufprall auf dem Boden:
Der größte Teil der kinetischen Energie wird zur elastischen Verformung der Bälle genutzt. Die Spannenergie erhöht sich und wird dann wieder in kinetische Energie umgewandelt. Beide Bälle springen nach oben, wobei ihre Lageenergie in dem Maße zunimmt, wie ihre kinetische Energie abnimmt. Im obersten Punkt ist die kinetische Energie null, die Lageenergie hat dann ihren höchsten Wert erreicht. Sie ist aber kleiner als am Anfang, weil bei jedem Aufprall ein Teil der Energie durch unelastische Verformung in thermische Energie umgewandelt und als Wärme an die Umgebung abgegeben wird.
Der **Unterschied** in den Energieumwandlungen beim Superball und beim Tischtennisball liegt im Grad ihrer Elastizität begründet.

Auch ein Bergsteiger verrichtet Arbeit

Klettern ist eine beliebte Sportart (Abb. 2). Um einen bestimmten Höhenunterschied zu überwinden, ist mechanische Arbeit erforderlich.
Wovon hängt die Arbeit ab, die ein Bergsteiger verrichtet?

Der Bergsteiger verrichtet Hubarbeit. Sie ist abhängig

- von der Gewichtskraft des Bergsteigers und seiner Ausrüstung sowie
- vom Höhenunterschied, den der Bergsteiger überwindet.

Die mechanische Arbeit ist unabhängig davon, wie schnell der Bergsteiger sich nach oben bewegt. Die Schnelligkeit des Verrichtens von Arbeit wird durch die Größe Leistung erfasst.

2 Ein Bergsteiger verrichtet Hubarbeit.

Wie groß ist die verrichtete Arbeit, wenn der Bergsteiger eine Masse von 68 kg hat, seine Ausrüstung 12 kg wiegt und er aus einer Höhe von 785 m in eine Höhe von 1 685 m klettert?

Analyse:
Aus der Masse des Bergsteigers und seiner Ausrüstung muss die Gewichtskraft ermittelt werden, die beide haben. Der zurückgelegte Weg ist der Höhenunterschied. Die ebenfalls auftretende Reibungsarbeit und die Beschleunigungsarbeit (z. B. Bewegungsänderung von Armen und Beinen) bleiben unberücksichtigt.
Vereinfacht kann der Sachverhalt folgendermaßen dargestellt werden:

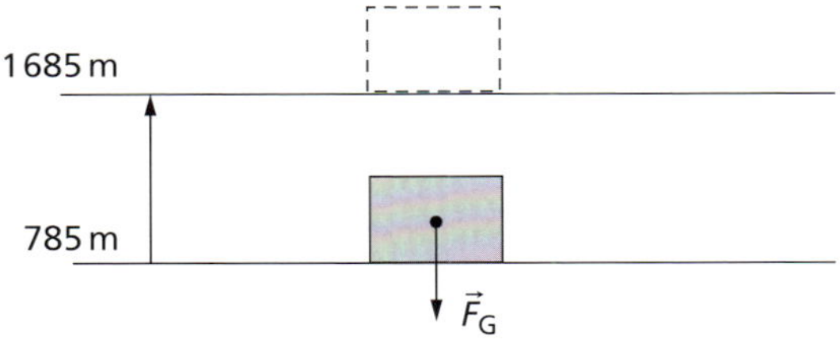

Gesucht: W in N · m
Gegeben: $m_1 = 68$ kg
$m_2 = 12$ kg
$h = 1\,685\text{ m} - 785\text{ m} = 900\text{ m}$

Lösung:

$$W = F_G \cdot h$$

Die Kraft ergibt sich aus der Masse von Bergsteiger und Ausrüstung:

$$m = m_1 + m_2$$
$$m = 68\text{ kg} + 12\text{ kg}$$
$$m = 80\text{ kg}$$

Das entspricht einer Gewichtskraft von 800 N. Damit erhält man für die Hubarbeit:

$$W = 800\text{ N} \cdot 900\text{ m}$$
$$\underline{W = 720\,000\text{ N} \cdot \text{m}}$$

Ergebnis:
Der Bergsteiger verrichtet eine Arbeit von 720 000 N · m oder 720 kJ. Diese Hubarbeit ist unabhängig davon, ob der Bergsteiger einen steilen und kurzen oder einen weniger steilen und langen Weg wählt.

1 Beim Anfahren von Autos wird Beschleunigungsarbeit verrichtet.

Arbeit beim Autofahren

Im Großstadtverkehr muss ein Fahrzeug häufig beschleunigen oder abbremsen.
Welche Arten von Arbeit werden dabei verrichtet? Wie ändert sich dadurch die Energie des Autos? Wie verändert sich seine Bewegungsenergie bei Verdopplung der Geschwindigkeit?

Beim Beschleunigen eines Autos wird Beschleunigungsarbeit verrichtet. Das Auto wird schneller. Damit vergrößert sich die Bewegungsenergie. Zugleich wird Reibungsarbeit verrichtet. Die dabei entstehende Wärme wird an die Umgebung abgegeben.

Beim Abbremsen eines Autos wird Reibungsarbeit verrichtet. Das Auto wird langsamer. Die ursprünglich vorhandene Bewegungsenergie wird in Form von Wärme an die Umgebung abgegeben.

Wenn sich die Geschwindigkeit eines Autos vergrößert, so vergrößert sich auch seine kinetische Energie. Für den Zusammenhang zwischen der Energie E und Geschwindigkeit v gilt:

$$E = \frac{1}{2} m \cdot v^2 \qquad \text{oder} \qquad E \sim v^2$$

Das bedeutet: Wenn sich die Geschwindigkeit verdoppelt, so vervierfacht sich die kinetische Energie. Das ist die Ursache dafür, dass Unfälle bei hohen Geschwindigkeiten viel gefährlicher sind als bei geringen Geschwindigkeiten.

gewusst · gekonnt

1. Die Abbildungen zeigen Beispiele, bei denen Kräfte wirken.

Welche Arten von Arbeit werden verrichtet? Begründe jeweils deine Aussage!

2. Welche Arten mechanischer Arbeit werden bei folgenden Vorgängen verrichtet?
a) Ein Pkw verringert durch Bremsen seine Geschwindigkeit.
b) Ein Radfahrer fährt an.
c) Ein Kind steigt eine Leiter hinauf.
d) Ein Handwerker biegt ein Rohr.

3. Eine Kiste wird mit einer Kraft von 150 N auf dem Boden 3 m weit geschoben. Wie groß ist die verrichtete Arbeit?

4. Du läufst mit deiner Schultasche auf einer ebenen Straße 350 m weit. Welche Arbeit verrichtest du an der Schultasche? Begründe deine Aussage!

5. Nenne Beispiele für Hubarbeit, Spannarbeit, Beschleunigungsarbeit und Reibungsarbeit aus deinem Erfahrungsbereich! Erläutere, welche Kräfte wirken und welche Wege zurückgelegt werden!

6. Gleich schwere Kisten sind vom Boden in einzelne Felder eines Regals gehoben worden. In welchen Fällen wurde die gleiche Arbeit zum Füllen der Regalfelder verrichtet? Antworte so: $W_{1A} = W_{2C}$

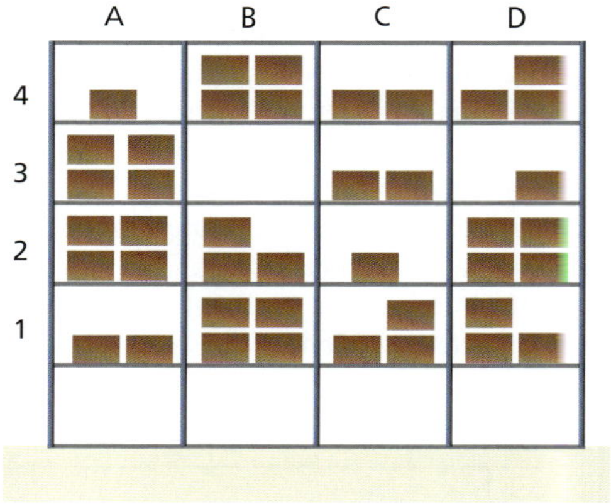

7. Berechne die fehlenden Werte unter der Bedingung, dass eine konstante Kraft in Richtung des Wegs wirkt!

	F	s	W
a)	400 N	2,5 m	?
b)	0,3 N	?	9 N · m
c)	?	3,8 m	76 kJ
d)	12,6 N	10 cm	?

8. Ein Schüler verrichtet eine Arbeit von 100 J. Nenne vier verschiedene Möglichkeiten, diese Arbeit zu verrichten!

9. Anja will sich beim Wandern die Arbeit erleichtern, indem sie statt des bequemen Wanderwegs eine steile Abkürzung wählt. Was meinst du dazu?

10. Zwei Schüler gehen mit ihren Schultaschen eine Treppe hoch.
Unter welchen Bedingungen verrichten sie die gleiche Arbeit?

11. Nicht alles, was man in der Umgangssprache Arbeit nennt, ist auch mechanische Arbeit im physikalischen Sinne.
Nenne dafür Beispiele!

12. Beschreibe die Energieumwandlungen, die bei einem Fadenpendel und bei einem Federschwinger vor sich gehen!

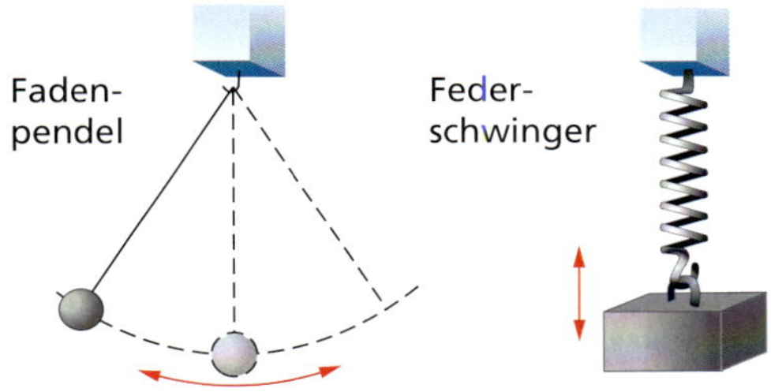

13. Gib für folgende Beispiele an, welche Energie der Körper besitzt:
a) ein fahrendes Auto
b) ein Schwungrad
c) ein gespannter Bogen
d) gestautes Wasser an einem Wehr

14. Nenne Beispiele für Körper aus Natur, Technik und Alltag, die potenzielle bzw. kinetische Energie besitzen!

15. Während Jens mutig vom 3-m-Brett ins Wasser springt, bevorzugt sein Vater das 1-m-Brett. Trotzdem haben beide auf dem jeweiligen Brett die gleiche potenzielle Energie. Wie kann das sein?

16. Auf dem Tisch steht eine Plastikflasche mit einem Liter Wasser.
Wie groß ist ihre potenzielle Energie
a) gegenüber dem Erdboden,
b) gegenüber der Tischplatte?

***17.** Wie ist die große zerstörerische Wirkung von Schnee- und Geröllawinen zu erklären?

18. Ein Pkw und ein voll beladener Lkw fahren mit der gleichen Geschwindigkeit.
Welches der beiden Fahrzeuge hat die größere kinetische Energie? Begründe!

19. Ein Radfahrer fährt bergauf mit 10 km/h und bergab mit 25 km/h. In welchem Fall hat er die größere kinetische Energie? Begründe!

20. Ein Ball ($m = 500$ g) wird nach oben geworfen und erreicht eine maximale Höhe von 12 m.
a) Beschreibe die Energieumwandlungen während des Flugs des Balls!
b) Wie groß ist die potenzielle Energie des Balls im höchsten Punkt seiner Bahn?

21. Bis zu welcher Höhe rollt die Kugel in der Abbildung? Beschreibe den Zusammenhang zwischen Energie und Arbeit an diesem Beispiel!

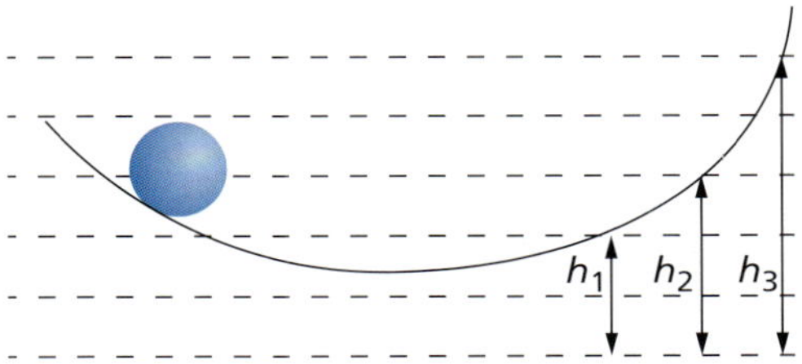

22. Eine Betonplatte mit einer Masse von 500 kg wird in 15 s um 5 m hochgehoben. Dann wird die Betonplatte in horizontaler Richtung um 4 m bewegt (s. Abb.).
a) Wie groß ist die durch den Kran verrichtete Hubarbeit?
b) Wie groß ist die Arbeit, wenn die Platte nur horizontal bewegt wird?

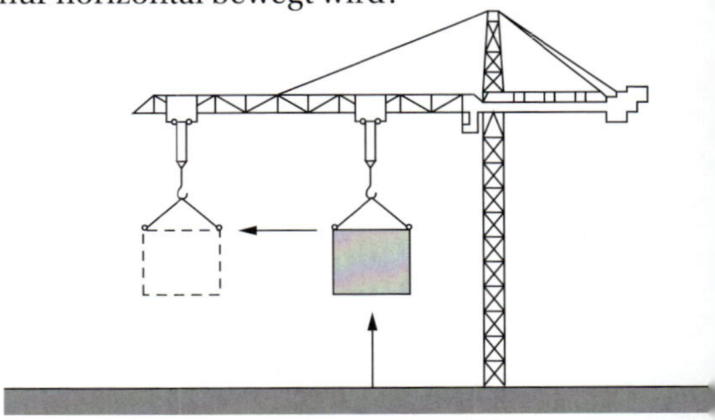

Mechanische Arbeit und Energie

Mechanische Arbeit wird verrichtet, wenn ein Körper durch eine Kraft bewegt oder verformt wird.

Allgemein gilt: Die mechanische Arbeit W ist das Produkt aus der in Wegrichtung wirkenden konstanten Kraft F und dem zurückgelegten Weg s.

$$W = F \cdot s$$

Wichtige Arten der mechanischen Arbeit sind Hubarbeit, Beschleunigungsarbeit, Verformungsarbeit und Reibungsarbeit.

Hubarbeit

führt zu einer Vergrößerung der potenziellen Energie (Lageenergie).

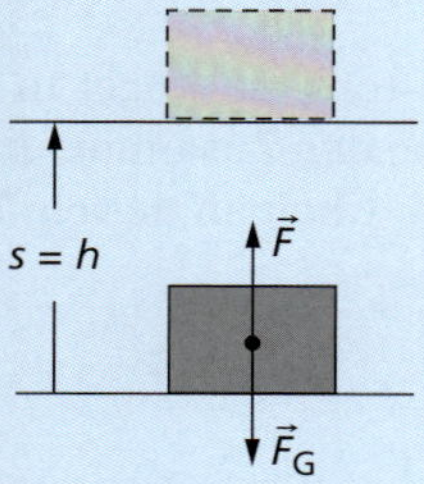

$$W = F_G \cdot s$$
$$W = m \cdot g \cdot h$$

Beschleunigungsarbeit

führt zu einer Vergrößerung der kinetischen Energie (Bewegungsenergie).

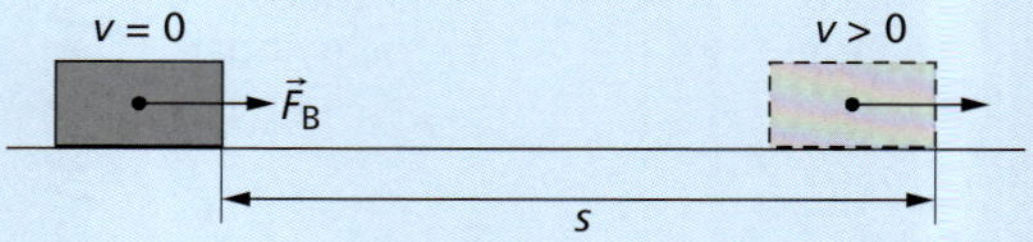

$$W = F_B \cdot s$$

Die an einem Körper oder von einem Körper verrichtete **mechanische Arbeit** ist gleich der Änderung seiner Energie. Für den Zusammenhang zwischen Arbeit W und Energie E gilt:

$$W = \Delta E$$

Formen mechanischer Energie

- potenzielle Energie (Energie der Lage)
  $$E_{pot} = F_G \cdot h = m \cdot g \cdot h$$
- kinetische Energie (Energie der Bewegung)
  $$E_{kin} = \frac{1}{2} m \cdot v^2$$

Für einen Vorgang, bei dem nur potenzielle in kinetische Energie umgewandelt wird und umgekehrt, gilt der **Energieerhaltungssatz der Mechanik:**

In einem abgeschlossenen mechanischen System ist die Summe aus potenzieller und kinetischer Energie konstant.

$$E_{pot} + E_{kin} = E_{mech} = \text{konstant} \quad \text{oder} \quad \Delta E = 0$$

6 Schwimmen, Schweben, Sinken

Druck und Auftrieb

Hochgefühl

Ballonfahrten erfüllen den alten Menschheitstraum vom Fliegen. Die Ballons werden von unten mit heißen Gasen gefüllt. Heißluftballons eignen sich aber auch, um Lasten zu transportieren. *Wie kommt es, dass ein Ballon aufsteigen kann, obwohl er auch noch Lasten tragen muss? Wie kann seine Höhe reguliert werden?*

Anglerglück

Zum Angeln gehört nicht nur Glück, sondern auch Können. Die große Kunst besteht darin, den Fisch auch aus dem Wasser zu bekommen, wenn er schon mal angebissen hat. Für große Fische muss man dazu einen Kescher verwenden. *Warum kann man große Fische zwar mit der Angel zu sich heranziehen, braucht aber einen Kescher, um sie aus dem Wasser zu holen?*

Tiefenrausch

Ungeübte Taucher können etwa 40 s lang unter Wasser bleiben. Geübte Perlentaucher erreichen über 2 min und Tiefen bis zu 30 m. Für größere Tiefen werden spezielle Ausrüstungen benötigt. Trotzdem kann es ab einer Tiefe von 50 m vorkommen, dass der menschliche Organismus rauschartig mit leichtsinnigem Verhalten und geringerem Urteilsvermögen reagiert.
Wodurch kommt es zum Tiefenrausch?
Wie kann man ihn vermeiden?

Der Druck

Wenn man in einem Schwimmbad tief taucht, spürt man einen Druck auf den Ohren. Dieser Druck ist unabhängig von der Lage des Kopfs. Das heißt, der Druck im Wasser hat keine Richtung. Eine ähnliche Erscheinung kennst du auch beim Fliegen, bei Bergfahrten oder Aufzugfahrten, wenn man schnell die Höhe ändert.

> **Die Wahrnehmung, dass Körper im Innern einer Flüssigkeit oder eines Gases zusammengedrückt werden, wird durch die physikalische Größe Druck beschrieben.**

Zusammendrücken, also Verformung, lässt auf Kräfte schließen. Noch deutlicher wird das, wenn man ein Gefäß mit Wasser hat, in dem sich kleine Öffnungen befinden (Abb. 1). Lässt man auf den Kolben eine Kraft einwirken, so spritzt das Wasser heraus (Abb. 1). Sind die Löcher verschieden groß, so zeigt sich: Aus kleinen Löchern spritzt das Wasser mit höherer Geschwindigkeit als aus großen Löchern.
Diesen Zusammenhang zwischen Kraft und Fläche kennst du. Übst du eine gleich große Kraft auf deinen Handrücken einmal mit einer Bleistiftspitze und einmal mit deinem Daumen aus, so ist das mit der Bleistiftspitze viel schmerzhafter. Die Bleistiftspitze drückt tiefer in den Handrücken hinein. Eine Nadelspitze würde sogar die Haut durchdringen.

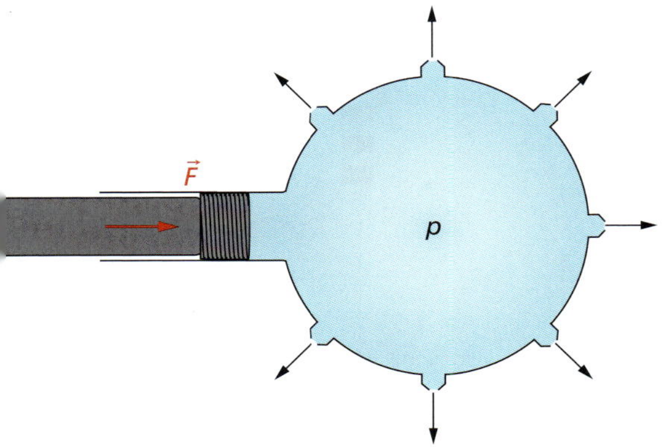

1 Infolge des Drucks im Innern der Kugel tritt das Wasser gleichmäßig in alle Richtungen aus.

2 Ein Skifahrer übt wegen der großen Fläche der Ski nur einen geringen Druck aus.

Wir stellen fest: Der Druck ist umso größer,
- je größer die wirkende Kraft ist,
- je kleiner die Fläche ist, auf die die Kraft wirkt.

> **Der Druck gibt an, welche Kraft senkrecht auf eine bestimmte Fläche wirkt.**
>
> **Formelzeichen: *p***
> **Einheit: ein Pascal (1 Pa)**

Der Druck kann mit folgender Formel berechnet werden:

$$p = \frac{F}{A}$$

F wirkende Kraft
A Fläche, auf die die Kraft wirkt

Der Druck ist besonders groß, wenn die Kraft *F* groß und die Fläche *A* klein ist. Er ist besonders klein, wenn die Kraft klein und die Fläche groß ist. Die Kraft *F* nennt man auch **Druckkraft.**
Die Einheit Pascal ist nach dem französischen Wissenschaftler BLAISE PASCAL (1623–1662) benannt. 1 Pascal ist der Druck, bei der eine Kraft von 1 N senkrecht auf eine Fläche von 1 m² wirkt. Dieser Druck ist sehr klein. Deshalb nutzt man meist **Vielfache dieser Einheit.** Es gilt:

$$1\,\text{Pa} = 1\,\text{N/m}^2 = 0{,}0001\,\text{N/cm}^2$$
$$1\,\text{kPa} = 1\,000\,\text{Pa} = 0{,}1\,\text{N/cm}^2$$
$$1\,\text{MPa} = 1\,000\,\text{kPa} = 100\,\text{N/cm}^2$$

Mit der Formel $p = \frac{F}{A}$ können wir auch verstehen, warum in Flüssigkeiten der Druck mit zunehmender Tiefe steigt. Wir betrachten dazu ein Gefäß mit Flüssigkeit (Abb. 1). In einer Tiefe h liegt die Fläche A. Auf diese Fläche A wirkt die Gewichtskraft der darüberliegenden Flüssigkeitssäule. Die Kraft auf die Fläche ergibt den Druck in einer bestimmten Tiefe h. Man nennt ihn **Schweredruck.**
Mit Vergrößerung der Tiefe vergrößert sich die Gewichtskraft der darüberliegenden Flüssigkeitssäule und damit der Schweredruck.

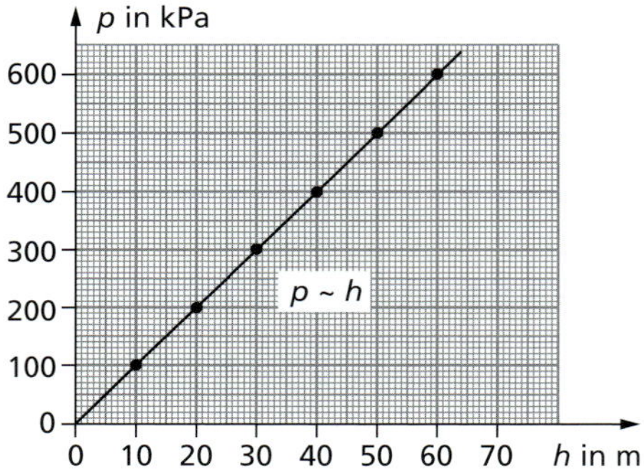

2 In Wasser nimmt der Schweredruck je 10 m Tiefe um 100 kPa zu.

Der Zusammenhang zwischen dem Druck und der Höhe der Wassersäule (Eintauchtiefe) ist in Abb. 2 dargestellt. Als Faustregel kannst du dir merken: Je Meter Tiefe nimmt der Schweredruck im Wasser um 10 kPa zu.
Beispiel: Im Marianengraben im Pazifischen Ozean wurde mit 11 034 m die größte Wassertiefe der Welt gemessen. In dieser Tiefe beträgt der Schweredruck des Wassers ca. 11 000 N/cm². Das bedeutet: Auf eine Fläche von 1 cm² wirkt dort etwa die Gewichtskraft eines Pkw. Bei Wasser ist auch zu beachten: Salzwasser hat eine etwas größere Dichte als Süßwasser. Deshalb ist der Schweredruck bei gleicher Tiefe in Salzwasser etwas größer als in Süßwasser.
Der Zusammenhang zwischen der Dichte eines Stoffs und dem Schweredruck in ihm gilt allgemein: Je größer die Dichte eines Stoffs ist, desto größer ist in einer bestimmten Tiefe der Schweredruck.

Schweredruck tritt auch in Gefäßen auf, wobei dort eine Besonderheit festzustellen ist. Obwohl sich verschieden viel Wasser in den Gefäßen in Abb. 3 befindet, zeigen die Kraftmesser denselben Wert an. Der Druck auf den Boden hängt nur von der Höhe der Flüssigkeitssäule und deren Dichte ab. Sonderbar (paradox) ist daran, dass eine kleine Flüssigkeitsmenge dieselbe Kraft auf eine Fläche erzeugen kann wie eine große. Die Erscheinung wird deshalb **hydrostatisches Paradoxon** genannt.

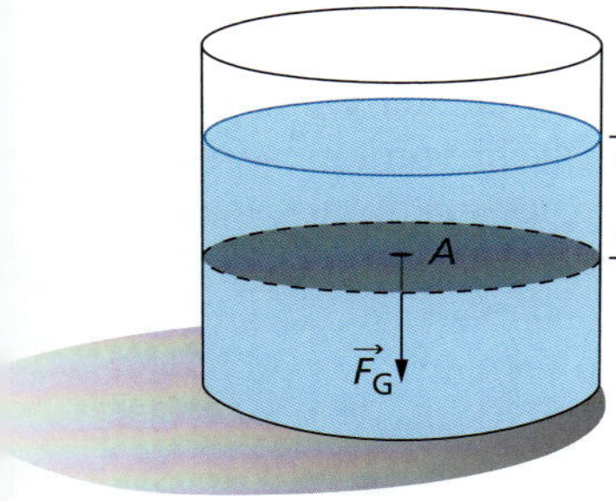

1 Die Gewichtskraft der Flüssigkeitssäule erzeugt den Schweredruck in der Flüssigkeit.

Der Schweredruck in einer Flüssigkeit ist unabhängig von der Gefäßform.

Das zeigt sich auch in **verbundenen Gefäßen.** Die Flüssigkeitsspiegel liegen in verbundenen Gefäßen immer auf gleicher Höhe. Auch hier hängt der Schweredruck nicht von der Form des Gefäßes, sondern nur von der Höhe der Flüssigkeitssäule und der Dichte ab. Beispiele für verbundene Gefäße sind Teekannen, Geruchsverschlüsse an Waschbecken oder Schlauchwaagen (s. S. 178).

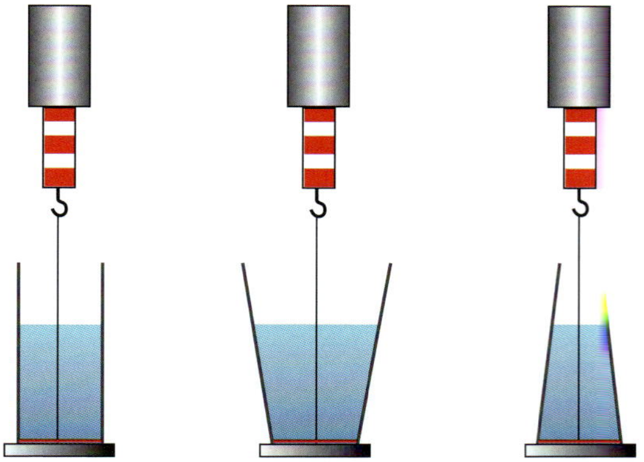

3 Die Druckkraft auf die gleich großen Bodenflächen ist bei gleicher Höhe der Wassersäulen gleich.

Druck und Richtung

Schließt man eine Flüssigkeit in einen Kolben ein und übt auf den Kolben eine Kraft aus, dann kann man die Flüssigkeit praktisch nicht zusammendrücken. Bringt man irgendwo im Gefäß eine Öffnung an, dann wird die Flüssigkeit dort aus dem Gefäß hinausgedrückt. Es wirkt eine Kraft senkrecht zur Gefäßwand. Der Druck selbst besitzt keine Richtung. Er erzeugt aber Kräfte, die senkrecht zu jeder beliebigen Fläche wirken (Abb. 1).
Ist der Druck, den man mit einem Kolben in einem geschlossenen Gefäß erzeugt, sehr viel größer als der Schweredruck in dem Gefäß, dann kann man den Schweredruck in solchen Fällen vernachlässigen. Unter dieser Bedingung gilt für den Druck:

Der Druck einer Flüssigkeit in einem geschlossenen Gefäß ist überall gleich groß.

Diese Tatsache nutzt man z. B. bei Bremsanlagen von Kraftfahrzeugen und hydraulischen Pressen. Da der Druck dann überall gleich groß ist, gilt wegen $p = \frac{F}{A}$:

- Auf eine kleine Fläche wird eine kleine Kraft ausgeübt.
- Auf eine große Fläche wird eine große Kraft ausgeübt.

Somit kann man durch Änderung der Fläche bei gleichem Druck unterschiedlich große Kräfte hervorrufen. Dieser Zusammenhang ist in Abb. 1 dargestellt.

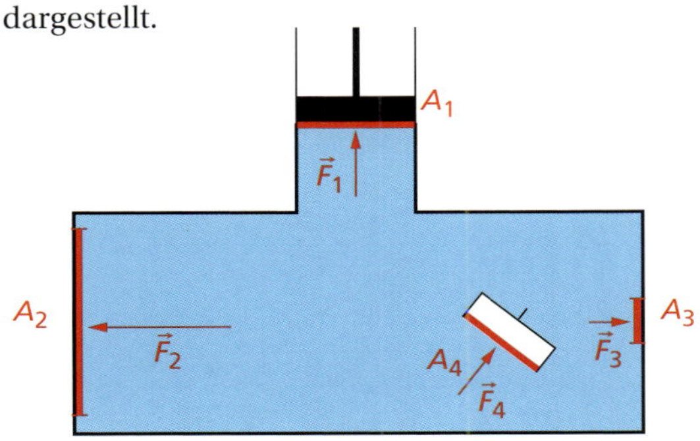

1 Der Druck in einer Flüssigkeit ist überall gleich groß, die Kräfte auf Flächen sind verschieden.

Mosaik

Hydraulische Anlagen

Wagenheber, Hebebühnen, Bremsanlagen von Fahrzeugen oder Pressen (Abb. 2) funktionieren nach demselben Prinzip: Sie vergrößern Kräfte mithilfe von Flüssigkeiten. So gesehen sind sie kraftumformende Einrichtungen (s. S. 141 ff.), bei denen durch Kolbendruck sowohl der Betrag als auch die Richtung von Kräften geändert werden kann.
Eine hydraulische Anlage besteht meist aus zwei unterschiedlich großen Zylindern mit beweglichen Kolben, die miteinander verbunden sind (Abb. 2). Als Flüssigkeit wird Öl verwendet. Der Druck in ihrem Innern beträgt bis zu 200 bar. Sie lassen sich auf recht kleinem Raum unterbringen.

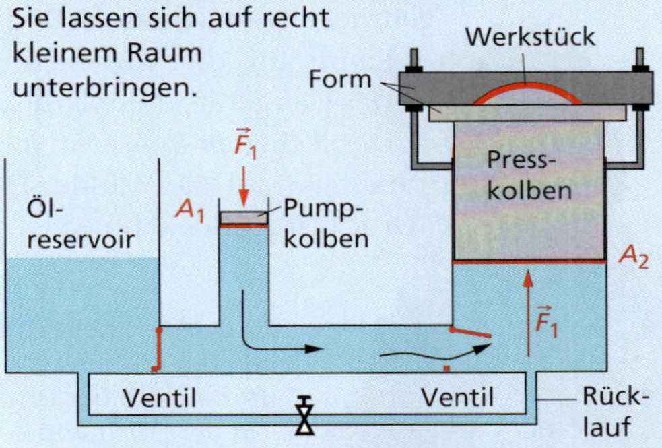

2 In einer hydraulischen Presse erzeugt eine kleine Kraft auf den Pumpenkolben eine große Kraft auf den Presskolben.

Drückt man mit einer kleinen Kraft F_1 auf den Pumpkolben mit kleiner Fläche A_1, so erzeugt man einen Druck p, der überall in der Anlage gleich ist. Dieser Druck p wirkt auch auf den Presskolben. Da die Fläche A_2 dieses zweiten Kolbens groß ist, ist auch die Kraft F_2 auf den Kolben groß. Für jede hydraulische Anlage im Gleichgewicht gilt:

$$\frac{F_1}{A_1} = \frac{F_2}{A_2} \quad \text{oder} \quad \frac{F_1}{F_2} = \frac{A_1}{A_2}$$

F_1, F_2 Kräfte an den Kolben
A_1, A_2 Flächen der Kolben

In hydraulischen Pressen werden nach diesem Prinzip so große Kräfte erzeugt, dass z. B. Karosserieteile im kalten Zustand verformt werden können. Bei Hebebühnen kann ein Pkw durch eine kleine Kraft angehoben werden.

Der Druck in Gasen

Wenn man die Öffnung einer Luftpumpe zuhält, kann die Luft in ihrem Innern zusammengedrückt werden (Abb. 1). Dazu muss man am Kolben eine relativ große Kraft aufwenden. Die Öffnung kann man jedoch leicht mit dem Daumen zuhalten, obwohl auch hier eine Kraft wirkt. Diese ist aber kleiner als am Kolben, weil auch die Fläche, auf die sie wirkt, kleiner ist.
Die Gasteilchen in der Luftpumpe nehmen den gesamten Raum ein, in dem sie sich befinden. Sie sind in ständiger Bewegung und stoßen mit anderen Teilchen und mit den Gefäßwänden zusammen. Wird der Kolben in die Pumpe hineingedrückt, verkleinert sich der Raum für die Gasteilchen. Das Gas gerät „unter Druck". Die Teilchen prasseln jetzt häufiger auf die Wände. Der Druck ist größer (Abb. 2).

1 Durch Hineinschieben des Kolbens vergrößert sich der Druck in der Luftpumpe.

Der Druck eines Gases in einem geschlossenen Gefäß ist überall gleich groß. Er breitet sich allseitig aus.

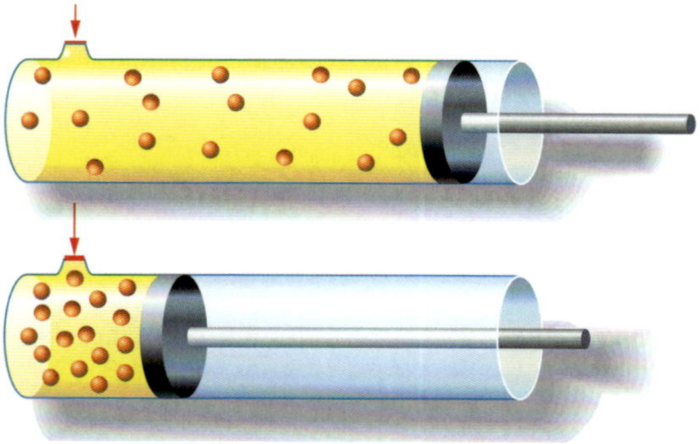

2 Bei Druckerhöhung prasseln die Teilchen heftiger auf die Begrenzungsflächen.

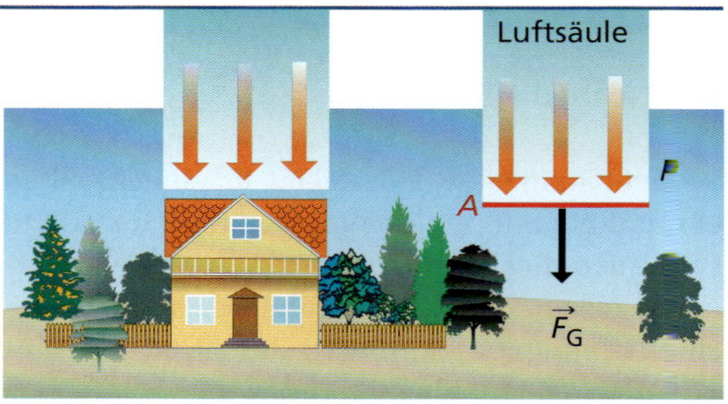

3 Die Gewichtskraft der Luft erzeugt den Luftdruck auf der Erde.

Der Luftdruck

Auch Gase wie die Luft haben eine Gewichtskraft und können dadurch einen Schweredruck verursachen, den man **Luftdruck** nennt (Abb. 3). Er wirkt auf alle Körper der Erde, auch wenn wir ihn nicht immer spüren.
Der Luftdruck bewirkt z. B., dass ein Haken mit Saugnapf an einer glatten Fläche befestigt werden kann oder ein Konservenglas fest verschlossen bleibt. Der Luftdruck ist direkt über der Meeresoberfläche am größten und beträgt dort im Durchschnitt 101,3 kPa. Dieser Druck wird als **Normdruck** bezeichnet. Der Luftdruck nimmt mit zunehmender Höhe ab (Abb. 4).

Der Luftdruck ist der Schweredruck der Luft. Er nimmt mit der Höhe ab.

Der Luftdruck wird auch in den Einheiten ein Millibar (1 mbar) und ein Hektopascal (1 hPa) angegeben: 101,3 kPa = 1013 hPa = 1013 mbar.

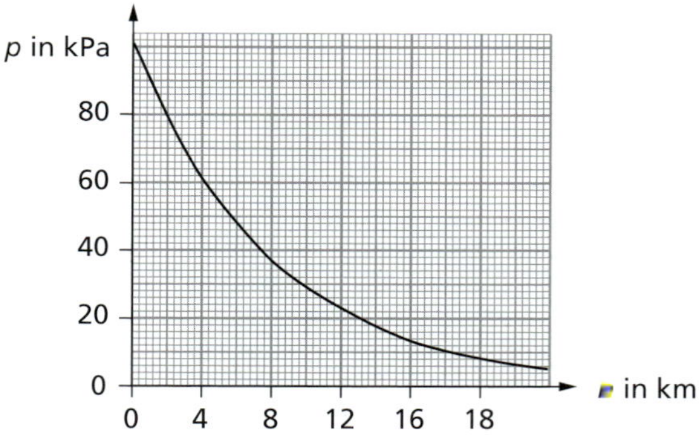

4 Der Luftdruck verringert sich mit zunehmender Höhe über dem Meeresspiegel.

Auftrieb und Auftriebskraft

Ein Surfbrett, ein Baumstamm, ein Eiswürfel oder ein viele Tonnen schweres Schiff (Abb. 1) schwimmen auf der Wasseroberfläche. Körper aus unterschiedlichen Stoffen tauchen dabei unterschiedlich tief ein. Ebenso liegt ein beladenes Schiff tiefer im Wasser als ein unbeladenes. Aber beide Schiffe tauchen im Binnengewässer deutlich tiefer ein, als sie im Meerwasser eingetaucht waren.
Andere Körper dagegen, wie Steine, Metallschrauben oder ein voll Wasser laufendes Schiff, gehen unter.
Untersucht man genauer, welche Körper schwimmen und welche nicht, dann zeigt sich: Entscheidend dafür, ob ein Körper schwimmt oder nicht schwimmt, ist seine mittlere Dichte im Vergleich zur Dichte des Wassers.

Ein Körper schwimmt auf dem Wasser, wenn seine mittlere Dichte kleiner als die Dichte von Wasser ist.

Er geht unter, wenn seine mittlere Dichte größer als die von Wasser ist.
Damit ein Körper schwimmt, muss der nach unten gerichteten Gewichtskraft eine gleich große Kraft entgegenwirken. Diese Kraft nennt man **Auftriebskraft** F_A, die Erscheinung selbst **Auftrieb.** Eine Auftriebskraft wirkt nicht nur auf schwimmende Körper, sondern auf jeden Körper, der sich in einer Flüssigkeit befindet (Abb. 2).
Sie ist umso größer, je mehr der Körper in die Flüssigkeit eintaucht (Abb. 3).

1 Ein Schiff schwimmt, weil seine mittlere Dichte kleiner als die von Wasser ist.

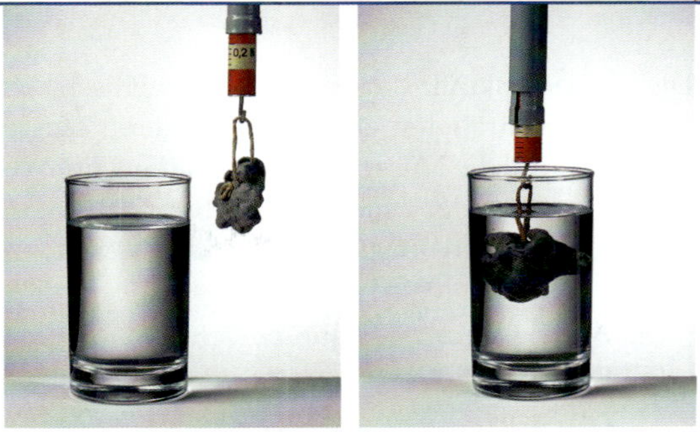

2 Taucht ein Körper in Wasser ein, dann verringert sich seine Gewichtskraft scheinbar durch die nach oben gerichtete Auftriebskraft.

Das Volumen des eingetauchten Teils des Körpers verdrängt ein gleich großes Volumen der Flüssigkeit. Die Gewichtskraft des verdrängten Volumens der Flüssigkeit ist umso größer, je größer das Volumen des eingetauchten Teils des Körpers ist. Damit ergibt sich ein Zusammenhang zwischen der Auftriebskraft, die ein Körper in einer Flüssigkeit erfährt, und der Gewichtskraft der von ihm verdrängten Flüssigkeit. Dieser Zusammenhang wird durch das **archimedische Gesetz** beschrieben.

Die auf einen Körper wirkende Auftriebskraft F_A ist gleich der Gewichtskraft F_G der verdrängten Flüssigkeit.

$$F_A = F_G$$

Dieses Gesetz wurde zuerst von ARCHIMEDES (287–212 v. Chr.) entdeckt. Es gilt auch für Körper, die sich in einem Gas befinden, z. B. für einen Luftballon oder einen Zeppelin in Luft.

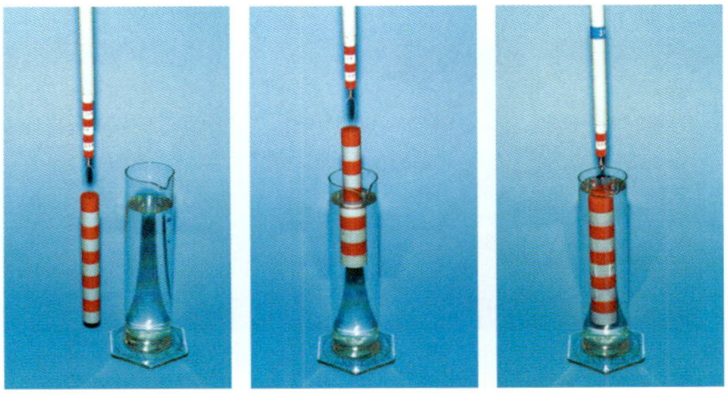

3 Je tiefer ein Körper in Wasser eintaucht, desto größer ist die Auftriebskraft, die er erfährt.

Die Gewichtskraft der verdrängten Flüssigkeit oder des verdrängten Gases ist von deren Masse abhängig und die Masse wiederum hängt vom Volumen und von der Dichte des Stoffs ab, aus dem er besteht. Allgemein gilt für die Auftriebskraft:

Die Auftriebskraft F_A kann berechnet werden mit der Gleichung:

$$F_A = \varrho \cdot V \cdot g$$

- ϱ **Dichte des Stoffs, der verdrängt wird (z. B. Wasser)**
- V **Volumen des Körpers, der sich in der Flüssigkeit befindet**
- g **Ortsfaktor**

Für Wasser beträgt die Dichte $\varrho = 1\,\text{g/cm}^3$. Für Luft hat sie einen Wert von $\varrho = 1{,}29\,\text{kg/m}^3$.

Sinken, Schweben, Steigen, Schwimmen

Je nachdem, wie groß die Gewichtskraft eines Körpers F_G und die an ihm wirkende Auftriebskraft F_A sind, kann der Körper in einer Flüssigkeit oder einem Gas sinken, schweben, steigen oder schwimmen.
Da das Volumen des eingetauchten Körpers und das der verdrängten Flüssigkeit bzw. des verdrängten Gases immer den gleichen Wert haben, sind die Dichten der Stoffe, aus denen die Körper bestehen, letztlich entscheidend dafür, ob ein Körper sinkt, steigt oder schwebt. Für den Körper ist dabei die **mittlere Dichte** wichtig.
In der nachfolgenden Übersicht sind die Bedingungen für das Sinken, Schweben, Steigen und Schwimmen eines Körpers angegeben.

Sinken	Schweben	Steigen	Schwimmen
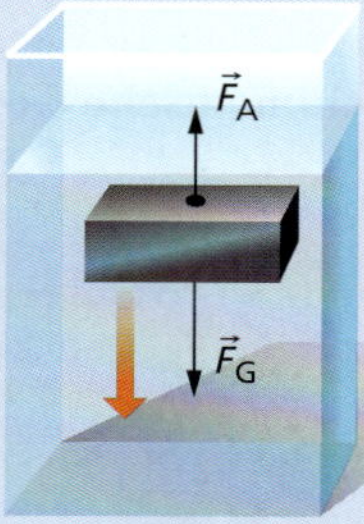	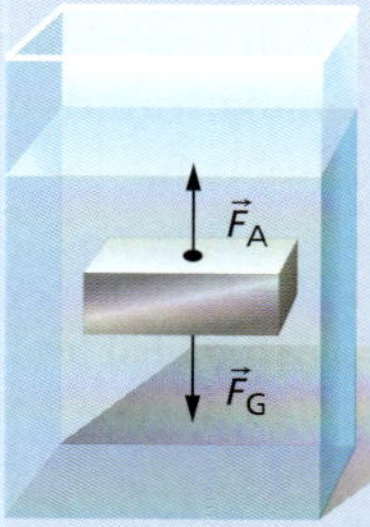	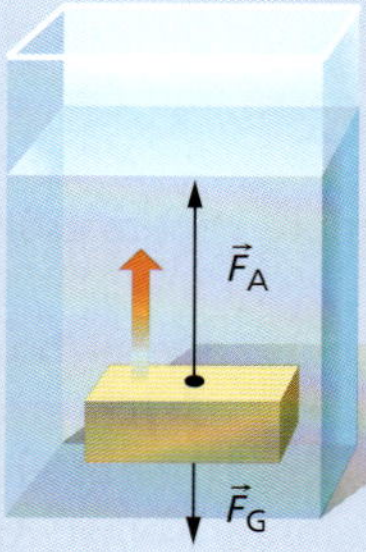	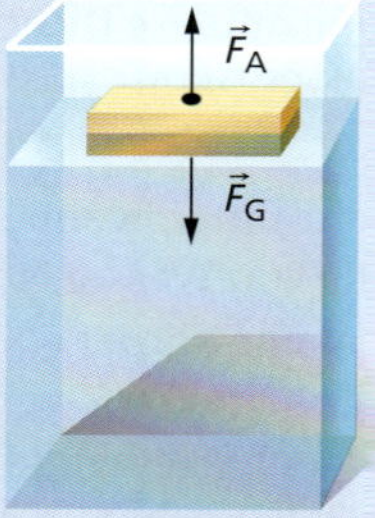
$F_A < F_G$	$F_A = F_G$	$F_A > F_G$	$F_A = F_G$ Ein Teil des Körpers befindet sich außerhalb der Flüssigkeit.
$\varrho_{Fl} < \varrho_{Körper}$	$\varrho_{Fl} = \varrho_{Körper}$	$\varrho_{Fl} > \varrho_{Körper}$	$\varrho_{Fl} > \varrho_{Körper}$

Ein Stein sinkt im Wasser nach unten.	Ein Taucher schwebt im Wasser in einer bestimmten Tiefe.	Ein Fisch steigt aus großer Tiefe nach oben.	Ein Schiff schwimmt auf dem Wasser.

Physik in Natur und Technik

Ein Auto auf der Bühne

In Kfz-Werkstätten werden Autos mithilfe von Hebebühnen hochgehoben (Abb. 1). Das erleichtert die Reparatur an schwer zugänglichen Teilen. Den Aufbau einer solchen Anlage zeigt Abb. 2. Der Pumpkolben einer Hebebühne hat eine Fläche von 40 cm². Die Fläche des Arbeitskolbens an der Bühne beträgt 200 cm².

Mit welcher Kraft muss die Pumpe auf den Kolben einwirken, um ein Auto mit einer Gewichtskraft von 12 000 N zu heben?

1 Pkw auf einer Hebebühne

Analyse:
Die Hebebühne ist eine hydraulische Anlage. Sieht man von möglichen Reibungskräften ab, kann man die Kraft auf den Pumpkolben mithilfe des Gesetzes für hydraulische Anlagen ermitteln.

Gesucht: F_1
Gegeben: $F_2 = 12\,000\,\text{N}$
$A_1 = 40\,\text{cm}^2$
$A_2 = 200\,\text{cm}^2$

Lösung: Für hydraulische Anlagen gilt:

$$\frac{A_1}{A_2} = \frac{F_1}{F_2}$$

Weil die Fläche des Pumpkolbens nur ein Fünftel der Fläche des Arbeitskolbens beträgt, muss als Kraft auf den Pumpkolben auch nur ein Fünftel der Gewichtskraft des Autos wirken.

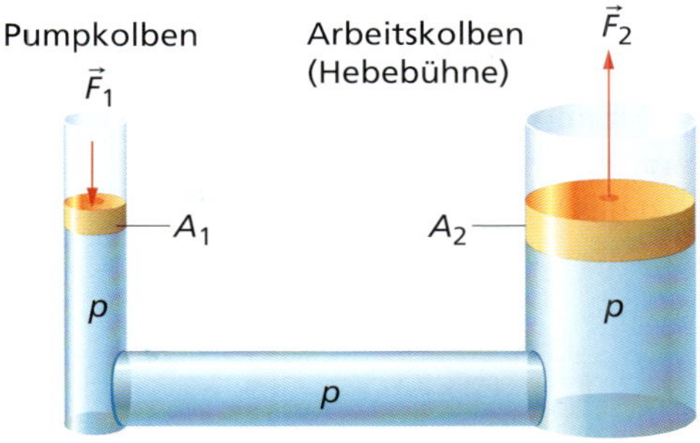

2 Aufbau einer Hebebühne (vereinfacht)

$$F_1 = F_2 : 5$$
$$F_1 = 12\,000\,\text{N} : 5$$
$$\underline{F_1 = 2\,400\,\text{N}}$$

Ergebnis:
Die Pumpe muss mit einer Kraft von 2 400 N auf den Kolben einwirken, um das Auto zu heben.

Mosaik

Die Spraydose

Die Skizze zeigt den Aufbau einer Spraydose.

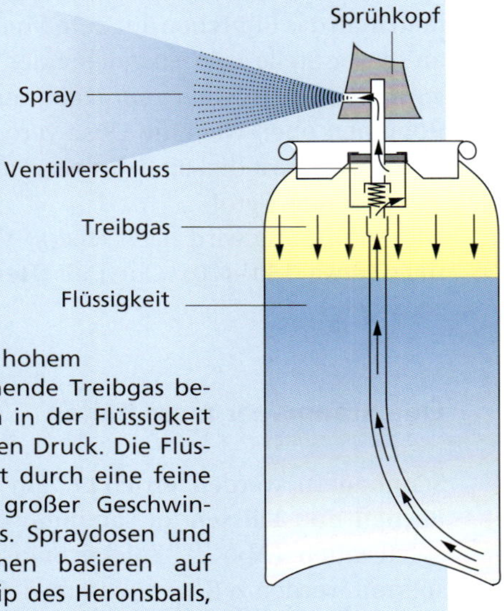

Betätigt man den Sprühkopf, so wird ein Ventil geöffnet. Das unter hohem Druck stehende Treibgas bewirkt auch in der Flüssigkeit einen hohen Druck. Die Flüssigkeit tritt durch eine feine Düse mit großer Geschwindigkeit aus. Spraydosen und Spritzflaschen basieren auf dem Prinzip des Heronsballs, der auf S. 172 beschrieben ist.

Der Heronsball

Pustet man kräftig in das Röhrchen (Abb. 1) und nimmt es anschließend aus dem Mund, dann spritzt das Wasser wie eine Fontäne heraus.
Wie ist diese Erscheinung zu erklären?

1 Mit einem Heronsball lassen sich Fontänen erzeugen.

Die Luft über dem Wasser im Gefäß befindet sich zunächst unter normalem Druck. Pustet man weitere Luft in das Gefäß, dann erhöht sich der Druck erheblich. Das Volumen, das die Luft ausfüllen kann, bleibt konstant, weil sich das Wasser nicht zusammendrücken lässt. Der Druck in der Luft breitet sich allseitig aus und übt auch Kräfte auf die Wasseroberfläche aus. Dadurch erhöht sich der Druck im Wasser. In dem Moment, in dem man das Röhrchen aus dem Mund nimmt, ist an dieser Stelle kein ausreichender Gegendruck vorhanden. Das Wasser spritzt heraus. Wenn das Röhrchen oben wie eine Düse verengt ist, dann ist die Geschwindigkeit des ausströmenden Wassers besonders groß.
Die Anordnung wird nach HERON VON ALEXANDRIA (etwa 150–100 v. Chr.) als **Heronsball** bezeichnet.

Eine Staumauer muss halten

Staumauern werden errichtet, um Wasser von Bächen und Flüssen zu sammeln und zu Seen aufzustauen (Abb. 2). Solche Stauseen an Talsperren werden z. B. genutzt, um Trinkwasser zu gewinnen oder um in Wasserkraftwerken elektrische Energie zu „erzeugen“.

2 Durch die Staumauer wird das Wasser eines Flusses gesammelt.

Wie müssen Staumauern gebaut sein, damit sie auch halten? Wie groß ist der Schweredruck des Wassers an der Sohle einer Staumauer, wenn diese 50 m unter dem Wasserspiegel des Stausees liegt?

Staumauern müssen den Kräften entgegenwirken, die durch den Schweredruck des Wassers hervorgerufen werden. Da der Schweredruck mit der Tiefe zunimmt, muss die Staumauer an tiefer gelegenen Stellen immer größeren Kräften standhalten. Sie wird deshalb so gebaut, dass sie von der Krone zur Sohle immer breiter wird (Abb. 3). Der Druck auf die Mauer ist aber nur von der Höhe des Wassers abhängig und nicht davon, wie lang oder breit der Stausee ist. Der Schweredruck in Wasser nimmt je 10 m Tiefe um etwa 100 kPa zu. Es gilt $p \sim h$. Deshalb herrscht in 50 m Tiefe ein Schweredruck von etwa $5 \cdot 100\,\text{kPa} = 500\,\text{kPa}$.

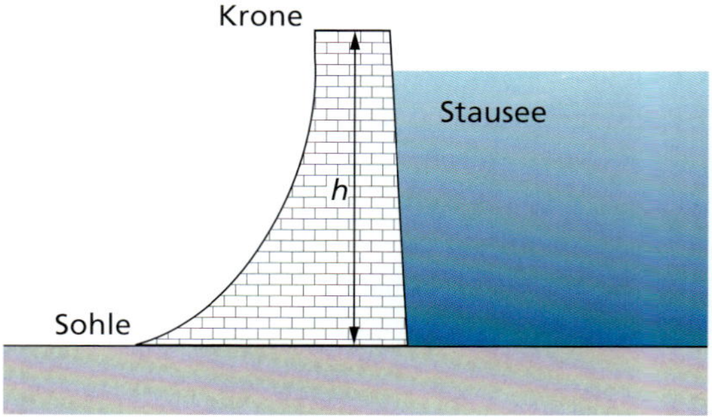

3 Profil der Staumauer an einem Stausee: Die Sohle ist wesentlich breiter als die Krone.

Messung des Luftdrucks

Messgeräte für den Luftdruck nennt man **Barometer.** Eine häufig verwendete Form ist das Dosenbarometer (Abb. 1).

Beschreibe den Aufbau und erkläre die Wirkungsweise eines Dosenbarometers!

Ein Dosenbarometer besteht aus einer fast luftleeren Metalldose (Druckdose). Die Dose ist über eine Feder mit einem Hebelmechanismus verbunden, der zu einem Zeiger führt. Dadurch wird die Bewegung eines gewellten Deckels (Membran) auf den Zeiger übertragen.

Bei Normdruck wird der Zeiger auf den Wert 1013 hPa (760 Torr) gestellt. Verändert sich der Luftdruck, dann wird die Membran mehr oder weniger verbogen. Dadurch verändert sich die Zeigerstellung. Moderne Barometer gibt es in vielen verschiedenen Bauformen. Teilweise arbeiten sie mit Drucksensoren und zeigen den Luftdruck digital an. Das bedeutet: Der Luftdruck wird als Zahlenwert mit Einheit angezeigt. Messgeräte für die Messung des Gasdrucks in einer Gasflasche oder für den Luftdruck in einem Auto- oder Fahrradreifen nennt man **Manometer.** Abb. 2 zeigt eine Bauform eines solchen Manometers, ein Membranmanometer.

Es funktioniert folgendermaßen: Der Luftdruck im Reifen verformt über eine Membran eine Feder, die mit einem Zeiger verbunden ist. An einer Skala kann der Druck abgelesen werden. Er wird meist in bar angezeigt. Es gilt: 1 bar = 100 kPa. Bei Autoreifen liegt der empfohlene Druck meist zwischen 2,0 bar und 3,0 bar.

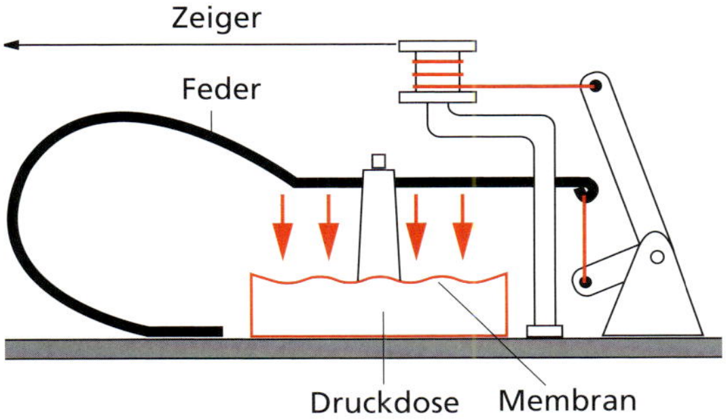

1 Die Verbiegung der Membran ist ein Maß für den Luftdruck.

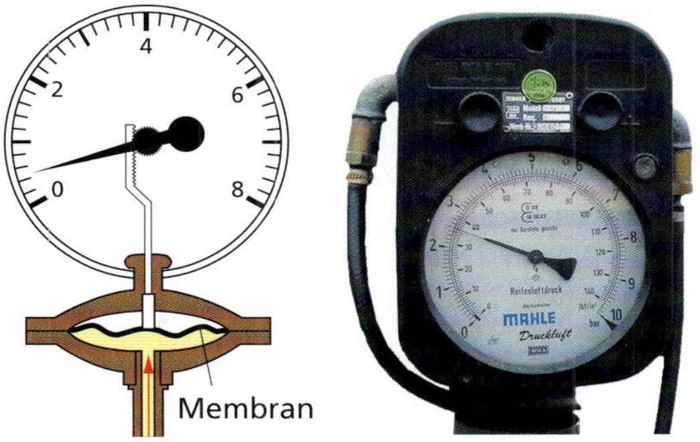

2 Ein Manometer misst den Überdruck in einem Gas. Die Skizze zeigt den Aufbau eines Manometers zur Messung des Drucks in Autoreifen.

Beschreiben des Aufbaus und Erklären der Wirkungsweise eines technischen Geräts

Beim Beschreiben des Aufbaus eines technischen Geräts und dem Erklären seiner Wirkungsweise mithilfe physikalischer Gesetze sollte man folgendermaßen vorgehen:

1. Gehe vom Verwendungszweck des technischen Geräts aus!
2. Beschreibe die für das Wirken physikalischer Gesetze wesentlichen Teile des Geräts!
3. Lasse dabei technische Details des Geräts unberücksichtigt!
4. Führe die Wirkungsweise des Geräts auf physikalische Gesetze zurück!

Vom Fliegen

Ein Menschheitstraum war schon immer, sich wie ein Vogel in die Lüfte zu erheben. Leider verhindert die Erdanziehung die einfache Erfüllung dieses Wunschs. Es gelingt nur, wenn man eine größere Auftriebskraft nach oben erzeugen kann. Dafür gibt es unterschiedliche Möglichkeiten.

Heißluftballons und Luftschiffe

Zum ersten Mal erhob sich am 21. November 1783 ein Heißluftballon in die Luft. Nach seinen Erfindern, den Gebrüdern MONTGOLFIER, wurden solche Ballons als Montgolfiere bezeichnet (Abb. 1). Der Ballon bestand aus einer mit Papier beklebten und bemalten Stoffhülle, einem Korb aus stoffbespannten Weidenruten und einem Feuerrost im Innern. Die Luft im Ballon wurde mit einem Strohfeuer erhitzt. Der erste Flug dauerte 25 Minuten.

1. *Erläutere, unter welchen Bedingungen ein Ballon steigt, schwebt oder sinkt!*

2. *Diskutiere Möglichkeiten, wie man einen in einer bestimmten Höhe schwebenden Heißluftballon zum Steigen bringen kann!*

Das Prinzip, die kleine Dichte heißer Luft zu nutzen, um einen ausreichenden Auftrieb zu erzeugen, wird auch bei modernen Heißluftballons angewendet (Abb. 3). Statt heißer Luft kann man den Ballon auch mit einem Gas füllen, das eine geringere Dichte als Luft hat. Dies ist das Prinzip des Zeppelins, benannt nach seinem Erfinder, dem württembergischen General GRAF FERDINAND VON ZEPPELIN (1838–1917).

2 Das Luftschiff LZ 129 „Hindenburg" über dem Bodensee

3. *Erkunde mithilfe des Internets,*
   a) *wann und wo die ersten Zeppeline gebaut wurden,*
   b) *welche Rolle sie bis 1937 spielten,*
   c) *welches Ereignis am 6. Mai 1937 stattfand,*
   d) *wozu heute Zeppeline genutzt werden!*

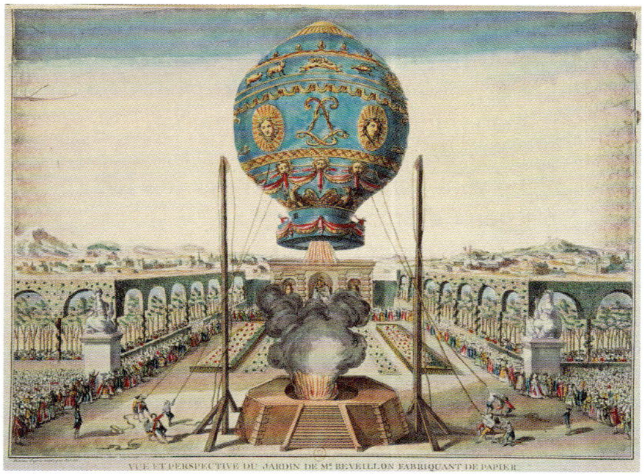

1 Start einer Mongolfiere im 18. Jahrhundert

3 Moderner Heißluftballon

Thema

Flugzeuge

Flugzeuge haben sich im Verlauf des 20. Jahrhunderts zu einem wichtigen Verkehrs- und Transportmittel entwickelt. Trotzdem war und bleibt das Fliegen eines Flugzeugs eine relativ komplizierte Angelegenheit und erfordert insbesondere beim Starten und beim Landen viel Erfahrung. Moderne Elektronik in Verbindung mit den traditionellen Teilen eines Flugzeugs (Antrieb, Tragflächen, Höhenruder, Querruder, Seitenruder) ermöglicht heute ein relativ sicheres Fliegen von Flugzeugen mit mehreren hundert Passagieren.

1 Modernes Flugzeug: Mit ihm werden Teile des Airbus transportiert.

Historisches

Der Traum vom Fliegen ist uralt. Bereits die griechische Sage berichtet, dass DÄDALUS und sein Sohn IKARUS sich Flügel aus Vogelfedern bauten und damit flogen.
Im 11. Jahrhundert soll ein englischer Mönch einen Flugversuch vom Turm eines Klosters unternommen haben, der jedoch misslang.
Im 15. Jahrhundert beschäftigte sich der geniale Maler, Mathematiker und Techniker LEONARDO DA VINCI (1452–1519) eingehend mit dem Fliegen. Er studierte insbesondere den Flug der Vögel und entwarf Zeichnungen von künstlichen Flügeln (Bild 2), aber auch von Drehflüglern und Fallschirmen. Die Ideen von LEONARDO gerieten zunächst in Vergessenheit, der Traum vom Fliegen aber blieb.

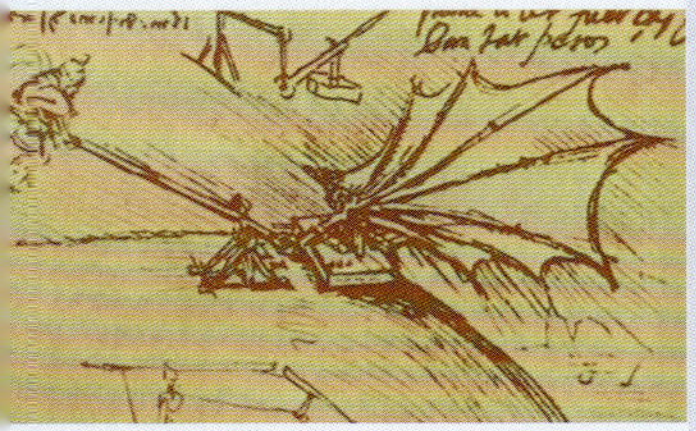

2 Schlagflügel von LEONARDO DA VINCI

Immer wieder unternahmen Menschen Flugversuche, die jedoch alle misslangen. So führte 1811 in Ulm der Schneidermeister ALBRECHT LUDWIG BERLINGER einen Flugversuch durch, der aber kläglich scheiterte. Er hatte versucht, mit selbst gebauten Flügeln von einem eigens errichteten Holzgerüst im Gleitflug über die Donau zu schweben. Der Flug endete aber in der Donau. Bekannt geworden ist das als der Flug des „Schneiders von Ulm“.

Einen wesentlichen Schritt zur Entwicklung der Luftfahrt vollbrachten die Brüder GUSTAV und OTTO LILIENTHAL. Sie untersuchten insbesondere den Gleitflug mit Tragflügeln und verglichen ihre Erkenntnisse immer wieder mit dem Gleitflug von großen Vögeln.
1891 führte O. LILIENTHAL (1848–1896) erstmals erfolgreich Gleitflüge in Derwitz bei Werder an der Havel aus (Bild 3).

3 OTTO LILIENTHAL mit seinem Gleitflugapparat

... und mehr

Informiere dich auch unter: *Hubschrauber, Heißluftballon, Luftschiff, U-Boot, Blutdruck, hydraulische Anlagen, Saugpumpe, Otto von Guericke, Blaise Pascal, Evangelista Torricelli, Archimedes, Auftrieb, …*

Flugzeuge und Hubschrauber

Während man sich bei einem leichten Luftballon noch gut vorstellen kann, dass er sich in die Lüfte erhebt, wirkt das bei den heutigen riesigen Großraumflugzeugen wie ein Wunder.
Die Grundidee, Flugzeuge oder Hubschrauber in die Luft zu bringen, ist ähnlich wie bei Raketen. Der Flugkörper (Flugzeug, Hubschrauber) überträgt Impuls auf die Luft nach unten. Wegen der Impulserhaltung erhält dabei der Flugkörper einen gleich großen Impuls nach oben.
Ein Hubschrauber erreicht das, indem er wie ein Ventilator Luft nach unten bläst. Man sieht das besonders gut, wenn ein Hubschrauber gelandet ist und der Rotor läuft. Das Gras bzw. die aussteigenden Menschen werden kräftig angeblasen.

4. *Erkunde unter Nutzung des Internets,*
   a) wann die ersten Hubschrauber gebaut wurden,
   b) welche Geschwindigkeiten und Höhen moderne Hubschrauber erreichen!

Der Rotor hat für den Hubschrauber die gleiche Bedeutung wie die Flügel für Vögel oder Insekten. Diese erreichen durch den Flügelschlag, dass die Luft einen Impuls nach unten und damit sie selbst einen gleich großen Impuls nach oben bekommen. Da die Masse der Luft klein ist, müssen Vögel leicht sein oder durch große Flügel möglichst viel Luft nach unten bewegen.

1 Eines der ersten Ganzmetallflugzeuge für Passagiere war die ab 1932 gebaute Ju-52.

2 Ein modernes Großraumflugzeug wie der A 380 hat eine maximale Startmasse von etwa 560 Tonnen.

5. *Manchmal kann man beobachten, dass Vögel ohne Flügelschlag gleiten und dabei teilweise sogar noch eine größere Höhe erreichen. Wie ist das zu erklären?*

In der Frühgeschichte des Flugzeugs wurden Experimente mit beweglichen Flügen unternommen – beim Flugzeug nennt man sie Tragflächen. Alle diese Versuche scheiterten aber.
Erfolge wurden erst erzielt, als man die Form der Flügel von großen Vögeln nachbaute und diese Tragflächen gegenüber Luft bewegte. Bei einem Flugzeug sind die Tragflächen so geformt, dass die an ihnen vorbeiströmende Luft mit großer Geschwindigkeit nach unten abgelenkt wird.
1903 hob erstmals ein propellerbetriebenes Motorflugzeug der Gebrüder WRIGHT vom Boden ab. Ende der 20er Jahre des vorigen Jahrhunderts begannen die ersten regelmäßigen Passagierflüge. Solche Flüge zwischen Europa und Amerika gibt es seit den 50er Jahren des zwanzigsten Jahrhunderts.
Heute ist eine Reise mit dem Flugzeug für viele eine Selbstverständlichkeit.

6. *Informiere dich genauer über die ersten Pioniere der Luftfahrt! Nutze dazu Nachschlagewerke und das Internet, z. B. die Adresse www.schuelerlexikon.de. Fertige im Ergebnis deiner Untersuchungen eine Schautafel oder eine Computer-Präsentation zum Thema „Pioniere der Luftfahrt“ an!*

Untersuchungen zum Auftrieb kann man mit einfachen Modellexperimenten durchführen.

7. *Führe folgendes Experiment mit einem Luftballon durch!*

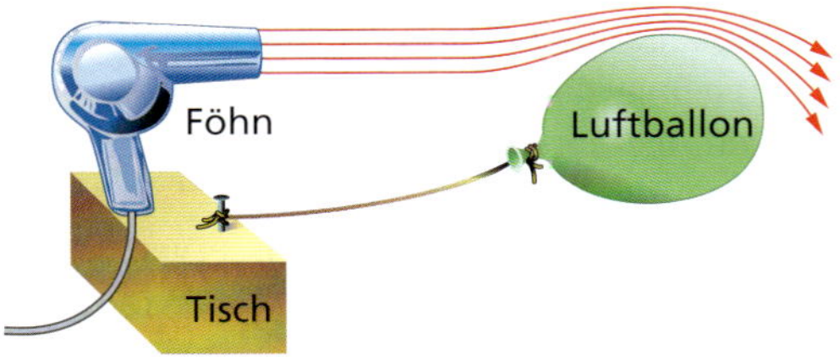

Beobachte und beschreibe!

Der auftretende Effekt ist folgendermaßen zu erklären: Die am Ballon entlangströmende Luft wird nach unten abgelenkt. Das kann man spüren, wenn man die Hand hinten unten an den Ballon hält. Die Luft erfährt also eine Impulsänderung nach unten.
Wegen der Impulserhaltung erfährt der Ballon eine gleich große Impulsänderung nach oben. Es ergibt sich damit ein Auftrieb.
Bei Flugzeugen erreicht man den gleichen Effekt durch eine spezielle Form der Tragflächen und einen zweckmäßig gewählten Anstellwinkel (Abb. 1). Das Flugzeug muss sich so schnell gegenüber der Luft bewegen, dass die durch die Impulsänderung erzeugte Auftriebskraft größer als die Gewichtskraft ist. Das ist erst bei höheren Geschwindigkeiten der Fall. Entscheidend ist dabei immer die Relativgeschwindigkeit zwischen Flugzeug und Luft.

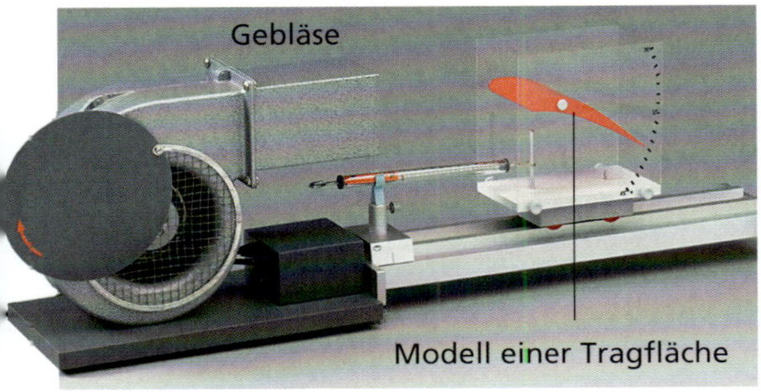

1 Am Modell einer Tragfläche kann man experimentell untersuchen, wie sich der Auftrieb mit dem Anstellwinkel ändert.

8. *Finde heraus, wie groß Start- und Landegeschwindigkeiten moderner Flugzeuge sind!*

9. *Auf ein Flugzeug wirken sehr unterschiedliche Kräfte (s. Abb.).*

Wie würde sich das Flugzeug bewegen,
a) wenn die Auftriebskraft größer als die Gewichtskraft ist,
b) wenn die Antriebskraft kleiner als die Luftwiderstandskraft ist?

10. *Zur Änderung der Flugrichtung haben Flugzeuge so genannte Ruder, z. B. ein Höhenruder, ein Seitenruder oder ein Querruder. Informiere dich, wie durch die Stellung dieser Ruder eine Lenkung möglich ist.*

11. *Informiere dich in Lexika und im Internet, welche Antriebe moderne Flugzeuge nutzen! Was ist der grundlegende Unterschied zwischen Propellerflugzeugen und Düsenflugzeugen?*

12. *Gestaltet einen Wettbewerb mit selbst gebauten Flugzeugmodellen! Entwickelt vorher Kriterien, nach denen ihr die Flugzeugmodelle bewerten wollt!*

2 Das unbemannte solarbetriebene Propellerflugzeug Helios ist ein Einflügler und kann fast 30 km hoch fliegen. Es soll z. B. Satelliten ersetzen.

gewusst · gekonnt

1. Robert verwechselt die Begriffe Druck und Kraft. Hilf ihm am Beispiel des Aufpumpens eines Fahrradreifens mit einer Luftpumpe!

2. Warum kannst du einen voll aufgedrehten Wasserhahn nicht mit bloßer Hand zuhalten, wohl aber ein kleines Loch in einem Gartenschlauch?

3. Kannst du es schaffen, ein Auto mit einer Gewichtskraft von etwa 10 000 N mit einem hydraulischen Wagenheber anzuheben? Das Verhältnis der Querschnittsflächen von Hub- und Pumpkolben beträgt 1 : 20.

4. In den Arterien, die vom menschlichen Herzen wegführen, herrscht ein Druck von 14 kPa. Mit welcher Kraft wird das Blut in die Arterien gedrückt, wenn diese eine Querschnittsfläche von 3 cm^2 haben?

***5.** Wie groß ist die Kraft, die auf die Ausstiegsluke eines Tauchboots in 12 m Tiefe wirkt? Die Luke ist kreisförmig und hat einen Durchmesser von 70 cm.

6. In Waschmaschinen und Geschirrspülern wird der Zufluss des Wassers mit einer Druckdose reguliert (s. Abb.).
Die Druckdose steuert ein Magnetventil, das die Wasserzufuhr ein- bzw. ausschaltet. Erkläre die Wirkungsweise einer solchen Wasserstandsregulierung!

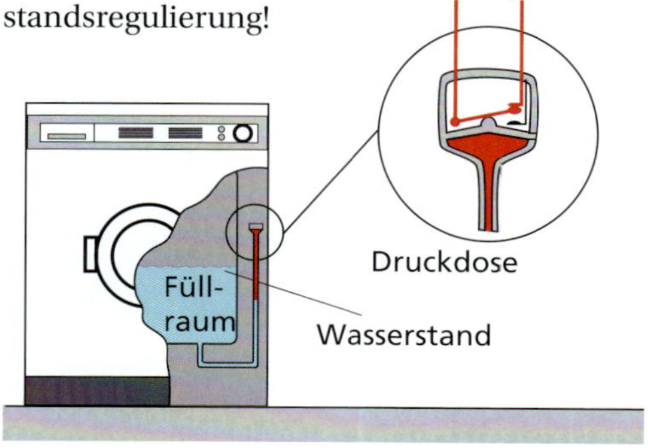

7. 1960 erreichten die Tiefseetaucher PICCARD und WALSH im Stillen Ozean eine Tiefe von ca. 11 000 m. Die Tauchkugel, mit der sie das schafften, bestand aus Stahl von 12 cm Stärke. Die Scheiben der Fenster waren sogar 15 cm dick.
Berechne den Schweredruck für diese Tiefe, und begründe damit, warum diese starken Wände und Fenster notwendig waren!

8. Die Skizze zeigt, wie eine Wasserversorgungsanlage aufgebaut sein könnte. Wie funktioniert ein solche Wasserversorgungsanlage? Warum ist es notwendig, beim Hochhaus eine Zusatzpumpe zu installieren?

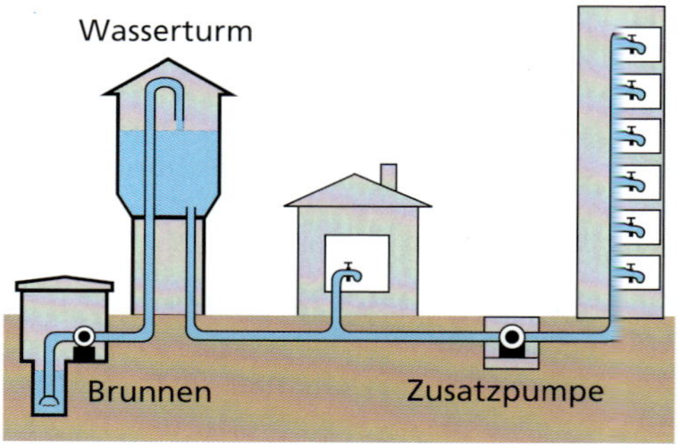

9. Beim Tauchen im Wasser merkt man die Kräfte auf das Trommelfell im Ohr. Wie entstehen diese Kräfte? Wie verändern sich die Kräfte, wenn man tiefer taucht? Begründe!

10. Eine Schlauchwaagen sichert, dass eine Mauer „im Lot“ steht. Dazu werden die Höhen an verschiedenen Stellen verglichen. Wie funktioniert eine Schlauchwaage?

11. Bei abgelegenen Haushalten ist noch heute eine Anlage wie in der Abbildung nützlich: Mithilfe einer Pumpe gelangt Wasser aus einem Brunnen in einen Druckbehälter. Von dort kommt es zu einzelnen Wasserhähnen.

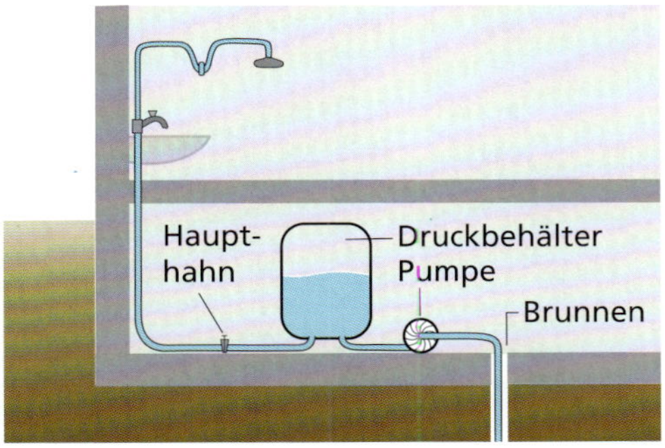

Wie funktioniert diese Anlage? Wozu dient der Druckbehälter?

12. Geruchsverschlüsse an Waschbecken sind verbundene Gefäße. Beschreibe den Aufbau eines solchen Geruchsverschlusses und erkläre seine Wirkungsweise!

***13.** Bei einigen Spielzeugautos nutzt man den Druck der Luft in einem Luftballon als Antriebsmittel (s. Abb.).
Erläutere, wie der Druck der Luft im Ballon das Fahrzeug antreiben kann!

14. Der Luftdruck über der Erdoberfläche schwankt je nach Wetterlage und Region meist zwischen 970 hPa und 1 030 hPa.
Wie ändern sich demzufolge die Kräfte, die auf eine Hand (150 cm^2) wirken? Spürt man diese Kräfte? Begründe!

15. Wie groß ist der Luftdruck jeweils unter normalen Bedingungen auf dem höchsten Berg in Deutschland und in Europa?

16. Was kann man tun, damit sich Konservengläser mit Schraubdeckel leichter öffnen lassen?

17. Von Hand betriebene Saugpumpen findet man noch heute in Gärten. Die Abbildung zeigt den Aufbau einer solchen Pumpe.

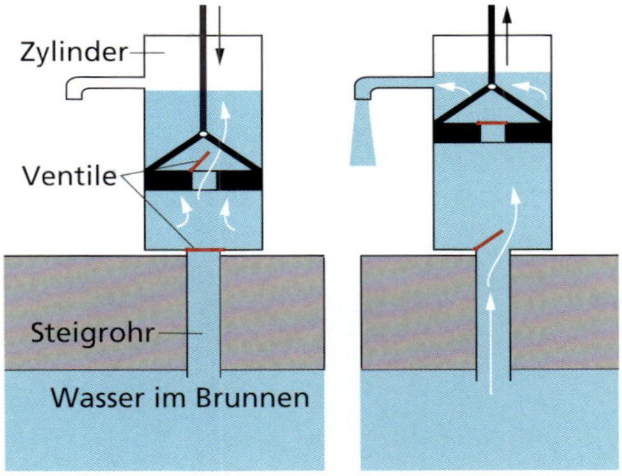

Beschreibe den Aufbau und erkläre die Wirkungsweise!

18. Unter Wasser kann man sogar schwere Steine anheben. Warum hat man aber große Mühe, sie aus dem Wasser zu heben?

19. Als Stefans Bruder schwimmen lernte, konnte Stefan ihn bequem mit einer Hand waagerecht im Wasser halten. Warum gelang das nicht auch außerhalb des Wassers?

20. Lege ein gekochtes Ei in ein Glas mit Wasser. Streue langsam Salz in das Wasser! Erkläre deine Beobachtung!

21. Um Schiffe in der Werft zu reparieren, werden sie mitunter mit Schwimmdocks aus dem Wasser gehoben (s. Abb.). Erkläre die Wirkungsweise eines solchen Schwimmdocks!

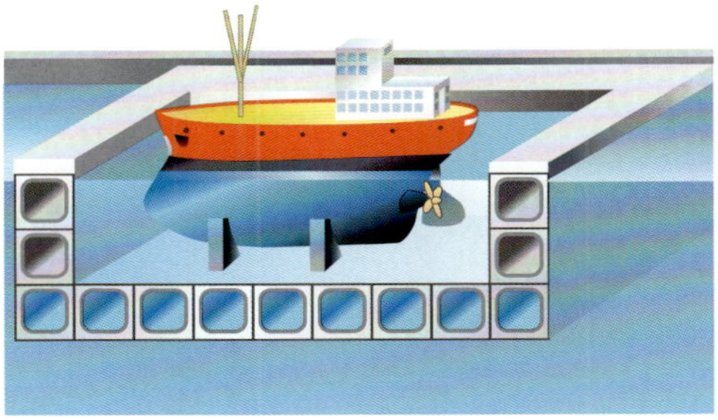

Druck und Kräfte

Der Druck gibt an, mit welcher Kraft *F* ein Körper senkrecht auf eine Fläche *A* wirkt.

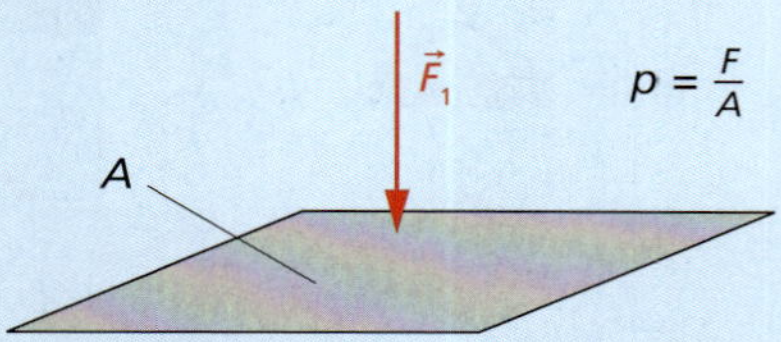

Wenn eine Kraft von 1 N auf 1 m^2 wirkt, beträgt der Druck 1 Pa (1 Pascal).
Wirkt ein Druck auf eine Fläche, entsteht eine Kraft:

$$F = p \cdot A$$

Wichtige Anwendungen des gleichmäßigen Wirkens des Drucks nach allen Seiten sind **hydraulische** und **pneumatische Anlagen.**

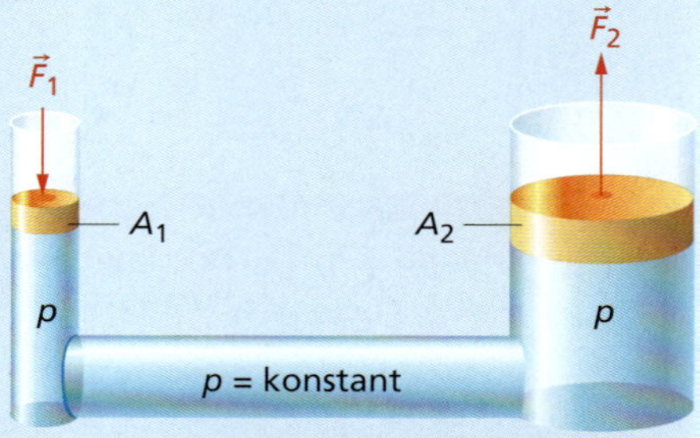

$$\frac{F_1}{A_1} = \frac{F_2}{A_2}$$

In Flüssigkeiten und Gasen wirkt infolge der Gewichtskraft der Flüssigkeit bzw. des Gases ein Druck.

Schweredruck in einer Flüssigkeit	**Luftdruck über der Oberfläche**
Der Schweredruck ist abhängig – von der Eintauchtiefe ($p \sim h$), – von der Dichte der Flüssigkeit. $p = \varrho \cdot g \cdot h$	Der Normdruck in Höhe des Meeresspiegels beträgt 101,3 kPa, 1013 hPa oder 1013 mbar. Je größer die Höhe über der Erdoberfläche ist, desto geringer ist der Luftdruck.

Für den Auftrieb in Flüssigkeiten und Gasen gilt das **archimedische Gesetz:**

Die auf einen Körper wirkende Auftriebskraft ist gleich der Gewichtskraft der verdrängte Flüssigkeit bzw. des verdrängten Gases.

Sinken | Schweben | Steigen | Schwimmen

$F_A < F_G$ | $F_A = F_G$ | $F_A > F_G$ | $F_A = F_G$

7 Körper bewegen

Bewegungen in Natur und Technik

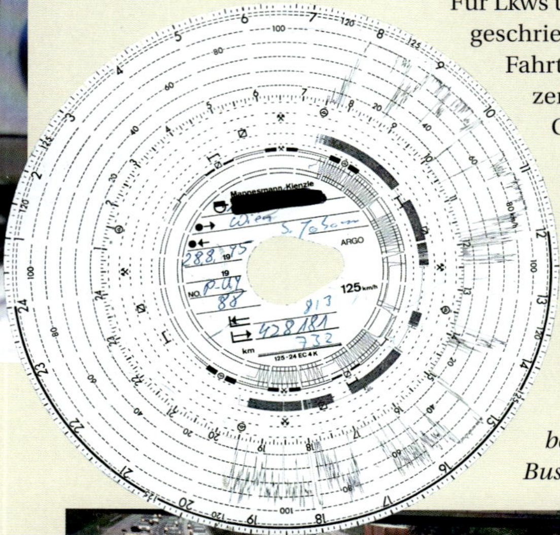

Durchschnittsgeschwindigkeit oder Augenblicksgeschwindigkeit?

Für Lkws und Busse ist vorgeschrieben, dass sie einen Fahrtenschreiber benutzen müssen, der die Geschwindigkeit zu jedem Zeitpunkt aufzeichnet.

Welche Aussagen kann man aus dem nebenstehenden Fahrtenschreiberdiagramm ableiten? Warum sind Fahrtenschreiber für Lkws und Busse vorgeschrieben?

Vorsicht, Geschwindigkeitskontrollen!

Trotz vorgeschriebener Höchstgeschwindigkeiten halten sich einige Autofahrer nicht daran. Deshalb nimmt die Polizei regelmäßig Geschwindigkeitskontrollen vor. Mit einem Radargerät kann die Polizei die augenblickliche Geschwindigkeit eines Fahrzeugs feststellen. An manchen Stellen sind solche Geräte auch fest eingebaut.

Warum muss man mit der augenblicklichen Geschwindigkeit unter der Höchstgeschwindigkeit bleiben und kann nicht eine zu schnelle Fahrt durch eine wesentlich langsamere Fahrt ausgleichen?

Abstand schafft Sicherheit

Eine der häufigsten Unfallursachen auf Straßen und Autobahnen ist ein zu geringer Sicherheitsabstand zum Vorausfahrenden.

Warum wird diese Gefahr so häufig unterschätzt?

Kraft und Bewegung

Wirkt auf einen Körper eine Kraft, so kann er seine Bewegung ändern. Seine Geschwindigkeit vergrößert oder verkleinert sich oder die Richtung seiner Bewegung ändert sich. So wird z.B. bei einem Startsprung der Körper von Schwimmerinnen aufgrund der Muskelkraft beschleunigt. Beim Abwerfen eines Balles ändert sich dessen Geschwindigkeit. Die Geschwindigkeitsänderung ist von verschiedenen Faktoren abhängig.

Die Geschwindigkeitsänderung eines Körpers ist umso größer,
- **je größer die auf ihn wirkende Kraft ist,**
- **je länger die Kraft wirkt und**
- **je kleiner seine Masse ist.**

Umgekehrt gilt: Wenn ein Körper seine Geschwindigkeit ändert, so wirkt auf ihn eine Kraft. Ist dagegen die wirkende Kraft null, so verändert sich auch sein Bewegungszustand nicht. Da auf einen Körper meist mehrere Kräfte wirken, kann man allgemein formulieren:

Unter der Bedingung, dass die Summe der Kräfte auf einen Körper null ist, behält der Körper seinen Bewegungszustand bei.

Um z.B. einen Ball oder ein Auto abzubremsen oder zu beschleunigen, sind Kräfte erforderlich.

1 Wirken auf einen Körper Kräfte, so kann er seine Bewegung ändern.

2 Die Schubkraft des Triebwerks einer Rakete bewirkt, dass die Rakete beschleunigt wird und ein Raumtransporter (Spaceshuttle) in eine Erdumlaufbahn gelangt.

Beim Abschuss eines Fußballs, beim Kugelstoßen, beim Zusammenstoß zweier Autos oder beim Schlag eines Tennisschlägers gegen einen Tennisball wirken nur kurzzeitig Kräfte auf Körper ein. Solche kurzzeitig wirkenden Kräfte bezeichnet man als **Stoßkräfte.**

Bei Raketen (Abb.2) oder Flugzeugen treten **Schubkräfte** auf, die in der Regel länger einwirken und zu Bewegungsänderungen führen. Ähnlich ist das bei **Zugkräften,** die z.B. auftreten, wenn ein Traktor einen Wagen oder ein Lkw einen Anhänger zieht.

Reibungskräfte wirken immer so, dass sie die Bewegung eines Körpers hemmen oder sogar verhindern.

Der Bewegungszustand eines Körpers kann durch Kräfte (Stoßkräfte, Zugkräfte Schubkräfte, Reibungskräfte) verändert werden.

Magnete

wirken aufeinander und auf Körper aus Eisen, Nickel und Cobalt ein.

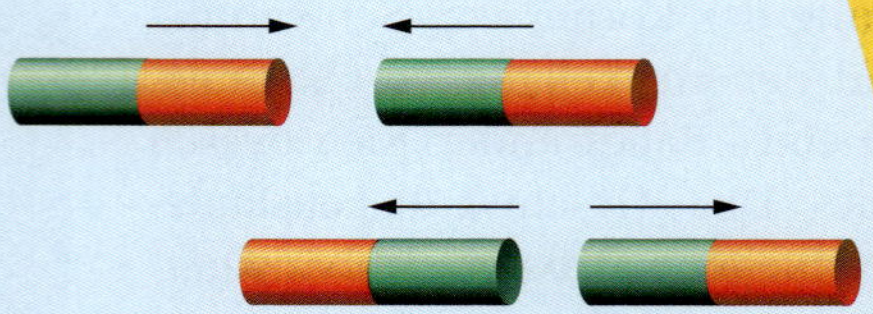

Kraftwandler

sind ein Hilfsmittel des Menschen, um Körper zu bewegen oder zu verformen.
Die erforderlichen Kräfte sind geringer als ohne Kraftwandler.

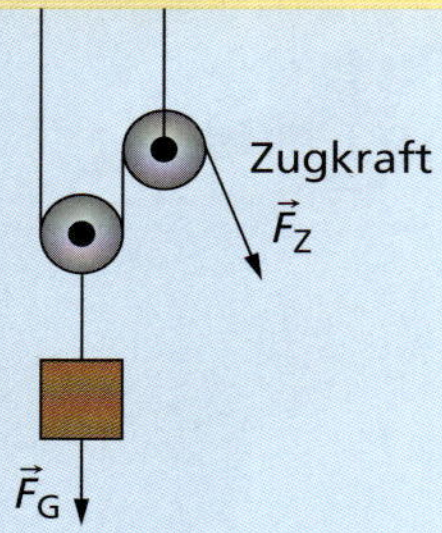

Wechselwirkungen

können zwischen zwei Körpern oder zwischen einem Körper und Strahlung (Wärmestrahlung, Licht) auftreten.
Die Einwirkung aufeinander ist in der Regel wechselseitig.

Kräfte

sind Wechselwirkungsgrößen. Eine Kraft gibt an, wie stark ein Körper auf einen anderen einwirkt.

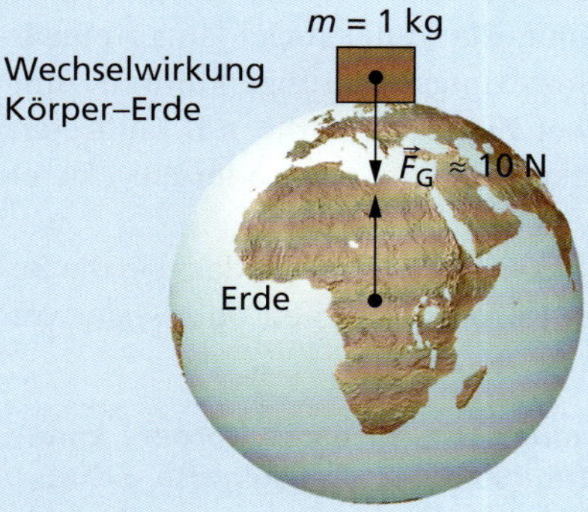

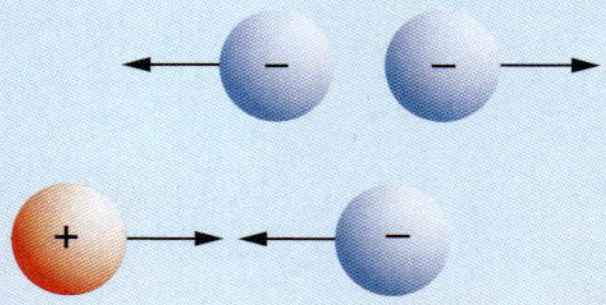

Elektrisch geladene Körper

wirken aufeinander und auf beliebige andere Körper ein.

Bewegungen

kommen durch Kräfte (Wechselwirkung zwischen Körpern) zustande.

gleichförmige Bewegung (v = konstant), $F = 0$

ungleichförmige Bewegung ($v \neq$ konstant), $F \neq 0$

Licht

tritt mit Körpern unserer Umgebung in Wechselwirkung.

Sehen ist nur möglich, wenn Licht in unsere Augen fällt.

Bei Wechselwirkung mit Oberflächen tritt **Reflexion** auf.

Beim Übergang von einem Stoff in den anderen tritt **Brechung** auf.

Wärme

kann von einem Körper auf einen anderen übertragen werden.

Wärmestrahlung heißer Körper

Wärmeübertragung von einem Körper auf einen anderen (z. B. Heizplatte–Kochtopf)

Bewegung und Ruhe

In der Physik ist eine Bewegung die Ortsveränderung eines Körpers gegenüber einem anderen Körper, dem Bezugskörper.

Ein Körper ist in Bewegung, wenn er seine Lage gegenüber einem Bezugskörper verändert.
Ein Körper ist in Ruhe, wenn er seine Lage gegenüber einem Bezugskörper nicht verändert.

1 Der stehende Gepard ist in Ruhe. Er ist auf kurzen Strecken das schnellste Säugetier und erreicht bis zu 120 km/h.

2 Rennautos sind gegenüber ihrer Umgebung in Bewegung.

Häufig wird als Bezugskörper die Erdoberfläche genommen. Es kann aber auch ein beliebiger anderer Bezugskörper gewählt werden, z. B. ein Auto oder ein Eisenbahnwaggon.
Sitzt ein Rennfahrer in seinem Auto still, so ist er gegenüber dem Bezugskörper Auto in Ruhe.
Gegenüber der Erdoberfläche sowie gegenüber der Straße, den Häusern und Bäumen ist der Rennfahrer bei seiner rasant schnellen Fahrt natürlich in Bewegung (Abb. 2).

Mosaik

Jede Bewegung ist relativ

Du sitzt im fahrenden Zug und beobachtest deine Umgebung. Befindest du dich in Ruhe oder in Bewegung? Bezüglich des Zuges bist du in Ruhe, denn du änderst deine Lage gegenüber dem Zug nicht. Gleichzeitig fährt aber der Zug mit hoher Geschwindigkeit auf den Gleisen entlang. Und gemeinsam mit dem Zug bewegst du dich auch gegenüber der Umgebung. Du kannst also gegenüber dem einen Körper (dem Zug) in Ruhe sein und gleichzeitig gegenüber anderen Körpern (z. B. Häusern an der Bahnstrecke) in Bewegung.
Wenn man in der Physik von Ruhe und Bewegung spricht, dann ist es oft erforderlich festzulegen, worauf man diese Begriffe bezieht.

Als Bezugskörper wird häufig die Erdoberfläche genommen, ohne das besonders hervorzuheben.

Bahnformen und Bewegungsarten

Körper bewegen sich entlang einer Bahn. Nach der Form der Bahn kann man zwischen **geradlinigen Bewegungen, Kreisbewegungen** und **Drehbewegungen** sowie **Pendelbewegungen** unterscheiden (vgl. Übersicht unten). Eine Kreis- oder Pendelbewegung ist eine krummlinige Bewegung.

Körper können auf ihrer Bahn schneller oder langsamer werden.
Eine S-Bahn (Abb. 1) muss bei der Abfahrt von einer Station zunächst schneller werden. Sie beschleunigt. Dann fährt sie eine Strecke gleich schnell, bis sie wieder bremst, langsamer wird und anhält. Auch Tiere, Menschen und Autos bewegen sich in verschiedener Weise.

Nach der **Bewegungart** unterscheidet man Bewegungen, bei denen sich die Geschwindigkeit nicht ändert, und Bewegungen mit veränderlicher Geschwindigkeit. Beispiele für die verschiedenen Bewegungsarten findest du in deiner Umgebung.

1 Eine anfahrende S-Bahn beschleunigt.

Eine Bewegung, bei der die Geschwindigkeit eines Körpers immer gleichbleibt, nennt man gleichförmige Bewegung.

Beispiele für solche gleichförmigen Bewegungen sind ein Radfahrer, ein Auto oder ein Zug, die mit bestimmter Geschwindigkeit eine Strecke entlangfahren.
Bewegungen, bei denen sich die Geschwindigkeit ändert, sind ungleichförmig.

Geradlinige Bewegung	Krummlinige Bewegung	Schwingung

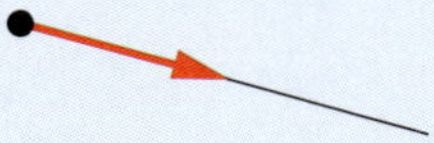	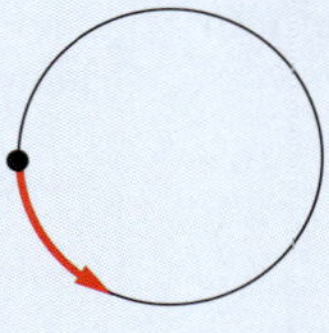	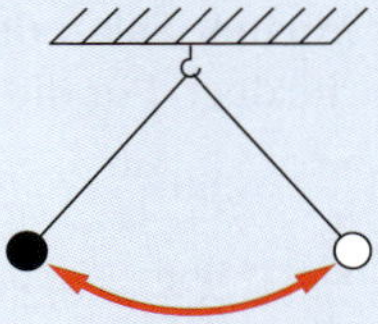
Der abgebildete Zug bewegt sich auf den Schienen immer in der gleichen Richtung. Er führt eine **geradlinige Bewegung** entlang der Schienen aus.	Die Gondeln des Riesenrades bewegen sich auf einer Kreisbahn. Sie führen eine Kreisbewegung aus. Die Kreisbewegung ist eine spezielle **krummlinige Bewegung.**	Das Mädchen bewegt sich ständig zwischen zwei Punkten hin und her. Ihre Bahn ist ein Teil eines Kreises. Es führt eine **Schwingung** aus.

Gleichförmige Bewegungen

Personen, Fahrzeuge oder andere Körper können sich unterschiedlich schnell bewegen.
Paul kann eine 100-m-Strecke in 180 s schwimmen. Matthias braucht für dieselbe Strecke dagegen 220 s (Abb. 1). Paul ist schneller, da er eine bestimmte Strecke in einer kürzeren Zeit zurücklegt.
Ein Pkw legt in einer Minute eine Strecke von 800 m zurück. Ein Radfahrer schafft in derselben Zeit 250 m. Der Pkw ist schneller, da er in einer bestimmten Zeit eine größere Strecke zurücklegt (Abb. 2).
Wie schnell oder wie langsam sich ein Körper bewegt, wird durch die physikalische Größe **Geschwindigkeit** beschrieben.

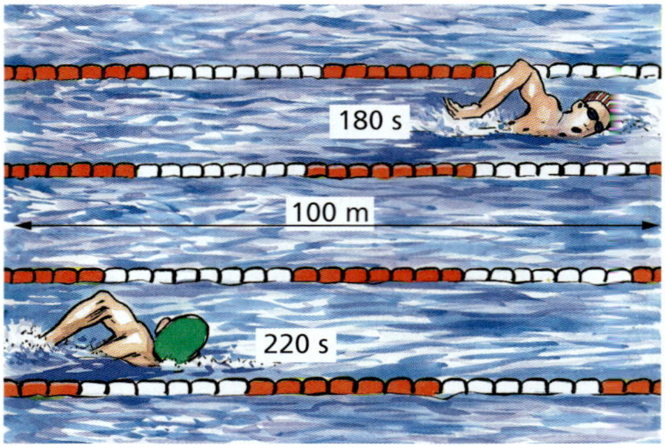

1 Die Schwimmer legen den gleichen Weg in unterschiedlichen Zeiten zurück.

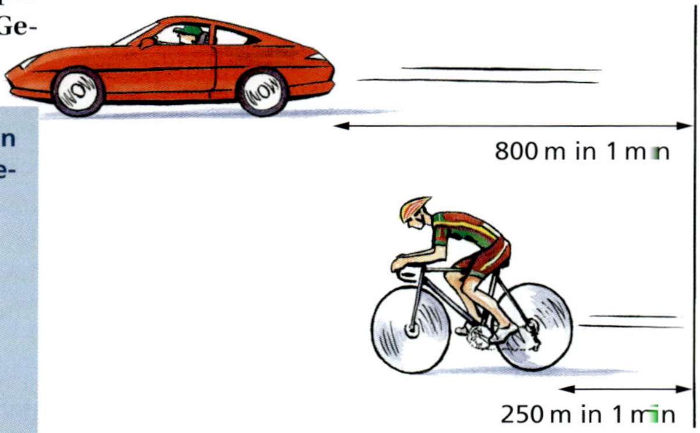

2 Gleiche Zeiten – unterschiedliche Wege

Die Geschwindigkeit gibt an, welcher Weg in jeder Sekunde bzw. in jeder Stunde zurückgelegt wird.

Formelzeichen: v

Einheiten: **1 Meter je Sekunde** $\left(1\,\frac{\text{m}}{\text{s}}\right)$

1 Kilometer je Stunde $\left(1\,\frac{\text{km}}{\text{h}}\right)$

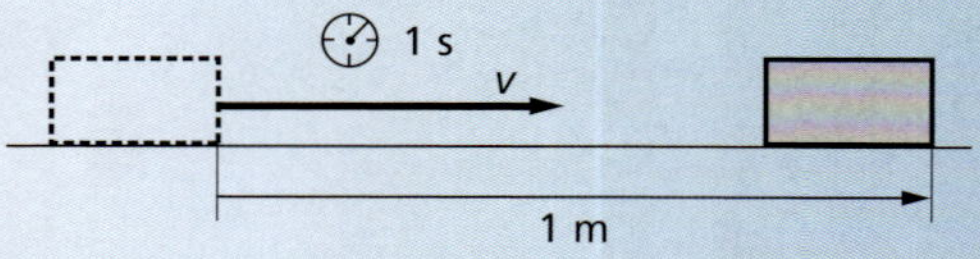

Ein Körper hat eine Geschwindigkeit von 1 m/s, wenn er in einer Sekunde einen Weg von einem Meter zurücklegt. Für die Einheiten gilt:

$$1\,\frac{\text{m}}{\text{s}} = 3{,}6\,\frac{\text{km}}{\text{h}}$$

$$1\,\frac{\text{km}}{\text{h}} = \frac{10\,\text{m}}{36\,\text{s}} \approx 0{,}28\,\frac{\text{m}}{\text{s}}$$

Die Geschwindigkeit besitzt nicht nur einen Betrag, sondern auch eine Richtung. Sie ist eine vektorielle Größe und wird in Zeichnungen mit einem Pfeil dargestellt. Bei Bewegungen längs einer Geraden unterscheidet man die Richtung durch das Vorzeichen der Geschwindigkeit.

Geschwindigkeiten in Natur und Technik		
Schnecke	$0{,}01\,\frac{\text{m}}{\text{s}}$	$0{,}04\,\frac{\text{km}}{\text{h}}$
Fußgänger	$1{,}4\,\frac{\text{m}}{\text{s}}$	$5\,\frac{\text{km}}{\text{h}}$
Radfahrer	$4{,}2\,\frac{\text{m}}{\text{s}}$	$15\,\frac{\text{km}}{\text{h}}$
Rennpferd	$25\,\frac{\text{m}}{\text{s}}$	$90\,\frac{\text{km}}{\text{h}}$
Auto	$36\,\frac{\text{m}}{\text{s}}$	$130\,\frac{\text{km}}{\text{h}}$
Intercity (IC)	$44\,\frac{\text{m}}{\text{s}}$	$160\,\frac{\text{km}}{\text{h}}$
Flugzeug	$250\,\frac{\text{m}}{\text{s}}$	$900\,\frac{\text{km}}{\text{h}}$
Schall in Luft	$340\,\frac{\text{m}}{\text{s}}$	$1\,224\,\frac{\text{km}}{\text{h}}$
Mond um Erde	$1\,000\,\frac{\text{m}}{\text{s}}$	$3\,600\,\frac{\text{km}}{\text{h}}$
Licht	$300\,\text{Mio.}\,\frac{\text{m}}{\text{s}}$	$1\,080\,\text{Mio.}\,\frac{\text{km}}{\text{h}}$

Messen und Berechnen der Geschwindigkeit von Körpern

Die Geschwindigkeit eines Körpers kann mit einem **Tachometer** (Abb. 1) gemessen werden. Der Tachometer zeigt die momentane Geschwindigkeit an. Auch bei einem Fahrradcomputer wird die Momentangeschwindigkeit angezeigt.
Man kann die Geschwindigkeit eines Körpers ebenfalls ermitteln, wenn man weiß, welcher Weg in einer bestimmten Zeit zurückgelegt wird.

Die Geschwindigkeit eines Körpers kann berechnet werden mit der Gleichung:

$v = \frac{s}{t}$ — **s zurückgelegter Weg**, **t benötigte Zeit**

Bei einer **gleichförmigen** Bewegung ist die Geschwindigkeit immer gleich groß (v = konstant). Die berechnete Geschwindigkeit gilt für jeden beliebigen Ort der Bewegung.

Die Gleichung gilt sowohl für **geradlinige Bewegungen** als auch für **Kreisbewegungen.** Für solche gleichförmigen Kreisbewegungen kann der Weg mithilfe des Radius r der Kreisbahn und die Zeit durch die Umlaufzeit T (Zeit für einen Umlauf) ausgedrückt werden.

$$v = \frac{2\pi \cdot r}{T}$$

Darstellung gleichförmiger Bewegungen

Ein Körper bewegt sich gleichförmig, wenn seine Geschwindigkeit immer gleich groß ist.

Für die gleichförmige Bewegung eines Körpers (v = konstant) gilt:

$s \sim t$ oder $s = v \cdot t$

Ob eine Bewegung gleichförmig oder ungleichförmig verläuft, kann man in unterschiedlicher Weise feststellen.

1 Mit dem Tachometer eines Pkw wird die augenblickliche Geschwindigkeit gemessen.

Eine gleichförmige Bewegung liegt vor, wenn
- ein Körper in gleichen Zeiten gleiche Wege zurücklegt,
- der Quotient aus Weg und Zeit immer konstant ist,
- die in einem Weg-Zeit-Diagramm dargestellten Messwertepaare auf einer Geraden liegen, die durch den Ursprung des Koordinatensystems verläuft (Abb. 2).

Für eine Spielzeugeisenbahn wurden folgende Werte gemessen:

Weg s in cm	Zeit t in s
0	0
50	5,1
100	9,9
150	15,2
200	20,1
250	25,0

Damit erhält man folgendes s-t-Diagramm:

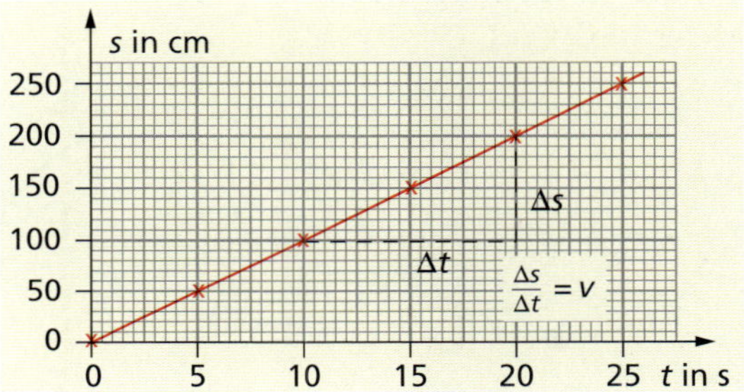

2 Weg-Zeit-Diagramm für eine gleichförmige Bewegung: Der Graph ist eine Gerade.

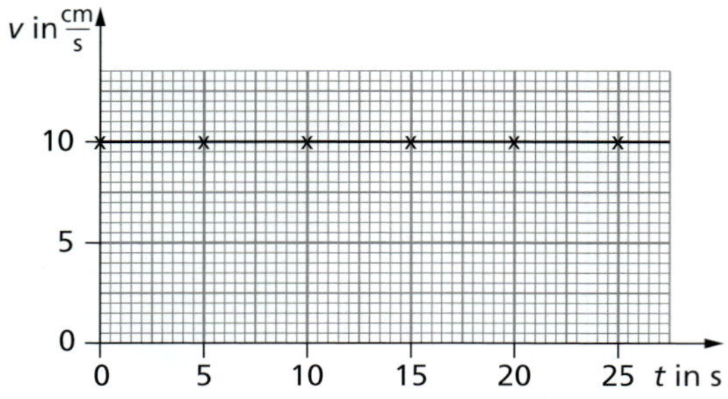

1 Geschwindigkeit-Zeit-Diagramm bei v = konstant

Aus den Messwerten kann man eine konstante Geschwindigkeit von ca. 10 cm/s berechnen und im v-t-Diagramm darstellen (Abb. 1).
Der Quotient s/t, also die Geschwindigkeit, ist im s-t-Diagramm der Anstieg des Graphen (s. Abb. 2, S. 189). Je größer die Geschwindigkeit ist, desto steiler verläuft der Graph im s-t-Diagramm.

Der Anstieg des Graphen im *s*-*t*-Diagramm ist bei einer gleichförmigen Bewegung gleich der Geschwindigkeit.

Durchschnitts- und Momentangeschwindigkeit

Die Geschwindigkeit bei einer **gleichförmigen Bewegung** kann mit der Gleichung $v = s/t$ berechnet werden. Sie ist konstant, gilt für jeden Ort bzw. jeden Zeitpunkt der Bewegung und entspricht der Momentangeschwindigkeit des Körpers. Das ist die Geschwindigkeit eines Körpers zu einem bestimmten Zeitpunkt.

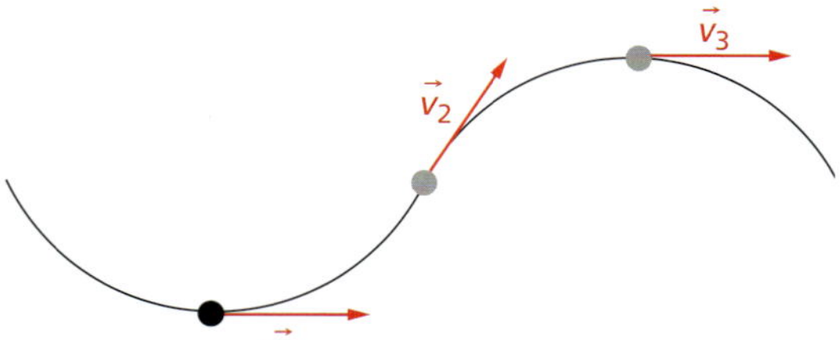

2 Die Geschwindigkeit ist eine gerichtete Größe. Sie ist durch Betrag und Richtung bestimmt.

Die **Momentangeschwindigkeit** eines Körpers hat zu jedem Zeitpunkt eine bestimmte Richtung und einen bestimmten Betrag. Sie ist eine **gerichtete Größe** (Abb. 2).
Ist eine Bewegung **ungleichförmig** ($v \neq$ konstant), so kann man aus dem zurückgelegten Weg und der benötigten Zeit eine mittlere Geschwindigkeit, auch **Durchschnittsgeschwindigkeit** genannt, berechnen.

Die Durchschnittsgeschwindigkeit eines Körpers kann berechnet werden mit der Gleichung:

$\bar{v} = \frac{\Delta s}{\Delta t}$ — **Δs insgesamt zurückgelegter Weg**; **Δt Zeitintervall (benötigte Zeit)**

Wird das Zeitintervall Δt für die Messungen der Zeit sehr klein gewählt, so kann man sich mit der Durchschnittsgeschwindigkeit der Momentangeschwindigkeit annähern.
Im Unterschied zur Momentangeschwindigkeit ist die Durchschnittsgeschwindigkeit keine gerichtete Größe. Sie ist ein Mittelwert. Er besagt nichts darüber, wie schnell sich ein Fahrzeug zu einem bestimmten Zeitpunkt bewegt.

Mosaik

Beschleunigte Bewegungen

Körper können bei einer Bewegung ihre Geschwindigkeit ändern, also schneller oder langsamer werden.
Lässt man z. B. einen Stein fallen, so wird er immer schneller. Er führt eine beschleunigte Bewegung aus.
Im Unterschied dazu wird ein bremsendes Auto immer langsamer. Es bewegt sich verzögert. Die meisten Bewegungen in Natur und Technik sind solche beschleunigten bzw. verzögerten Bewegungen.
Wie schnell ein Körper seine Geschwindigkeit ändert, wird in der Physik durch die Größe **Beschleunigung** beschrieben. So ändert zum Beispiel ein fallender Stein seine Geschwindigkeit in einer Sekunde um etwa 10 m/s. Ein schnell anfahrender Pkw erreicht in einer Sekunde eine Geschwindigkeitsänderung von etwa 3 m/s.

Interpretieren von Diagrammen

Diagramme sind ein wichtiges Hilfsmittel in Wissenschaft und Technik. Zum einen lässt sich in einem Diagramm der Zusammenhang zwischen zwei Größen anschaulich darstellen. Zum anderen ermöglicht das Interpretieren von Diagrammen, Zusammenhänge zu erkennen. Darüber hinaus ist es möglich, mithilfe eines Diagramms Vorhersagen zu machen. Als Beispiel betrachten wir das nachfolgende Weg-Zeit-Diagramm, das die Bewegung eines Autos beschreibt.

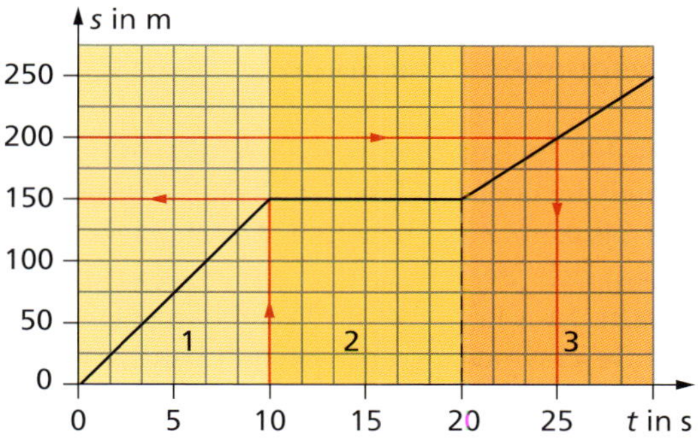

Beim Interpretieren eines solchen Diagramms sollte man folgendermaßen vorgehen:

1. Nenne die physikalischen Größen, die auf den Achsen abgetragen sind!

Im Diagramm ist der Zusammenhang zwischen dem Weg *s* und der Zeit *t* dargestellt.

2. Beschreibe den Zusammenhang zwischen den Größen, die auf den Achsen abgetragen sind! Unterscheide dabei, wenn es zweckmäßig ist, zwischen verschiedenen Abschnitten!

In **Abschnitt 1** nimmt der Weg mit der Zeit gleichmäßig zu. Das bedeutet: Das Auto bewegt sich gleichförmig.

In **Abschnitt 2** ändert sich der Weg nicht. Das Auto steht.

In **Abschnitt 3** vergrößert sich wiederum der Weg gleichmäßig mit der Zeit. Das Auto bewegt sich mit bestimmter Geschwindigkeit.

3. Nenne charakteristische Werte! Gehe, wenn möglich, auf die Bedeutung der Fläche unter dem Graphen und des Anstiegs des Graphen ein!

Von 0 s bis 10 s bewegt sich das Auto gleichförmig und legt dabei einen Weg von 150 m zurück. Dann steht es 10 s lang und fährt 20 s gleichförmig weiter. In Abschnitt 3 ist allerdings die Geschwindigkeit kleiner als in Abschnitt 1, da der Anstieg des Graphen dort kleiner ist.

Manchmal ist es auch zweckmäßig, die Schritte 2 und 3 zusammenzufassen.

Ablesen von Werten

Aus einem Diagramm kann man den Wert einer Größe gelesen, wenn die andere Größe bekannt ist. So ergibt sich z. B. aus dem Diagramm links für eine Zeit von 10 s ein Weg von 150 m. Für einen Weg von 200 m erhält man als zugehörige Zeit 25 s.

Berechnen von Größen (Vorhersagen)

Mit den in einem Diagramm dargestellten Werten lassen sich auch Größen berechnen, so beispielsweise aus einem *s*-*t*-Diagramm unterschiedliche Geschwindigkeiten.
So ergibt sich für Abschnitt 1 des dargestellten Diagramms: In 10 s wurden 150 m zurückgelegt. Demzufolge ist:

$$v_1 = \frac{s}{t} = \frac{150\,\text{m}}{10\,\text{s}} = 15\,\frac{\text{m}}{\text{s}}$$

Für Abschnitt 2 erhält man $v_2 = 0$ und für den dritten Abschnitt $10\,\frac{\text{m}}{\text{s}}$. Die Durchschnittsgeschwindigkeit für 30 s beträgt $\bar{v} = \frac{250\,\text{m}}{30\,\text{s}} = 8{,}3\,\frac{\text{m}}{\text{s}}$.

Bewegungen im Sport

Fast alle sportlichen Betätigungen sind mit Bewegungen verbunden. Beim Wandern oder beim Dauerlauf geht es um gleichförmige Bewegungen über einen längeren Zeitraum hinweg. Beim 100-m-Lauf soll die Strecke aus dem Stillstand heraus in einer möglichst kurzen Zeit zurückgelegt werden. Beim Handball oder Fußball soll der Ball möglichst geschickt bis ins Tor der gegnerischen Mannschaft gelangen. Bei Sportarten wie Kugelstoßen, Weitspringen oder Speerwerfen geht es um das Erzielen maximaler Weiten oder Höhen. Wir wollen nachfolgend einige spezielle Bewegungen im Sport genauer betrachten.

Schwimmen, Dauerlauf, Radfahren

Die damit verbundene Bewegung des eigenen Körpers ist aus physikalischer Sicht meist eine gleichförmige Bewegung, die häufig auch noch auf einer geradlinigen Bahn erfolgt.

1. *Welche Gesetze gelten für eine solche gleichförmige Bewegung?*

2. *Bestimme deine Durchschnittsgeschwindigkeit beim schnellen Gehen! Wende dazu ein zweckmäßiges Messverfahren an! Wie groß sind die auftretenden Messfehler?*

Natürlich ist die Geschwindigkeit auch bei diesen Sportarten nicht immer konstant. Das gilt insbesondere auch für das Radfahren. Hier kommt es mitunter darauf an, möglichst schnell anzufahren, also in kurzer Zeit eine bestimmte Geschwindigkeit zu erreichen.

3. *Veranstaltet auf dem Schulhof einen Wettbewerb unter dem Motto „Wer erreicht 20 m nach dem Start die höchste Geschwindigkeit mit dem Rad?“. Überlegt auch, wie die Momentangeschwindigkeit nach Zurücklegen dieser Strecke möglichst genau gemessen werden kann. Testet zunächst das Messverfahren und schätzt seine Genauigkeit ab!*

1 Beim Start erfolgt eine beschleunigte Bewegung.

Bewegungen beim Sprint

Beim 100-m-Lauf kommt es darauf an, möglichst schnell die höchste Geschwindigkeit zu erreichen und bis zum Ziel zu halten. Durch Messungen lassen sich Zeiten und Geschwindigkeiten ermitteln. In Abb. 2 sind die zeitabhängigen Wege und Geschwindigkeiten für einen Lauf des amerikanischen Sprinters CARL LEWIS dargestellt. Die Reaktionszeit beim Start betrug 0,14 Sekunden, die Laufzeit insgesamt 9,86 Sekunden.

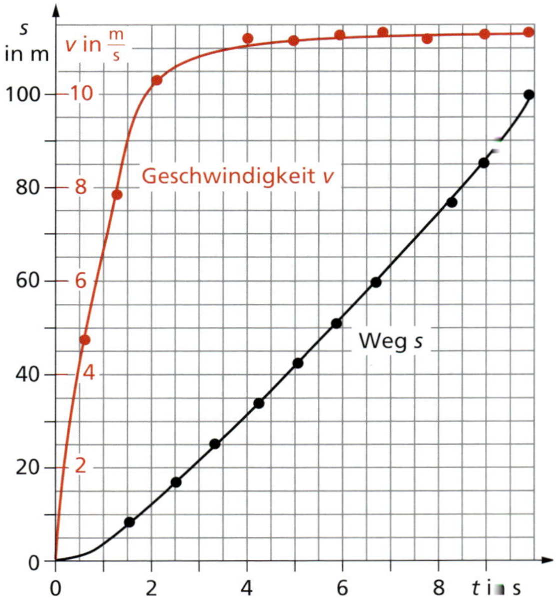

2 Weg-Zeit-Diagramm und Geschwindigkeit-Zeit-Diagramm für einen 100-m-Lauf

4. *Interpretiere das s-t-Diagramm und das zugehörige v-t-Diagramm für diesen 100-m-Lauf! Nutze dazu die auf Seite 191 genannten Hinweise zum Interpretieren!*

5. *Diskutiert Möglichkeiten, wie man die Laufzeit weiter verkürzen könnte? Ist es sinnvoller, vor allem stärker zu beschleunigen oder in erster Linie eine höhere Endgeschwindigkeit anzustreben?*

Fußball und Handball

Beim Fußball und Handball geht es nicht nur um eine geschickte Ballführung. Insbesondere beim Torschuss spielte auch die Schnelligkeit des Balls eine wichtige Rolle.

6. *Erkundet, welche Höchstgeschwindigkeiten Profis beim Abschlag eines Fußballs erreichen!*

7. *Überlegt ein Messverfahren zur Bestimmung der Höchstgeschwindigkeit eines Fußballs! Erprobt dieses Verfahren! Ermittelt dann, wer von euch beim Abschlag eines Fußballs die größte Geschwindigkeit erreicht!*

Sprünge und Würfe

Bei solchen Sportarten wie Ballweitwerfen, Speerwerfen, Weitspringen oder Kugelstoßen geht es immer darum, eine möglichst große Weite zu erreichen. Ist der Luftwiderstand vernachlässigbar klein, erhält man bei schrägem Abwurf des Körpers eine Wurfparabel (Abb. 1). Das ist eine völlig symmetrische Bahnkurve. Klar ist: Wenn ich einen Ball unter einem bestimmten Winkel abwerfe, dann ist die Wurfweite umso größer, je größer die Abwurfgeschwindigkeit v_0 ist (Abb. 1). *Wie hängt aber die Wurfweite vom Abwurfwinkel ab?*

8. *Erkundet, bei welchem Abwurfwinkel man theoretisch die größte Wurfweite erzielt!*

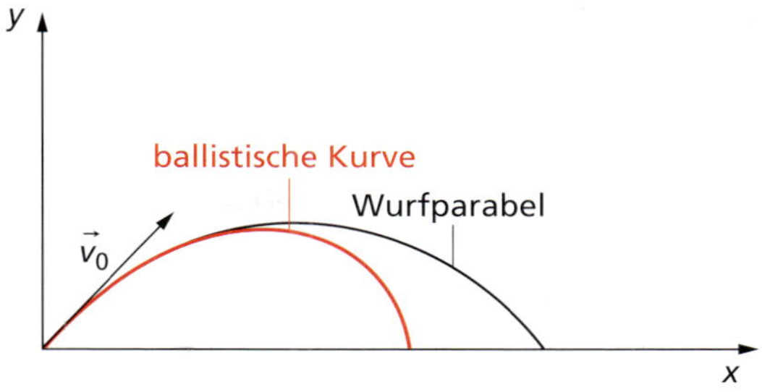

1 Die Bahnform wird durch den Luftwiderstand beeinflusst.

9. *Untersucht mithilfe einer Computersimulationen oder experimentell, wie sich die Wurfweite mit dem Abwurfwinkel ändert! Formuliert dazu zunächst eine begründete Vermutung (Hypothese)!*

Die Bewegung von Bällen wird aber auch durch den Luftwiderstand merklich beeinflusst. Die Bahn ist dann keine Wurfparabel mehr, sondern eine ballistische Kurve (Abb. 1). Die Ballistik ist die Lehre von den Wurf- oder Geschossbahnen. Hinzu kommt: Bei vielen Sportarten liegt der Abwurfpunkt über dem Auftreffpunkt (Abb. 2). Das beeinflusst die Wurfweite.

10. *Erkundet mithilfe des Internets oder von Nachschlagewerken, wie groß die optimalen Abwurfwinkel für verschiedene Sportarten sind! Für eine bestimmte Sportart könnt ihr das auch selbst testen.*

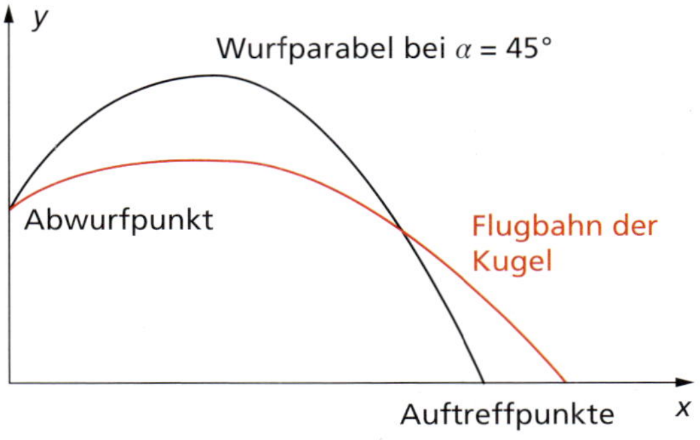

2 Die Wurfweite hängt von der Abwurfhöhe, der Abwurfgeschwindigkeit und dem Abwurfwinkel ab.

Rückstoß als Antrieb

Menschen, Tiere oder Fahrzeuge können in unterschiedlicher Weise in Bewegung kommen. Beim Menschen können z. B. Muskelkräfte wirken. Bei manchen Tieren, z. B. bei Quallen, erfolgte die Fortbewegung durch Ausstoßen von Wasser.
Ein Flugzeug verfügt über Triebwerke, die das Flugzeug in Bewegung versetzt und einen Flug ermöglicht. Es gibt aber noch viele andere Möglichkeiten, einen Körper in Bewegung zu setzen oder seine Fortbewegung zu sichern.

1. *Suche nach weiteren Möglichkeiten, wie Menschen, Tiere oder Fahrzeuge (Autos, Schiffe, Flugzeuge, Raketen) in Bewegung kommen bzw. sich fortbewegen! Versuche, typische Arten der Fortbewegung zu finden und in einer Übersicht zusammenzustellen!*

2. *Welche Höchstgeschwindigkeiten erreichen Menschen, Tiere, Autos und Flugzeuge? Nutze zur Suche von Informationen Nachschlagewerke und das Internet, z. B. die Adresse* ***www.schuelerlexikon.de!***

Eine Möglichkeit des Antriebs ist die Nutzung des Rückstoßprinzips. Das Wesen dieses Prinzips, das z. B. bei Raketen (Abb. 1, 2) genutzt wird, besteht in Folgendem: Aus einem Körper wird ein

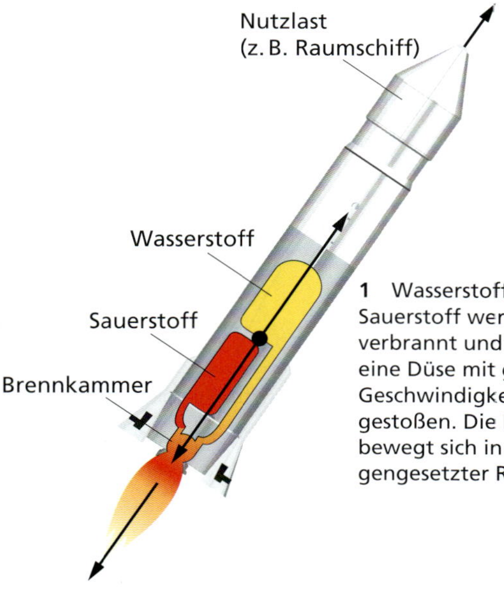

1 Wasserstoff und Sauerstoff werden verbrannt und durch eine Düse mit großer Geschwindigkeit ausgestoßen. Die Rakete bewegt sich in entgegengesetzter Richtung.

2 Bei Raketen wird das Rückstoßprinzip genutzt.

Gas oder eine Flüssigkeit in einer bestimmten Richtung ausgestoßen. Der Körper selbst bewegt sich dann in der entgegengesetzten Richtung. Den einfachsten Fall eines Rückstoßes kannst du bei einen Luftballon beobachten.

3. *Blase einen Luftballon auf! Halte die Öffnung zunächst zu und lass den Luftballon dann los! Halte die Öffnung, durch die die Luft ausströmt, in unterschiedliche Richtungen und beobachte die Bewegungsrichtung des Luftballons!*

Häufig will man erreichen, dass ein Körper mithilfe des **Rückstoßprinzips** möglichst schnell eine große Geschwindigkeit erreicht. Unter welchen Bedingungen das der Fall ist, kann man experimentell untersuchen. Geeignet ist dazu ein Spielzeugauto (siehe Abbildung) oder eine Anordnung, wie sie auf Seite 195 oben dargestellt ist.

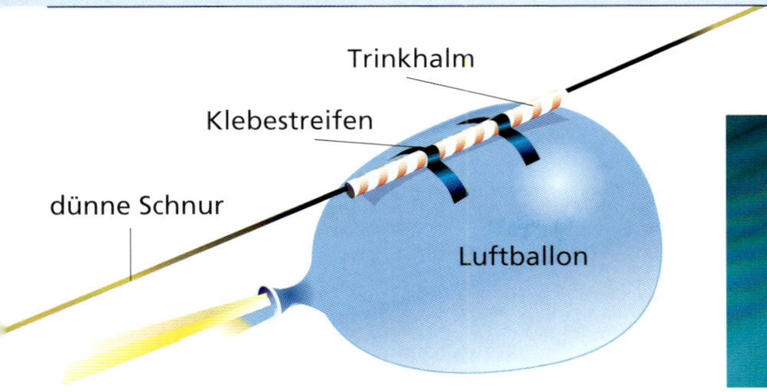

1 Experimentieranordnung zur Untersuchung des Rückstoßprinzips

4. *Untersuche, unter welchen Bedingungen ein Körper (Spielzeugauto, Luftballon) eine möglichst große Geschwindigkeit erreicht! Überlege zunächst, welche Bedingungen man ändern kann! Verändere die Bedingungen systematisch und erfasse Untersuchungsergebnisse in einer Übersicht!*

Einen stärkeren Antrieb erreicht man, wenn statt der leichten Luft Wasser ausgestoßen wird.

5. *Versuche eine Anordnung zu entwickeln, bei der statt Luft Wasser aus einem Körper austritt! Nutze dazu z. B. ein Spielzeugauto und eine Plastikflasche, die du darauf befestigst! Präsentiere deinen Vorschlag den Mitschülern!*

6. *Bei großen Raketen werden gewaltige Mengen an Verbrennungsgasen ausgestoßen. Erkunde, um welche Mengen es sich handelt!*

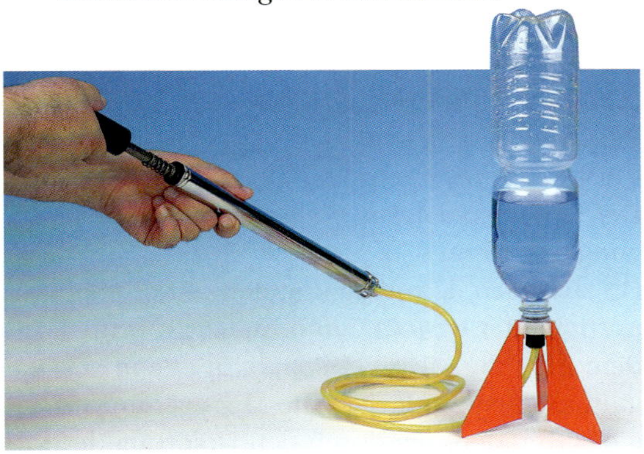

2 Modell einer Rakete: Sie darf nur im Freien gestartet werden.

3 Auch bei Booten kann man das Rückstoßprinzip nutzen.

Das Rückstoßprinzip kann man auch nutzen, um Boote anzutreiben. Eine Möglichkeit des Antriebs zeigt Abb. 3. Der Bootskörper kann aus Holz oder Styropor hergestellt werden. Als Wärmequelle kann man Teelichte nutzen. In der Blechdose befindet sich Wasser. Das Wasser verdampft und tritt durch eine kleine Öffnung aus.

7. *Veranstaltet einen Wettbewerb zum Thema „Wer baut das beste Dampfboot?"!*
   Versucht in Teams unterschiedliche Varianten zu entwickeln! So könnt ihr z. B. probieren, den Wasserdampf von der Dose aus ins Wasser zu leiten und unter Wasser austreten zu lassen.
   Präsentiert die Ergebnisse eurer Arbeit den Mitschülern!

Der Rückstoß wird als Antrieb auch von Quallen genutzt. Es gibt viele weitere Beispiele aus Natur und Technik für diese Art des Antriebs.

8. *Erkunde, wo man den Rückstoß noch als Antrieb nutzt! Suche Informationen dazu in Nachschlagewerken und im Internet!*
   Fertige eine kleine Präsentation an!

9. *Rückstoß kannst du auch selbst als Antrieb nutzen.*
   Beschreibe zwei verschiedene Situationen, in denen du den Rückstoß als Antrieb für dich selbst verwenden könntest!

Physik in Natur und Technik

Eine interessante Wanderung

Wanderer treffen sich um 9 Uhr zu einer Wanderung. Um 12 Uhr hat man in einer 10 km entfernten Raststätte Mittagessen bestellt.
Können die Wanderer rechtzeitig zum Mittagessen an der Raststätte sein, wenn sie mit einer Geschwindigkeit von 4 km/h wandern?

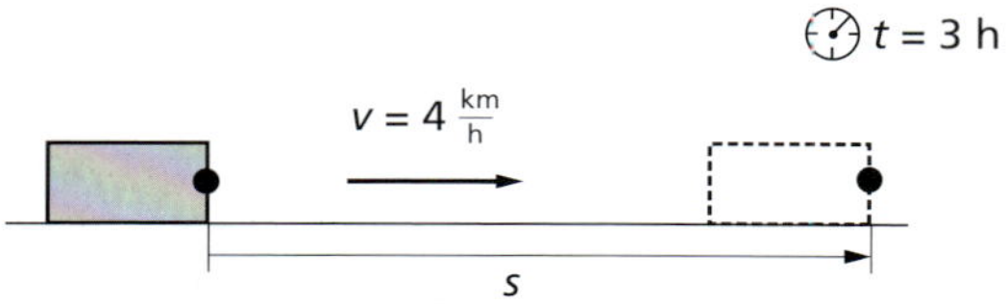

Analyse:
Die Wanderer werden physikalisch als Körper betrachtet, die sich mit einer konstanten Geschwindigkeit von 4 km/h bewegen. Um die Frage zu beantworten, kann der Weg ermittelt werden, den der Körper von 9 Uhr bis 12 Uhr, also in 3 Stunden, zurücklegt.

Gesucht: s
Gegeben: $t = 3\,\text{h}$
$v = 4\,\frac{\text{km}}{\text{h}}$

Lösung:
Eine Geschwindigkeit von 4 km/h bedeutet, dass der Körper in jeder Stunde einen Weg von 4 km zurücklegt. In 3 Stunden kann die Gruppe einen Weg von

$$s = 3 \cdot 4\ \text{km}$$
$$\underline{s = 12\ \text{km}}$$

zurücklegen, denn $s \sim t$.

Ergebnis:
Die Wanderer können rechtzeitig zum Mittagessen die Raststätte erreichen, denn mit einer Geschwindigkeit von 4 km/h können sie in den zur Verfügung stehenden 3 Stunden einen Weg von 12 km zurücklegen.

1 Der Transrapid auf der Teststrecke: Dieser Zug ohne Räder schwebt über Magneten.

Bei hohen Geschwindigkeiten schweben

Die Magnetschwebebahn „Transrapid" kann mit einer Geschwindigkeit von bis zu 420 km/h über die 31,5 km lange Teststrecke im Emsland fahren (Abb. 1). Die Höchstgeschwindigkeit erreicht sie nur auf Teilstrecken.
Auf einem 12 km langen geraden Teil der Strecke wird alle 2 km die Zeit gemessen und in einer Messwertetabelle erfasst.

Weg s in km	2	4	6	8	10	12
Zeit t in s	17,2	34,5	50,9	68,6	85,8	103,1

Führt der Transrapid auf dieser Strecke eine gleichförmige Bewegung aus?

Der Transrapid führt eine gleichförmige Bewegung aus, wenn $s \sim t$.
Ob zwischen dem Weg und der Zeit direkte Proportionalität besteht, kann man z. B. prüfen, indem man die Messwertepaare in einem s-t-Diagramm darstellt. Liegen die Messwertepaare auf einer Geraden, die durch den Ursprung des Koordinatensystems verläuft, so liegt eine gleichförmige Bewegung vor.

Es ergibt sich folgendes *s*-*t*-Diagramm:

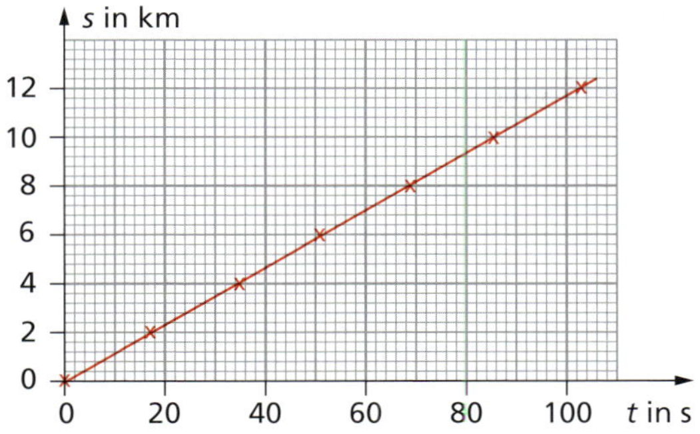

Aus dem Weg-Zeit-Diagramm ist erkennbar:
Der Transrapid führt auf der 12 km langen Strecke eine näherungsweise gleichförmige Bewegung aus.

Lösen physikalisch-mathematischer Aufgaben

Beim Lösen physikalischer Aufgaben mit mathematischen Mitteln solltest du folgendermaßen vorgehen:

1. Versuche, dir den Sachverhalt der Aufgabe vorzustellen!
   Fertige, wenn notwendig, eine anschauliche Skizze an!
2. Vereinfache den Sachverhalt aus der Sicht der Physik! Lasse Unwesentliches weg! Fertige eine vereinfachte, schematische Skizze zum Sachverhalt an!
3. Stelle die gesuchten und die gegebenen Größen der Aufgabe zusammen!
4. Gib eine Gleichung für die gesuchte und die gegebenen Größen an, die unter den gegebenen Bedingungen gilt!
5. Setze die Werte für die gegebenen Größen in die Gleichung ein und berechne die gesuchte Größe!
   Mitunter müssen noch Einheiten gegebener oder gesuchter Größen umgerechnet werden.
6. Formuliere das Ergebnis der Aufgabe! Beantworte dabei die Fragen im Aufgabentext!

Eine bewegte Verkehrssituation

Ein Fußgängerüberweg ist in einem Abstand von einigen Sekunden fotografiert worden (Abb. 1, 2). Die Fotos zeigen, wo sich die verschiedenen Körper (Personen, Fahrzeuge) zum jeweiligen Zeitpunkt befinden.
Welche der Personen und Fahrzeuge an dem Fußgängerüberweg sind in Ruhe und welche in Bewegung?

Ob sich ein Körper in Ruhe oder in Bewegung befindet, kann man nur gegenüber einem Bezugskörper angeben, denn Ruhe und Bewegung sind relativ.
Um eindeutige Aussagen über Ruhe und Bewegung von Körpern treffen zu können, muss man zuerst einen Bezugskörper festlegen. Die Wahl des Bezugskörpers ist willkürlich.
Wir wählen zunächst die Erdoberfläche bzw. die mit ihr verbundenen Häuser und Bäume als

1 Verkehrssituation an einem Fußgängerüberweg

2 Der gleiche Fußgängerüberweg 10 s später

Bezugskörper und betrachten einige ausgewählte Personen und Fahrzeuge. Da auch die Straße fest mit der Erde verbunden ist, kann auch diese als Bezugskörper genutzt werden.

An dem Fußgängerüberweg befinden sich das grüne Auto und die parkenden Autos im Hintergrund in Ruhe, denn sie ändern ihre Lage gegenüber der Straße oder den Häusern nicht.
Die Radfahrerin und fast alle Personen dagegen befinden sich in Bewegung, denn sie verändern ihre Lage gegenüber der Straße innerhalb der Zeit zwischen den zwei Fotos.
Aus den Fotos ist auch erkennbar, dass die Radfahrerin sich zwar gegenüber der Straße bewegt, aber gegenüber dem Rad nicht. Sie bewegt sich gemeinsam mit ihrem Fahrrad.
Ähnlich ist das bei der Frau mit dem Kinderwagen und bei der Person im Rollstuhl.
Wählt man also einen dieser beiden sich bewegenden Körper als Bezugskörper, so befindet sich der andere Körper in Ruhe. Man sagt auch, dass sich beide Körper zueinander in Ruhe befinden.

Wie genau ist der Tachometer?

Thomas möchte die Genauigkeit der Geschwindigkeitsanzeige seines Fahrradcomputers überprüfen. Dabei geht er mit seinen Freunden folgendermaßen vor: Zwei Freunde messen mit einer Stoppuhr die Zeit, die er mit dem Fahrrad für eine Strecke von 100 m benötigt. Thomas braucht für die Strecke genau 18 s. Sein Tachometer zeigt auf der Messstrecke konstant 23 km/h an.
Zeigt der Tachometer des Fahrradcomputers die tatsächliche Geschwindigkeit?
Was kann man tun, um die Genauigkeit der Anzeige zu verbessern?

Analyse:
Es wird davon ausgegangen, dass der Radfahrer auf der Messstrecke eine gleichförmige Bewegung ausführt. Dann kann aus den Messwerten für Weg und Zeit die tatsächliche Geschwindigkeit berechnet und mit der Tachometeranzeige verglichen werden.

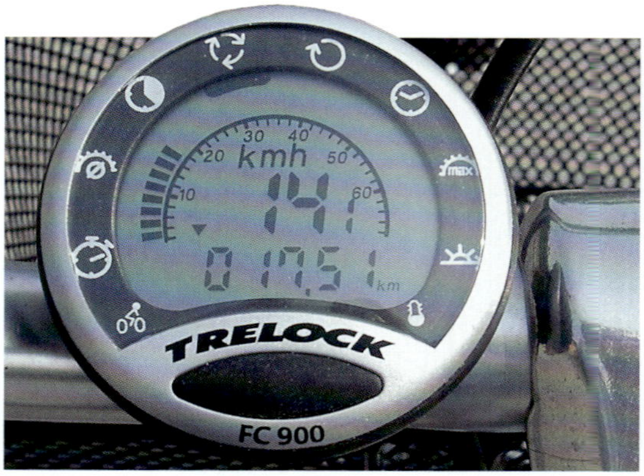

1 Fahrradcomputer können die augenblickliche Geschwindigkeit, aber auch den zurückgelegten Weg und die Fahrzeit anzeigen.

Gesucht: $v_{Messung}$ in km/h
Gegeben: $s = 100\,\text{m}$
$t = 18\,\text{s}$
$v_{Tacho} = 23\,\frac{\text{km}}{\text{h}}$

Lösung:
Die Geschwindigkeit $v_{Messung}$ kann wie folgt berechnet werden:

$$v_{Messung} = \frac{s}{t}$$
$$v_{Messung} = \frac{100\,\text{m}}{18\,\text{s}}$$
$$v_{Messung} = 5{,}6\,\frac{\text{m}}{\text{s}} = 5{,}6 \cdot 3{,}6\,\frac{\text{km}}{\text{h}}$$
$$v_{Messung} \approx 20\,\frac{\text{km}}{\text{h}}$$
$$\underline{v_{Messung} \neq v_{Tacho}}$$

Ergebnis:
Der Tachometer des Fahrradcomputers geht nicht genau. Er zeigt eine größere Geschwindigkeit an, als das Fahrrad in Wirklichkeit fährt. Die Abweichung beträgt mehr als 10 %.
Der Fahrradcomputer muss neu programmiert werden, damit er die tatsächliche Geschwindigkeit anzeigt. Aber auch dann hat er – wie jedes Messinstrument – noch einen bestimmten Messfehler.

Ein etwas anderer Fahrplan

Als Grundlage aller anderen Zugfahrpläne nutzt man einen grafischen Fahrplan (Abb. 1). Bei einem solchen Fahrplan werden in einem Netz von waagerechten Zeitlinien und senkrechten Weglinien die Zugfahrten als Zeit-Weg-Linien (Zuglinien) vereinfacht dargestellt. Jedem einzelnen Zug ist genau eine Linie zugeordnet. Die Linien sind in Abb. 1 für verschiedene Züge farbig eingezeichnet.

Welche Informationen kann man einem solchen grafischen Fahrplan entnehmen?

2 Der ICE ist ein moderner Hochgeschwindigkeitszug.

In einem grafischen Fahrplan ist dargestellt, zu welcher Zeit sich jeder einzelne Zug an welchem Ort befindet. So befindet sich z. B. der IR 623 um 10.10 Uhr am Bahnhof A und 10.40 Uhr am Bahnhof C.

Erkennbar sind auch die Haltepunkte und die Haltezeiten. So steht beispielsweise der P 3618 von 10.00 Uhr bis 10.10 Uhr auf dem Bahnhof C.

Die Schnittpunkte der Zuglinien mit den senkrechten Linien der Bahnhöfe stellen die Durchfahrtszeiten bzw. die Ankunfts- und Abfahrtszeiten dar. So durchfährt z. B. der IC 76 um 10.00 Uhr den Bahnhof D, um 10.20 Uhr den Bahnhof B und um 10.30 Uhr den Bahnhof A. Der Schnittpunkt zweier Zuglinien gibt den Ort und die Zeit für die Begegnung der betreffenden beiden Züge an.

Der grafische Fahrplan ermöglicht auch Aussagen über die Fahrtrichtung und über die Geschwindigkeit der Züge. Der IR 623 fährt von Bahnhof A in Richtung D, die anderen beiden Züge fahren in der entgegengesetzten Richtung.

Im Unterschied zu einem s-t-Diagramm ist bei einem grafischen Fahrplan die Geschwindigkeit eines Zuges umso größer, je flacher der Graph verläuft. So braucht z. B. der IC 76 von C nach B (15 km) 10 min, was einer Geschwindigkeit von 90 km/h entspricht. Der P 3618 dagegen braucht von C nach B (15 km) 30 min. Daraus ergibt sich eine Geschwindigkeit von 30 km/h.

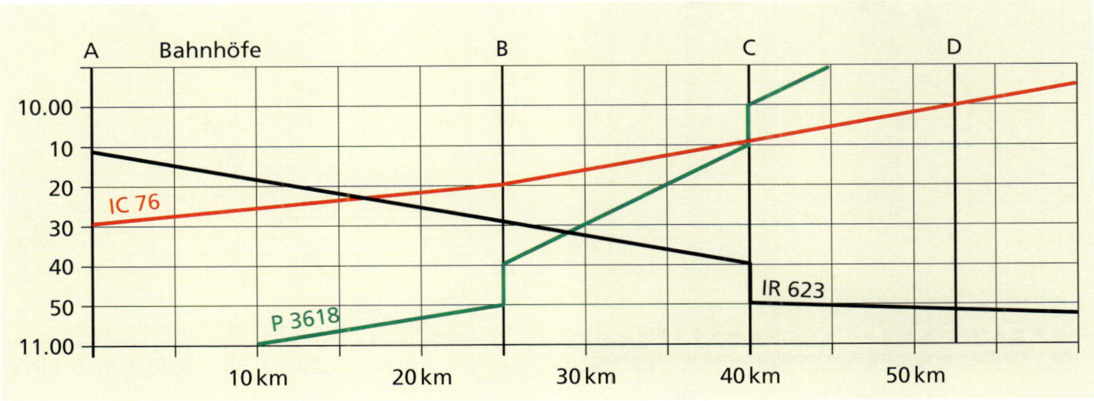

Fallbewegungen

Alle Körper auf der Erde werden von dieser angezogen. Diese Anziehungskraft bewirkt, dass ein Körper, wenn er losgelassen wird, senkrecht nach unten fällt.
Wie verlaufen solche Fallbewegungen?

Jeder weiß, dass die Art der Fallbewegung vom Körper abhängig ist, der fällt.
So ist z.B. beim Herabschweben eines Fallschirmspringers der Luftwiderstand so groß, dass er sich näherungsweise gleichförmig bewegt. Das gilt auch für Regentropfen in der Nähe des Erdbodens oder für herabfallende Blätter.
Anders ist das z.B. bei einem herabfallenden Stein oder bei einem Wasserspringer. Der Luftwiderstand ist dann meist so klein, dass man ihn vernachlässigen kann.

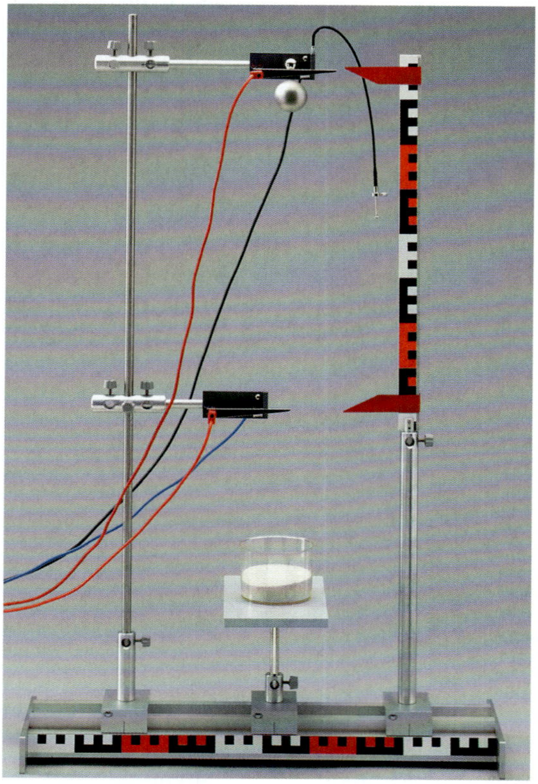

1 Experimentieranordnung zur Untersuchung des Zusammenhangs zwischen Weg und Zeit

Für unterschiedliche Wege werden elektronisch die zugehörigen Fallzeiten gemessen (Abb. 1). Dabei erhält man folgende Messwerte:

Messung Nr.	Weg *s* in cm	Zeit *t* in s
1	10	0,14
2	20	0,20
3	30	0,26
4	40	0,28
5	50	0,32
6	60	0,35
7	70	0,38
8	80	0,40
9	90	0,43
10	100	0,45

Aus den Messwerten ist nur schwer ein Zusammenhang zu erkennen. Einfacher wird es, wenn man die Messwerte in einem Diagramm darstellt (Abb. 2). Dabei beachten wir die Messfehler: Bei der Messapparatur beträgt der Fehler für die Wegmessung ±2 cm, der Fehler für die Zeitmessung ±0,02 s. Damit erhält man zu jedem Wertepaar ein „Fehlerkästchen" mit den Abmessungen 4 cm · 0,04 s. Der Graph verläuft durch diese „Fehlerkästchen".
Aus dem Diagramm ist erkennbar: Weg und Zeit sind nicht proportional zueinander. Der Weg vergrößert sich schneller als die Zeit.

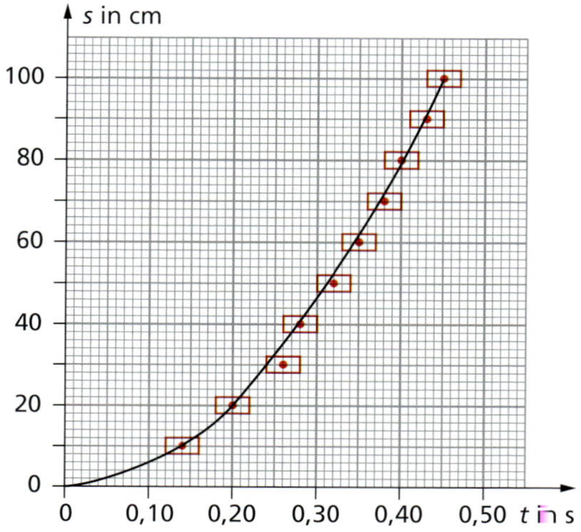

2 Weg-Zeit-Diagramm für die Bewegung einer fallenden Kugel

gewusst · gekonnt

1. In einem Kaufhaus steht ein Junge auf einer Rolltreppe.

a) Ist dieser Junge in Ruhe oder in Bewegung oder trifft sogar beides zu? Begründe!

b) Ein Mädchen läuft auf einer fahrenden Rolltreppe. Ist es in Ruhe oder in Bewegung? Begründe!

2. Auf Spielplätzen gibt es Laufräder für Kinder. Das Kind auf dem Rad muss kräftig treten, um nicht herunterzufallen.

Ist das Kind in Ruhe oder in Bewegung? Begründe!

3. Hamster haben als Haustiere in ihrem Käfig meistens ein Laufrad.
Befinden sie sich beim Laufen im Laufrad in Ruhe oder in Bewegung? Begründe deine Meinung!

4. Auf den Fotos sind Körper in Bewegung abgebildet.
Welche Bahnformen haben die Bewegungen der entsprechenden Körper?

5. Welche Abschnitte der folgenden Bewegung laufen gleichförmig?

a) Du fährst mit dem Aufzug vom Erdgeschoss in den 7. Stock eines Gebäudes.

b) Ein Flugzeug startet und fliegt dann ruhig über dem Meer.

c) Ein Fallschirmspringer springt aus dem Flugzeug und fällt dann frei.

d) Eine Betonplatte wird von einem Kran gehoben.

6. Gib an, ob die folgenden Bewegungen gleichförmig verlaufen!
Begründe deine Antworten!

a) Abfahrt mit einem Schlitten vom Berg

b) Transport von Gepäck auf einem Förderband

c) Bewegung eines Weitspringers

d) Abschuss und Bewegung eines Balls

***7.** Bewegt sich die Erde oder befindet sie sich in Ruhe? Begründe!

***8.** Bewegungen können gleichförmig oder ungleichförmig verlaufen. Erkunde, wie sich die Erde um die Sonne bewegt!

9. Susann benötigt zum Durchfahren einer Strecke mit dem Fahrrad die doppelte Zeit wie Tina.
Was kannst du über die Geschwindigkeit von Susann im Vergleich zu der von Tina aussagen?
Begründe deine Antwort!

10. Vater und Sohn gehen vom Bahnhof stets zu Fuß nach Hause. Der Vater benötigt für die Strecke 15 Minuten, der Sohn 20 Minuten. Wer geht mit einer größeren Geschwindigkeit?
Begründe!

11. Gib die Geschwindigkeiten $0{,}5\,\frac{\text{m}}{\text{s}}$; $3\,\frac{\text{m}}{\text{s}}$; $20\,\frac{\text{m}}{\text{s}}$ und $100\,\frac{\text{m}}{\text{s}}$ in $\frac{\text{km}}{\text{h}}$ an!

12. Gib die Geschwindigkeiten $5\,\frac{\text{km}}{\text{h}}$; $36\,\frac{\text{km}}{\text{h}}$; $130\,\frac{\text{km}}{\text{h}}$ und $1\,000\,\frac{\text{km}}{\text{h}}$ in $\frac{\text{m}}{\text{s}}$ an!

13. Ein Betonteil wird vom Kran mit einer Geschwindigkeit von 2 m/s gehoben.
Wie hoch wird das Betonteil gehoben, wenn der Hebevorgang 10 s dauert?

14. In einem Warenhaus ist die Rolltreppe 12 m lang. Die Fahrt eines Kunden dauert 30 s.
Mit welcher Geschwindigkeit hat sich der Kunde auf der Rolltreppe bewegt?

15. Susann, Tina und Michael haben verschiedene ferngesteuerte Autos. Sie wollen ermitteln, welches Fahrzeug das schnellste ist. Dazu führen sie zu Hause verschiedene Messungen durch.

Auto von	Weg s in m	Zeit t in s
Susann	4	2
Tina	10	3
Michael	10	3

Ordne die Autos nach ihrer Geschwindigkeit!

16. Die Magnetschwebebahn Transrapid legt die 31 km lange Strecke vom Flughafen Schanghai (China) bis zum Stadtzentrum in 7 min 40 s zurück. Wie groß ist die Durchschnittsgeschwindigkeit des Zugs?

17. Ein Pkw benötigt für eine Strecke von 140 km eine Zeit von 2 Stunden und 20 Minuten.
Mit welcher Durchschnittsgeschwindigkeit fährt der Pkw?

18. Die Abbildung unten zeigt einen Ausschnitt aus dem Fahrplan der Deutschen Bahn.
a) Was kann man einem solchen Fahrplan entnehmen?
b) Wie groß ist die Durchschnittsgeschwindigkeit des EC 42 zwischen Berlin und Frankfurt (Oder)?
c) Vergleiche die Durchschnittsgeschwindigkeit des E 3301 mit der des Personenzugs Nr. 5905 zwischen Fürstenwalde und Frankfurt (Oder)!

200 Berlin – Fürstenwalde – Frankfurt (Oder) → **200**

Berlin – Fürstenwalde Berliner S-Bahn-Tarif (nicht in EuroCity und Schnellzügen)
Berlin – Fürstenwalde — Frankfurt (Oder) Regionallinie R 13

km	Zug / von		5941 2.	5901 [17] 2.	5903 [17] 2.	5905	5907 2.	E 3301	5909 2.	E 3303	EC 41 [6]	5911 2.	E 3305	5913 2.	E 3307	5915 2.	E 3309	D 247 [50]
0	**Berlin** Hbf	[90] [6]	0 45			5 31		**6 38**		**7 38**	**8 10**		**8 38**		**9 38**		**10 38**	
	Berlin-Karlshorst 204.1	[4]	0 52			5 39	6 06	**6 46**		**7 46**			**8 46**		**9 46**		**10 46**	
	Berlin-Lichtenberg	[6]																
24	**Erkner**	[90] ○	1 03			5 50	6 22											0 39
24	**Erkner**		1 03	Ⓐ 4 27	Ⓐ 5 27	5 53	6 27		7 27			8 32		9 27		10 27		
29	Fangschleuse		1 09	4 32	5 32	5 58	6 32		7 32			8 37		9 32		10 32		
36	Hangelsberg		1 14	4 37	5 37	6 03	6 37		7 37			8 42		9 37		10 37		
46	**Fürstenwalde** (Spree) 204.23	[6] ○	1 20	4 44	Ⓐ 5 44	6 10	6 44	**7 10**	7 44	**8 10**		8 49	**9 10**	9 44	**10 10**	10 44	**11 10**	
46	**Fürstenwalde** (Spree)	[6]	1 21	4 47	5 47	6 11	6 47	**7 11**	7 47	**8 11**			**9 11**	9 47	**10 11**		**11 11**	
54	Berkenbrück			4 53	5 53	6 16	6 53		7 53					9 53				
62	Briesen (Mark)			5 00	6 00	6 23	7 00		8 00					10 00				
67	Jacobsdorf (Mark)			5 04	6 04	6 28	7 04		8 04					10 04				
70	Pillgram			5 07	6 07	6 31	7 07		8 07					10 07				
75	Frankfurt (Oder)-Rosengarten			5 12	6 12	6 37	7 12		8 12					10 12				
80	**Frankfurt** (Oder)	○	1 40	Ⓐ 5 17	6 17	6 42	7 17	**7 30**	8 17	**8 30**	**8 57**		**9 30**	10 17	**10 30**		**11 30**	1 45

VARSOVIA (EC 41)
MOSKWA- (D 247)

19. Gute Fußballer können beim Abschuss dem Ball eine Geschwindigkeit von 90 $\frac{km}{h}$ verleihen.

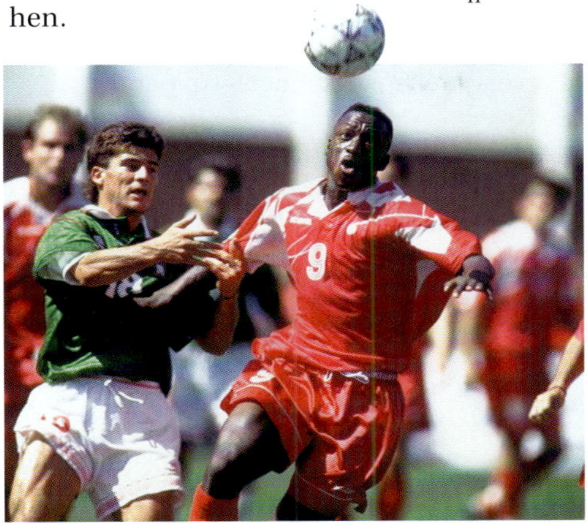

Wie viel Zeit hat ein Torwart, um bei einem 11-m-Schuss auf den Abschuss zu reagieren?

20. Für ein Fahrzeug wurden folgende Messwerte aufgenommen:

Weg *s* in km	6	12	18	24	30	36
Zeit *t* in min	2	4	6	8	10	12

a) Zeichne das Weg-Zeit-Diagramm!
b) Ermittle die Wege für eine und für sieben Minuten!
c) Ermittle die Zeit für 33 km!
d) Wie bewegt sich dieses Fahrzeug?
e) Berechne die Geschwindigkeit dieses Fahrzeugs!
f) Was für ein Fahrzeug könnte das sein (evtl. Geschwindigkeit in Kilometer je Stunde umrechnen)?

21. Der Bus 109 fährt 15.58 Uhr vom S-Bahnhof Charlottenburg ab und kommt 16.16 Uhr am Flugplatz Tegel an. Die Entfernung beträgt etwa 5,4 km.
a) Mit welcher Durchschnittsgeschwindigkeit bewegt sich der Bus auf der Strecke?
b) Diskutiert sinnvolle Möglichkeiten, wie man die Durchschnittsgeschwindigkeit eines Busses vergrößern könnte!

22. Für einen Radfahrer wurde folgendes Weg-Zeit-Diagramm aufgenommen:

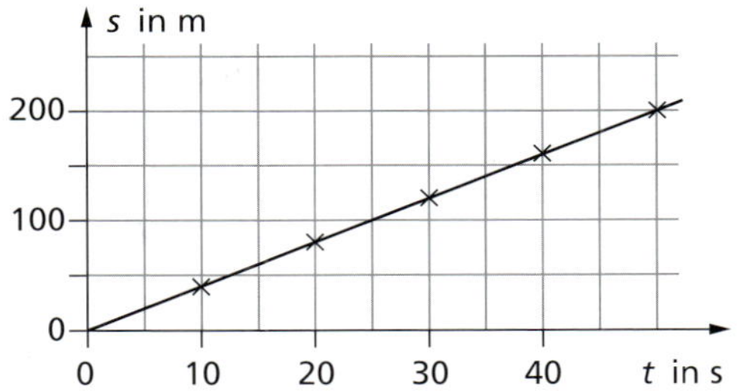

a) Welchen Weg hat er nach 25 s zurückgelegt?
b) Welche Zeit braucht er für 150 m?
c) Wie groß ist seine Geschwindigkeit?

23. Die Bewegung eines Radfahrers kann mit dem nachfolgenden Diagramm beschrieben werden.

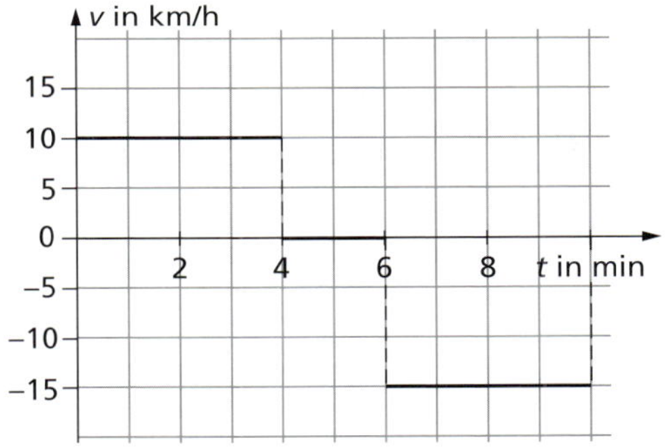

a) Interpretiere dieses Diagramm!
b) Zeichne das dazugehörige *s*-*t*-Diagramm!

24. Interpretiere das folgende Weg-Zeit-Diagramm! Es beschreibt vereinfacht die Bewegung eines Linienbusses.

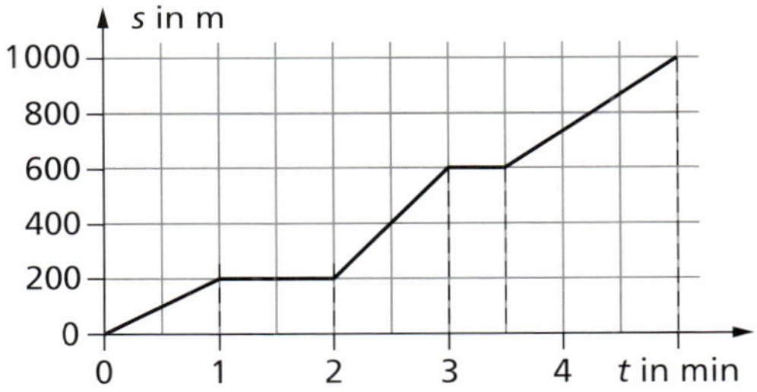

Bewegungen in Natur und Technik

Die Ursache für die Bewegung von Körpern sind Kräfte. Ein Körper befindet sich in Bewegung, wenn er seine Lage gegenüber einem Bezugskörper (z. B. der Erdoberfläche) ändert. Bewegungen können in unterschiedlicher Art und auf verschiedenen Bahnen erfolgen.

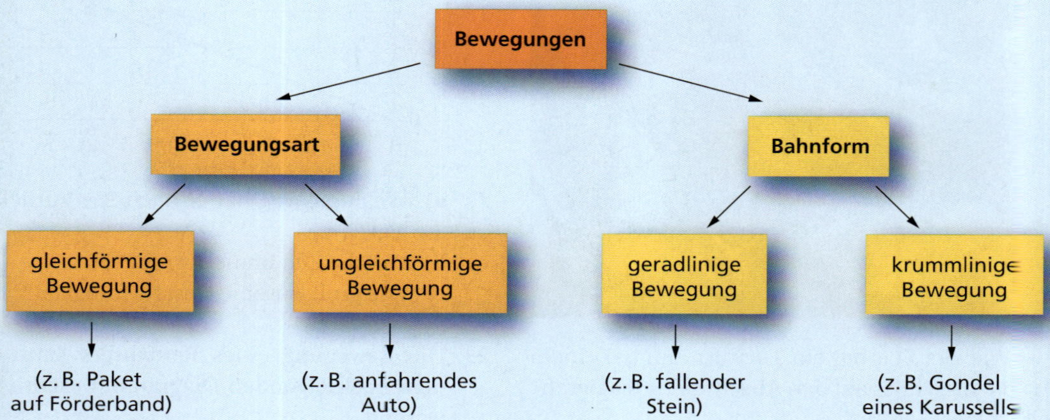

Die **Geschwindigkeit *v*** gibt an, wie schnell oder wie langsam sich ein Körper bewegt.

Für die gleichförmige Bewegung gilt:

$$\text{Geschwindigkeit} = \frac{\text{zurückgelegter Weg}}{\text{dafür benötigte Zeit}} \qquad v = \frac{s}{t}$$

Weg-Zeit-Diagramm (*s*-*t*-Diagramm)

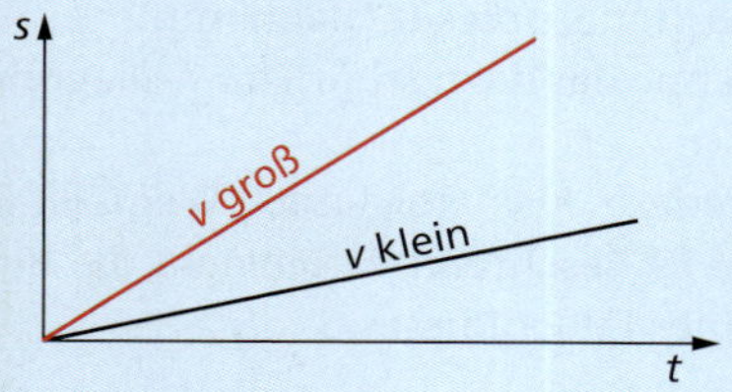

Geschwindigkeits-Zeit-Diagramm (*v*-*t*-Diagramm)

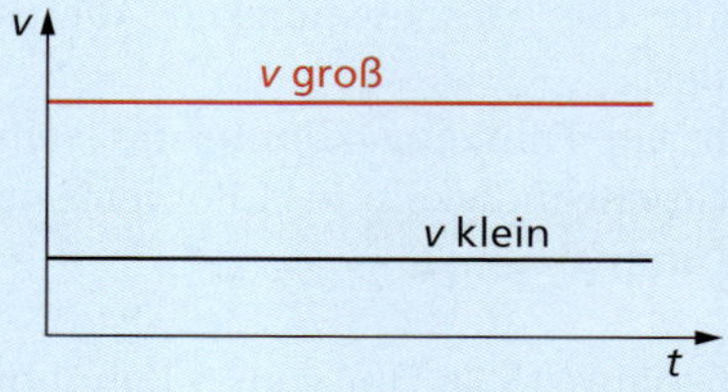

Bei ungleichförmigen (beschleunigten, verzögerten) Bewegungen ist zwischen **Durchschnittsgeschwindigkeit** und **Momentangeschwindigkeit** zu unterscheiden.

Durchschnittsgeschwindigkeit

$$\bar{v} = \frac{s}{t}$$

s gesamter Weg
t benötigte Zeit

Momentangeschwindigkeit

$$v = \frac{\Delta s}{\Delta t}$$

Δs Wegintervall
Δt kurzes Zeitintervall

Ladungen trennen – Magnete ordnen

8

8.1 Magnete und magnetische Felder

Ein Kompass weist die Richtung

Mit einem Kompass kann man die Himmelsrichtungen bestimmen und sich in unbekanntem Gelände orientieren. Auch in der Seefahrt wurden und werden Kompasse zur Orientierung genutzt.

Warum kann man mit einem Kompass die Himmelsrichtungen bestimmen?

Magnete üben Kräfte auf Körper aus

Wenn man einen Magneten in die Nähe von Eisenfeilspänen bringt, dann werden diese Eisenfeilspäne vom Magneten angezogen. Dabei fällt zweierlei auf: Zum einen werden die Eisenfeilspäne von bestimmten Stellen des Magneten besonders stark angezogen. Zum anderen richten sie sich in typischer Weise aus.

Wie sind diese Erscheinungen zu erklären?

Welche Stoffe werden von Magneten angezogen, welche nicht?

Wie sind Magnete überhaupt aufgebaut?

Magnete zur Befestigung

Mit Haftmagneten kann man Informationszettel oder Nachbildungen für den Unterricht leicht an Wandtafeln anbringen, verschieben oder auch entfernen. Allerdings haften die Magnete nicht an allen Tafeln.

Aus welchen Stoffen müssen Wandtafeln bestehen, damit man Gegenstände mit Magneten daran befestigen kann?

Magnete und ihre Wirkungen

Magnete werden heute vielfältig genutzt: als Haftmagnete, für Türverschlüsse, als Kompassnadeln. Sie haben eine besondere Eigenschaft: Sie ziehen Körper aus bestimmten Stoffen an.

Magnete sind Körper, die andere Körper aus Eisen, Nickel oder Cobalt anziehen.

Körper, die diese magnetische Eigenschaft auf Dauer oder über sehr lange Zeit besitzen, nennt man **Dauermagnete** oder **Permanentmagnete.**
Dauermagnete bestehen ebenfalls aus Eisen, Nickel oder Cobalt. Sie können verschiedene Formen haben (Abb. 2). Weit verbreitet sind Stabmagnete und Hufeisenmagnete, aber auch kreisförmige Magnete.
Dauermagnete werden heute meist aus speziellen Legierungen (Eisen-Nickel, Eisen-Aluminium, Eisen-Neodym) hergestellt. Dabei nutzt man, dass Körper aus Eisen, Nickel und Cobalt selbst magnetisch werden, wenn man sie in die Nähe eines starken Magneten bringt.

Körper, die von Magneten angezogen werden, sind auch selbst magnetisierbar.

Diese Eigenschaft von Körpern aus Eisen, Nickel und Cobalt, den **ferromagnetischen Stoffen,** ergibt sich aus ihrem Aufbau.

Magnetisierbare Stoffe bestehen aus winzigen Bereichen, von denen sich jeder wie ein kleiner Magnet verhält. Im unmagnetisierten Zustand sind diese **Elementarmagnete** völlig ungeordnet (Abb. 1a). Der Körper ist nach außen hin unmagnetisch. Unter dem Einfluss eines Magneten können sich die Elementarmagnete ausrichten (Abb. 1b). Der Körper wird selbst magnetisch.
Diese Erscheinung wird **magnetische Influenz** genannt.
Die Ausrichtung der Elementarmagnete und damit der Magnetismus des Körpers geht verloren, wenn man einen Magneten zu stark erhitzt oder starken Erschütterungen aussetzt.

a)

b)

1 Unmagnetisiertes (a) und magnetisiertes (b) Eisen im Modell

Lassen sich in einem Stoff die Elementarmagnete leicht ausrichten, so bezeichnet man diesen Stoff als **magnetisch weich.** Die Ausrichtung der Elementarmagnete geht bei weichmagnetischen Stoffen aber auch leicht wieder teilweise oder ganz verloren. Ein Stoff, für den das zutrifft, ist z. B. Weicheisen, das man für die Herstellung von Transformatoren, Elektromotoren und Generatoren verwendet. Die Eisenkerne von Elektromagneten bestehen ebenfalls aus Weicheisen. Auch wenn sich in der Nähe eines magnetisch weichen Stoffs kein Magnet befindet, bleibt meist ein geringer Restmagnetismus zurück. Stoffe, bei denen die Ausrichtung der Elementarmagnete nur unter dem Einfluss starker Magnete erfolgt und lange Zeit erhalten bleibt, bezeichnet man als **magnetisch hart.** Aus solchen Stoffen stellt man Dauermagnete her, die z. B. als Haftmagnete verwendet werden.

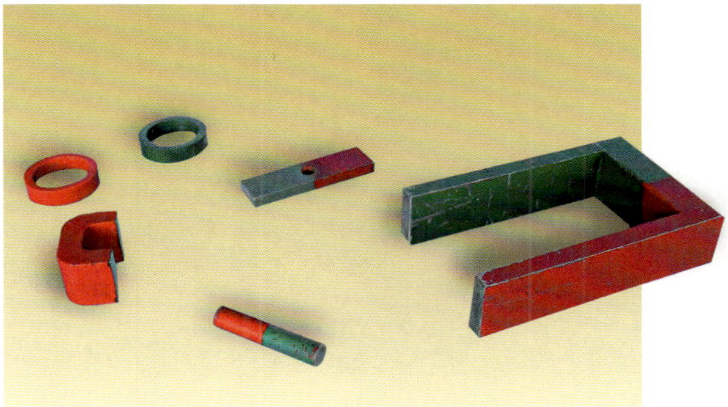

2 Dauermagnete unterschiedlicher Form

Eigenschaften von Magneten

Magnete ziehen Körper aus ferromagnetischen Stoffen an. Diese Anziehung ist nicht an allen Stellen des Magneten gleich stark. An bestimmten Stellen ist die Anziehung am größten. Bei Stabmagneten und Hufeisenmagneten sind es die Enden (Abb. 1). Diese Stellen, an denen die stärksten anziehenden Kräfte wirken, nennt man **Pole** des Magneten.

> **Jeder Magnet hat mindestens zwei Pole, einen Nordpol und einen Südpol.**

Auch wenn man einen Magneten zerteilt, hat jeder Teil wieder zwei Pole, einen **Nordpol** und einen **Südpol.** Das ergibt sich aus dem Aufbau eines Magneten (s. Abb. 1b, S. 207). Darüber hinaus gibt es auch keramische Magnete, die mehr als ein Polpaar besitzen. Solche Magnete verwendet man z. B. bei Fahrraddynamos.
Magnete können sich anziehen oder abstoßen, je nachdem, welche Pole sich gegenüberstehen (Abb. 2). Die anziehende und abstoßende Wirkung von Magneten kann auch durch andere Körper (z. B. Holz, Papier) hindurchgehen (Abb. 3). Nur Gegenstände aus Eisen, Nickel und Cobalt können nicht durchdrungen werden. Besonders gut zur **magnetischen Abschirmung** eignen sich Körper aus weichmagnetischen Stoffen, z. B. aus Weicheisen. Zur magnetischen Abschirmung empfindlicher Messgeräte und Anlagen nutzt man Bleche aus Weicheisen.

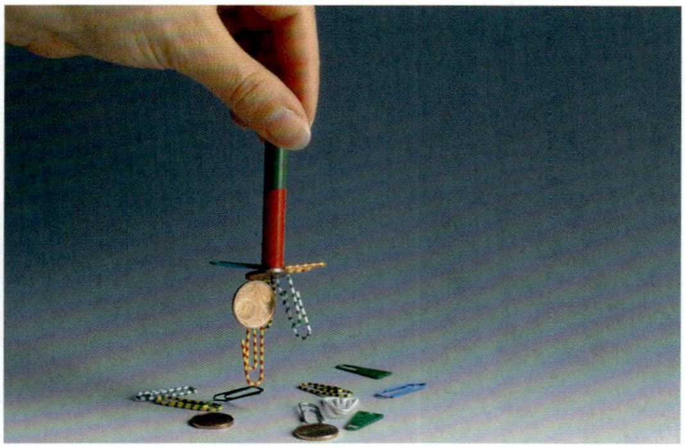

1 An den Polen eines Magneten sind die magnetischen Kräfte am größten.

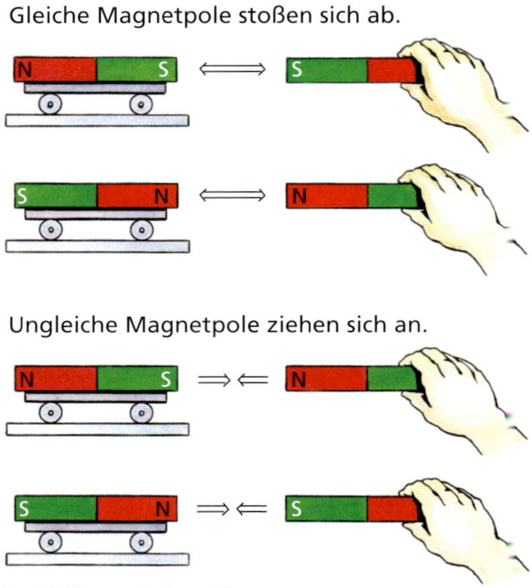

2 Kräfte zwischen Magneten

Das magnetische Feld

Den Raum um einen Magneten, in dem eine magnetische Wirkung auf andere Magnete bzw. auf Körper aus Eisen, Nickel und Cobalt zu beobachten ist, nennt man **Magnetfeld** oder **magnetisches Feld.**

> **Ein magnetisches Feld existiert im Raum um einen Magneten, in dem auf andere Magnete bzw. auf Körper aus ferromagnetischen Stoffen Kräfte ausgeübt werden.**

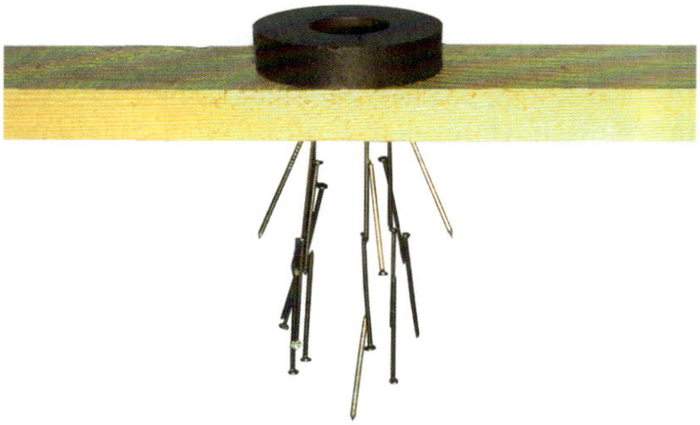

3 Magnete wirken durch Holz und viele andere Stoffe hindurch. Das Magnetfeld durchsetzt diese Stoffe.

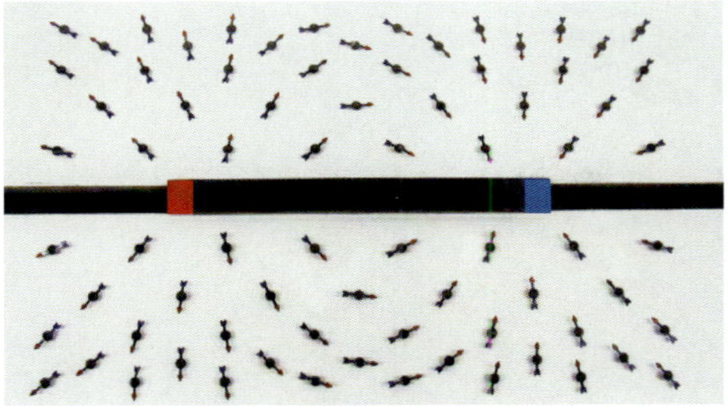

1 Kleine Magnete richten sich in einem magnetischen Feld aus.

Ein magnetisches Feld lässt sich durch das Ausrichten magnetischer Körper (z.B. kleiner Magnetnadeln, Abb. 1) oder durch Kräfte auf Körper aus ferromagnetischen Stoffen nachweisen. Legt man auf einen Magneten eine Glasplatte oder ein Blatt Papier und streut darauf Eisenfeilspäne, dann richten sich die Eisenfeilspäne in bestimmter Weise aus. Es ergibt sich ein typisches Bild (Abb. 3).
Zeichnet man anstelle der Ketten aus Eisenfeilspänen Linien, so erhält man ein **Feldlinienbild** dieses Feldes (Abb. 2).

Ein magnetisches Feld lässt sich mithilfe eines Feldlinienbildes veranschaulichen. Das Feldlinienbild ist ein Modell des Feldes.

Aus einem Feldlinienbild ist z.B. erkennbar, wie sich kleine Magnete im betreffenden Magnetfeld ausrichten.

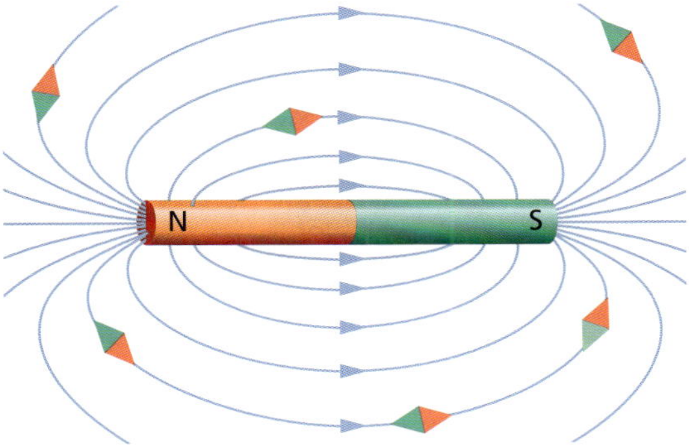

2 Feldlinienbild eines Stabmagneten: Die Feldlinien verlaufen vom Nord- zum Südpol.

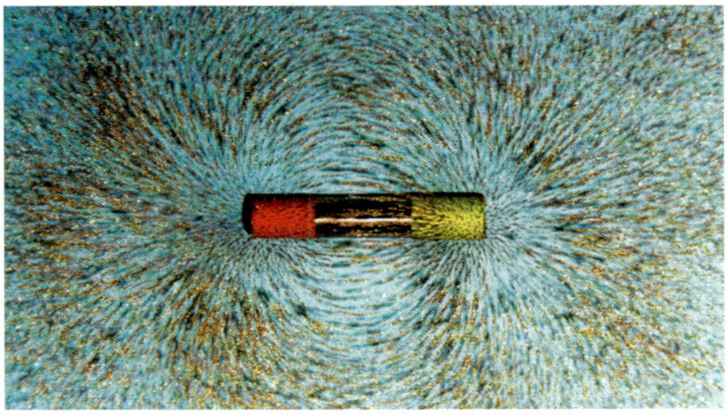

3 Eisenfeilspäne ordnen sich im magnetischen Feld eines Stabmagneten in bestimmter Weise aus.

Für das Feldlinienbild als Modell des magnetischen Feldes gilt:
- **Die Richtung der Feldlinien gibt die Richtung der wirkenden Kräfte auf Probekörper (z. B. kleine Magnete) an.**
- **Je größer die Anzahl der Feldlinien in einem bestimmten Gebiet des Feldes ist, desto stärker ist das magnetische Feld.**

Das Modell Feldlinienbild

Da das Feldlinienbild eines Magnetfeldes ein Modell ist, gilt wie für jedes andere Modell, dass es eine Vereinfachung der Wirklichkeit ist. In wichtigen Eigenschaften stimmt es mit der Wirklichkeit überein, in anderen nicht. So ist z.B. aus einem Feldlinienbild erkennbar,
- in welcher Richtung Kräfte auf Probekörper wirken, die sich in der Nähe des Magneten befinden,
- an welchen Stellen das Magnetfeld stärker oder schwächer ist.

Die Grenzen dieses Modelles bestehen u.a. darin, dass
- das Magnetfeld im gesamten Raum um einen Magneten vorhanden ist und nicht nur in einer Ebene,
- das Magnetfeld auch zwischen den Feldlinien existiert und
- keine Aussage über die absolute Stärke des Magnetfeldes gemacht werden kann.

Verlaufen die Feldlinien parallel, so ist die Stärke des Magnetfeldes überall gleich groß. Ein solches Feld wird als **homogenes Feld** bezeichnet.

Physik in Natur und Technik

Orientierung mit dem Kompass

Zur Orientierung in einer unbekannten Gegend kann man Karte und Kompass nutzen (Abb. 1). Insbesondere ist es möglich, mit einem Kompass die Himmelsrichtungen zu bestimmen, sich zu orientieren.

Wie ist ein Kompass aufgebaut?
Wie funktioniert er?

Ein Kompass dient zur Bestimmung der Himmelsrichtungen.
Er besteht aus einer drehbar gelagerten kleinen Magnetnadel und einer Skala mit den Himmelsrichtungen, die ebenfalls drehbar sein kann. Die Bauformen können dabei sehr unterschiedlich sein. Meist ist die Kompassnadel auf einer Spitze leicht drehbar gelagert, so wie das bei dem unten abgebildeten Kompass der Fall ist. Es gibt auch Kompasse, bei denen die Magnetnadel in Form einer Kugel ausgebildet ist.
Um sich mit einem Kompass im Gelände orientieren zu können, nutzt man aus, dass die Erde selbst ein sehr großer, aber nicht sehr starker Magnet ist (Abb. 3). Dabei ist zu beachten: Der magnetische Südpol liegt in der Nähe des geografischen Nordpols, der magnetische Nordpol in der Nähe des geografischen Südpols (Abb. 2).

1 Orientierung mit dem Kompass: Die Nadel richtet sich in Nord-Süd-Richtung aus.

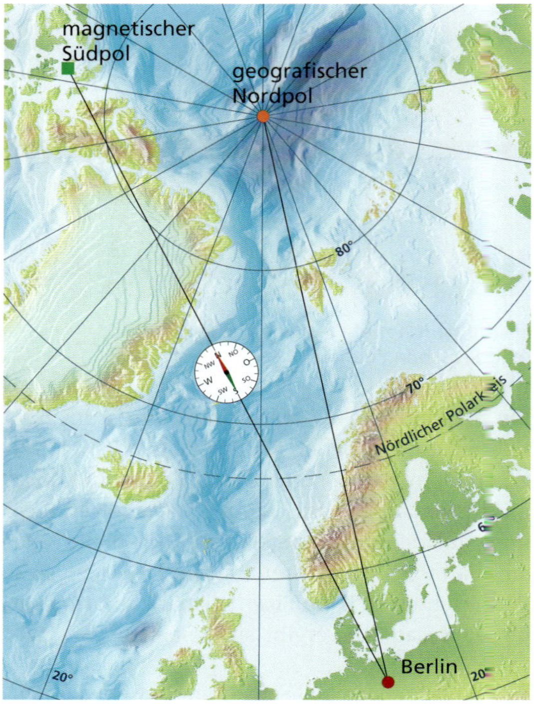

2 Der magnetische Südpol liegt in der Nähe des geografischen Nordpols.

Im Magnetfeld der Erde richtet sich die drehbar gelagerte Magnetnadel entsprechend der Richtung der Feldlinien dieses Magnetfeldes aus.
Da die geografischen Pole und die magnetischen Pole der Erde nicht zusammenfallen, zeigt eine Magnetnadel nicht genau in Nord-Süd-Richtung. Die Abweichung beträgt in Deutschland 1° bis 2°.

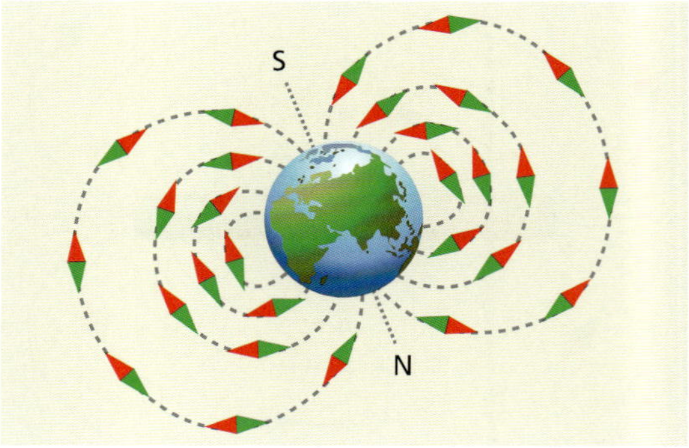

3 Magnetfeld der Erde in Erdnähe: Es ähnelt dem Magnetfeld eines Stabmagneten.

gewusst · gekonnt

1. Untersuche, ob Gegenstände wie eine Büroklammer, eine Schere, ein Kamm, Papier, Münzen, Nägel und Schrauben von einem Magneten angezogen werden!

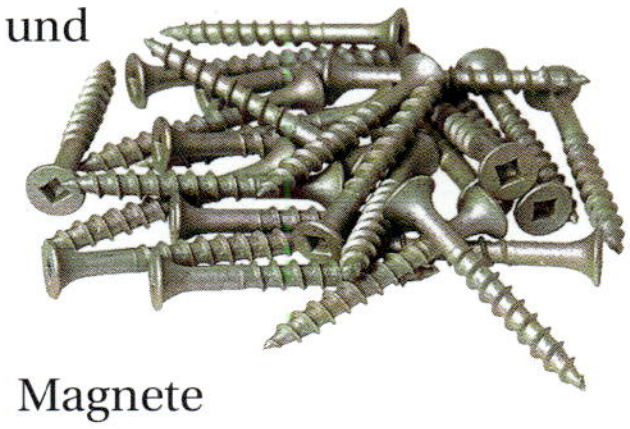

2. Erläutere, wie Magnete bei folgenden Geräten angewendet werden!
   a) magnetischer Seifenhalter
   b) magnetischer Schraubendreher
   c) magnetischer Büroklammerspender
   d) magnetischer Türschließer
   *e) Lautsprecher

3. Von zwei äußerlich gleich aussehenden Stäben ist der eine Stab ein unmagnetischer Eisenstab und der andere ein Permanentmagnet. Erläutere, wie man ohne spezielle Hilfsmittel feststellen kann, welcher der beiden der Eisenstab ist!

4. Wenn man an einem Nagel oder an einer Nadel aus Eisen mehrmals gleichmäßig mit einem Magneten in gleicher Richtung entlangstreicht, wird der Nagel oder die Nadel magnetisiert (s. Abb.).

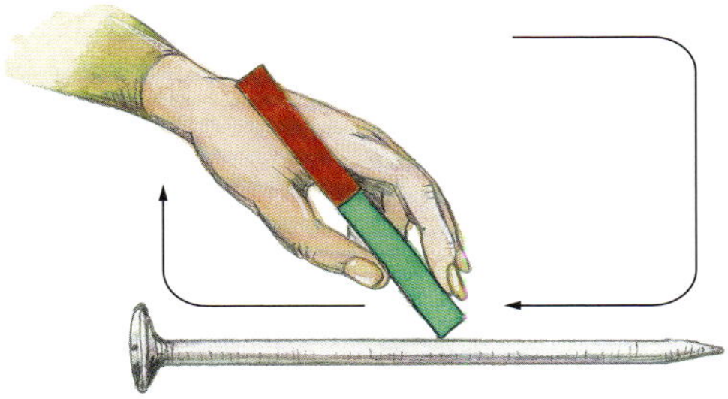

Stelle dir einen solchen Magneten her! Probiere aus, wie man aus einem solchen Magneten einen Kompass bauen könnte! Kontrolliere mit einem anderen Kompass, ob die Ausrichtung der selbstgebauten Magnetnadel stimmt!

5. Ein Kompass zeigt dir nur dann die richtige Richtung an, wenn die Nadel nicht durch andere magnetische Kräfte als die des Erdmagnetfeldes beeinflusst wird. Wodurch können Fehler bei der Richtungsbestimmung mit einem Kompass entstehen? Begründe!

6. Halte einen Kompass je einmal oben und unten an einen eisernen Heizkörper!
   a) Beschreibe deine Beobachtungen!
   *b) Erkläre deine Beobachtungen!

7. Ein Magnet ist nicht gekennzeichnet. Du weißt daher nicht, wo sich der Nordpol befindet und wo der Südpol. Wie kann man experimentell herausfinden, welches der Nordpol ist? Welche Hilfsmittel werden dazu benötigt?

8. Stelle dir vor, du befindest dich mit einer Expedition in der Antarktis. Genau unter deinen Füßen ist ein magnetischer Pol. Du hast einen Kompass, dessen Nadel so gelagert ist, dass sie sich in jede Richtung drehen kann. Wie stellt sich die Nadel ein? Begründe!

9. Wenn man an einen Pol eines kräftigen Stabmagneten zwei lange Nägel hängt, so gehen die unteren Spitzen der Nägel auseinander.
   a) Probiere es aus!
   b) Erkläre diese Erscheinung!

10. Die Abbildung zeigt Eisenfeilspäne im Magnetfeld eines Dauermagneten aus einem Fahrraddynamo. Interpretiere!

Magnete und magnetische Felder

Ein **magnetisches Feld** existiert im Raum um Dauermagnete und stromdurchflossene Leiter.
- Die Bereiche der stärksten Kraftwirkungen nennt man Pole (Nordpol, Südpol) eines Magneten.
- Gleiche Pole stoßen sich ab, ungleiche Pole ziehen sich an.

- In einem Magnetfeld wirken Kräfte auf ferromagnetische Stoffe (Eisen, Nickel, Cobalt) und andere Magnete.
- Magnetfelder lassen sich mithilfe von Feldlinienbildern veranschaulichen. Kleine Magnete richten sich entlang der Feldlinien aus. Ein Feldlinienbild ist ein Modell eines elektrischen Feldes.

Feldlinienbild eines Stabmagneten

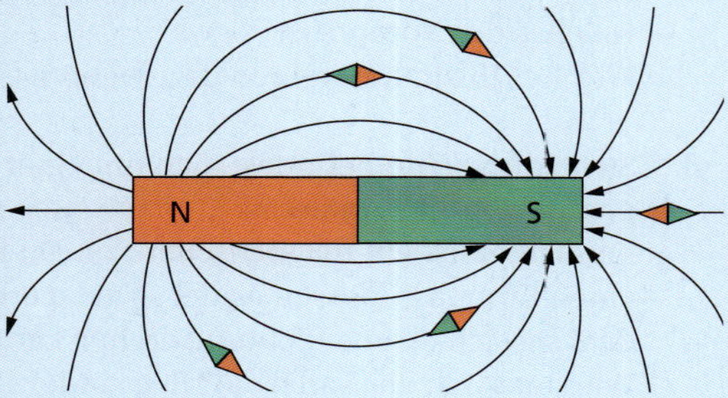

Feldlinienbild eines Hufeisenmagneten

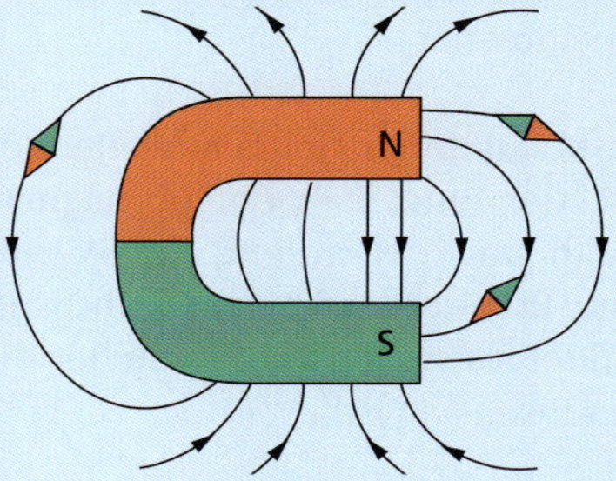

Magneten wechselwirken mit anderen Magneten und mit ferromagnetischen Stoffen.
Unter dem Einfluss eines Magneten können sich die Elementarmagnete in ferromagnetischen Stoffen ausrichten und damit selbst zu Magneten werden.

Unsere Erde ist ein großer, aber relativ schwacher Magnet.

Im Magnetfeld der Erde richten sich Kompassnadeln in Nord-Süd-Richtung aus. Das ermöglicht eine Orientierung mithilfe eines Kompasses.

8.2 Elektrisch geladene Körper und elektrische Felder

Haare stehen zu Berge

Wenn man trockene Haare mit einem Plastikkamm kämmt, kann es passieren, dass einem die Haare zu Berge stehen. Die Haare werden regelrecht von dem Kamm angezogen und man sieht aus wie Struwwelpeter. Ähnliches kann man auch feststellen, wenn man mit einer elektrisch geladenen Kugel verbunden ist (s. Foto).
Wie ist diese Erscheinung zu erklären?

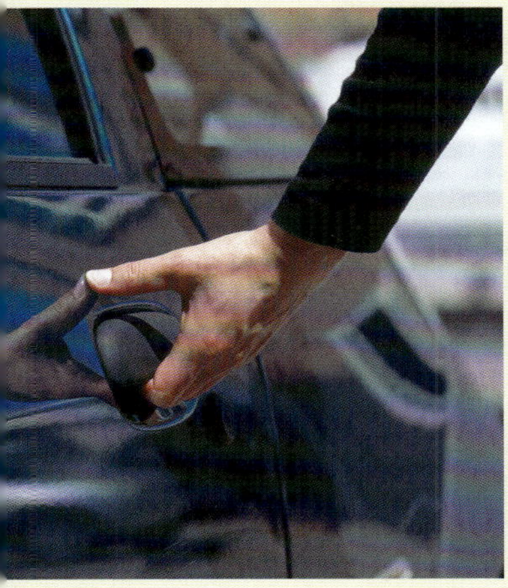

Ein elektrischer Schlag

Wenn man längere Zeit in einem Sessel oder einem Auto saß und nach dem Aufstehen einen Gegenstand aus Metall berührt, bekommt man manchmal einen elektrischen Schlag. Dieser Schlag ist zwar ungefährlich, kann einen Menschen aber erschrecken. Für einen kurzen Moment fließt ein geringer elektrischer Strom durch den Körper.
Wie kommt dieser elektrische Strom zustande?

Eine leuchtende Kugel

Plasmakugeln sind ungewöhnliche Lichtquellen. In der Mitte befindet sich eine stark geladene Kugel. Zwischen ihr und der äußeren Wandung entstehen Leuchterscheinungen, die ihr Aussehen ständig ändern.
Gibt es weitere Leuchterscheinungen in Natur und Technik, die durch elektrisch geladene Körper bewirkt werden?

Elektrisch geladene Körper

Körper unserer Umgebung können elektrisch geladen sein. Die Ursache dafür liegt in ihrem Aufbau begründet. Alle Körper sind aus Atomen und Molekülen aufgebaut. Atome wiederum bestehen aus einer Atomhülle, in der sich elektrisch negativ geladene **Elektronen** befinden, und dem Atomkern (Abb. 2). Der Atomkern enthält u. a. elektrisch positiv geladene **Protonen** und ist damit positiv geladen. Ein Atom, das die gleiche Anzahl positiver Ladungen im Kern und negativer Ladungen in der Atomhülle hat, ist elektrisch neutral. Auch ein Körper, der insgesamt genauso viele Elektronen wie Protonen hat, ist nach außen ungeladen.

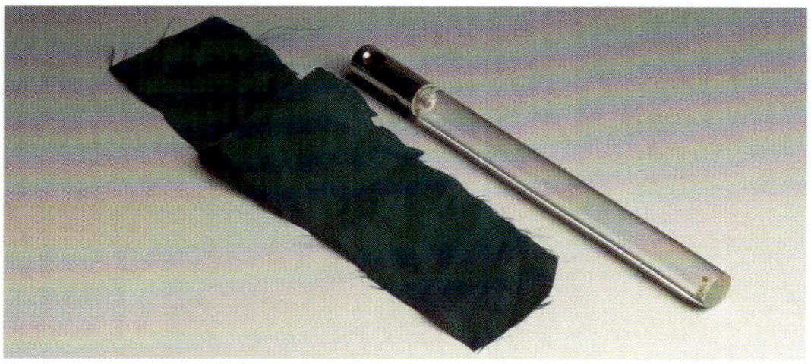

1a Vor der Berührung sind beide Körper neutral.

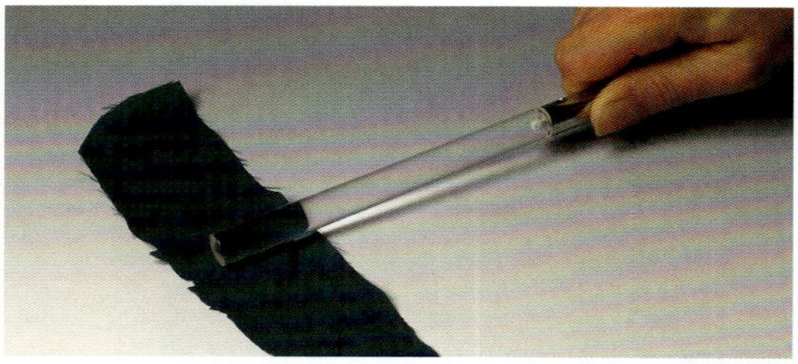

1b Beim innigen Berühren (Reiben) gehen Elektronen vom Tuch auf den Plastikstab über.

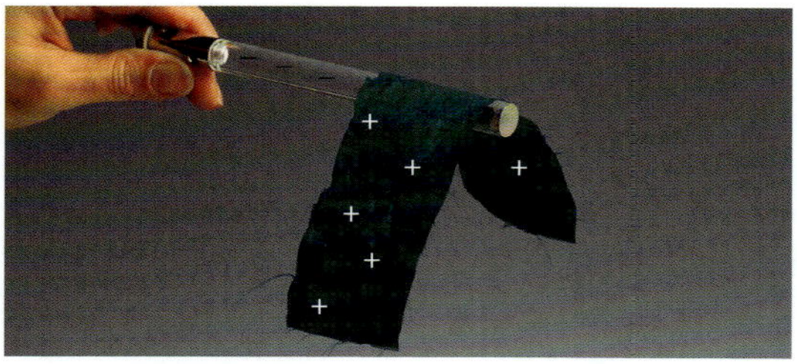

1c Nach der Berührung ist das Tuch positiv geladen, der Plastikstab negativ.

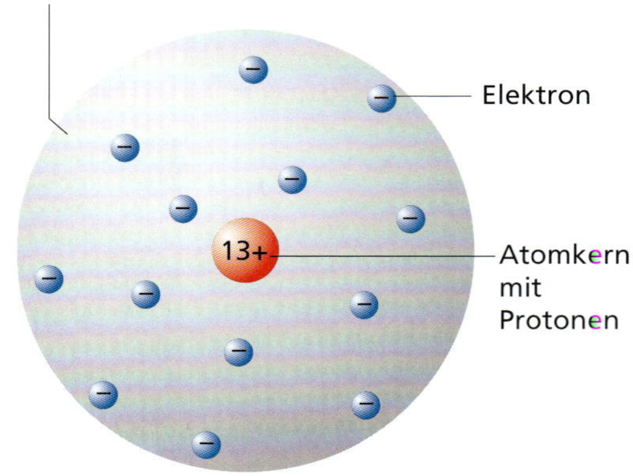

2 Modell vom Aufbau eines Aluminiumatoms

Durch inniges Berühren bzw. Reiben zweier Körper aneinander können Elektronen von dem einen Körper auf den anderen Körper übergehen.

Danach hat der eine Körper mehr Elektronen als positive Ladungen. Er besitzt **Elektronenüberschuss** und ist negativ geladen.
Der andere Körper hat Elektronen abgegeben und besitzt nun einen **Elektronenmangel.** Er hat mehr positive Ladungen als Elektronen und ist positiv geladen (Abb. 1).

Ein negativ geladener Körper hat einen Elektronenüberschuss. Bei einem positiv geladenen Körper herrscht Elektronenmangel.

Da die **Ladungstrennung** durch Berührung bzw. Reibung zustande kommt, spricht man auch von **Reibungselektrizität.**

Kräfte zwischen geladenen Körpern

Berührt man einen ungeladenen Körper mit einem elektrisch negativ geladenen Körper, so können Elektronen von dem geladenen Körper auf den ungeladenen Körper übergehen. Der betroffene Körper ist dann negativ geladen.

Bringt man einen positiv geladenen Körper mit einem ungeladenen Körper in Berührung, so können Elektronen auf den positiv geladenen Körper übergehen. Der zunächst ungeladene Körper ist dann positiv geladen. Untersucht man das Verhalten elektrisch geladener Körper genauer, dann stellt man fest, dass zwischen elektrisch geladenen Körpern Kräfte wirken. Die Körper ziehen sich an oder stoßen sich ab (Abb. 1).

Gleichartig geladene Körper stoßen einander ab. Ungleichartig geladene Körper ziehen einander an.

Werden elektrisch geladene Körper leitend miteinander verbunden, so kommt es zum **Ladungsausgleich** (Abb. 2).

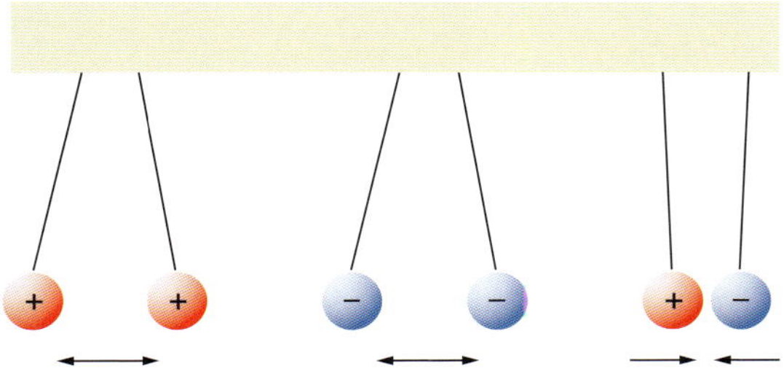

1 Es erfolgt eine Abstoßung, wenn beide Körper gleichartig geladen sind.
Es erfolgt eine Anziehung, wenn beide Körper ungleichartig geladen sind.

Nähert man einem ungeladenen Körper einen negativ geladenen Körper, so wirken zwischen den Ladungen ebenfalls Kräfte (Abb. 3).
Es kommt auf dem ungeladenen Körper zu einer Verschiebung von Ladungen und damit zu einer

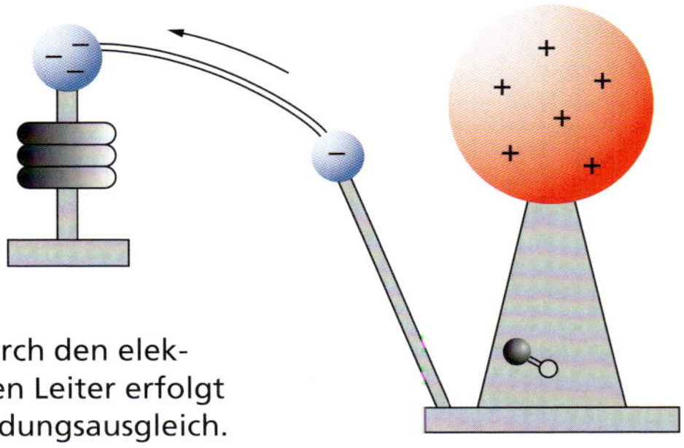

2 Durch den elektrischen Leiter erfolgt ein Ladungsausgleich.

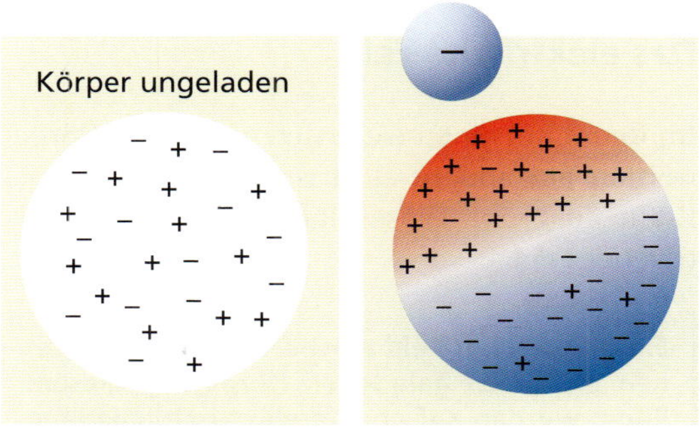

3 Ladungstrennung durch Influenz

Ladungstrennung in bzw. auf dem betreffenden Körper.
Die Erscheinung der Ladungstrennung unter dem Einfluss eines geladenen Körpers wird als **elektrische Influenz** bezeichnet.

Die elektrische Ladung

Körper können unterschiedlich stark geladen sein. Wie stark ein Körper positiv oder negativ geladen ist, wird durch die Größe **elektrische Ladung** beschrieben.

Die elektrische Ladung eines Körpers gibt an, wie groß sein Elektronenüberschuss oder sein Elektronenmangel ist.

Formelzeichen: Q
Einheit: 1 Coulomb (1 C)

Die Einheit 1 C ist nach dem französischen Naturforscher CHARLES AUGUSTIN DE COULOMB (1736–1806) benannt.
Ein Körper hat eine Ladung von 1 C, wenn er einen Elektronenüberschuss oder einen Elektronenmangel von $6{,}2 \cdot 10^{18}$ Elektronen besitzt. Das ist die riesige Anzahl von Elektronen, die bei einer Stromstärke von 1 A in einer Sekunde durch einen Leiterquerschnitt hindurchfließt. Die elektrische Ladung von geladenen Körpern in unserer Umgebung (geladene Kugeln, elektrische Aufladung des Menschen) beträgt meist wesentlich weniger als ein Tausendstel Coulomb. Die Ladung eines Elektrons ist $1{,}6 \cdot 10^{-19}$ C.

Das elektrische Feld

Im Raum um einen elektrisch geladenen Körper werden auf andere elektrisch geladene Körper Kräfte ausgeübt. Diesen Raum nennt man **elektrisches Feld.**

Ein elektrisches Feld existiert im Raum um einen elektrisch geladenen Körper. In diesem Raum werden auf andere elektrisch geladene Körper Kräfte ausgeübt.

Für elektrische Felder besitzen wir kein Sinnesorgan, können sie also ohne Hilfsmittel nicht wahrnehmen. Ein elektrisches Feld lässt sich aber durch Kräfte auf elektrisch geladene Körper nachweisen. Bringt man z. B. kleine, negativ geladene Kugeln in die Nähe einer anderen, positiv geladenen Kugel und zeichnet die jeweils wirkenden Kräfte ein, dann erhält man das in Abb. 1 dargestellte Bild. Werden anstelle der einzelnen Kraftpfeile (Abb. 1) durchgehende Linien gezeichnet, so erhält man ein **Feldlinienbild** des betreffenden Feldes (Abb. 2, 3, 4).

Ein elektrisches Feld lässt sich mithilfe eines Feldlinienbildes veranschaulichen.
Das Feldlinienbild ist ein Modell des elektrischen Feldes.

Aus einem Feldlinienbild ist erkennbar, in welcher Richtung die Kraft auf einen geladenen Körper wirkt (Abb. 4). Es gibt auch Auskunft über die Stärke des Feldes. Je stärker das elektrische Feld ist, desto dichter werden die Feldlinien gezeichnet. **Beachte:** Ein elektrisches Feld gibt es auch dort, wo keine Feldlinien gezeichnet sind.

Mosaik

Experimentelle Untersuchung elektrischer Felder

Feldlinien lassen sich auch experimentell veranschaulichen, wenn sich Grießkörnchen in Öl in einem elektrischen Feld befinden (Abb. unten). Unter der Wirkung des elektrischen Feldes richten sich die Grießkörnchen in Richtung der Feldlinien in Form von „Ketten" aus.

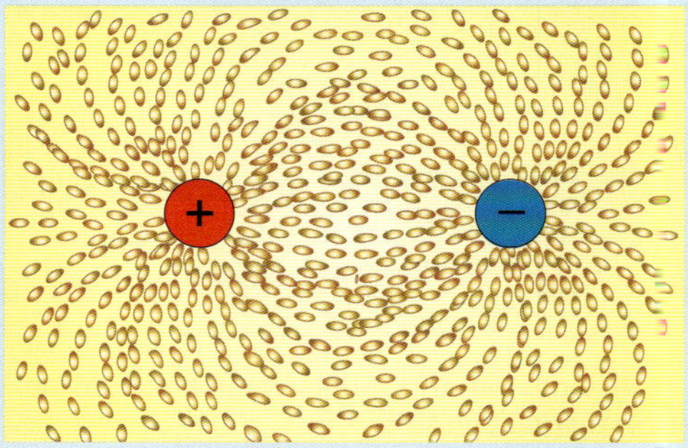

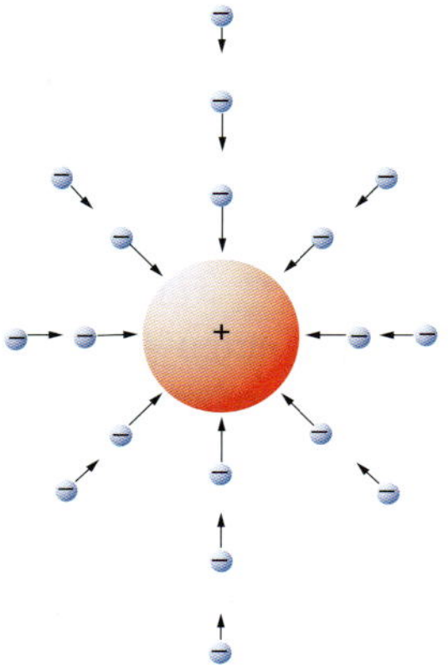

1 Kräfte auf geladene Körper im elektrischen Feld

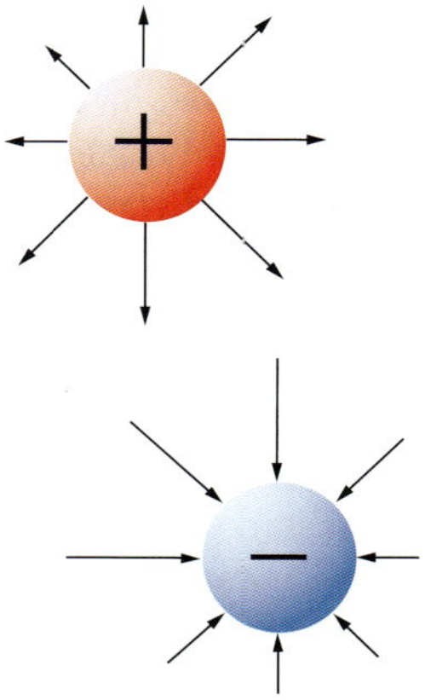

2 Elektrisches Feld um unterschiedlich geladene Kugeln

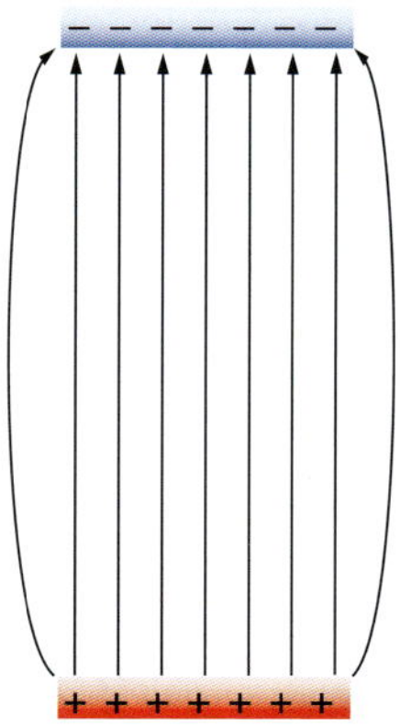

3 Elektrisches Feld zwischen zwei unterschiedlich geladenen Platten

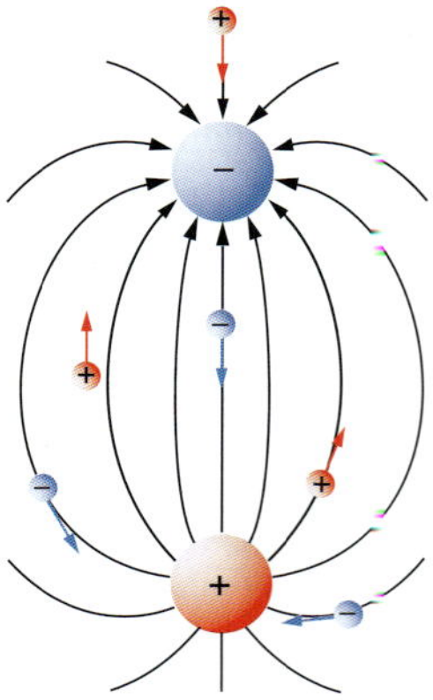

4 Feldlinienbild und Kräfte auf geladene Körper

Leitungsvorgang in metallischen Leitern

Jeder kennt die Formulierung: „Es fließt ein **elektrischer Strom.**“ Was aber fließt in den Leitungen eines Stromkreises?
Betrachten wir dazu zunächst den Aufbau eines metallischen Leiters (Abb. 1), z. B. eines Kupferkabels. Ein Teil der Metallatome gibt je ein Elektron ab. In einem solchen Leiter sind dann neben Metallatomen positiv geladene **Metallionen** und Elektronen vorhanden. Die Elektronen können sich frei im Leiter bewegen.
Wird an den Leiter eine **elektrische Quelle** angeschlossen, dann besteht im Leiter ein elektrisches Feld (Abb. 2). In diesem elektrischen Feld wird auf die frei beweglichen Elektronen eine Kraft ausgeübt. Dadurch bewegen sie sich vorzugsweise in eine Richtung (Abb. 2).

Elektrischer Strom in einem metallischen Leiter ist die gerichtete Bewegung von Elektronen in diesem Leiter.

Die negativ geladenen Elektronen bewegen sich gerichtet vom Minuspol in Richtung Pluspol der elektrischen Quelle (Abb. 2, 3). Ihre Geschwindigkeit liegt bei etwa 1 mm/s.

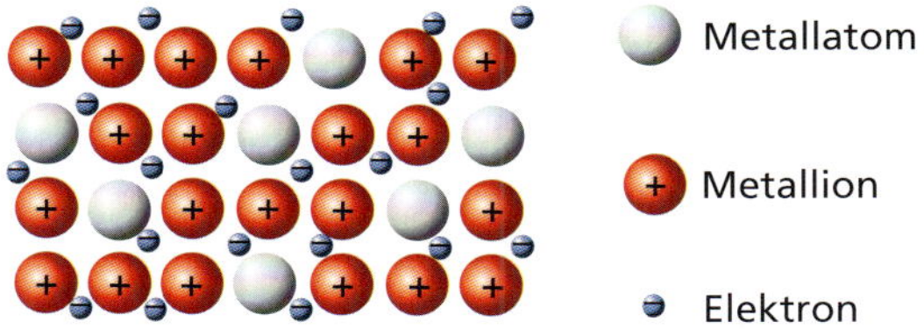

1 Metallischer Leiter ohne Vorhandensein eines elektrischen Feldes

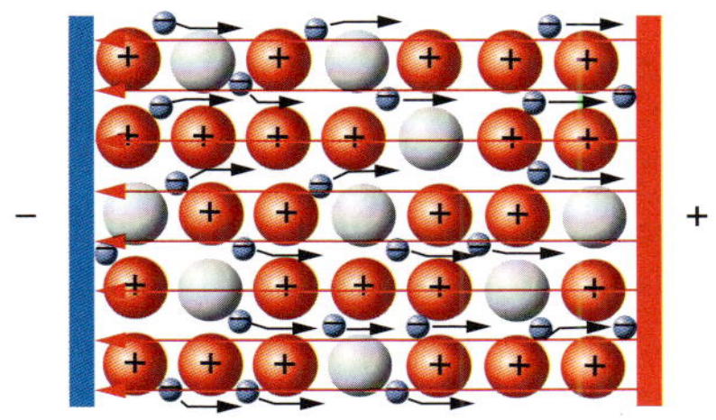

2 Bei Vorhandensein eines elektrischen Feldes bewegen sich die Elektronen in einer Vorzugsrichtung.

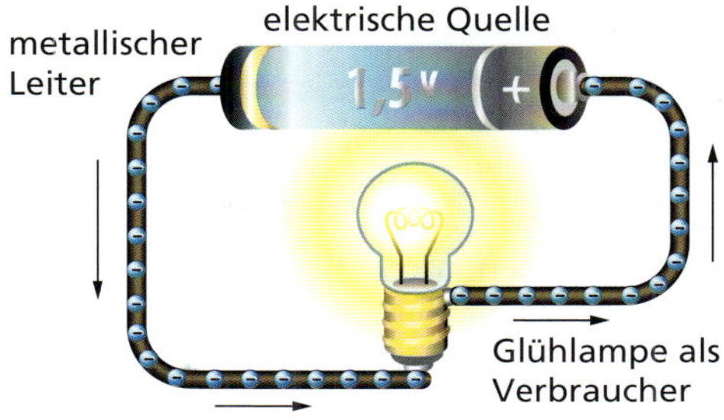

3 Modell eines Stromkreises: Elektronen bewegen sich im metallischen Leiter gerichtet.

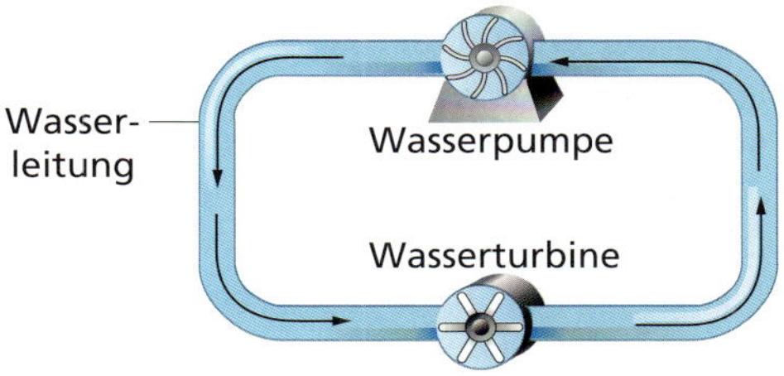

4 Eine Wasserströmung kann ebenfalls als Modell für elektrische Ströme dienen.

Abb. 3 zeigt das Modell eines Stromkreises. Die **elektrische Quelle** bewirkt den **Antrieb der Elektronen** im Stromkreis. Ein Strom fließt nur dann, wenn der Stromkreis geschlossen ist. Vergleichbar ist der Stromfluss in einem geschlossenen Stromkreis mit einem Wasserstromkreis (Abb. 4).
Elektrischer Strom kann auch in anderen Stoffen fließen, z. B. in Wasser oder in Luft. Wenn das der Fall sein soll, müssen immer folgende **Voraussetzungen** erfüllt sein:
(1) Es müssen bewegliche Ladungsträger (z. B. Elektronen oder Ionen) vorhanden sein.
(2) Es muss ein elektrisches Feld (eine elektrische Quelle) existieren, die die Ladungsträger antreibt.
Charakteristisch für den **Verlauf eines Leitungsvorgangs** ist dann:
(1) Durch den Antrieb bewegen sich die Ladungsträger im elektrischen Stromkreis gerichtet.
(2) Je stärker der Antrieb ist, desto mehr Ladungsträger bewegen sich in einer bestimmten Zeit durch den Leiterquerschnitt.
(3) Die gerichtete Bewegung der Ladungsträger wird durch die Metallatome bzw. die Metallionen behindert.

Physik in Natur und Technik

Das Elektroskop

Um nachzuweisen, ob ein Körper elektrisch geladen ist, benutzt man ein Elektroskop (Abb. 1).
Beschreibe den Aufbau und erkläre die Wirkungsweise eines Elektroskops!
Kann man mit einem Elektroskop die Art der elektrischen Ladung eines Körpers bestimmen?

Ein Elektroskop dient dem Nachweis elektrischer Ladungen.
Es besteht aus einem Metallstab, der leitend mit einem drehbar gelagerten Metallzeiger verbunden ist. Berührt man das obere Ende des Metallstabes mit einem negativ geladenen Körper (Abb. 2), so gehen Elektronen auf dieses Ende über. Von dort verteilen sie sich auf den gesamten Metallstab und den Metallzeiger.
Nun sind Metallstab und Metallzeiger negativ geladen. Gleichartig geladene Körper stoßen sich ab. Da der Zeiger drehbar gelagert ist, wird er vom Metallstab abgestoßen. Es kommt zu einem Zeigerausschlag.
Wird die Spitze des Metallstabes mit einem positiv geladenen Körper berührt (Abb. 3), so wandern Elektronen von Metallstab und Metallzeiger zum positiv geladenen Körper, denn ungleiche Ladungen ziehen sich an. Dadurch entsteht auf dem Metallstab und auf dem Zeiger ein Elektronenmangel, also positive Ladung. Metallstab und Zeiger stoßen sich ebenfalls ab.

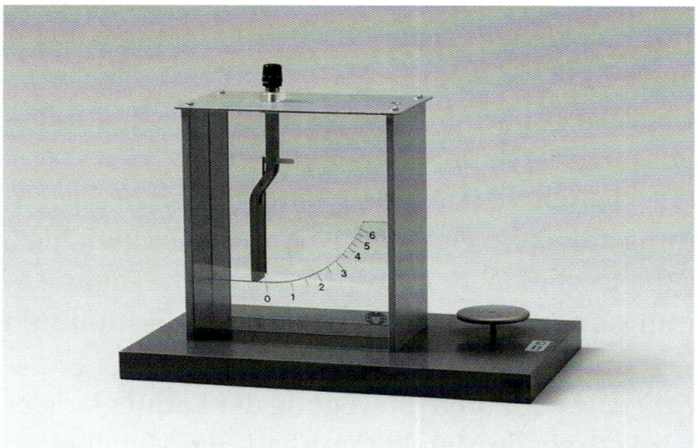

1 Aufbau eines einfachen Elektroskops

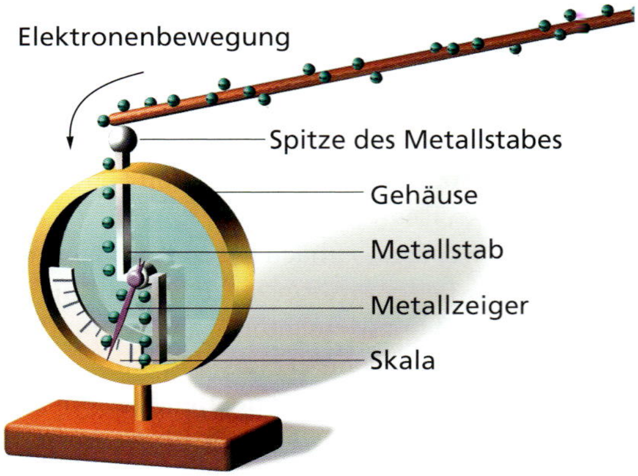

2 Negativ geladenes Elektroskop

Der Ausschlag erfolgt also bei einem Elektroskop unabhängig von der Art der Ladung. Demzufolge kann man mit einem Elektroskop nur nachweisen, ob und wie stark ein Körper geladen ist, nicht jedoch, welche Ladung er besitzt.

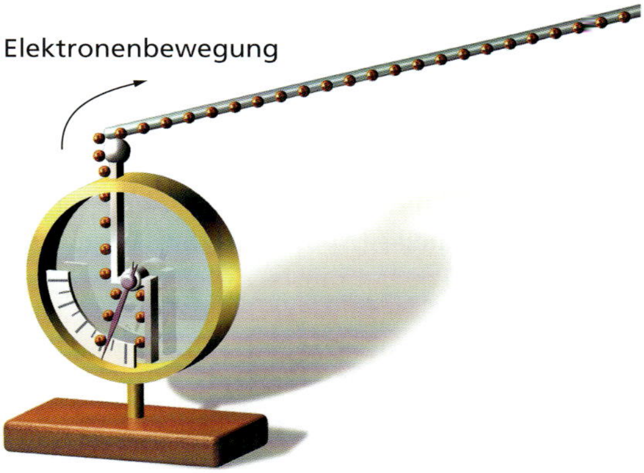

3 Positiv geladenes Elektroskop

Ladungstrennung durch Influenz

Durch inniges Berühren bzw. Reiben können Elektronen von einem Körper auf einen anderen übergehen. Anschließend ist der eine Körper positiv, der andere negativ geladen. Diese Erscheinung wird als **Reibungselektrizität** bezeichnet.

Eine Ladungstrennung auf einem Körper kann auch erreicht werden, wenn man diesen Körper überhaupt nicht berührt.

Wie kann man auf einem Körper Ladungstrennung hervorrufen, ohne diesen Körper zu berühren?

Wir wissen bereits, dass um elektrisch geladenene Körper elektrische Felder existieren und in diesen auf elektrisch geladene Körper Kräfte wirken. Diese Kräfte kann man nutzen, um auf Körpern Ladungstrennung hervorzurufen.
Bringt man eine negativ geladene Kugel in die Nähe eines Elektroskops, so schlägt der Zeiger aus (Abb. 1).

1 Elektroskop bei Annährung eines geladenen Körpers: Es kommt zu einem Zeigerausschlag.

Um die geladene Kugel existiert ein elektrisches Feld. Seine Form ist in Abb. 2, S. 216, dargestellt. Die im Metallstab und Metallzeiger des Elektroskops vorhandenen beweglichen negativen Elektronen werden in diesem Feld abgestoßen, bewegen sich also von der negativ geladenen Kugel weg. Die Spitze des Metallstabes des Elektroskops ist dann positiv geladen, der Metallstab und der Zeiger negativ. Da sich gleichartig geladene Körper immer abstoßen, schlägt der Zeiger des Elektroskops aus.
Entfernt man die negativ geladene Kugel, so verteilen sich die negativ geladenen Elektronen wieder gleichmäßig auf Metallstab und Zeiger. Der Ausschlag des Zeigers geht zurück.
Die Ladungstrennung auf einem Körper unter dem Einfluss eines elektrischen Feldes bezeichnet man als **elektrische Influenz.**
Eine solche Influenz tritt immer dann auf, wenn sich ein geladener Körper in der Nähe ungeladener, leitender Körper befindet.

Elektrofilter gegen Staub

Staub gibt es überall: in Wohnungen, in Betrieben und im Freien.
Auch in Kohlekraftwerken entsteht viel Staub in Form von Asche. Gelangt diese Asche mit dem Rauch ins Freie, kann sie die Umwelt stark belasten. Deshalb versucht man, die Asche aufzufangen und zu entsorgen. Dazu werden Entstaubungsanlagen genutzt.
Das Herzstück einer solchen Entstaubungsanlage ist ein Elektrofilter (Abb. 2).
Wie kann die Wirkungsweise eines Elektrofilters erklärt werden?

Ein Elektrofilter besteht aus zwei Platten, die positiv geladen sind (s. Abb. 2). Zwischen diesen Platten befindet sich ein Draht, der so stark negativ geladen ist, dass er Elektronen versprüht. Diese Elektronen setzen sich auf den Staubteilchen des Rauchgases fest, das durch den Filter geleitet wird. Dadurch werden die Staubteilchen selbst negativ geladen. Die negativ geladenen Staubteilchen werden von den positiv geladenen äußeren Platten angezogen, denn zwischen dem Draht und den geladenen Platten existiert ein elektrisches Feld. In diesem elektrischen Feld wirken Kräfte auf die negativ geladenen Staubteilchen. Die Staubteilchen lagern sich an den positiv geladenen Platten ab. Mithilfe eines Klopfwerks wird der angelagerte Staub abgeschüttelt, in einer Auffangvorrichtung gesammelt und entsorgt.

2 Elektrofilter in einem Kraftwerk

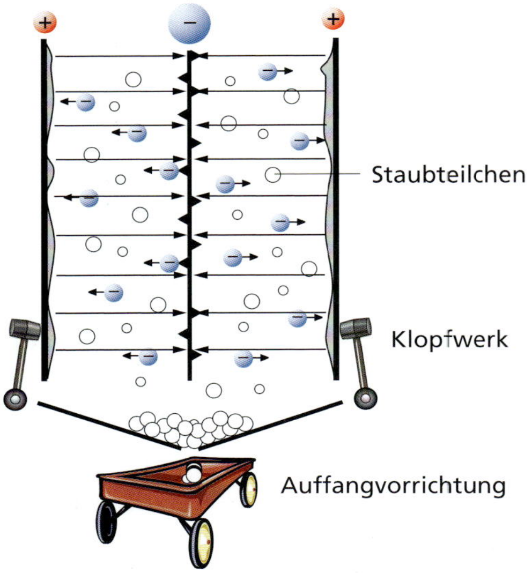

1 Aufbau eines Elektrofilters zur Rauchgasreinigung

In Kohlekraftwerken wird der Rauch durch solche Elektrofilter geleitet und von Asche gereinigt. Das ist ein wichtiger Beitrag zur Verringerung der Luftverschmutzung.

Blitz und Donner

Mit Blitz und Donner kündigt sich ein Gewitter an. Während eines Gewitters können Dutzende von Blitzen auftreten. Weltweit werden 70 bis 100 Blitze in jeder Sekunde registriert.
Die durchschnittliche Stromstärke beträgt etwa 40 000 A bei einem Durchmesser der Blitze von 10 bis 20 cm, ihre Länge meist 2 bis 3 km und ihre Dauer weniger als 1 s.
Wie entsteht ein Blitz? Gibt es nur Blitze zwischen einer Wolke und der Erde?

Ein Blitz ist ein zeitlich kurzer, aber sehr starker elektrischer Strom, der die unterschiedlichen Ladungen zwischen geladenen Wolken bzw. Wolken und der Erde ausgleicht.
Elektrisch geladene Gewitterwolken entstehen vor allem an warmen, schwülen Tagen. Warme, aber auch feuchte Luft steigt nach oben. Dabei kühlt sie sich ab. Aus dem in der Luft befind-

2 Blitze sind kurzzeitige elektrische Entladungen zwischen Wolke–Erde bzw. zwischen Wolke–Wolke.

lichen Wasserdampf werden dadurch Wassertropfen, Eiskristalle und Hagelkörner. Der Mechanismus der Ladungstrennung in der Wolke ist noch nicht in allen Einzelheiten geklärt. Ein Erklärungsansatz ist folgender (Abb. 3): Ein Teil der aufgestiegenen Hagelkörner fällt wieder herab, weil sie zu schwer sind. Durch das schnelle Aufsteigen von Luft mit Wassertropfen und Eiskristallen sowie das Herabfallen von Hagelkörnern kommt es infolge von Reibung zu Ladungstrennungen. Damit entstehen in Gewitterwolken Bereiche, die unterschiedlich geladen sind.

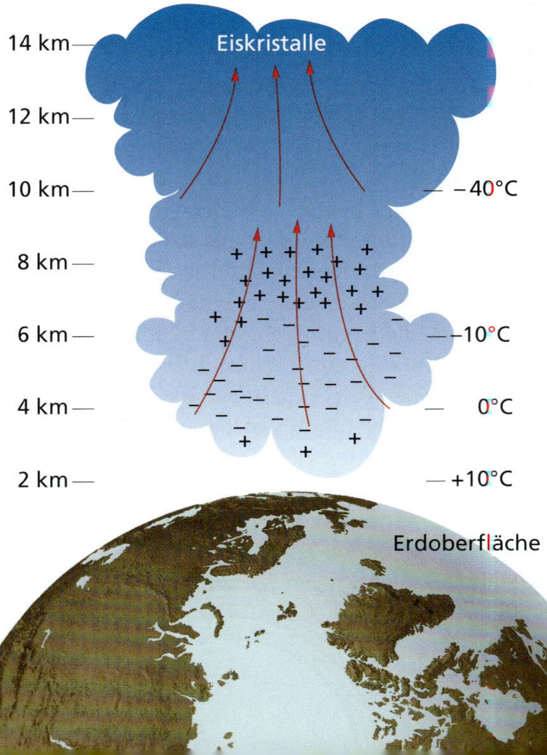

3 Aufbau einer Gewitterwolke

1 Ein Ladungsausgleich durch Blitze kann zwischen Wolken sowie zwischen Wolken und der Erde erfolgen.

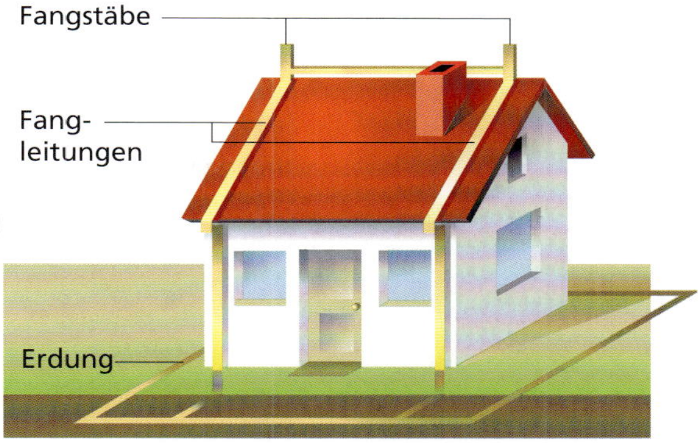

2 Blitzschutzanlage eines Hauses: Über Fangstäbe und Fangleitungen wird der Blitz zur Erde abgeleitet.

Wenn die unterschiedlichen Ladungen in Gewitterwolken groß genug sind, kommt es zu einem Ladungsausgleich durch einen Blitz. Dabei wandern Elektronen zum positiv geladenen Körper (Abb. 1).

Der Blitzableiter

Gewitter sind häufig mit Sturmböen, starkem Regen oder Hagel verbunden. Erhebliche Schäden können aber auch dann entstehen, wenn ein Blitz in eine Hochspannungsleitung, in Gebäude, in Bäume oder gar in Menschen einschlägt. Deshalb muss man sich vor Blitzen schützen. An Häusern werden dazu häufig Blitzschutzanlagen angebracht.
Wie funktioniert eine Blitzschutzanlage? Wie kann man sich vor Blitzeinschlag schützen, wenn man im Freien von einem Gewitter überrascht wird?

Blitze schlagen vor allem in hohe, spitze Gebäude und Gegenstände ein, z. B. in hohe Bäume, Kirchturmspitzen oder Spitzen von Dächern. Mithilfe einer Blitzschutzanlage wird der Blitz „aufgefangen" und ungefährlich in die Erde abgeleitet.
Eine Blitzschutzanlage (Abb. 2) besitzt Fangstäbe und Fangleitungen, die die höchsten Stellen des Gebäudes bilden, sodass der Blitz dort einschlägt. Über dicke Eisendrähte wird der elektrische Strom des Blitzes in die Erde abgeleitet. Damit ist man in Gebäuden relativ sicher. Das gilt auch für Pkws und andere geschlossene Fahrzeuge, die wie ein **faradayscher Käfig** wirken (Abb. 3).
Für den Menschen ist ein Blitzeinschlag in den Körper und auch in unmittelbare Nähe seines Aufenthaltsorts lebensgefährlich. Am sichersten ist es, sich in eine Mulde zu legen oder zu hocken.
Beachte: Bäume bieten keinen Schutz.

3 Schon MICHAEL FARADAY (1791–1867) stellte fest, dass elektrische Entladungen (Blitze) nicht in einen Raum eindringen, der von einem elektrischen Leiter umgeben ist. Eine solche Anordnung wird als faradayscher Käfig bezeichnet.

Strahlung

- Wärmestrahlung
- Licht

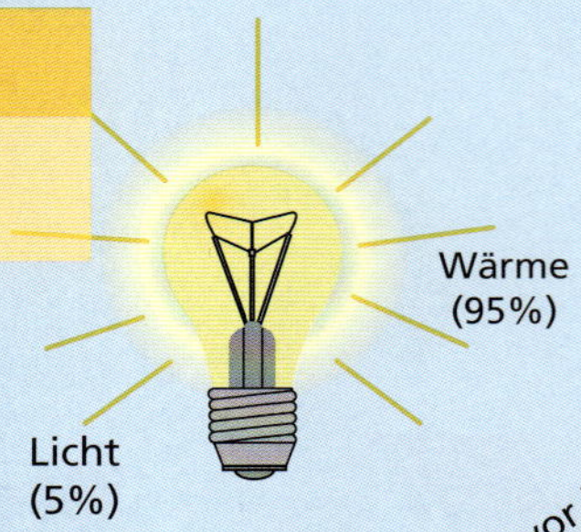

existiert in Form von

liegt vor in verschiedenen

Materie

ist die Gesamtheit dessen, was aus chemischen Elementen und Verbindungen besteht.

besteht aus

besitzt

Energie

Energie kann in verschiedenen Energieformen vorliegen.
Aufgrund der Bewegung der Teilchen besitzen alle Körper thermische Energie.

Aggregatzuständen

- fest
- flüssig
- gasförmig

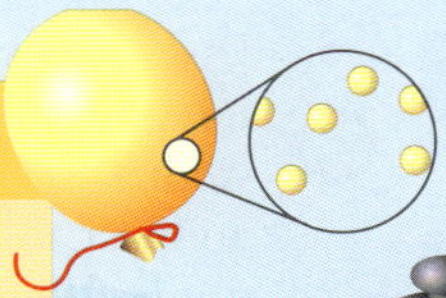

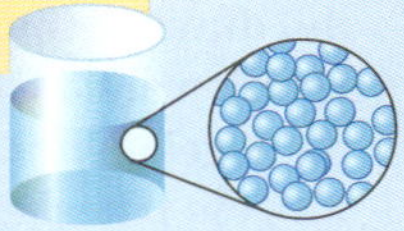

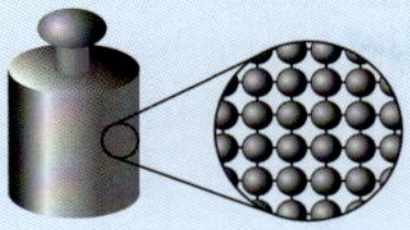

existiert in Form von

Feldern

- Um Magnete existieren Magnetfelder.
- Um geladene Körper existieren elektrische Felder.

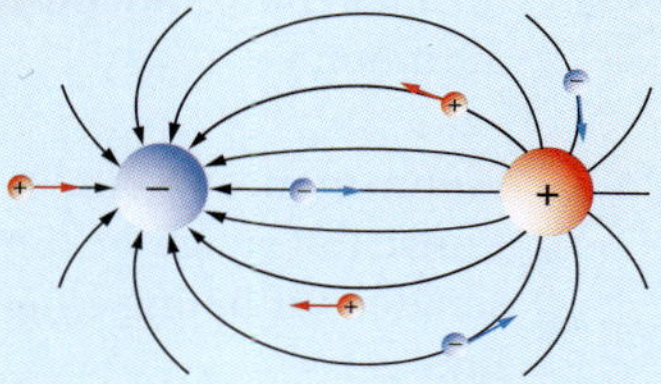

besteht aus

Körpern und Stoffen

mit stoffspezifischen Eigenschaften:

- Masse
- Volumen
- Dichte
- Farbe
- Wärmeleitvermögen
- elektrisches Leitvermögen

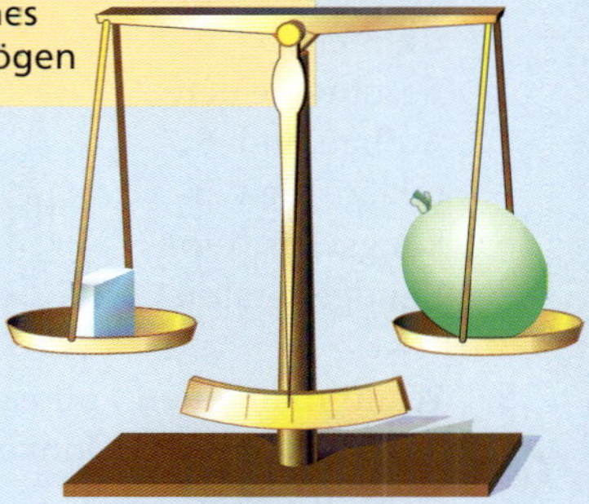

bestehen aus

Teilchen

- befinden sich in ständiger Bewegung,
- üben Kräfte aufeinander aus.

Beispiele für Teilchen sind Atome, Moleküle und deren Bestandteile (Elektronen, Protonen, Neutronen).

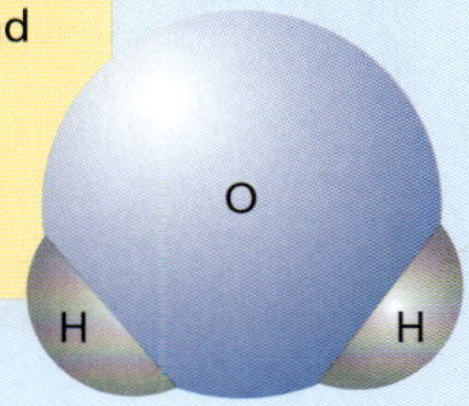

gewusst · gekonnt

1. Wenn man einen zunächst ungeladenen Glasstab mit einem Tuch reibt, dann ist anschließend der Glasstab positiv geladen.
Wie ist das Tuch geladen? Begründe deine Aussage!

2. Nenne und erläutere Beispiele aus Natur, Technik und Alltag für die Ladungstrennung durch Reibung!

3. Reibe einen Plastikkamm an Stoff und halte ihn über einige kleine Papierschnitzel oder Styroporkugeln!

a) Was kannst du beobachten?
b) Erkläre deine Beobachtungen!

***4.** Mit einem Bandgenerator (s. Abb.) kann man elektrische Ladungen trennen. Beschreibe den Aufbau und erkläre die Wirkungsweise eines Bandgenerators!

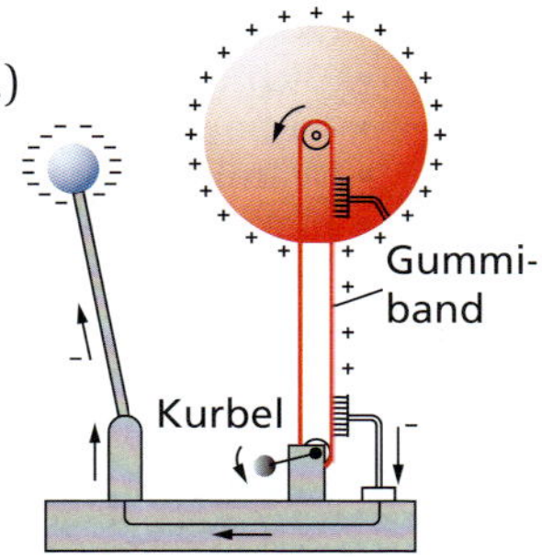

5. Wenn man einen Pullover auszieht, knistert es manchmal. Im Dunkeln kann man sogar Funken sehen.
Ähnliches tritt auf, wenn man sich frisch gewaschene, trockene Haare mit einem Plastikkamm kämmt.
Erkläre diese Erscheinungen!

6. Du kannst eigene Untersuchungen mit geladenen Körpern machen, wenn du einen Luftballon aufbläst, ihn an einem dünnen Faden aufhängst, ihn durch Reiben mit den Händen auflädst und ihm dann geladene Gegenstände, z. B. ein Lineal aus Kunststoff, näherst. Beschreibe und erkläre deine Beobachtungen!

7. Was versteht man unter einem elektrischen Schlag? Unter welchen Bedingungen kann er auftreten?

8. Wenn man aus einem Auto mit Sitzen aus Kunststoff steigt, bekommt man beim Anfassen der Tür häufig einen elektrischen Schlag. Erkläre!

9. Geht man eine Treppe hinunter, rutscht mit den Händen auf der Plastikoberfläche des Geländers entlang und berührt anschließend das Metallgeländer, so bekommt man manchmal einen elektrischen Schlag.
Erkläre diese Erscheinung!

10. In der Textilindustrie werden große Rollen, über die Garn geführt wird, mit der Erde elektrisch verbunden.
Warum ist diese Maßnahme sinnvoll?

11. Legt man ein Blatt Papier auf eine Schreibtischunterlage aus Kunststoff, so haftet das Blatt fest daran.

a) Erkläre diese Erscheinung!
b) Wo treten ähnliche Erscheinungen auf?

12. Schnellhefter aus Kunststoff „kleben“ manchmal regelrecht zusammen.
Wie ist diese Erscheinung zu erklären?

13. Auf Fernsehgeräten, besonders auf dem Bildschirm, sammelt sich schnell viel Staub.
Wie ist das zu erklären?

14. Eine positiv geladene Kugel wird einem Elektroskop genähert (s. Abb.).

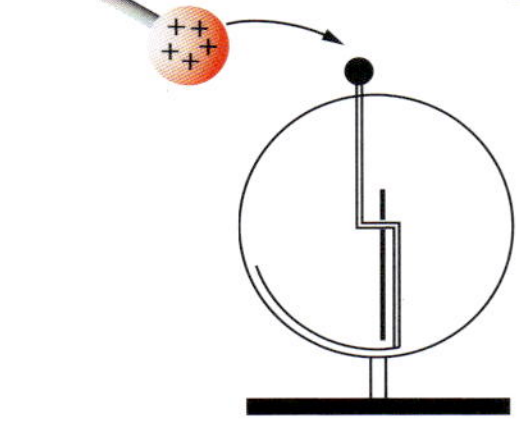

a) Was kann man beobachten, wenn man die Kugel nähert bzw. entfernt?
b) Erkläre diese Beobachtungen!

15. Wenn man einen durch Reiben aufgeladenen Gegenstand (z. B. ein Lineal oder einen Kunststoffstab) in die Nähe eines dünnen Wasserstrahls hält, kann man eine merkwürdige Beobachtung machen (s. Abb.).

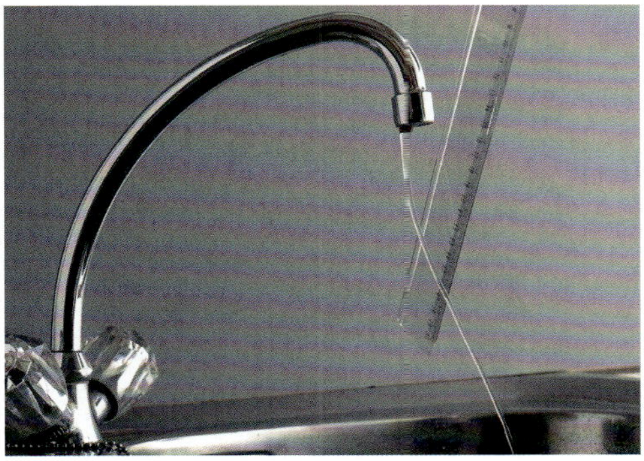

a) Probiere es selbst aus.
b) Wie kann man diese Erscheinung erklären?

16. Ein Körper hat eine negative Ladung von 0,1 C. Wie groß ist der Elektronenüberschuss auf diesem Körper?

17. Ein Körper hat eine positive Ladung von 0,5 C. Wie viele Elektronen müssen auf ihn übergehen, damit er elektrisch neutral wird?

18. Eine Kugel ist nach außen zunächst elektrisch neutral. Mithilfe eines Bandgenerators wird die Kugel aufgeladen. Dabei gehen $3{,}1 \cdot 10^{10}$ Elektronen auf die Kugel über.
a) Wie ist die Kugel dann geladen?
*b) Wie groß ist die Ladung der Kugel?

19. Die Skizze zeigt das elektrische Feld zwischen einer Platte und einer Spitze.

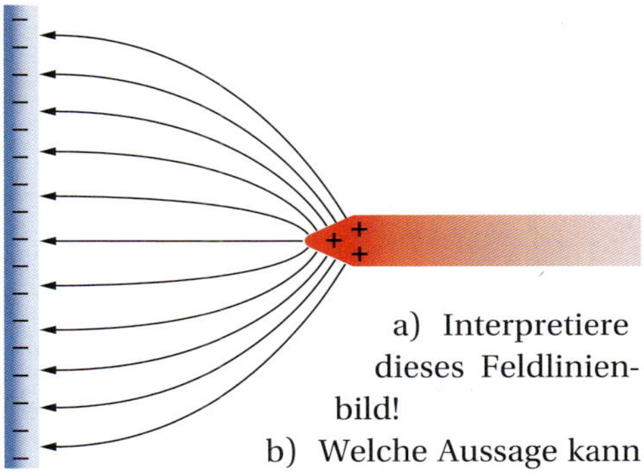

a) Interpretiere dieses Feldlinienbild!
b) Welche Aussage kann man aus dem Feldlinienbild über die Stärke des Feldes in der Nähe der Spitze bzw. der Platte treffen? Begründe!

20. Worin besteht der Unterschied zwischen einem elektrischen Feld und dem Feldlinienbild dieses Feldes?

***21.** Bei einer elektrisch geladenen Kugel verteilen sich die Elektronen immer gleichmäßig über die gesamte Oberfläche. Warum konzentrieren sie sich nicht an einer Stelle?

22. Als Erfinder des Blitzableiters gilt der amerikanische Staatsmann und Naturforscher BENJAMIN FRANKLIN (1706–1790).
a) Informiere dich über Leben und Wirken von B. FRANKLIN! Nutze dazu z. B. die Internetadresse **www.schuelerlexikon.de**!
b) Formuliere und begründe Regeln für das Verhalten bei Gewittern im Freien!

***23.** Empfindliche elektronische Geräte oder auch manche Räume müssen von äußeren elektrischen Feldern abgeschirmt werden. Wie kann man das erreichen?

Elektrisch geladene Körper und elektrische Felder

Körper können elektrisch neutral, positiv oder negativ geladen sein.

elektrisch neutral

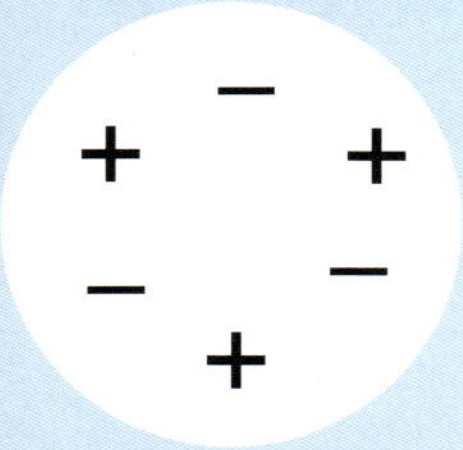

Die positiven und negativen Ladungen sind gleich groß.

positiv geladen

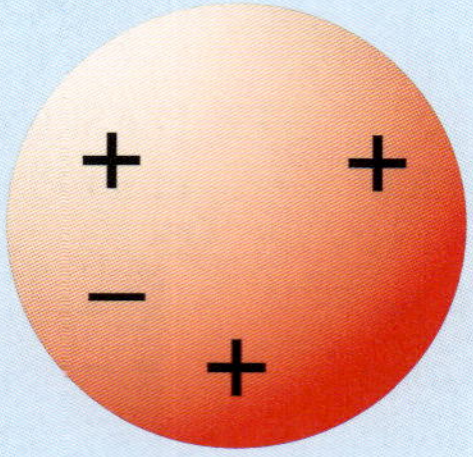

Es herrscht Elektronenmangel.

negativ geladen

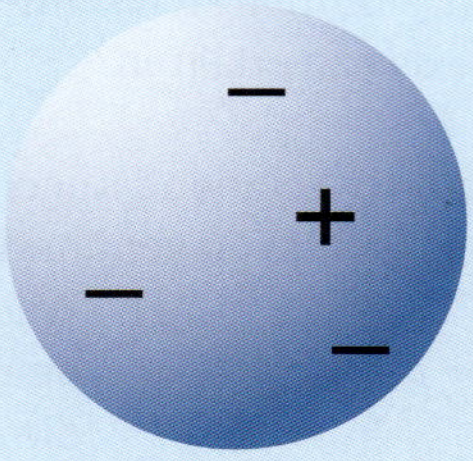

Es herrscht Elektronenüberschuss.

Zwischen geladenen Körpern wirken anziehende oder abstoßende Kräfte. Der Betrag der Kraft hängt von der Größe der Ladungen und ihrem Abstand voneinander ab.

Gleichartig geladene Körper stoßen einander ab.	Ungleichartig geladene Körper ziehen einande an.
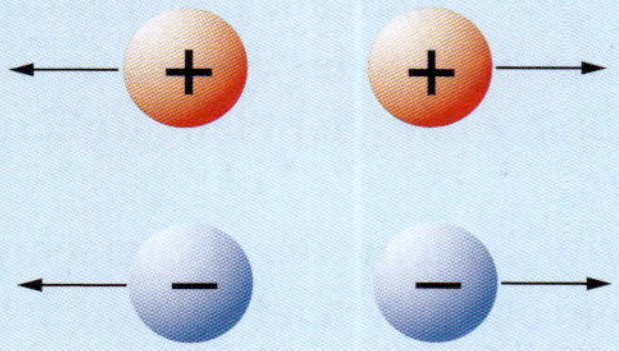	

Zwischen unterschiedlich geladenen Körpern kann durch elektrische Überschläge (Blitze, elektrische Schläge) oder durch eine leitende Verbindung (Kabel) eine Übertragung von Ladungen und damit ein **Ladungsausgleich** erfolgen.

Ein **elektrisches Feld** existiert im Raum um elektrisch geladene Körper, in dem auf andere elektrisch geladene Körper Kräfte ausgeübt werden.

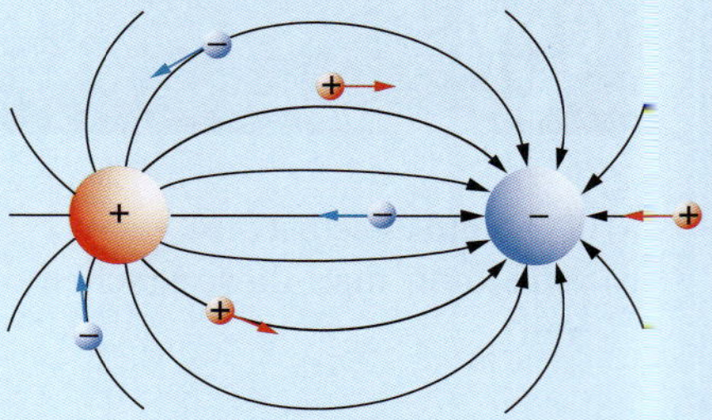

Für das **Feldlinienbild als Modell des Feldes** gilt:
- Die Richtung der Feldlinien gibt die Richtung der Kräfte auf geladene Körper an.
- Die Dichte der Feldlinien ist ein Maß für die Stärke des Feldes.
- Feldlinien verlaufen beim elektrischen Feld von + nach –.

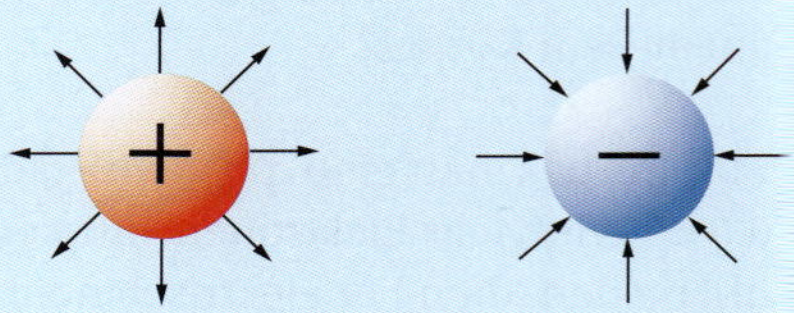

Elektrischer Strom in einem metallischen Leiter ist die gerichtete Bewegung von Elektronen in diesem Leiter.

9 Wirkungen bewegter Ladungen

9.1 Elektrischer Strom, Stromstärke und Spannung

Spannungsquellen

Für Handys, Taschenlampen, Laptops oder Fotoapparate nutzen wir Batterien oder Akkumulatoren als Spannungsquellen.
Wie sind Batterien aufgebaut? Wie funktioniert ein Akkumulator? Wie groß ist bei solchen elektrischen Quellen die Spannung zwischen den beiden Polen?

Überall die gleiche Spannung?

Ein Computerarbeitsplatz wird eingerichtet. Damit kommen zu der großen Anzahl elektrischer Geräte in unserem Haushalt noch weitere hinzu, sodass oft Steckdosen fehlen. Eine Verteilerleiste kann Abhilfe schaffen.
Wodurch wird erreicht, dass alle Steckdosen in Wohnungen und auch die Verteilerleiste dieselbe Spannung liefern?

Eine leuchtende Kette

Die Lichterkette einer Weihnachtsbaumbeleuchtung wird mit einem Kabel an die Steckdose angeschlossen und alle Lämpchen leuchten. Wenn man ein Lämpchen locker dreht, so verlöschen alle Lämpchen der Kette. Es gibt aber auch Lichterketten, die weiterleuchten, wenn eine Lampe kaputt ist.
Wie ist das zu erklären? Was für eine Schaltung liegt bei einer solchen Lichterkette vor?

Wirkungen des elektrischen Stroms

Fließt elektrischer Strom durch elektrische Leiter oder elektrische Geräte, so kann er verschiedene Wirkungen hervorrufen. Die charakteristischen Wirkungen des elektrischen Stroms sind in der Übersicht unten an Beispielen dargestellt.

> **Elektrischer Strom kann eine Lichtwirkung, eine Wärmewirkung, eine chemische Wirkung und eine magnetische Wirkung haben.**

Ob ein elektrischer Strom fließt oder nicht, kann man nur an seinen Wirkungen erkennen. Auch alle Nachweismöglichkeiten für Strom beruhen auf seine Wirkungen.

> **Elektrischen Strom kann man nur an seinen Wirkungen erkennen.**

Die Wirkungen des Stromes werden auch bei den vielfältigen Anwendungen genutzt. Glühlampen oder Leuchtstofflampen sind Beispiele für die Nutzung der Lichtwirkung.
Die Wärmewirkung wird z. B. bei Elektroherden oder beim Föhn angewendet.
Elektromagnete findet man in allen Elektromotoren, als Lasthebemagnete, bei Türöffnern oder Türgongs. Zum Verchromen oder Vergolden von Gegenständen nutzt man die chemische Wirkung des elektrisches Stroms.

Regeln für einen sicheren Umgang mit elektrischem Strom

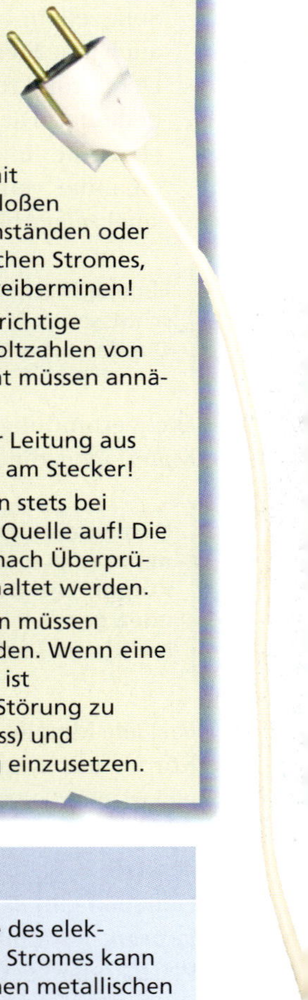

1. Experimentiere niemals mit elektrischen Quellen, die eine Spannung von 25 V und mehr besitzen!
   Beachte: Die Netzspannung beträgt 230 V und ist daher lebensgefährlich.
2. Berühre niemals die Pole einer Steckdose, blanke Leitungen oder Leitungen mit schadhafter Isolierung mit bloßen Händen, metallischen Gegenständen oder anderen Leitern des elektrischen Stromes, z. B. Bleistift- oder Kugelschreiberminen!
3. Schließe Geräte stets an die richtige elektrische Quelle an! Die Voltzahlen von elektrischer Quelle und Gerät müssen annähernd übereinstimmen.
4. Ziehe Stecker niemals an der Leitung aus der Steckdose, sondern stets am Stecker!
5. Baue elektrische Schaltungen stets bei ausgeschalteter elektrischer Quelle auf! Die elektrische Quelle darf erst nach Überprüfung der Schaltung eingeschaltet werden.
6. Bei gefährlichen Schaltungen müssen Sicherungen eingebaut werden. Wenn eine Sicherung kaputtgeht, dann ist
   - zunächst die Ursache der Störung zu beseitigen (z. B. Kurzschluss) und
   - dann eine neue Sicherung einzusetzen.

Elektrischer Strom kann unterschiedliche Wirkungen haben

Der elektrische Strom in einer Glühlampe kann Licht erzeugen.	Der elektrische Strom in einem Bügeleisen erwärmt die Heizplatte.	Der elektrische Strom macht aus der Spule einen Elektromagneten.	Mithilfe des elektrischen Stromes kann man einen metallischen Gegenstand verkupfern.
	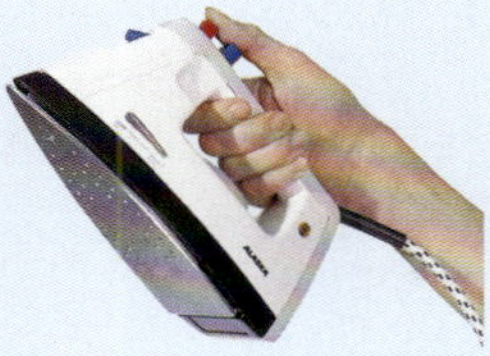	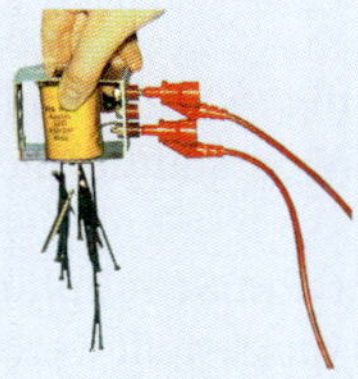	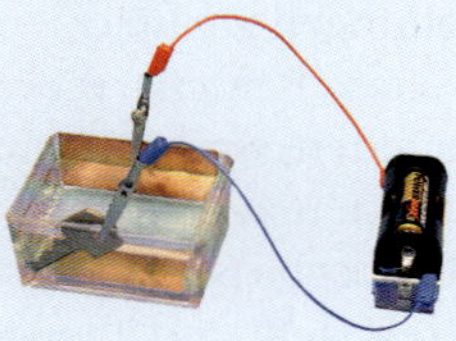
Der Strom hat eine **Lichtwirkung.**	Der Strom hat eine **Wärmewirkung.**	Der Strom hat eine **magnetische Wirkung.**	Der Strom hat eine **chemische Wirkung.**

Bestandteile eines Stromkreises

Damit in einem Stromkreis ein elektrischer Strom fließt, sind zwei Voraussetzungen erforderlich:

- Es muss eine elektrische Quelle (Spannungsquelle) vorhanden sein. Solche elektrischen Quellen können Batterien, Akkumulatoren, Solarzellen, Stromversorgungsgeräte oder auch eine Steckdose sein.
- Der Stromkreis muss geschlossen sein. Das bedeutet: Die elektrische Quelle und die Bauelemente im Stromkreis müssen leitend miteinander verbunden sein. Ein einfaches Beispiel zeigt Abb. 1 auf S. 231.

Ein elektrischer Strom fließt nur, wenn ein geschlossener Stromkreis mit einer elektrischen Quelle vorhanden ist.

Die Verbindungsleiter bestehen im Innern aus Materialien, die den elektrischen Strom gut leiten.

Körper, die den elektrischen Strom gut leiten, nennt man elektrische Leiter.
Körper, die den elektrischen Strom schlecht oder gar nicht leiten, nennt man elektrische Nichtleiter (Isolatoren).

Fast alle Metalle sind gute **elektrische Leiter.** Körper aus Kupfer und Aluminium leiten den elektrischen Strom besonders gut. Sie werden deshalb vor allem für elektrische Leitungen eingesetzt.

Daneben gibt es auch viele **Nichtleiter** oder **Isolatoren.** Keramik, die meisten Kunststoffe (z. B. Plastik oder Lack), Glas, Gummi und nicht leuchtende Gase (z. B. Luft) sind Isolatoren. Sie werden deshalb z. B. zur Isolation von elektrischen Leitungen genutzt.

Weitere Bauteile, die sich häufig in Stromkreisen befinden, sind Glühlampen, Widerstände, Sicherungen und Schalter.

Elektrische Stromkreise können in **Schaltplänen** vereinfacht und übersichtlich dargestellt werden. Dabei verwendet man für die einzelnen Bauteile **Schaltzeichen**, die international einheitlich festgelegt wurden (s. Übersicht rechts).

elektrische Quelle (allgemein)  elektrische Quelle (Batterie) 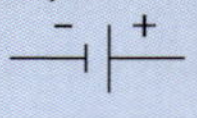	
Glühlampe 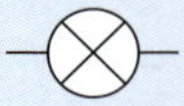	
Elektromotor 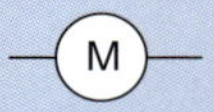	
Widerstand 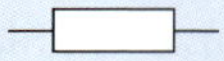	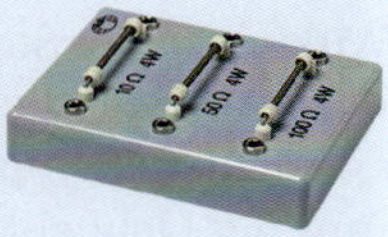
Sicherung 	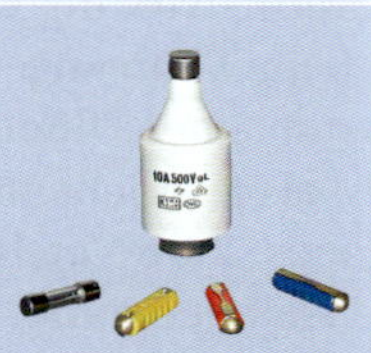
Leitungen, Kabel 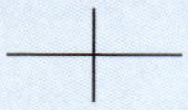 gekreuzt, ohne Verbindung  Abzweig	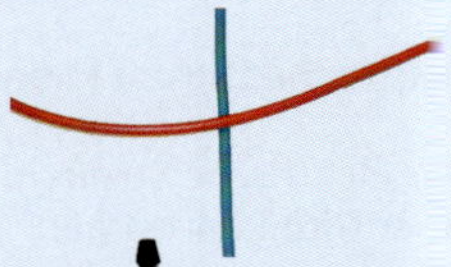 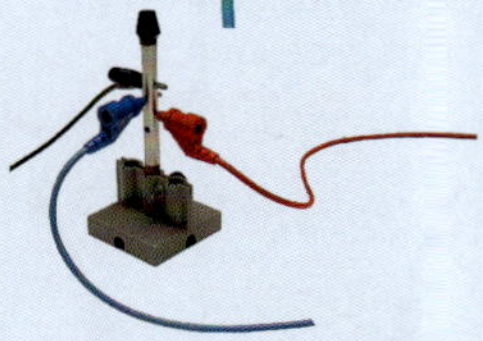
Schalter geöffnet  geschlossen 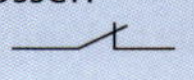	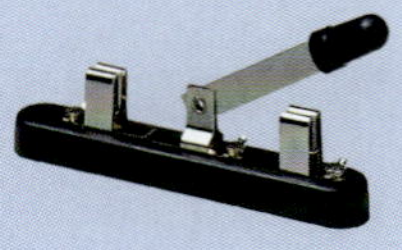

Einfache Stromkreise

Damit ein elektrischer Strom fließen kann, muss ein geschlossener Stromkreis vorliegen. Im einfachsten Fall wird ein elektrisches Gerät, z.B. eine Glühlampe, mit einer elektrischen Quelle verbunden (Abb. 1).
Für viele Anwendungen müssen aber mehrere Geräte im Stromkreis zusammengeschaltet werden. Dafür gibt es verschiedene Möglichkeiten. Als Beispiel betrachten wir die Schaltung von zwei Glühlampen.
Diese Glühlampen können hintereinandergeschaltet sein (Abb. 2). Der Stromkreis ist **unverzweigt.** Eine solche Schaltung wird als **Reihenschaltung** bezeichnet.
Glühlampen können auch parallel zueinander geschaltet werden (Abb. 3). Der Stromkreis ist dann **verzweigt.** Eine solche Schaltung wird als **Parallelschaltung** bezeichnet.

Auch elektrische Quellen und andere Bauteile können in Reihe oder parallel geschaltet sein. Parallel- und Reihenschaltung können miteinander kombiniert sein, also in einer Schaltung vorhanden sein. Welche Schaltung der Bauteile man wählt, hängt von der jeweiligen Anwendung ab. Wenn in einem Haushalt mehrere Verbraucher (z.B. Lampen, Fernsehapparat, Computer) eingeschaltet sind, so sind diese Verbraucher parallel geschaltet. Bei Geräten wie CD-Player oder Taschenlampen sind die zum Betrieb erforderlichen Batterien in Reihe geschaltet. Eine solche Reihenschaltung liegt auch bei Lichterketten und bei der Weihnachtsbaumbeleuchtung vor.

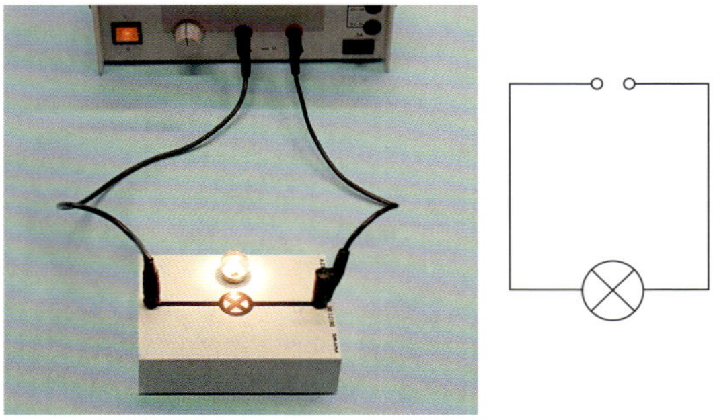

1 Einfacher Stromkreis mit einer Glühlampe

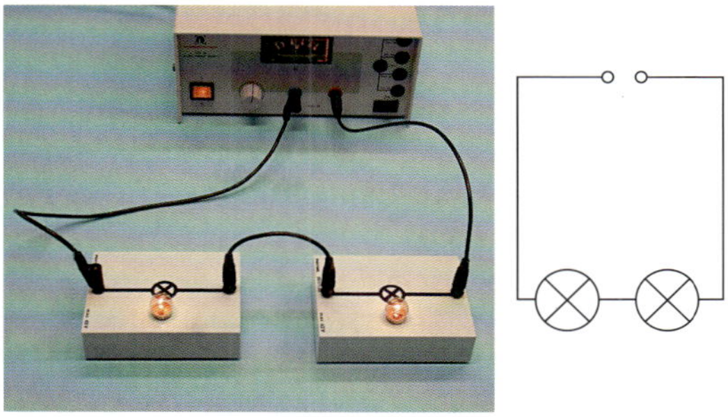

2 Reihenschaltung von Glühlampen (unverzweigt)

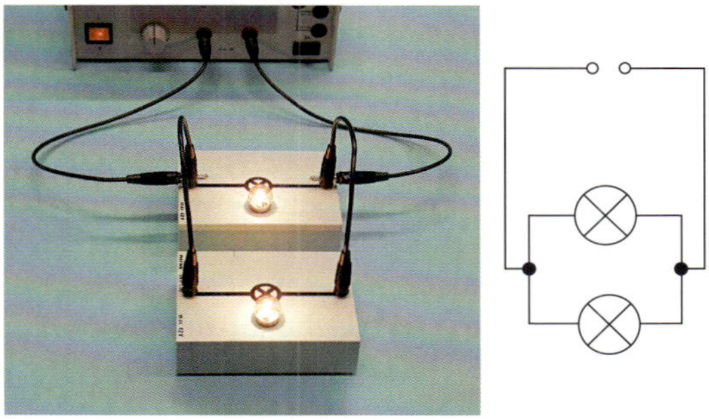

3 Parallelschaltung von Glühlampen (verzweigt)

Der Kurzschluss

Wenn der elektrische Strom z.B. durch eine schadhafte Isolierung die Möglichkeit hat, von einem Pol der elektrischen Quelle zum anderen Pol zu fließen, ohne durch den Verbraucher zu müssen, so wird er diesen Weg wählen. Man spricht dann von einem **Kurzschluss.**

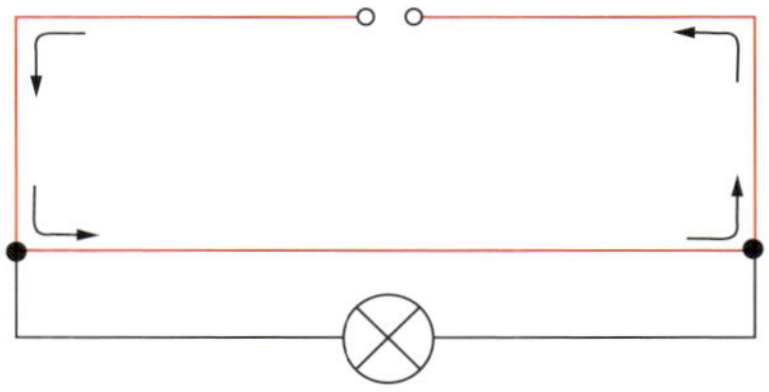

Da bei einem Kurzschluss kein Strom mehr durch den Verbraucher fließt, arbeitet dieser auch nicht mehr. Der elektrische Strom in den Leitungen und in der Quelle kann so groß werden, dass aufgrund der Wärmewirkung des elektrischen Stromes die Leitungen und die Quelle heiß werden. Dabei kann es zu einem Brand kommen. Manchmal können die Quelle oder die Leitungen auch zerstört werden.

Die elektrische Stromstärke

Die Wirkungen des elektrischen Stroms sind u. a. abhängig von der Stärke des Stroms, der durch einen Leiter oder ein Bauteil fließt. So leuchtet eine Lampe mehr oder weniger hell, je nachdem, wie groß der elektrische Strom ist, der durch die Glühlampe fließt. Eine Heizwendel gibt umso mehr Wärme ab, je größer die Stromstärke ist.
Auch im Alltag spricht man von Stromstärke, z. B. im Zusammenhang mit Wasserströmungen, Verkehrs- oder Fußgängerströmen. Die Stärke einer Wasserströmung ist umso größer, je mehr Wasser pro Sekunde durch den Rohrquerschnitt fließt. Ein Fußgängerstrom ist umso stärker, je mehr Fußgänger eine bestimmte Stelle passieren.
Beim elektrischen Strom bewegen sich Elektronen durch einen metallischen Leiter. Die Stärke dieses Elektronenstromes wird durch die physikalische Größe **elektrische Stromstärke** beschrieben. Allgemein gilt:

Die elektrische Stromstärke gibt an, wie viele Ladungsträger (z. B. Elektronen) sich in jeder Sekunde durch den Querschnitt eines elektrischen Leiters bewegen.

Formelzeichen: I
Einheit: **1 Ampere (1 A)**

Elektrische Stromstärken in Natur und Technik	
Fotozelle	10 µA
Radio (batteriebetrieben)	10 mA
lebensgefährliche Stromstärke	> 25 mA
Glühlampe einer Taschenlampe	0,2 A
60-W-Glühlampe (bei 230 V)	0,26 A
100-W-Glühlampe (bei 230 V)	0,43 A
Bügeleisen	5 A
Elektrolokomotive	300 A
Elektroschweißgerät	500 A
Blitz	bis 100 000 A

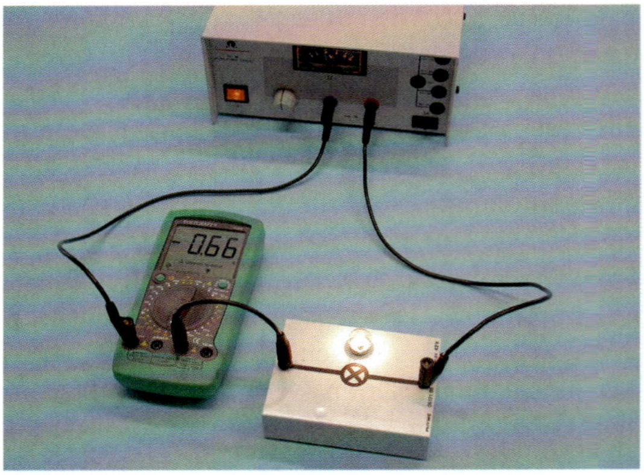

1 Messung der elektrischen Stromstärke in einem Stromkreis mit einer Glühlampe

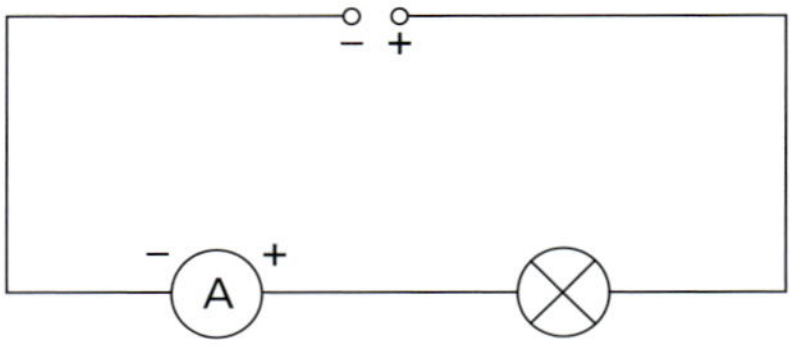

2 Schaltplan für Stromkreis mit Stromstärkemesser

Die Einheit 1 A ist nach dem Franzosen ANDRÉ MARIE AMPÈRE (1775–1836) benannt. AMPÈRE war als Physiker und Mathematiker tätig. In der Physik befasste er sich vor allem mit den magnetischen Wirkungen elektrischer Ströme.

Teile der Einheit 1 A sind ein Milliampere (1 mA) und ein Mikroampere (1 µA):

1 A = 1 000 mA = 1 000 000 µA
1 mA = 1 000 µA

Bei einer Stromstärke von einem Ampere (1 A) bewegen sich etwa $6 \cdot 10^{18}$ Elektronen in jeder Sekunde durch den Leiterquerschnitt. Die Geschwindigkeit der Elektronen bei ihrer gerichteten Bewegung ist sehr gering und beträgt in metallischen Leitern nur etwa 1 mm/s. Die elektrische Stromstärke wird mit **Stromstärkemessern (Amperemetern)** gemessen (Abb. 1, 2).

Ein Stromstärkemesser wird immer in Reihe zu dem Gerät geschaltet, bei dem die Stromstärke gemessen werden soll.

Die elektrische Spannung

Damit sich Elektronen gerichtet durch einen elektrischen Leiter bewegen können, müssen Kräfte auf sie wirken. Diese Kräfte entstehen dadurch, dass ein elektrischer Leiter an eine elektrische Quelle angeschlossen wird.
Die elektrische Quelle treibt die Elektronen und damit den elektrischen Strom an. Man sagt auch, die elektrische Quelle besitzt eine elektrische Spannung und treibt damit die elektrischen Ladungsträger bzw. den elektrischen Strom an.
Verschiedene elektrische Quellen können den elektrischen Strom unterschiedlich stark antreiben. Dadurch werden auch die Wirkungen des elektrischen Stromes beeinflusst. Die Stärke des Antriebs wird durch die physikalische Größe **elektrische Spannung** beschrieben.

Die elektrische Spannung gibt an, wie stark der Antrieb des elektrischen Stromes ist.

Formelzeichen: ***U***
Einheit: **1 Volt (1 V)**

Die Einheit 1 V ist nach dem italienischen Forscher ALESSANDRO VOLTA (1745–1827) benannt, der viele elektrische Erscheinungen erforscht hat.

Elektrische Spannungen in Natur und Technik	
Körperzellen des Menschen	0,07 V
Knopfzelle	1,35 V
Monozelle, Mignonzelle	1,5 V
Akkumulator (Handy)	≈ 3,5 V
Fahrraddynamo	6 V
Autobatterie	12 V
Haushaltssteckdose	230 V
Straßenbahn	500 V
Zitteraal	bis 800 V
Elektrolokomotive	15 kV
Generator im Kraftwerk	15 kV
Überlandleitung	bis 380 kV
zwischen Wolken und Erde (Gewitter)	bis 10^9 V

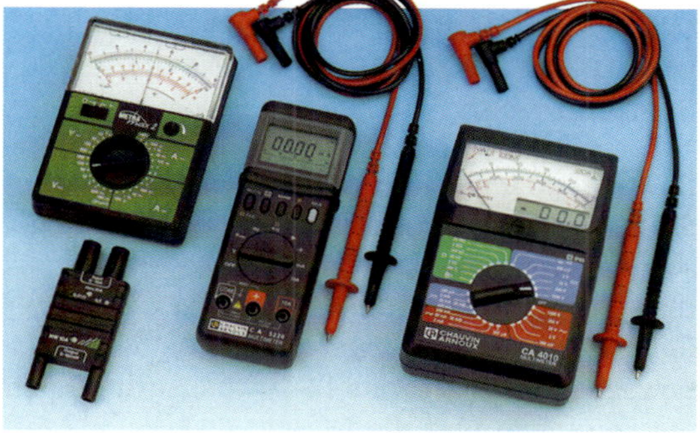

1 Mit Vielfachmessgeräten kann man Stromstärken oder Spannungen messen.

VOLTA konstruierte um 1800 die ersten brauchbaren Spannungsquellen. Er erfand auch den Vorläufer unserer heutigen Batterien, die es inzwischen in den unterschiedlichsten Bauformen gibt (s. S. 237).

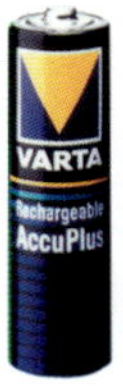

Vielfaches der Einheit 1 V ist ein Kilovolt (1 kV):
1 kV = 1 000 V
Teil der Einheit 1 V ist ein Millivolt (1 mV):
1 V = 1 000 mV

Die elektrische Spannung wird mit **Spannungsmessern (Voltmetern)** gemessen.
Die Spannung kann sowohl an der elektrischen Quelle als auch am Gerät gemessen werden. Dabei ist zu beachten: Eine Spannung liegt immer zwischen zwei verschiedenen Punkten eines Stromkreises.

Ein Spannungsmesser wird immer parallel zu dem Gerät oder Bauteil geschaltet, an dem die Spannung gemessen werden soll.

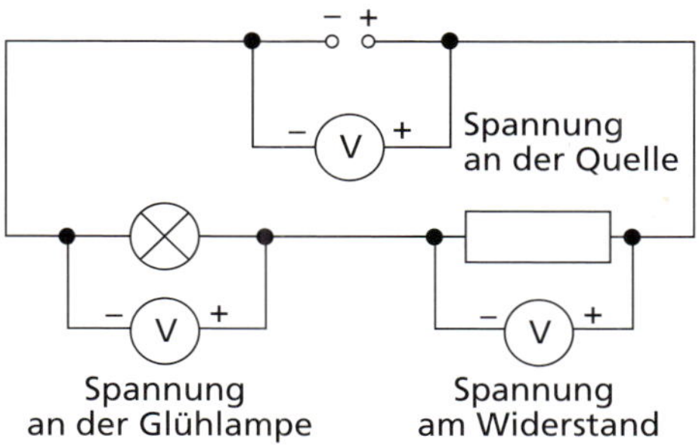

2 Spannungsmesser werden parallel geschaltet.

Die elektrische Stromstärke in unverzweigten und verzweigten Stromkreisen

Elektrische Geräte und Bauteile können in einem Stromkreis in Reihe oder parallel zueinander geschaltet werden.

In einem **unverzweigten Stromkreis**, z. B. bei der Reihenschaltung von zwei Glühlampen (Abb. 1), bewegt sich der gesamte Elektronenstrom durch die Leitungen und die Geräte. Elektronen können weder entweichen noch hinzukommen noch sich stauen.

Ähnlich ist das in einem Wasserstromkreis: An verschiedenen Stellen fließt jeweils die gleiche Wassermenge je Zeiteinheit durch die Querschnittsfläche der Rohre.

Für die elektrische Stromstärke in unverzweigten Stromkreisen gilt:

$$I = I_1 = I_2$$

In **verzweigten Stromkreisen** teilt sich der Elektronenstrom an den Verzweigungspunkten in zwei Teilströme auf (Abb. 2). Ein Teil bewegt sich durch die Glühlampe 1, der andere durch die Glühlampe 2. Sind die Glühlampen unterschiedlich, so sind auch die Ströme der Elektronen unterschiedlich groß. Auch im Wasserstromkreis verteilt sich der Wasserfluss auf die beiden Zweige. Dabei geht aber kein Wasser verloren.

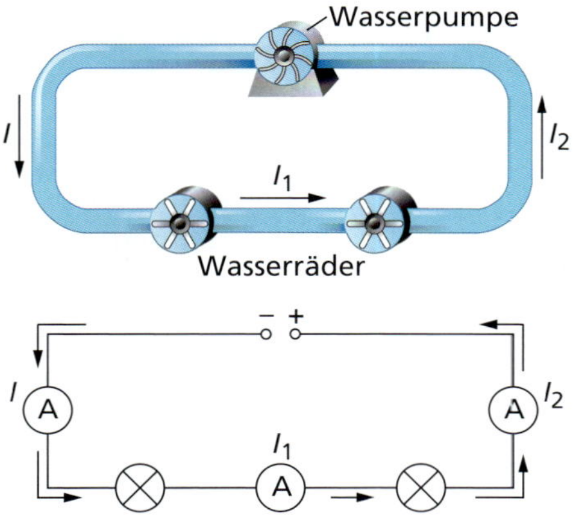

1 Stromstärken im unverzweigten Stromkreis

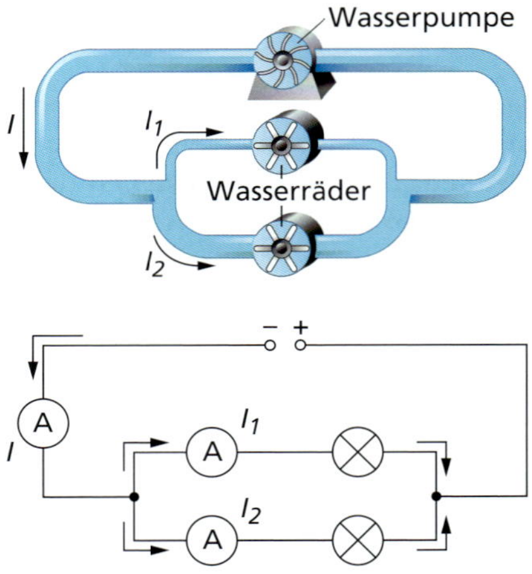

2 Stromstärken im verzweigten Stromkreis

Für die elektrische Stromstärke in verzweigten Stromkreisen gilt:

$$I = I_1 + I_2$$

Voraussagen physikalischer Erscheinungen

Die elektrische Stromstärke in Stromkreisen kann man mithilfe eines Wassermodells gut veranschaulichen. Modelle kann man aber auch nutzen, um **Voraussagen** zu treffen.

Beim Voraussagen wird auf der Grundlage von Gesetzen und Modellen eine Folgerung in Bezug auf eine Erscheinung in Natur und Technik abgeleitet. Dabei muss von den Wirkungsbedingungen der Gesetze bzw. den Grenzen der Modelle ausgegangen werden. Beim Voraussagen sollte man deshalb wie folgt vorgehen:

1. Beschreibe die für das Wirken von Gesetzen und Anwenden von Modellen wesentlichen Seiten in der Erscheinung! Lasse unwesentliche Seiten unberücksichtigt!
2. Nenne Gesetze und Modelle, die der Erscheinung zugrunde liegen, weil deren Wirkungsbedingungen vorliegen!
3. Leite Folgerungen für die Erscheinung ab!

Die elektrische Spannung in unverzweigten und verzweigten Stromkreisen

In **unverzweigten Stromkreisen** sind die elektrischen Geräte, z. B. zwei Glühlampen, in Reihe geschaltet (Abb. 1). Die Stärke des Antriebes der elektrischen Quelle, die Spannung U, teilt sich auf beide Geräte auf. An den Geräten liegen die Teilspannungen U_1 und U_2 an.

> **Für die elektrische Spannung in unverzweigten Stromkreisen gilt:**
>
> $$U = U_1 + U_2$$

Schaltet man z. B. zwei Glühlampen gleicher Bauart in Reihe und verbindet sie mit einer elektrischen Quelle, dann liegt an jeder der Glühlampen die Hälfte der Spannung U der Quelle.

In **verzweigten Stromkreisen** existiert zwischen den Verzweigungspunkten derselbe Antrieb für beide Teilströme (Abb. 2). Die Teilspannungen U_1 und U_2 in den einzelnen Zweigen sind gleich der Gesamtspannung U.

> **Für die elektrische Spannung in verzweigten Stromkreisen gilt:**
>
> $$U = U_1 = U_2$$

Soll an verschiedenen Geräten die gleiche Spannung liegen, so werden die Geräte parallel geschaltet. Das ist z. B. bei Haushaltsgeräten der Fall.

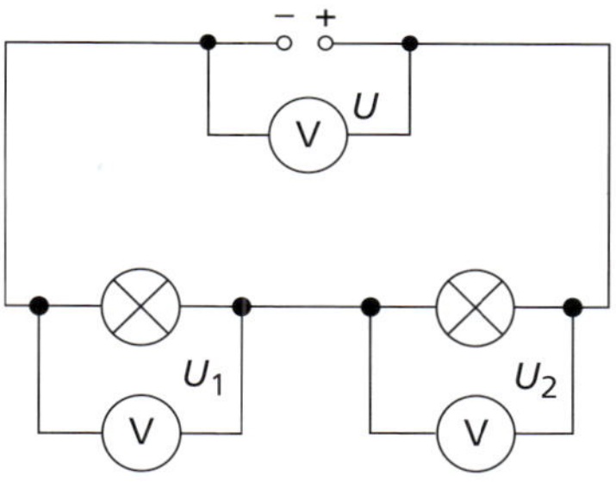

1 Spannungen im unverzweigten Stromkreis

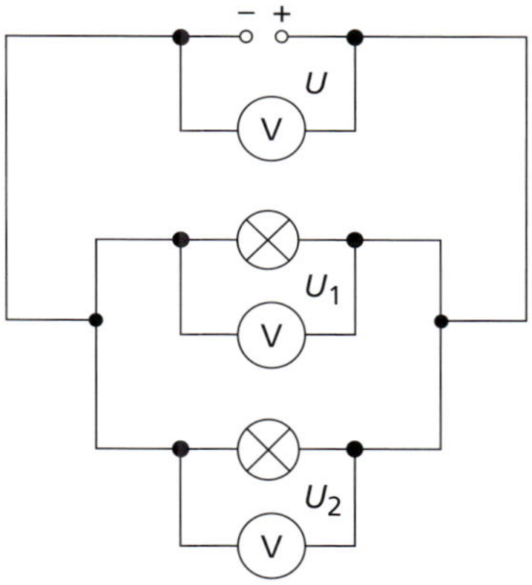

2 Spannungen im verzweigten Stromkreis

Mosaik

Schaltung von elektrischen Quellen

Um einen größeren Antrieb des elektrischen Stromes zu erhalten, werden mehrere elektrische Quellen in Reihe geschaltet (s. Abb.). Die Spannungen der einzelnen Quellen addieren sich zu einer Gesamtspannung. Das wird z. B. bei Taschenlampen, Radios, CD-Playern und anderen batteriebetriebenen Geräten genutzt, um die erforderliche Betriebsspannung zu erhalten: Man nutzt 2, 3 oder 4 Batterien. Beim Einsetzen der Batterien ist auf die richtige Polung zu achten.

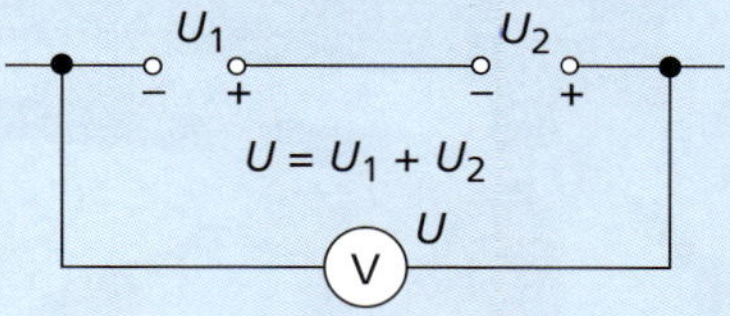

Bei falscher Polung erhält man unter Umständen die Spannung null. Darüber hinaus können Schäden am Gerät auftreten.

Gleiche elektrische Quellen können auch parallel zueinander geschaltet werden. Dann ist die Gesamtspannung gleich der Spannung der einzelnen Quelle. Die Schaltung hat den Vorteil, dass mit ihr ein elektrisches Gerät länger betrieben werden kann als nur mit einer einzigen Quelle, da in mehreren Quellen mehr Energie gespeichert ist.

Tragbare Spannungsquellen

Möglichkeiten zur Erzeugung elektrischer Spannung

Die Erforschung der elektrischen Spannung hat eine lange Geschichte. Schon bei den Griechen war bekannt, dass geriebener Bernstein andere Körper anzieht. Vom Bernstein sind auch die Namen Elektron und Elektrizität abgeleitet. Bernstein heißt auf Griechisch „electron".
Bis zum 18. Jahrhundert kannte man nur die Reibung als Möglichkeit, Ladungen zu trennen und somit elektrische Spannung zu erzeugen.
Im 17. und 18. Jahrhundert gab es zahlreiche Versuche, Elektrisiermaschinen zu bauen. Sie nutzten das Prinzip der **Reibungselektrizität**.
Eine der ersten funktionsfähigen Elektrisiermaschinen baute der Magdeburger Bürgermeister und Forscher OTTO VON GUERICKE (1602–1686). Diese elektrische Quelle eignete sich zur Untersuchung der elektrischen Spannung. Sie wurde auch genutzt, um interessante Effekte vorzuführen. Für technische Anwendungen war sie jedoch nicht brauchbar.
Mit Reibungselektrizität machen wir auch im Alltag Erfahrungen. Wenn man im Auto gesessen hat, aussteigt und die Tür berührt, kann man einen **elektrischen Schlag** bekommen. Beim Ausziehen von Pullovern hört man es manchmal knistern. Im Dunkeln kann man sogar kleine Funken sehen. Ursache für diese Erscheinungen ist die Reibung unterschiedlicher Materialien aneinander. 1780 beobachtete der italienische Arzt LUIGI GALVANI (1737–1798), dass frisch präparierte Froschschenkel zucken, wenn in ihrer Nähe ein Funken an einer Elektrisiermaschine überspringt und die Nerven des Froschschenkels gleichzeitig mit einer Messerspitze berührt werden. Weitere Untersuchungen zu dieser „tierischen Elektrizität" ergaben:

Der Froschschenkel beginnt auch zu zucken, wenn man verschiedene Teile mit einem Bogen aus zwei verschiedenen Metallen verbindet.
Später stellte sich heraus, dass nicht der Froschschenkel das Entscheidende ist, sondern eine leitende Flüssigkeit und zwei verschiedene Metalle. Nach seinem Entdecker heißen aus solchen Teilen aufgebaute elektrische Quellen **galvanische Elemente**.

1. *Halte einen Stift aus Kunststoff, den du kräftig am Ärmel deiner Kleidung gerieben hast, über kleine Papierschnipsel! Beschreibe, was du beobachtest! Erkläre!*

2. *Hält man ein Blatt Papier an eine senkrechte, glatte Wand (Tür, Schrank), so fällt das Papier ab. Reibt man das Papier zuvor z. B. am Ärmel, so bleibt es an der senkrechten Wand kleben. Probiere es aus! Erkläre diese Erscheinungen!*

3. *Aus zwei verschiedenen Metallen und einer leitenden Flüssigkeit kann man sich eine einfache elektrische Quelle herstellen. Statt der leitenden Flüssigkeit in einem Becherglas ist auch eine Zitrone, ein Apfel oder eine Kartoffel nutzbar (Abb. 1).*
   a) *Baue dir ein solches einfaches galvanisches Element!*
   b) *Miss die Spannung bei verschiedenen Kombinationen von Metallen!*
   c) *Welches Ergebnis erhält man mit zwei gleichen Metallen?*
   d) *Nutze verschiedene leitende Flüssigkeiten. Was kannst du feststellen?*

1 Selbstgebautes galvanisches Element

Die voltasche Säule

Der italienische Naturforscher ALESSANDRO VOLTA (1745–1827) untersuchte die von GALVANI entdeckten Erscheinungen genauer und fand heraus, dass immer dann eine Spannung auftritt, wenn zwei verschiedene Metalle durch eine leitende Flüssigkeit miteinander verbunden sind. Ausgehend davon, untersuchte VOLTA, unter welchen Bedingungen eine besonders große Spannung auftritt. Mit den Metallen Kupfer und Zink und als leitende Flüssigkeit verdünnte Schwefelsäure machte er die besten Erfahrungen (Abb. 1a). Eine solche Kombination wird nach ihm VOLTA-Element genannt. VOLTA hatte damit den Vorläufer unserer heutigen Batterien erfunden. Die Suche nach noch stärkeren elektrischen Quellen führte zu neuen Anordnungen. So schrieb VOLTA im März 1800 in einem Brief:
„... Dreißig, vierzig ... oder mehr Kupferstücke, ... jedes in Verbindung mit einem Stück Zink; ferner eine gleiche Anzahl Schichten, z. B. Salzwasser, Lauge oder dergleichen; eine solche Anlage der Leiter stets in der gleichen Weise wiederholt; das ist alles, woraus mein neuer Apparat besteht."
Mit dieser Anordnung, **voltasche Säule** genannt (Abb. 1b), konnten Spannungen von 50 V bis 100 V erzeugt werden.

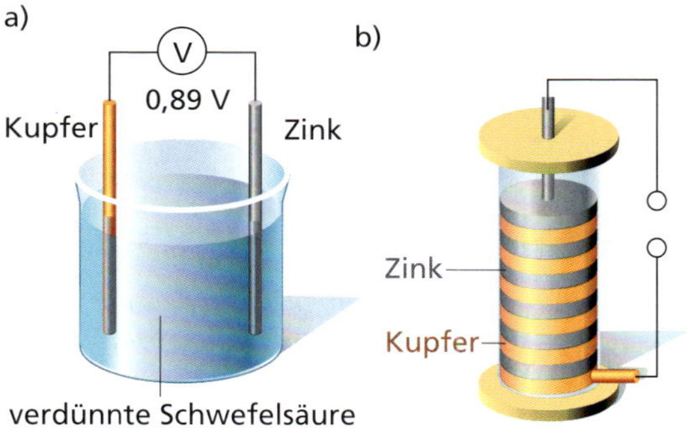

1 Das Volta-Element (a) und die voltasche Säule (b)

4. *Baue ein Volta-Element (Abb. 2)! Verwende Kupfer, Zink und Salzwasser!*
   Miss die Spannung! Untersuche, wie sich die Spannung ändert, wenn andere leitende Flüssigkeiten verwendet werden!

5. *Plane ein Experiment mit dem Ziel herauszufinden, ob die Spannung von*
   - *der Größe der Metallplatten,*
   - *der Form der Metallplatten,*
   - *dem Abstand der Metallplatten*

   abhängt! Führe das Experiment durch!

*6. *Lass die in Aufgabe 4 beschriebene Anordnung eine Zeitlang unverändert stehen. Lies die Spannung nach 5 min, 10 min, 20 min und 30 min ab! Erkläre!*

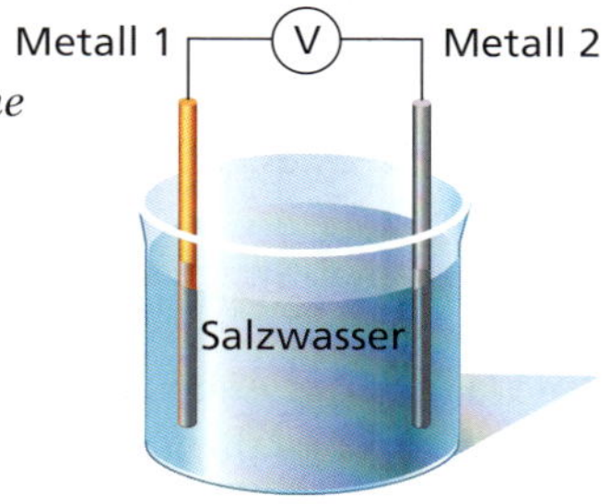

2 Experimentieranordnung

Moderne Batterien

Viele elektrische Geräte werden heute mit Batterien betrieben. Diese Batterien sehen ganz verschieden aus und sind auch unterschiedlich aufgebaut. Batterien verbrauchen sich. Sie können im Unterschied zu Akkumulatoren nicht wieder aufgeladen werden.

7. *Erforsche mithilfe des Internets oder unter Nutzung von Nachschlagewerken, welche Arten von Batterien heute verwendet werden und worin sich diese verschiedenen Arten voneinander unterscheiden!*

8. *Untersuche den Aufbau einer Monozelle oder einer Flachbatterie!* ***Vorsicht:*** *Es besteht Verletzungsgefahr!*
   Beachte, dass Batterien Sondermüll sind, und entsorge die Reste entsprechend!

9. *Stelle eine Übersicht zu in Geräten häufig verwendeten Batterien zusammen! Gib ihre Spannung an und wo sie eingesetzt werden! Warum muss es unterschiedliche Arten von Batterien geben?*

Akkumulatoren, kurz Akkus genannt

In Handys, Fotoapparaten oder Laptops nutzt man heute wiederaufladbare Akkumulatoren als Spannungsquellen. Die erste Form eines solchen Akkus wurde von JOHANN WILHELM RITTER (1776–1810) im Jahre 1803 in Jena gebaut.

10. *Beschreibe anhand der Abb. 1 und 2 den Aufbau eines Akkumulators!*

Was geht in einem solchen Akkumulator vor sich? Schwefelsäure dissoziiert in Wasser in positive Wasserstoff-Ionen und negative Sulfat-Ionen:

$$H_2SO_4 \longrightarrow 2\,H^+ + SO_4^{2-}$$

Die Bleiplatten reagieren mit den Sulfat-Ionen und überziehen sich zunächst mit einer Bleisulfatschicht $PbSO_4$.
Beim **Laden** wird an die Elektroden eine Spannung angelegt. Zwischen den Elektroden besteht ein elektrisches Feld. Dadurch bewegen sich die positiven Wasserstoff-Ionen zur Katode und die negativen Sulfat-Ionen zur Anode (Abb. 1). An der Katode bildet sich aus Bleisulfat reines Blei:

$$PbSO_4 + 2\,H^+ + 2\,e^- \longrightarrow Pb + H_2SO_4$$

An der Anode bildet sich aus Bleisulfat Bleidioxid:

$$PbSO_4 + SO_4^{2-} + 2\,H_2O \longrightarrow PbO_2 + 2\,H_2SO_4 + 2\,e^-$$

Durch den Ladevorgang entstehen zwei chemisch unterschiedliche Elektroden, zwischen denen eine Spannung von ca. 2 V liegt.
Beim **Entladen** wird an die beiden Elektroden ein elektrischer Verbraucher angeschlossen (Abb. 3). Im Stromkreis fließt ein Strom. Er führt dazu, dass sich Katode und Anode chemisch verändern.

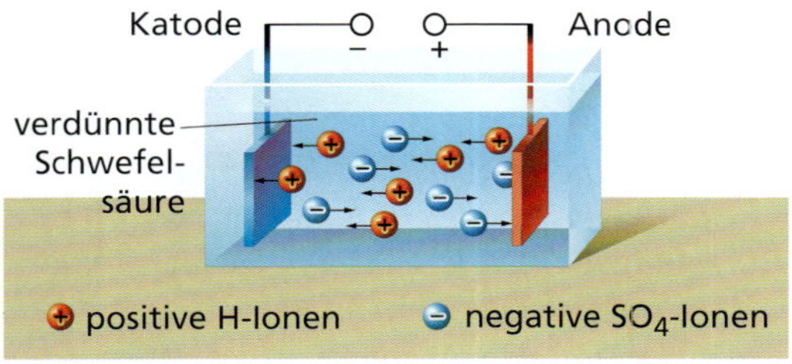

1 Laden eines Bleiakkumulators

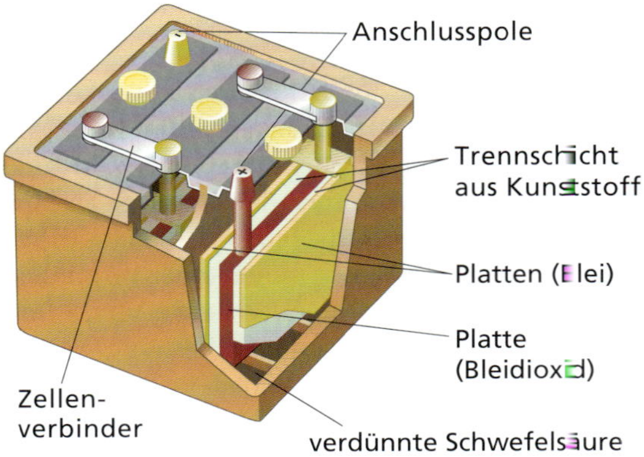

2 Aufbau eines Bleiakkumulators für einen Pkw

*11. *Beschreibe den Vorgang des Entladens eines Akkumulators! Welche chemischen Vorgänge gehen an Katode und Anode vor sich? Versuche die Reaktionsgleichungen aufzuschreiben!*

12. *Welche Energieumwandlungen erfolgen beim Laden, welche beim Entladen eines Akkus?*

13. *Das Foto zeigt die Angaben, die man auf Akkus findet.*

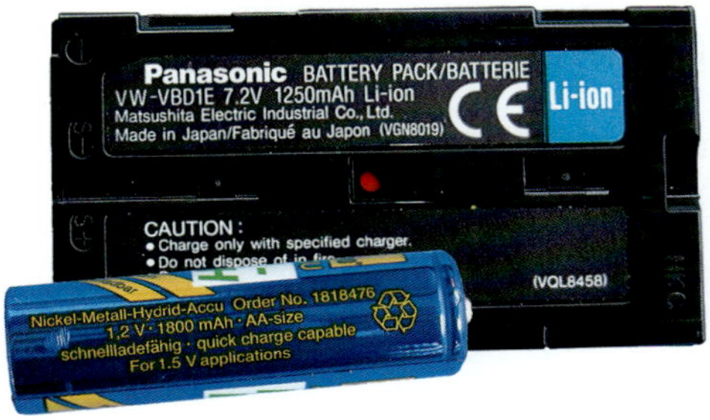

Erkunde, was diese Angaben bedeuten!

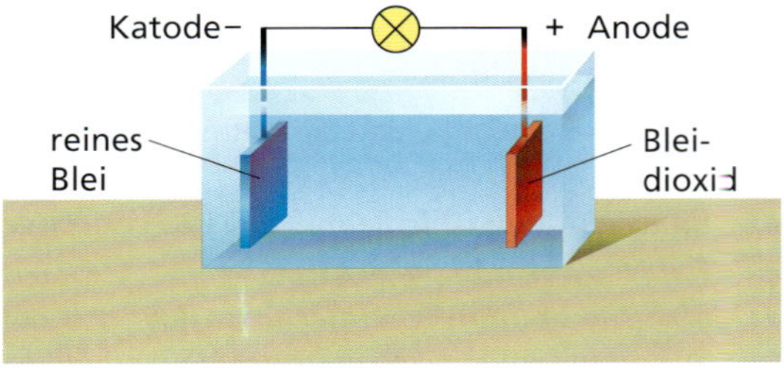

3 Entladen eines Bleiakkumulators

Physik in Natur und Technik

Elektrischer Strom in der Tasche – die Taschenlampe

Abb. 1 zeigt den Aufbau einer Stabtaschenlampe mit metallischem Gehäuse.
Die Taschenlampe besitzt zwei Batterien, die in Reihe geschaltet sind.
Der eine Pol berührt die Glühlampe. Im Schraubverschluss der Taschenlampe befindet sich eine Metallfeder, die den anderen Pol der Batterie berührt. Eine Rückleitung an das andere Ende der Batterie ist nicht zu erkennen. Trotzdem leuchtet die Lampe bei geschlossenem Schalter.
Wie ist die Wirkungsweise dieser Taschenlampe zu erklären? Zeichne einen Schaltplan!

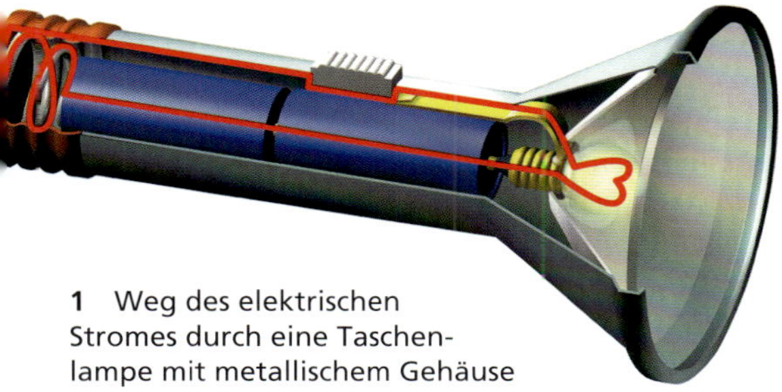

1 Weg des elektrischen Stromes durch eine Taschenlampe mit metallischem Gehäuse

Die Glühlampe kann nur leuchten, wenn sie in einem geschlossenen Stromkreis mit einer elektrischen Quelle verbunden ist. Die elektrische Quelle besteht bei der Taschenlampe aus zwei Batterien. Der eine Pol der Batterie ist direkt mit der Glühlampe verbunden. Die Rückleitung zum anderen Ende der Batterie übernimmt das Metallgehäuse. Wenn der Schalter geschlossen wird, kann ein elektrischer Strom fließen.
Wird der Verschluss der Taschenlampe abgeschraubt, leuchtet die Lampe nicht mehr, weil der Stromkreis dann unterbrochen ist.
Bei einer Taschenlampe mit Kunststoffgehäuse, also einem Lichtleiter, kann das Gehäuse die Rückleitung des Stroms nicht übernehmen. Deshalb ist in diesen Taschenlampen eine Rückleitung eingebaut.

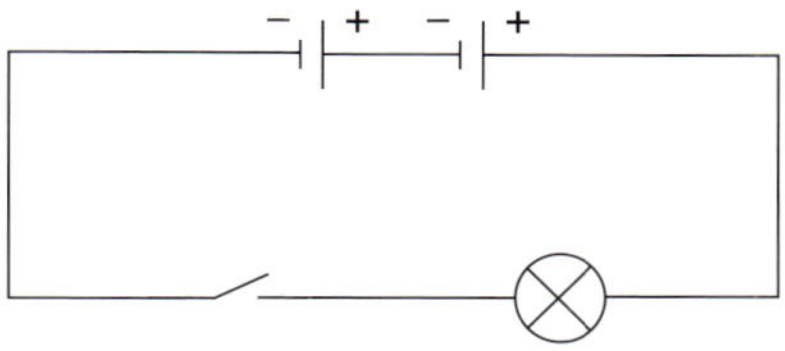

2 Schaltplan für eine Taschenlampe mit zwei gleichen Batterien

Schukostecker – Schukodose: zwei, die zueinander passen

Der Kontakt mit Strom aus der Steckdose kann lebensgefährlich sein. Deshalb muss bei elektrischen Geräten eine solche Berührung ausgeschlossen werden, selbst wenn das Gerät defekt ist. Bei Geräten mit Metallgehäuse sind Schutzkontaktstecker (Schukostecker) vorgeschrieben (Abb. 3).
Was bewirkt die Nutzung von Schukostecker und Schukosteckdose?

Geräte mit Metallgehäuse besitzen im Anschlusskabel drei elektrische Leiter: zwei Leiter zum Betreiben des Gerätes und einen Schutzleiter. Dieser ist im Gerät leitend mit dem Metallgehäuse verbunden. Zugleich ist der Schutzleiter über die sichtbaren Kontakte in Schukostecker und Schukosteckdose mit der Erde verbunden (Abb. 3).
Kommt es wegen eines Defekts im Gerät zu einer Verbindung des Metallgehäuses mit elektrischem Strom, so wird eine Sicherung ausgelöst und damit der Stromfluß unterbrochen.

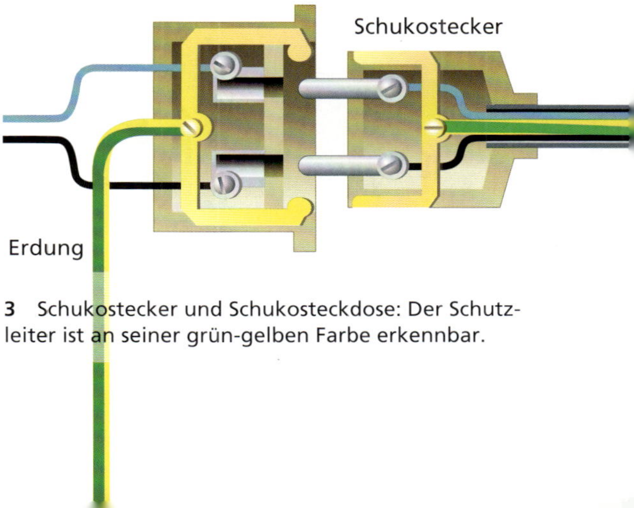

3 Schukostecker und Schukosteckdose: Der Schutzleiter ist an seiner grün-gelben Farbe erkennbar.

Aufbau und Wirkungsweise von Sicherungen

Die wichtigsten Arten von Sicherungen sind **Schmelzsicherungen** und **Sicherungsautomaten.** Sie werden immer in Reihe zu dem betreffenden Gerät geschaltet, sodass der Strom durch Sicherung und Gerät fließt.
Wie sind Sicherungen aufgebaut?
Wie funktionieren sie?

Bei **Schmelzsicherungen** (Abb. 1) nutzt man die Wärmewirkung des elektrischen Stroms aus. Wird der Strom im Stromkreis zu groß, dann schmilzt der Schmelzdraht, der sich im Innern einer solchen Sicherung befindet. Der Stromkreis wird dadurch unterbrochen.

Bei **Sicherungsautomaten** werden die Wärmewirkung und die magnetische Wirkung des elektrischen Stroms genutzt.
Bei einem langsamen Anstieg der Stromstärke erwärmt sich der Metallstreifen und biegt sich. Bei Überschreitung des maximalen Werts der Stromstärke wird die Klinke 1 (Abb. 2) ausgelöst und damit der Stromkreis unterbrochen.
Bei einem schnellen Anstieg der Stromstärke, z. B. bei einem Kurzschluss, wirkt der Elektromagnet. Klinke 2 wird ausgelöst und damit der Stromkreis ebenfalls unterbrochen.
Beachte: Sicherungen dürfen auf keinen Fall geflickt oder überbrückt werden!

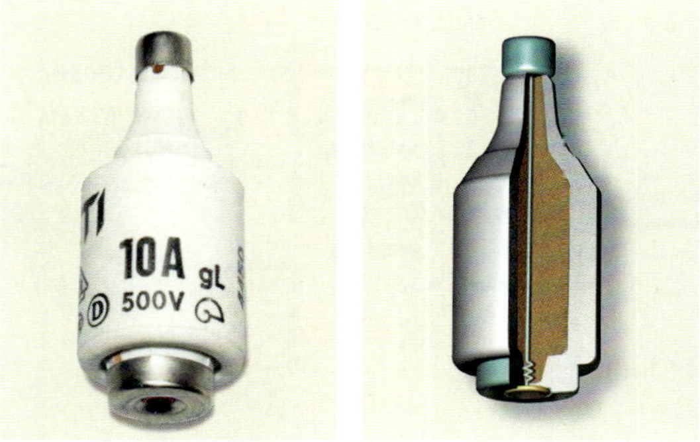

1 Schmelzsicherung (a) und ihr Aufbau (b)

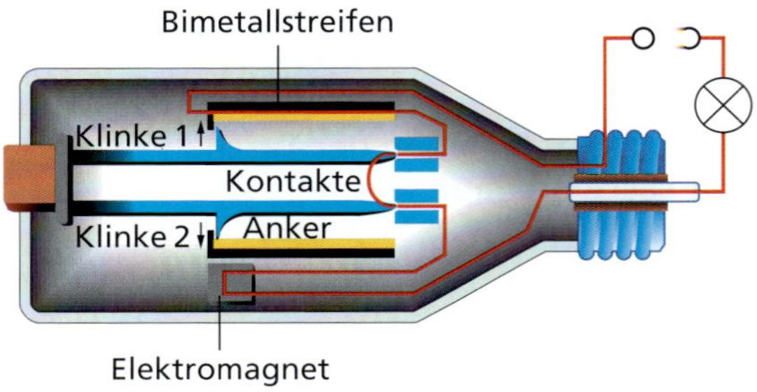

2 Aufbau und Schaltung eines Sicherungsautomaten: Es fließt nur dann ein Strom, wenn beide Klinken eingerastet sind.

Eine Wechselschaltung erspart Wege

In großen Räumen, langen Fluren oder Treppenhäusern möchte man eine Lampe von verschiedenen Stellen aus- und einschalten können. Dazu benutzt man Umschalter, auch **Wechselschalter** genannt. Es handelt sich um Schalter mit drei Anschlüssen.
Entwirf einen Schaltplan für eine solche Anlage!
Baue ein Modell für eine solche Anlage auf!
Probiere es aus!

Im Modell (Abb. 3) und beim Schaltplan ist der Stromkreis geschlossen. Die Lampe leuchtet. Wird einer der beiden Schalter umgeschaltet, ist der Stromkreis geöffnet. Die Lampe erlischt. Damit kann durch Betätigen eines der Schalter der Stromkreis geöffnet oder geschlossen werden. Die Verbindungen zwischen den Schaltern kann man beliebig lang machen.

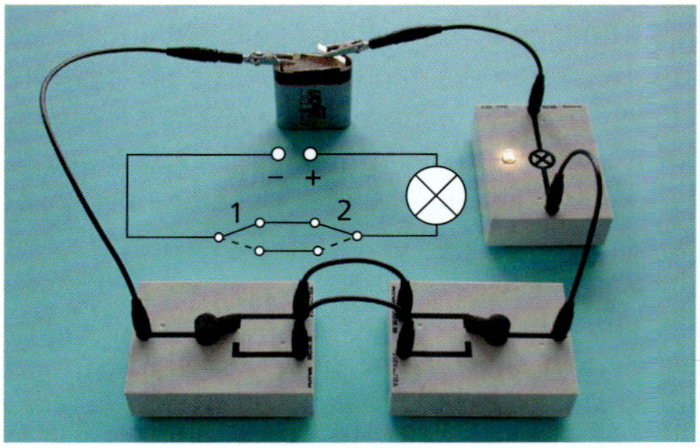

3 Modell einer Wechselschaltung

gewusst · gekonnt

1. Benenne in den folgenden Aussagen, was strömt! Wie kann man feststellen, wie groß der jeweilige Strom ist?
   a) Der Verkehrsstrom auf der neugebauten Autobahn A 20 reißt nicht ab.
   b) Riesige Wassermassen strömten in der Havel in Richtung Potsdam.
   c) Zu einer Sportveranstaltung im Berliner Olympiastadion strömen Zuschauer aus nah und fern.
   d) Beim Klingelzeichen strömen alle auf den Schulhof.

2. In der Skizze wurde dieselbe Glühlampe mit einer Flachbatterie verbunden. Was ist gleich? Was ist unterschiedlich? Begründe!

3. Wie kannst du erreichen, dass eine Lampe in einem Stromkreis mal schwach, dann sehr hell leuchtet?

4. Bei einer Fahrradbeleuchtung führt nur ein Draht zum Scheinwerfer und zum Rücklicht.
   a) Warum leuchten die Lampen trotzdem, wenn der Dynamo in Betrieb ist?
   b) Zeichne einen Schaltplan für die Beleuchtungsanlage eines Fahrrades!
   c) Was passiert, wenn die Isolierung eines Kabels an einer Stelle durchgescheuert ist und das Kabel am Rahmen anliegt? Begründe!

5. Zwei Glühlampen sind an eine elektrische Quelle angeschlossen (Abb. a, b). Was passiert, wenn jeweils eine der beiden Lampen aus der Fassung geschraubt wird? Begründe!

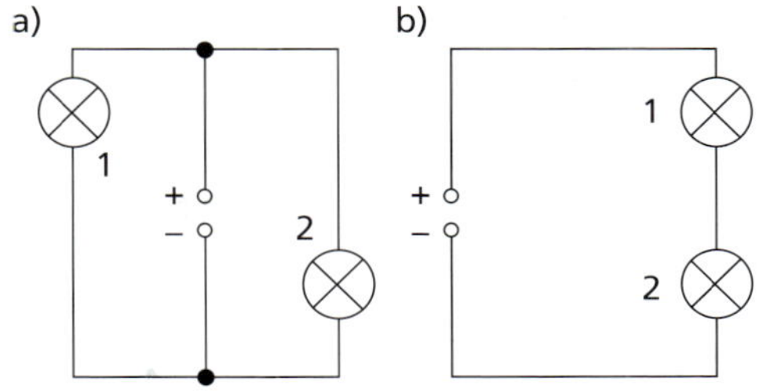

6. Gib die folgenden Stromstärken in den angegebenen Einheiten an!
   a) 2,4 A; 0,27 A und 0,08 A in mA
   b) 320 mA, 81 mA und 6 mA in A
   c) 14 mA, 280 mA und 4 650 mA in A
   d) 1,8 A; 0,75 A und 0,023 A in mA

7. An einem Vielfachmessgerät werden nacheinander die Messbereiche eingestellt:
   a) 10 mA
   b) 100 mA
   c) 300 mA

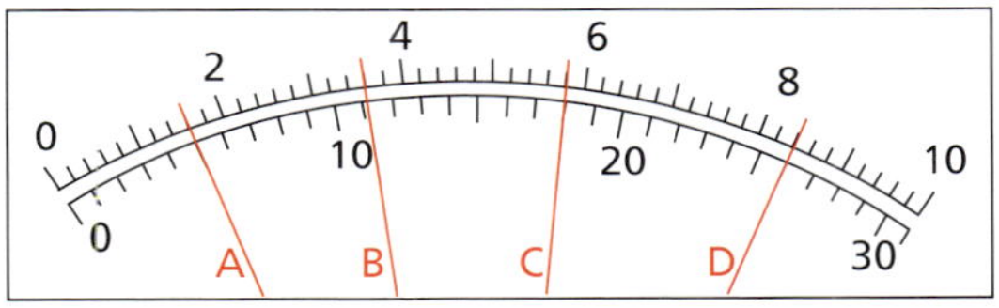

Lies die elektrische Stromstärke jeweils für die Zeigerstellungen A bis D im Bild ab!

8. Warum solltest du am Vielfachmessgerät zunächst den größten Messbereich einstellen, wenn du die elektrische Stromstärke messen willst?

9. Begründe, warum ein Strommesser stets in Reihe zu dem elektrischen Gerät geschaltet werden muss, durch das der elektrische Strom fließt!

10. Gib folgende Spannungen in den angegebenen Einheiten an!
   a) 12,5 V; 8,3 V und 0,36 V in mV
   b) 15 000 V, 6 800 V und 230 V in kV
   c) 110 kV, 220 kV und 380 kV in V
   d) 25 mV, 120 mV und 3 300 mV in V

11. Wie groß sind die elektrischen Spannungen, wenn am Vielfachmessgerät nacheinander die Messbereiche eingestellt werden?
a) 3 V
b) 10 V
c) 60 V
Lies jeweils für die Zeigerstellungen A bis D die Messwerte ab!

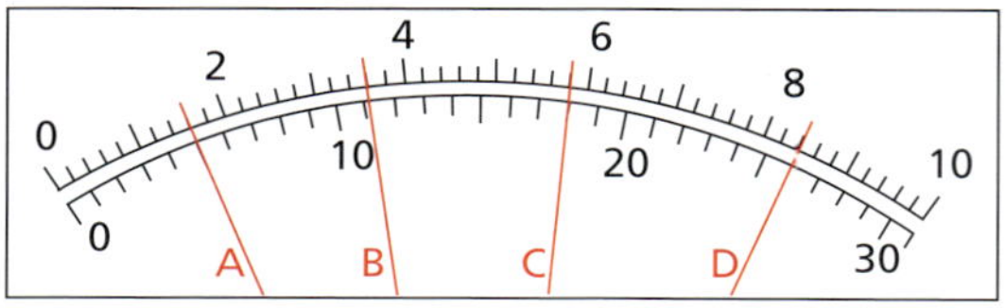

12. Warum ist auf manchen elektrischen Geräten die Betriebsspannung angegeben? Erkunde, welche Betriebsspannung Handys, CD-Player und Taschenrechner haben! Was passiert, wenn die Betriebspannung deutlich über- oder unterschritten wird?

13. An den Steckdosen im Haushalt liegen bei uns 230 V an. In anderen Ländern sind Spannungen von 110 V oder 120 V üblich. Was passiert, wenn wir unsere elektrischen Haushaltsgeräte (z. B. Tauchsieder, Föhn) dort einschalten?
Begründe deine Antwort mit dem Antrieb des elektrischen Stroms!

14. Carola wechselt die vier Monozellen von je 1,5 V in ihrem Kassettenrekorder aus. Erst nach mehrmaligem Probieren ist der Walkman wieder funktionstüchtig. Was muss sie beim Einlegen der Zellen beachten?

15. Wie kannst du mit drei Flachbatterien von je 4,5 V eine Glühlampe (12 V/1,5 A) zum Leuchten bringen?
Prüfe nach, ob deine Idee stimmt!

16. Bestätige in einem Experiment das Gesetz für die elektrische Stromstärke in einem unverzweigten Stromkreis!
Vorbereitung:
Wie lautet das Gesetz? Zeichne einen Schaltplan mit zwei Glühlampen!
Durchführung:
Baue die Schaltung nach dem Schaltplan auf! Miss an drei Stellen die elektrische Stromstärke und notiere die Messwerte!
Auswertung:
Beantworte die experimentelle Aufgabe!
Wodurch könnte die Genauigkeit der Messergebnisse beeinflusst worden sein?

17. Bestätige in einem Experiment das Gesetz für die elektrische Stromstärke in einem verzweigten Stromkreis! Gehe bei diesem Experiment wie in Aufgabe 16 vor.

18. Zwei Glühlampen gleicher Bauart sind in einem Stromkreis parallel geschaltet. An verschiedenen Stellen sind Strommesser eingebaut (s. Schaltskizze).

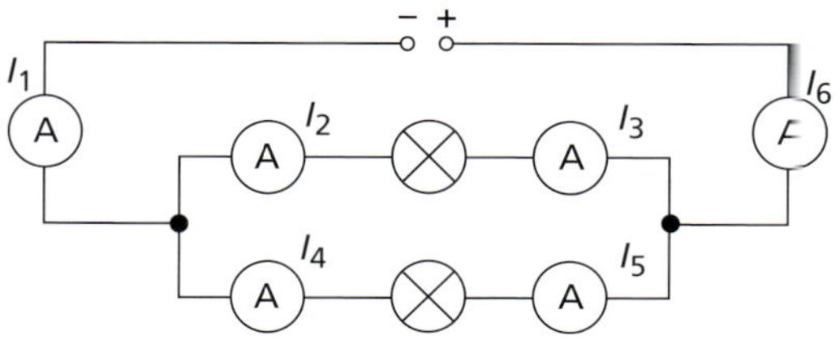

a) Welche Strommesser zeigen die gleiche Stromstärke an?
b) Was kann man über die Stromstärken I_1, I_2 und I_4 aussagen?
c) Was kann man über die Helligkeit beider Glühlampen aussagen?

19. Ein Motor und eine Glühlampe sind in einem Stromkreis parallel geschaltet (Abb. S. 243).

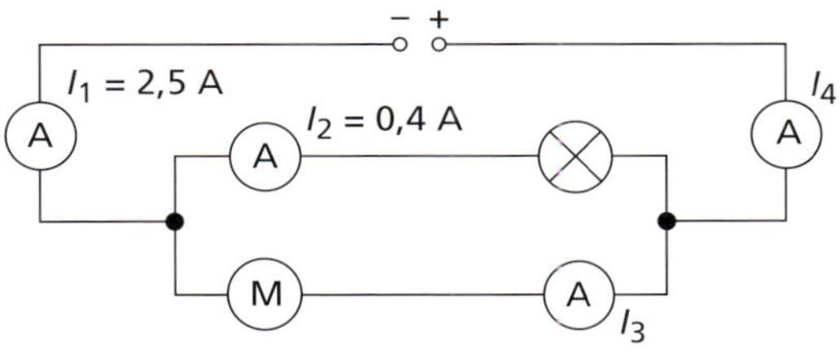

Wie groß sind die Stromstärken I_3 und I_4? Begründe!

20. Im Haushalt ist ein elektrischer Stromkreis mit einer Sicherung von 10 A abgesichert. Angeschaltet sind neben dem Kühlschrank (I_1 = 0,4 A) das Fernsehgerät (I_2 = 0,3 A) und ein elektrischer Heizkörper (I_3 = 3,5 A). Außerdem sind zwei elektrische Kochplatten (I_4 = 5,2 A) in Betrieb. Was geschieht, wenn nun noch ein Mikrowellenherd (I_5 = 3,5 A) angeschaltet wird? Begründe!

21. Bestätige in einem Experiment das Gesetz für die elektrische Spannung in einem unverzweigten Stromkreis!
Vorbereitung:
Wie lautet das Gesetz? Zeichne einen Schaltkreis mit zwei Glühlampen!
Durchführung:
Baue die Schaltung auf! Miss die Spannung an der Quelle und die Spannungen an den Lampen! Notiere die Messwerte!
Auswertung:
Beantworte die experimentelle Aufgabe! Wodurch könnte die Genauigkeit der Messergebnisse beeinflusst worden sein?

22. Bestätige in einem Experiment das Gesetz für die elektrische Spannung in einem verzweigten Stromkreis! Gehe bei diesem Experiment wie in Aufgabe 21 vor.

23. Im Haushalt werden elektrische Geräte parallel geschaltet. Begründe, weshalb diese Art der Schaltung gewählt wird!
Entwickle einen Schaltplan für die Elektrogeräte in eurem Wohnzimmer! Präsentiere ihn deinen Mitschülern!

24. Warum brennen die 10 in Reihe geschalteten 20-V-Kerzen einer Lichterkette beim Anschluss an eine Steckdose nicht durch?

25. In einem Experiment werden eine 230-V-Lampe und eine 6-V-Lampe in Reihe an eine elektrische Quelle von 230 V geschaltet.
a) Warum geht bei dieser Schaltung die 6-V-Lampe nicht kaputt?
b) Erkläre die unterschiedliche Helligkeit beider Lampen, obwohl in einem unverzweigten Stromkreis die Stromstärke überall gleich groß ist!

26. Manche elektronischen Geräte haben eine geringere Betriebsspannung als die zur Verfügung stehende elektrische Quelle. Was kann man tun, um ein solches Gerät dennoch anschließen zu können? Begründe!

27. Wie kann man zwei 6-V-Lampen an eine elektrische Quelle von 12 V (Autobatterie) anschließen? Fertige einen Schaltplan an und begründe ihn!

28. Je mehr Glühlampen man in Reihe an eine elektrische Quelle anschließt, desto schwächer leuchten sie (s. Abb.).
Erkläre diese Erscheinung!

Elektrischer Strom, Stromstärke und Spannung

Wichtige physikalische Größen in der Elektrizitätslehre sind die **elektrische Stromstärke** und die **elektrische Spannung.**

Die elektrische Stromstärke *I*	**Die elektrische Spannung *U***
gibt an, wie viele Ladungsträger sich in jeder Sekunde durch den Querschnitt eines Leiters bewegen.	gibt an, wie stark die elektrischen Ladungsträger angetrieben werden.
Einheiten: 1 A, 1 mA 1 A = 1 000 mA	**Einheiten:** 1V, 1 mV, 1 kV 1 kV = 1 000 V 1 V = 1 000 mV
Messgeräte für die Stromstärke sind Stromstärkemesser (Amperemeter). Stromstärkemesser sind in Reihe zum elektrischen Gerät zu schalten, bei dem die Stromstärke gemessen werden soll.	**Messgeräte** für die Spannung sind Spannungsmesser (Voltmeter). Spannungsmesser sind parallel zum elektrischen Gerät zu schalten, an dem die Spannung gemessen werden soll.

Für die **Reihenschaltung** und die **Parallelschaltung** von Bauteilen in Stromkreisen gelten folgende Gesetze:

Reihenschaltung von Bauteilen
(unverzweigter Stromkreis)

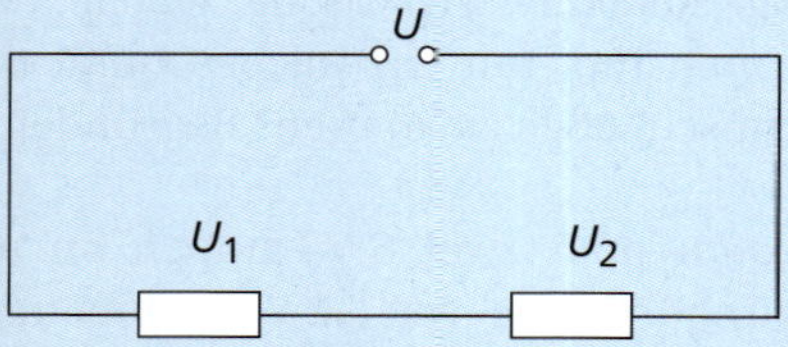

Die Gesamtspannung U ist gleich der Summe der Teilspannungen U_1 und U_2.

$$U = U_1 + U_2$$

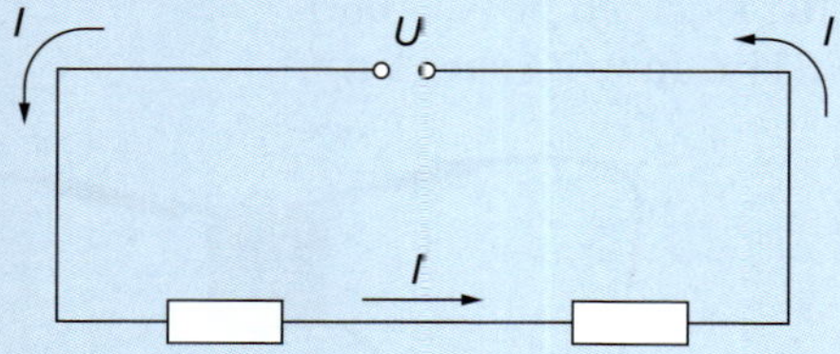

Die Stromstärke ist an allen Stellen gleich groß.

$$I = I_1 = I_2$$

Parallelschaltung von Bauteilen
(verzweigter Stromkreis)

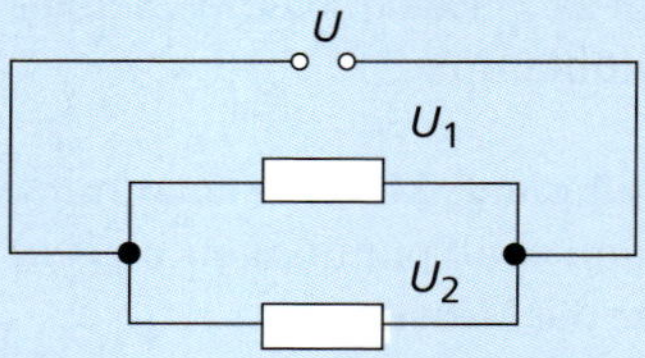

Die Spannungen U_1 und U_2 sind genauso groß wie die Gesamtspannung U.

$$U = U_1 = U_2$$

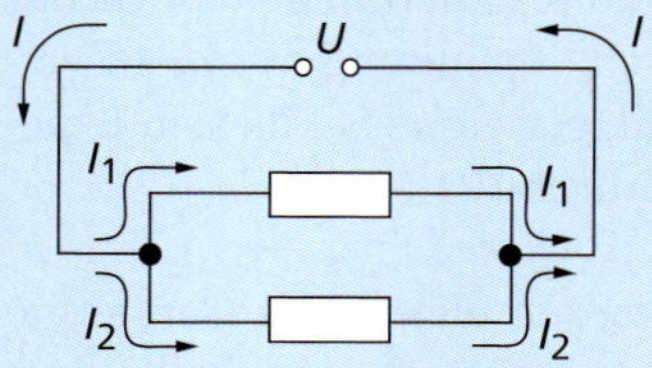

Die Gesamtstromstärke I ist gleich der Summe der Teilstromstärken I_1 und I_2.

$$I = I_1 + I_2$$

9.2 Elektrischer Widerstand und ohmsches Gesetz

Widerstände brennen durch

Die Glühwendel jeder Glühlampe brennt einmal durch. Meistens geschieht das beim Einschalten.

Im kalten Zustand ist der elektrische Widerstand des Glühdrahtes erheblich kleiner als bei normalem Betrieb der Lampe. Hersteller geben die Haltbarkeit von Glühlampen mit ca. 1 000 Betriebsstunden an.

Warum brennen Glühlampen nach einer bestimmten Betriebsdauer durch? Warum passiert das meistens beim Einschalten?

Widerstände regeln

Mit Drehknöpfen oder Schiebern kann man bei einem Radio die Lautstärke regeln, bei einem Elektroherd die Temperatur und bei einer Bohrmaschine die Drehzahl. Mit der Änderung von Widerständen in einem Stromkreis ändern sich auch die Größen Stromstärke und Spannung.

Wie sind regelbare Widerstände aufgebaut? Wie funktionieren sie?

Widerstände schalten

Um zu verhindern, dass Treibstoff in einem Tank überläuft, wird in den Tank eine elektrische Überfüllsicherung eingebaut. Sie stoppt die Treibstoffzufuhr, wenn der Tank fast voll ist. In dieser Füllhöhe ist ein Kaltleiterwiderstand angebracht, dessen elektrischer Widerstand sich mit der Temperatur ändert.

Wie funktionieren Überfüllsicherungen?
Welche Eigenschaft von Widerständen wird dabei genutzt?

Zusammenhang zwischen Spannung und Stromstärke – das ohmsche Gesetz

Je größer die elektrische Spannung in einem Stromkreis ist, desto größer ist der Antrieb des elektrischen Stroms. Damit bewegen sich mehr Elektronen durch den Querschnitt des Leiters. Die elektrische Stromstärke steigt. So leuchtet z. B. eine Glühlampe heller, wenn sie an eine stärkere elektrische Quelle angeschlossen wird.
Der Zusammenhang zwischen Stromstärke und Spannung wurde von dem deutschen Forscher GEORG SIMON OHM (Abb. 2) entdeckt und ist im **ohmschen Gesetz** beschrieben.

Für alle metallischen Leiter gilt unter der Bedingung, dass die Temperatur konstant ist:

$$I \sim U$$

Mit der anliegenden Spannung U wächst auch die Stromstärke I. Die Gesetzesaussage $I \sim U$ ist gleichbedeutend mit der Formulierung

$$\frac{U}{I} = \text{konstant.}$$

Stellt man für einen metallischen Leiter bei $\vartheta = \text{konstant}$ den Zusammenhang zwischen der Stromstärke I und der Spannung U in einem Diagramm dar, so erhält man als Graph eine Gerade (Abb. 1). Das ohmsche Gesetz gilt nur unter der Bedingung, dass die Temperatur konstant ist. Diese Gültigkeitsbedingung für das ohmsche Gesetzt ist nicht immer erfüllt. Verändert sich beispielsweise bei einer Glühlampe (Metallfadenlampe) die Spannung, so ändert sich auch die Stromstärke und die Temperatur der Glühwendel. Es gilt nicht $I \sim U$ (Abb. 3).

2 GEORG SIMON OHM (1789–1854) arbeitete zunächst als Lehrer für Mathematik und Physik und war später als Professor für Physik in München tätig.

Der elektrische Widerstand

Bewegen sich die Elektronen im Stromkreis, so stoßen sie mit den Metall-Ionen der elektrischen Leiter zusammen. Dadurch wird die gerichtete Bewegung der Elektronen behindert. Dem elektrischen Strom wird ein Widerstand entgegengesetzt. Die elektrische Spannung verursacht entgegen dem Widerstand einen Stromfluss bestimmter Stromstärke. Der Quotient aus Spannung und Stromstärke ist geeignet, die Größe **elektrischer Widerstand** zu beschreiben.

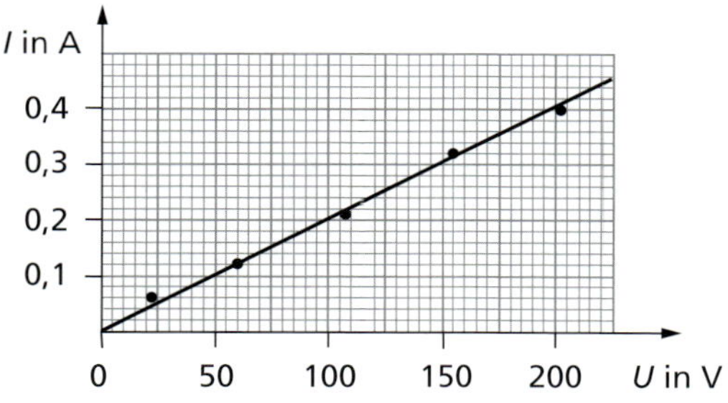

1 Kennlinie eines Konstantandrahtes (ϑ = konstant)

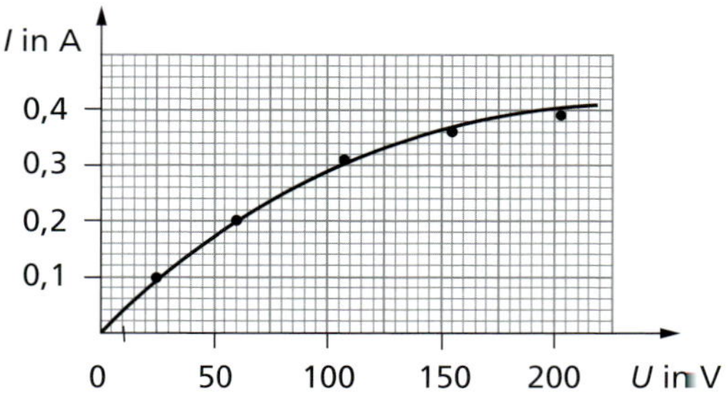

3 Kennlinie einer Metallfadenlampe ($\vartheta \neq$ konstant)

Der elektrische Widerstand eines Bauteils gibt an, wie stark der elektrische Strom in ihm behindert wird.

Formelzeichen: *R*
Einheit: 1 Ohm (1 Ω)

Für die Einheit 1 Ohm gilt: $1\,\Omega = \frac{1\,V}{1\,A}$

Vielfache der Einheit 1 Ω sind ein Kiloohm (1 kΩ) und ein Megaohm (1 MΩ):
1 kΩ = 1 000 Ω
1 MΩ = 1 000 kΩ = 1 000 000 Ω

Der elektrische Widerstand von Bauteilen oder Geräten kann mithilfe von **Widerstandsmessern** (Ohmmetern) direkt gemessen werden (Abb. 1). Dazu wird in ein Vielfachmessgerät eine elektrische Quelle eingesetzt. Der Nullpunkt der Skala ergibt sich, wenn der Widerstand praktisch null ist. Die Stromstärke und damit der Zeigerausschlag sind dann am größten. Mit Zunahme des Widerstandes nimmt die Stromstärke ab und ist null, wenn der Widerstand sehr groß ist. Jedem Wert der Stromstärke kann so ein Widerstandswert zugeordnet werden.
Der elektrische Widerstand kann aber auch aus der Stromstärke und der Spannung berechnet werden, die man mit Amperemeter und Voltmeter messen kann.

Der elektrische Widerstand eines Bauteils kann berechnet werden mit der Gleichung:

$R = \frac{U}{I}$ **U elektrische Spannung**
I elektrische Stromstärke

Elektrische Widerstände in Natur und Technik	
Verlängerungsschnur	ca. 0,1 Ω
Heizplatte im Herd	15 Ω
Heizung einer Waschmaschine (1 000 W)	50 Ω
100-W-Glühlampe	530 Ω
60-W-Glühlampe	880 Ω
Körperwiderstand des Menschen (von Hand zu Hand)	ca. 1 kΩ

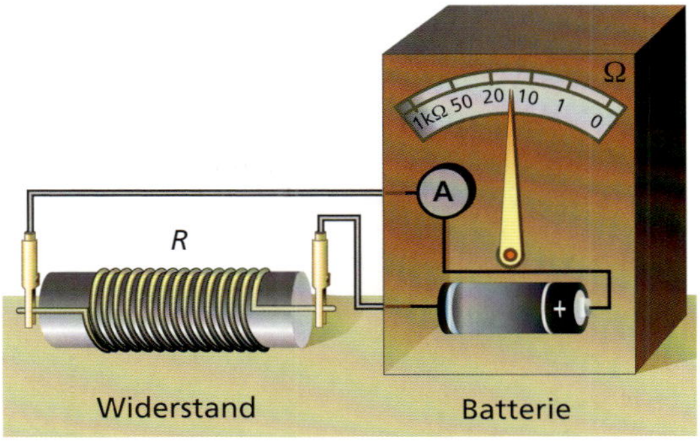

1 Im Ohmmeter wird der unbekannte Widerstand *R* mit einem Strommesser in Reihe an eine Batterie angeschlossen.

Bestimmt man den elektrischen Widerstand von Metalldrähten bei unterschiedlicher Temperatur, dann zeigt sich:

Bei den meisten Metallen erhöht sich mit steigender Temperatur ihr elektrischer Widerstand.

Das kann man auch bei einer Glühlampe feststellen: Bei Vergrößerung der Spannung erhöht sich die Stromstärke und damit die Temperatur der Glühwendel. Damit vergrößert sich ihr elektrischer Widerstand (s. Abb. 3, S. 246). Die Temperaturabhängigkeit des elektrischen Widerstandes hängt vom jeweiligen Stoff ab. Sie muss bei technischen Widerständen (s. S. 250) beachtet werden und wird bei metallischen Widerstandsthermometern genutzt.
Im Teilchenmodell kann man die Vergrößerung des Widerstandes bei Temperaturerhöhung folgendermaßen deuten: Mit Erhöhung der Temperatur bewegen sich die Metall-Ionen im Leiter heftiger. Dadurch wird die gerichtete Bewegung der Elektronen stärker behindert. Der Widerstand wird größer.
Den Technikern ist es gelungen, Materialien herzustellen, deren Widerstand weitgehend temperaturunabhängig ist. Ein solches Material ist **Konstantan**, eine Legierung aus Kupfer, Nickel und Mangan.

2 Rohkupfer

mechanische Systeme

Kraftwandler dienen der Umlenkung und Verstärkung von Kräften.

thermodynamische Systeme

Zwischen Körpern unterschiedlicher Temperatur wird Wärme transportiert. Es erfolgt ein Temperaturausgleich.

elektrische Systeme

Bauteile (Glühlampen, Widerstände, Messgeräte) können in unterschiedlicher Weise geschaltet werden und bilden dann ein System.

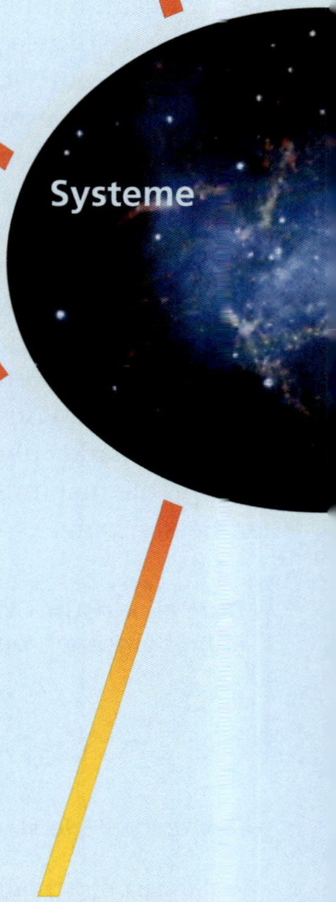

sind in der **Physik** abgeschlossene Bereiche, in denen sich Körper, Bauteile, Lebewesen, elektrische oder magnetische Felder befinden können.

Systeme

können offen sein. Es wird Stoff und Energie mit der Umgebung ausgetauscht.

Systeme

können abgeschlossen sein. Es wird kein Stoff und keine Energie mit der Umgebung ausgetauscht.

Gefahren

für den Menschen müssen möglichst gering gehalten werden.

Nutzung

erfolgt immer für einen bestimmten Zweck.

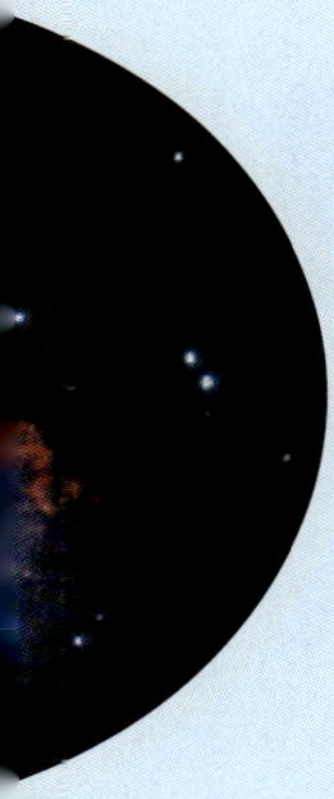

sind in der **Technik** mehr oder weniger komplexe Anordnungen, die eine bestimmte technische Funktion erfüllen und die mit ihrer Umgebung wechselwirken.

technische Geräte

Umweltbelastungen

sind nicht immer vermeidbar, sollten aber so gering wie möglich sein.

Energieumwandlungen

erfolgen so, dass meist elektrische Energie zugeführt und durch das Gerät in verschiedene andere Energieformen umgewandelt wird (Wärme, Lichtstrahlung, mechanische Energie).

Das Widerstandsgesetz

Viele Bauteile in elektrischen Geräten sind Drähte. Der elektrische Widerstand eines Drahtes ist abhängig von dem Stoff, aus dem er besteht, von seiner Länge und seiner Querschnittsfläche. Genauere Untersuchungen zeigen:

Der elektrische Widerstand eines Leiters ist umso größer, je größer die Länge und je kleiner die Querschnittsfläche sind. Er ist auch abhängig von dem Stoff, aus dem der Leiter besteht.

Die Abhängigkeit des Widerstandes vom Stoff wird durch den **spezifischen elektrischen Widerstand** beschrieben. Dieser gibt an, wie groß der Widerstand eines Drahtes aus diesem Stoff ist, der 1 m lang ist und eine Querschnittsfläche von 1 mm^2 besitzt (Abb. 1). Der spezifische elektrische Widerstand ist eine Materialkonstante.
Alle Abhängigkeiten des elektrischen Widerstandes eines Drahtes sind im **Widerstandsgesetz** zusammengefasst.

Der elektrische Widerstand eines Leiters kann berechnet werden mit der Gleichung:

$$R = \varrho \cdot \frac{l}{A}$$

ϱ spezifischer elektrischer Widerstand
l Länge des Leiters
A Querschnittsfläche des Leiters

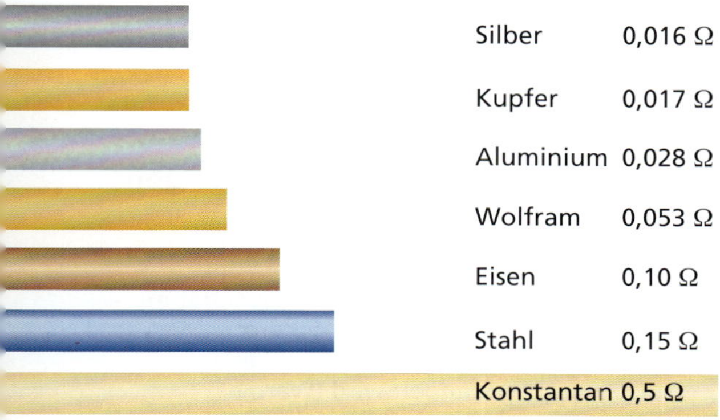

1 Elektrische Widerstände verschiedener Stoffe bei einer Länge von 1 m und 1 mm^2 Querschnittsfläche

Mosaik

Technische Widerstände

Die Bezeichnung „Widerstand" wird sowohl für die physikalische Größe als auch für elektrische Bauelemente benutzt. Solche elektronischen Bauelemente nennt man **technische Widerstände** oder einfach Widerstände.
In elektrischen Geräten befinden sich Widerstände unterschiedlicher Bauformen. **Festwiderstände** haben einen unveränderlichen, „festen" Widerstand (Abb. 2a und 3).
Bei **regelbaren Widerständen** (Abb. 2b und 4) werden mit einem Gleit- oder Drehkontakt unterschiedliche Längen eines Widerstandsdrahtes eingestellt, der vom elektrischen Strom durchflossen wird.

a) b)

2 Drahtwiderstände: Auf Keramikzylinder werden lange, isolierte Metalldrähte gewickelt.

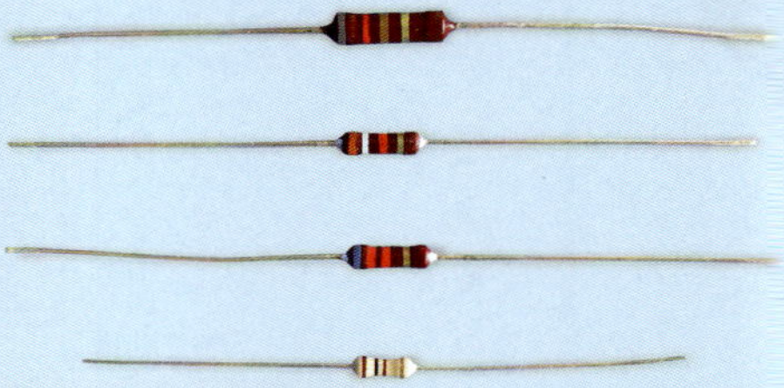

3 Schichtwiderstände: Auf Keramikröhrchen werden dünne Kohle- oder Metallschichten aufgedampft. Aus den farbigen Ringen kann der Widerstand über einen Code abgelesen werden.

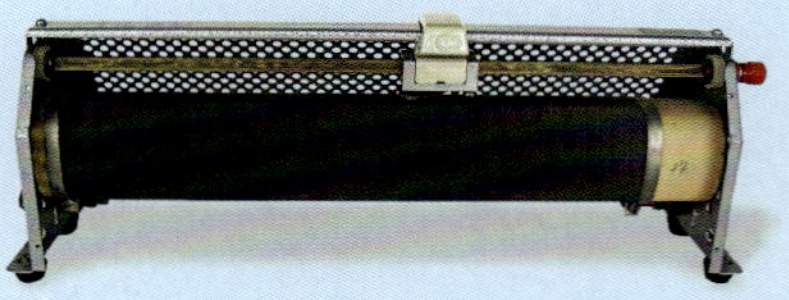

4 Gleitwiderstand: Mit einem Schieber wird die Länge des Drahtes im Stromkreis verändert.

Der elektrische Widerstand in unverzweigten und verzweigten Stromkreisen

Durch Reihen- und Parallelschaltung von Bauteilen ändert sich der Gesamtwiderstand in Stromkreisen. Dadurch leuchten z. B. gleiche Glühlampen unterschiedlich hell (Abb. 1 und 2). Schaltet man zwei Bauteile in Reihe in den Stromkreis, so gilt für den elektrischen Widerstand das folgende Gesetz:

Bei Reihenschaltung zweier Bauteile beträgt der Gesamtwiderstand:

$$R = R_1 + R_2$$

Der Gesamtwiderstand ist also in diesem Fall immer größer als der größte Teilwiderstand.
Anders ist das bei einer Parallelschaltung von zwei Bauteilen. In diesem Fall addieren sich die Widerstände der einzelnen Bauteile nicht, sondern es gilt:

Bei Parallelschaltung zweier Bauteile ist der Gesamtwiderstand immer kleiner als der kleinste der Teilwiderstände:

$$\frac{1}{R} = \frac{1}{R_1} + \frac{1}{R_2}$$

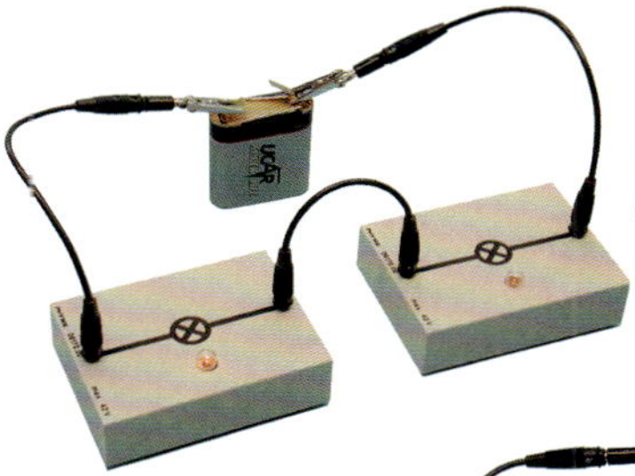

1 Reihenschaltung gleicher Glühlampen

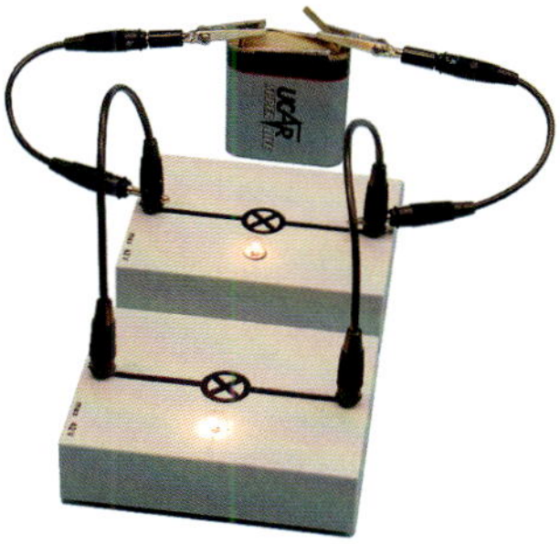

2 Parallelschaltung gleicher Glühlampen

Theoretisches Herleiten von Gleichungen in der Physik

Da viele Gesetzesaussagen in der Physik als Gleichungen formuliert werden, kann man mathematische Mittel nutzen, um neue Erkenntnisse zu gewinnen.
Dabei werden vor allem die Regeln für das äquivalente Umformen von Gleichungen angewendet, um neue Gleichungen abzuleiten. Dies wird u. a. beim Lösen physikalisch-mathematischer Aufgaben für konkrete Anwendungen genutzt.

Aus bekannten Gesetzen kann man auf diesem Weg auch neue Gesetze herleiten, z. B. das Gesetz für den Gesamtwiderstand in unverzweigten Stromkreisen.

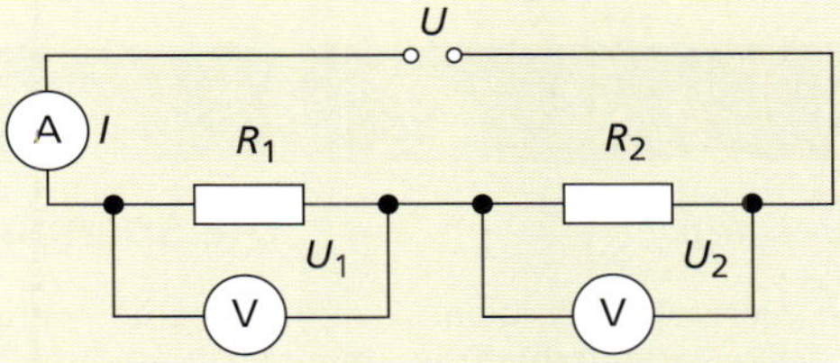

3 Spannungen, Stromstärken und Widerstände im unverzweigten Stromkreis

Bei der **Reihenschaltung von Widerständen** (Abb. 3) gilt:

(1) $U = U_1 + U_2$ und

(2) $I = I_1 = I_2$

Dividiert man die Gleichung (1) durch die konstante Stromstärke I, erhält man:

(3) $\frac{U}{I} = \frac{U_1}{I} + \frac{U_2}{I}$

Mit $R = \frac{U}{I}$ folgt daraus das Gesetz:

(4) $R = R_1 + R_2$

Theoretisch hergeleitete Gesetze müssen durch die Praxis bestätigt werden.
Dazu nutzt man Messungen in Experimenten, um theoretisch ermittelte Erkenntnisse experimentell zu bestätigen oder zu widerlegen.

Widerstände und Spannungen in unverzweigten Stromkreisen

Bei einer Reihenschaltung von zwei Widerständen liegt an jedem der Widerstände eine Teilspannung an (Abb. 1). Der Wert der Teilspannung ist vom Wert des jeweiligen Widerstandes abhängig. Der Zusammenhang zwischen den Spannungen und den Widerständen wird als **Spannungsteilerregel** bezeichnet. Für zwei in Reihe geschaltete Widerstände lautet sie:

> **Bei einer Reihenschaltung von zwei Widerständen verhalten sich die an ihnen anliegenden Teilspannungen wie die entsprechenden elektrischen Widerstände:**
>
> $$\frac{U_1}{U_2} = \frac{R_1}{R_2}$$

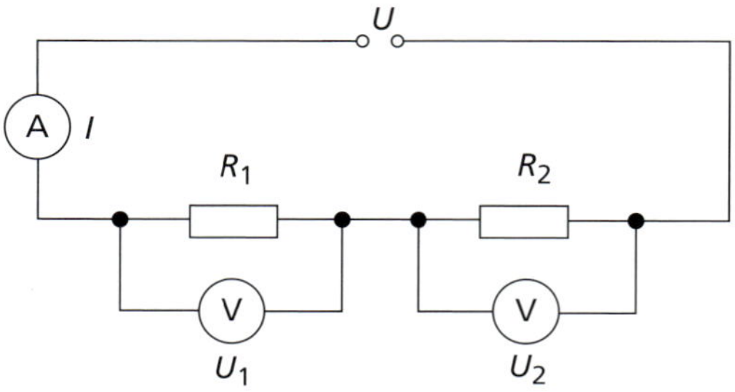

1 Widerstände und Spannungen bei einer Reihenschaltung von zwei Bauteilen

Damit lassen sich mithilfe von Festwiderständen oder regelbaren Widerständen in Stromkreisen unterschiedliche Teilspannungen erzeugen. In der Praxis wird häufig eine **Spannungsteilerschaltung** genutzt. Sie wird auch als **Potenziometerschaltung** bezeichnet (s. unten).

Mosaik

Die Spannungsteilerschaltung

In Geräten und beim Experimentieren werden häufig veränderbare Spannungen benötigt. Dies ist z. B. in einer Dimmerschaltung der Fall, mit der man die Helligkeit einer Stehlampe stufenlos regeln kann.
Dazu verwendet man Spannungsteiler, mit deren Hilfe man einer Quelle mit der Spannung U jede kleinere Teilspannung entnehmen kann. Diese Schaltung wird als **Spannungsteilerschaltung** (Potenziometerschaltung) bezeichnet (Abb. 2).

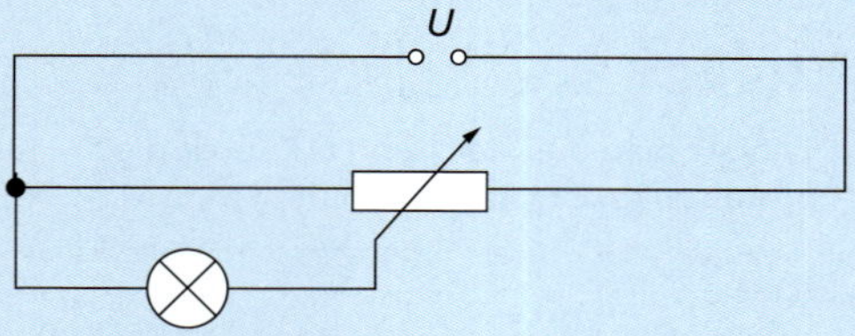

2 Spannungsteilerschaltung

Ein Spannungsteiler ist ein regelbarer Widerstand mit drei Anschlüssen. Einer der Anschlüsse ist mit einem verstellbaren Abgriff verbunden, der den Widerstand R in die beiden Teilwiderstände R_1 und R_2 „teilt" (Abb. 3). Wie groß die Widerstände R_1 und R_2 sind, hängt von der Stellung des Abgriffs ab. Befindet er sich z. B. am linken Rand eines Gleitwiderstandes (Abb. 3), zeigt der Spannungsmesser links 0 V an. Bewegt man den Abgriff zum anderen Ende des Widerstandes, steigt die Spannung stufenlos an und hat am Ende ihren Höchstwert erreicht.
Nach der Spannungsteilerregel liegt am kleineren Teilwiderstand die kleinere Teilspannung an.
Bei Parallelschaltung eines Gerätes wie in Abb. 2 ist von einem Ersatzwiderstand auszugehen, der kleiner als der kleinste Teilwiderstand ist. Demzufolge ist der Spannungsabfall am Gerät kleiner als am Teilwiderstand R_1 ohne Belastung (s. Gesetze für Spannungen und Widerstände im verzweigten Stromkreis).

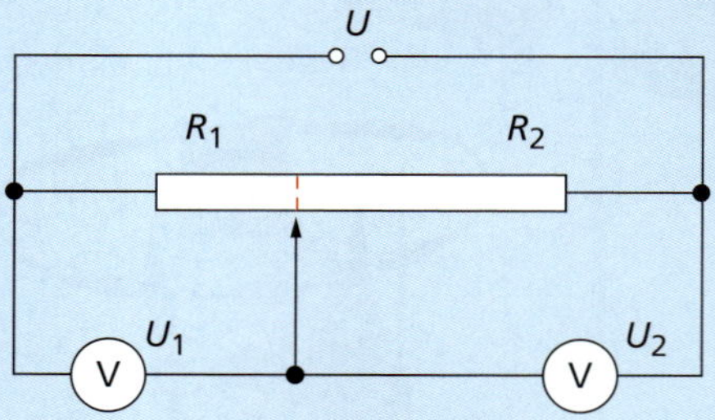

3 Widerstände und Spannungen am Spannungsteiler

Der Mensch – ein elektrischer Leiter

Der menschliche Körper kann den elektrischen Strom leiten. Deshalb ist es gefährlich, die Pole von Spannungsquellen oder elektrisch leitende Teile anzufassen. Selbst bei geringen Spannungen kann schon ein elektrischer Strom durch den menschlichen Körper fließen (Abb. 1).
Die Wirkung von elektrischem Strom auf den Menschen hängt ab von der anliegenden Spannung, von der durch den Körper fließenden Stromstärke und vom Weg des Stroms durch den Körper. Sie ist auch von der Stromart (Gleichstrom, Wechselstrom) abhängig.

1. *Diskutiere, welche Stromwege durch den menschlichen Körper möglich sind! Nutze dazu die Skizze rechts.*

Sehr kleine Ströme sind kaum spürbar. Sie sind ungefährlich und werden z. B. im medizinischen Bereich genutzt.

2. *Erkunde, wozu kleine elektrische Ströme in der Medizin genutzt werden!*

Aber bereits etwas größere Ströme sind deutlich spürbar. Sie können zu Verletzungen oder sogar zum Tod führen. Schon Ströme mit einer Stärke von etwa 10 mA können zu schmerzhaften Verkrampfungen führen.
Stärkere Ströme verursachen Atembeschwerden und Verbrennungen. Es kann auch zu Unregelmäßigkeiten in der Herztätigkeit kommen. Das kann zu Bewusstlosigkeit, zum Herzstillstand und damit zum Tod führen. Deshalb sind unbedingt die auf S. 229 genannten Regeln einzuhalten.

Wahrnehmungen für den Stromweg Hand – Hand

2 mA	Strom gerade wahrnehmbar.
10 mA	Es treten deutliche Verkrampfungen auf.
16 mA	starke Verkrampfungen, heftige Schmerzen
über 40 mA	Strom kann tödlich sein.

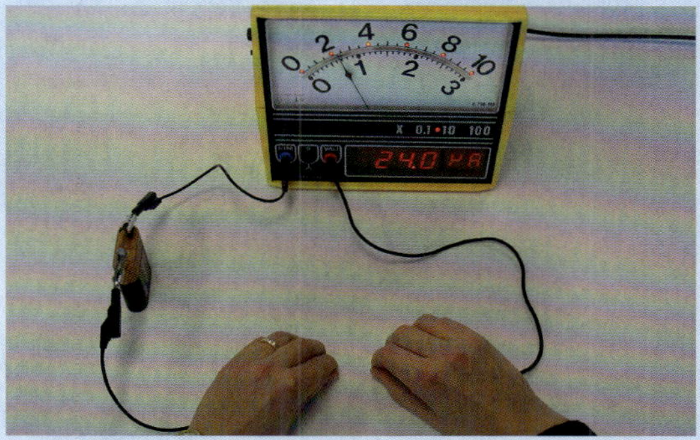

1 Stromfluss von Hand zu Hand ist gefährlich. Experimentiere deshalb nur mit Taschenlampenbatterien.

3. *Die Skizze zeigt ein vereinfachtes Schaltbild für den menschlichen Körper.*
   a) *Wie groß ist der elektrische Widerstand bei den verschiedenen Stromwegen?*
   b) *Begründe die Regel: Spannungen von über 25 V dürfen nicht zwischen beiden Händen anliegen.*
   c) *Begründe mit den gegebenen Daten, weshalb Netzspannung für den Menschen lebensgefährlich ist!*

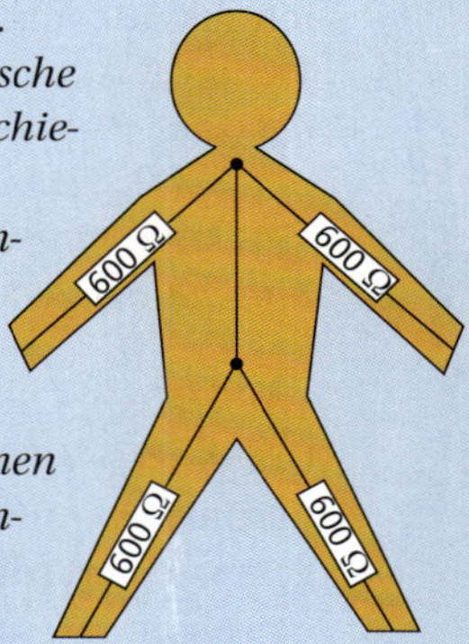

Leider sind Unfälle mit Strom nicht selten, wie die nachfolgende Meldung zeigt.

Steckdose falsch montiert – Installateur tot

Weil ein pensionierter Beamter in der Wohnung seiner Nachbarin eine Steckdose fehlerhaft montiert hatte, wurde ein Installateur von einem tödlichen Stromschlag getroffen. Der Beamte hatte vor dem Tapezieren der Wohnung die Steckdose zunächst abgebaut und dann wieder angebaut. Monate später bestellte die Nachbarin den Installateur, weil das Abflussrohr ihrer Spüle verstopft war. Der Handwerker kam mit einer elektrischen Reinigungsmaschine, schloss sie an die Steckdose nahe der Spüle an und wollte das Rohr säubern. Während er in der einen Hand die Maschine und in der anderen die Reinigungsspirale hielt, kam sein Gesicht in Kontakt mit der Edelstahlspüle. Es traf ihn ein Stromschlag und er starb vor den Augen der entsetzten Hausbewohner.

Quelle: Forum Elektronikwerkstatt

4. *Welchen tödlichen Fehler könnte der Beamte gemacht haben?*

Physik in Natur und Technik

Die Glühlampe und ihr Widerstand

In Glühlampen befindet sich eine Wendel (s. Foto), die vom elektrischen Strom durchflossen wird. Je nach der angelegten Spannung ändert sich die Stromstärke. Die Glühlampe leuchtet verschieden hell.
Der Stromfluss durch die Glühlampe ändert die Temperatur der Wendel und damit ihren elektrischen Widerstand. Im normalen Betrieb erreichen Wendeln aus Wolfram Temperaturen bis zu 2 500 °C. Das Element Wolfram hat eine Schmelztemperatur von 3 380 °C.
Wie groß ist der elektrische Widerstand der Wendel einer 40-W-Glühlampe bei Zimmertemperatur und bei Betriebstemperatur?
Was kann man daraus über die Stromstärke beim Einschalten der Glühlampe ableiten?

Vorbereitung:
Um den elektrischen Widerstand der Wendel zu bestimmen, müssen Spannung und Stromstärke gemessen werden, denn es gilt $R = \frac{U}{I}$. Bei jeder einzelnen Messung wird die Temperatur der Wendel als konstant angenommen.
Die Messung bei Zimmertemperatur kann durchgeführt werden, wenn man die Stromstärke so klein hält, dass sich die Wendel nicht oder nur geringfügig erwärmt. Dazu schaltet man die Lampe an eine elektrische Quelle mit geringer Spannung, z. B. etwa 2 V.
Um die Betriebsspannung zu erreichen, wird die Lampe an eine Quelle von 230 V angeschlossen. Die Stromstärke, die nun durch die Lampe fließt, ist wegen der etwa 100-mal so großen Spannung ebenfalls größer. Dadurch erwärmt sich die Wendel bis zur Betriebstemperatur und glüht hell.

Die Messwertetabelle wird so entworfen, dass die gemessenen Spannungen und Stromstärken erfasst werden können. Die letzte Spalte dient der Berechnung des Widerstandes.
Das Experiment wird nach folgendem Schaltplan aufgebaut:

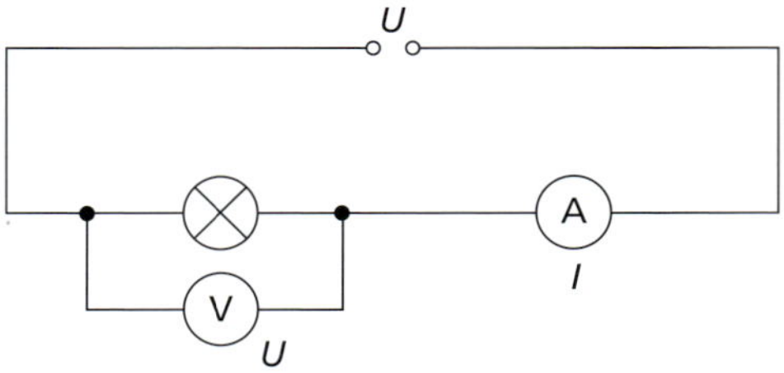

Durchführung:
Bei den jeweiligen Bedingungen werden Spannung und Stromstärke gemessen. Die Messwerte der beiden Messungen werden in die Messwertetabelle eingetragen.

Auswertung:

Bedingung	*U* in V	*I* in mA	*R* in Ω
Zimmertemperatur	1,8	18	100
Betriebstemperatur	225	175	1 290

Aus Spannung und Stromstärke wird mithilfe der Gleichung $R = \frac{U}{I}$ jeweils der Widerstand berechnet, wobei die Einheiten zu beachten sind. Die Antworten auf die eingangs gestellten Fragen lauten:
Bei Zimmertemperatur beträgt der elektrische Widerstand der Glühwendel einer 40-W-Glühlampe 100 Ω, bei Betriebstemperatur dagegen 1 290 Ω.
Daraus folgt: Die Stromstärke ist im Moment des Einschaltens wesentlich größer als im Betriebszustand, da bei U = konstant $I \sim \frac{1}{R}$. Das ist die Ursache dafür, dass Glühlampen meist beim Einschalten kaputtgehen. Dünne Stellen der Wendel „brennen durch“.

Kleine Lampen an große Spannungen

In Beamern werden kleine Halogenlampen als Lichtquellen verwendet. Sie geben bei einer Stromstärke von ca. 6,3 A sehr helles Licht ab. Ihre Betriebsspannung beträgt jedoch nur 24 V. Angeschlossen wird ein solcher Beamer aber an die Netzspannung von 230 V.

1 Beamer mit Halogenlampe

Eine Halogenlampe hat eine Betriebsspannung von 24 V. Wie kann man sie trotzdem an eine Netzspannung von 230 V anschließen?

Analyse:
Grundsätzlich ist in einem Stromkreis immer das Zusammenwirken der drei physikalischen Größen Spannung, Stromstärke und Widerstand zu untersuchen. Bei der Halogenlampe ist zu klären, welches Gesetz eine Aussage über unterschiedliche Spannungen im Stromkreis ermöglicht: Es kann nur um eine Reihenschaltung gehen, in der die Summe aus der Spannung U_L an der Halogenlampe und an einem Vorwiderstand U_{vor} die Netzspannung U ergibt ($U = U_L + U_{vor}$). Der elektrische Widerstand des Vorwiderstandes muss so gewählt werden, dass an der Halogenlampe nur 24 V anliegen.
In Bezug auf die Stromstärken ist zu fragen, wie groß sie sein dürfen, ohne die Bauelemente zu zerstören. Da die Halogenlampe erst bei einem Strom der Stärke 6,3 A ihre volle Helligkeit erreicht, darf der Vorwiderstand bei dieser Stromstärke nicht „durchschmoren".

Zur Lösung des Problems hilft folgender Schaltplan:

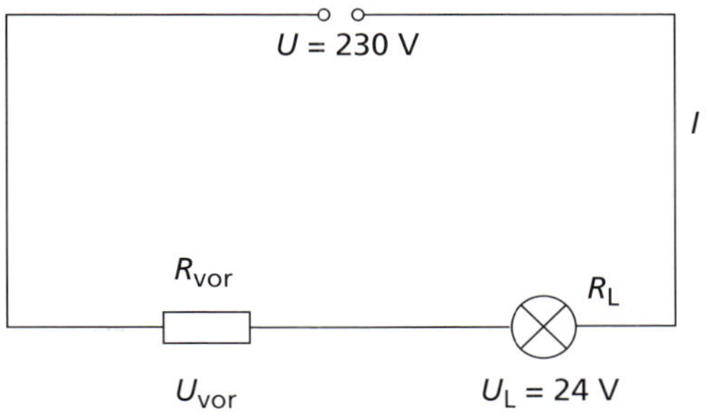

Gesucht: R_{vor}

Gegeben: $U = 230\ \text{V}$
$U_L = 24\ \text{V}$
$I = 6{,}3\ \text{A}$

Lösung:
Der Vorwiderstand kann nach folgender Gleichung berechnet werden:

$$R_{vor} = \frac{U_{vor}}{I}$$

U_{vor} ist nicht bekannt, kann aber mit dem Gesetz für Spannungen im unverzweigten Stromkreis berechnet werden:

$$U = U_{vor} + U_L \quad | - U_L$$

$$U_{vor} = U - U_L$$

$$U_{vor} = 230\ \text{V} - 24\ \text{V}$$

$$U_{vor} = 206\ \text{V}$$

Damit lässt sich R_{vor} berechnen:

$$R_{vor} = \frac{U_{vor}}{I}$$

$$R_{vor} = \frac{206\ \text{V}}{6{,}3\ \text{A}}$$

$$\underline{R_{vor} = 32{,}7\ \Omega}$$

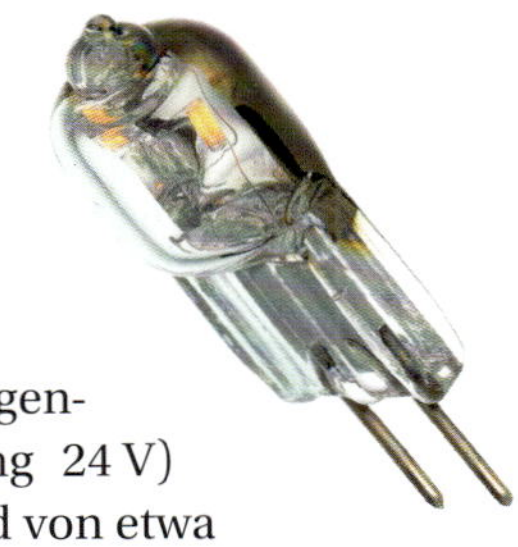

Ergebnis:
Schaltet man die Halogenlampe (Betriebsspannung 24 V) mit einem Vorwiderstand von etwa 33 Ω in Reihe, so kann man sie an 230 V Netzspannung anschließen.

gewusst · gekonnt

1. Was bedeutet der Begriff elektrischer Widerstand? Beschreibe die Bewegung der Elektronen in einem Metalldraht!

2. Begründe mit dem Modell der Elektronenleitung in einem elektrischen Leiter, warum ein langes Stück eines Eisendrahts einen größeren Widerstand hat als ein kurzes Stück!

3. Erkläre, warum man an den schlechteren von zwei metallischen Leitern eine höhere Spannung anlegen muss, damit durch beide ein gleich großer Strom fließt!

4. Erläutere am Beispiel der Fahrradbeleuchtung mit einem Dynamo den Zusammenhang zwischen der elektrischen Spannung und der Stromstärke im Stromkreis!

5. Untersuche experimentell den Zusammenhang zwischen Spannung und Stromstärke an einem technischen Widerstand!
Vorbereitung:
Zeichne einen Schaltplan für den experimentellen Aufbau!
Durchführung:
Baue die Schaltung nach dem Schaltplan auf. Nimm 5 Messwertepaare für Spannung und Stromstärke auf und trage die Ergebnisse in eine Tabelle ein!
Auswertung:
Stelle die Messwertepaare in einem *I-U*-Diagramm grafisch dar! Welcher Zusammenhang besteht zwischen Spannung und Stromstärke? Überprüfe den Zusammenhang rechnerisch!

6. In einem Stromkreis befindet sich ein Leiter. Wie ändert sich die Stromstärke, die durch den Leiter fließt, wenn die Spannung der elektrischen Quelle verdoppelt wird?

7. Wie ändert sich die Stromstärke, wenn in einem Stromkreis die Spannung der elektrischen Quelle und der Widerstand eines Leiters gleichzeitig verdreifacht werden?

8. In einem Experiment wurden für ein elektrisches Bauelement folgende Messwertepaare aufgenommen:

U in V	1	2	3	4	5	6
I in A	0,15	0,22	0,29	0,34	0,36	0,37

a) Stelle die Messwertepaare grafisch dar!
b) Gilt für dieses Bauelement das ohmsche Gesetz? Begründe!
c) Um was für ein elektrisches Bauelement könnte es sich handeln?

9. Gib folgende Widerstände in den angegebenen Einheiten an!
a) 600 Ω und 2 750 Ω in kΩ
b) 140 kΩ und 87 kΩ in Ω und in MΩ
c) 3,8 MΩ und 0,056 MΩ in kΩ und in Ω

10. Ein Konstantandraht hat einen Widerstand von 50 Ω. Welche Spannung muss an den Draht angelegt werden, damit in ihm ein Strom der Stärke a) 1 A, b) 2 A, c) 4 A, d) 5 A und e) 0,5 A fließt?

11. Eine kleine Glühlampe hat bei ihrer Betriebsspannung von 6 V einen elektrischen Widerstand von 12 Ω.
Wie groß ist in diesem Fall die elektrische Stromstärke?

12. Bestimme experimentell den Widerstand einer 6-V-Glühlampe im kalten Zustand und im Betriebszustand!

13. Eine 60-W-Glühlampe hat im kalten Zustand bei 10 V einen Widerstand von 50 Ω, bei einer Betriebsspannung von 230 V jedoch einen Widerstand von 880 Ω.
a) Berechne für beide Fälle die elektrische Stromstärke!
b) Warum brennen Glühlampen meistens beim Einschalten durch?

14. Deute die unterschiedlichen Widerstände einer Glühlampe bei verschiedenen Temperaturen mit dem Teilchenaufbau der Stoffe und dem Modell der Elektronenleitung!

15. Bei einem Kurzschluss werden die beiden Pole einer elektrischen Quelle ohne Verbraucher leitend miteinander verbunden. Lediglich die Quelle selbst setzt dem Stromfluss einen elektrischen Widerstand entgegen. Bei einem 6-V-Akkumulator beträgt dieser Widerstand 0,05 Ω. Wie groß ist die Stromstärke, wenn man die beiden Anschlüsse des Akkumulators unbeabsichtigt kurzschließt?

16. In Sprachkapseln älterer Telefone wurden Kohlekörnermikrofone verwendet (s. Abb.).

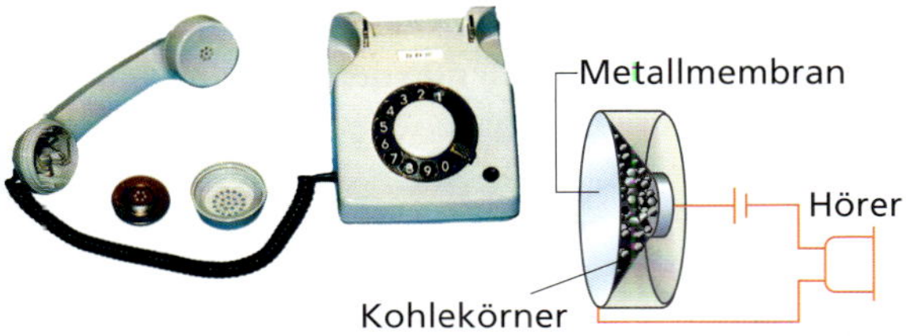

Durch Schallschwingungen (z.B. Sprache) werden unterschiedliche Druckkräfte auf die Kohlekörner ausgeübt. Durch Zusammendrücken der Körner ändert sich ihr elektrischer Widerstand.
Wie ändert sich die elektrische Stromstärke, wenn die Spannung konstant bleibt?

17. Der menschliche Körper ist sehr empfindlich für elektrischen Strom. Aufgrund von Untersuchungen wird empfohlen, Ströme bereits ab einer Stärke von 10 mA zu meiden.
Der Körperwiderstand des Menschen von Hand zu Hand beträgt bei trockener Haut bis 30 kΩ, bei feuchter Haut ca. 1 kΩ.

a) Wie groß dürfen die Spannungen höchstens sein, um Gefährdungen des Menschen auszuschließen?
b) Welche Konsequenzen ergeben sich daraus für den Umgang mit Netzspannung und anderen hohen Spannungen?

18. Auf S. 246 ist die *I-U*-Kennlinie einer Metallfadenlampe dargestellt.
Wie groß ist ihr Widerstand bei 50 V und bei 200 V? Erkläre den Unterschied der beiden Werte!

19. Für ein elektronisches Bauelement wurde die nachfolgend dargestellte *I-U*-Kennlinie aufgenommen.

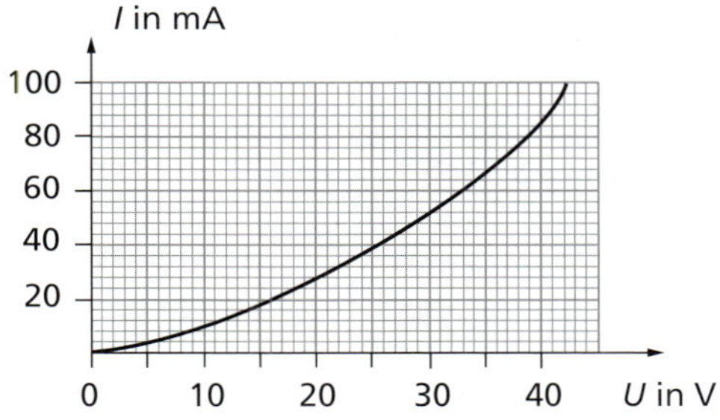

a) Interpretiere diese Kennlinie! Nutze die Hinweise zum Interpretieren auf S. 191!
b) Bestimme den elektrischen Widerstand des Bauelements für 15 V und für 30 V!
c) Kann das Bauelement ein metallischer Leiter sein? Begründe!

20. Die Skizze zeigt den Aufbau eines Widerstandsthermometers.

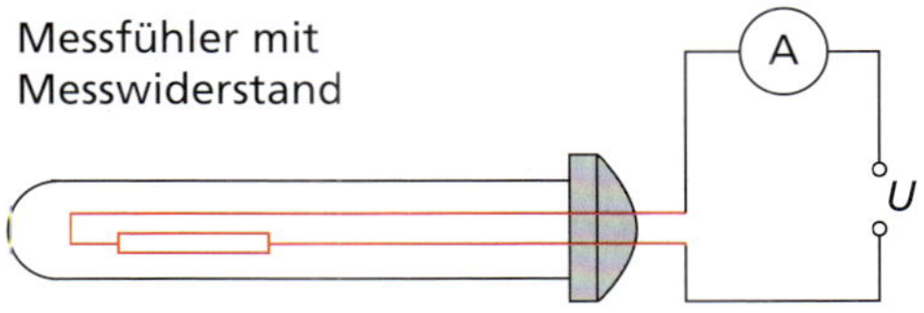

Beschreibe den Aufbau und erkläre seine Wirkungsweise!

21. Bei Halogenlampen, die in Taschenlampen verwendet werden, findet man die Angabe 2,8 V/0,85 A. Wie groß ist der elektrische Widerstand einer solchen Halogenlampe?

22. Warum verwendet man zum Nachweis des ohmschen Gesetzes einen Draht aus Konstantan und nicht aus Eisen?

23. Warum bestehen elektrische Leitungen meist aus Aluminium oder aus Kupfer?

24. Der abgebildete regelbare Widerstand hat einen elektrischen Widerstand von 800 Ω. Der Durchmesser des Widerstandsdrahtes aus Stahl beträgt 1 mm.

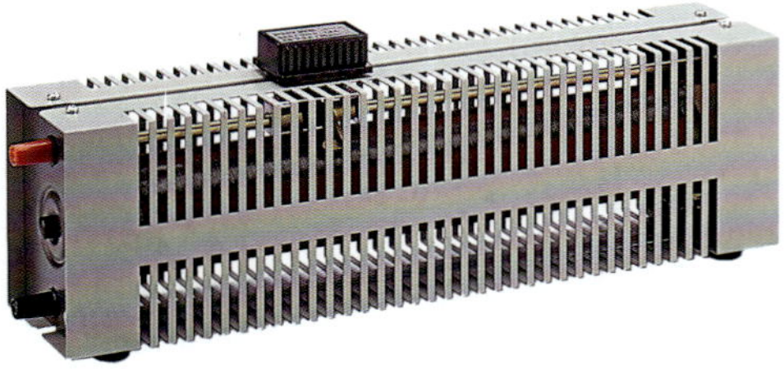

a) Wie lang ist der aufgewickelte Draht?
b) Wie groß ist der elektrische Widerstand, wenn der Strom nur durch ¼ des Drahtes fließt?
c) Wie groß ist die Stromstärke im Widerstand, wenn der Strom durch den halben Widerstand fließt und die anliegende Spannung 20 V beträgt?

25. Der Widerstand der Verbindungsleitungen, die du beim Experimentieren benutzt, ist sehr klein im Vergleich zu den Widerständen der Bauteile und Geräte im Stromkreis. Begründe, warum das sein muss!

26. Elektrische Kabel bestehen aus Aluminium oder Kupfer (s. Abb.). Um das Wievielfache ist der elektrische Widerstand eines Kabels aus Aluminium etwa größer als der eines gleich langen und gleich dicken Kabels aus Kupfer? Runde sinnvoll!

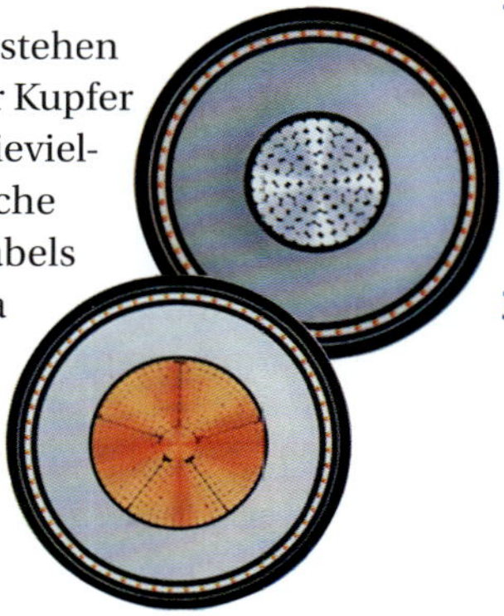

***27.** Du findest im Keller eine Rolle mit isoliertem Kupferdraht und willst ermitteln, wie viele Meter Draht auf der Rolle sind. Die beiden Enden des Drahtes sind zugänglich. Gib Möglichkeiten an, wie man die Länge des Drahtes bestimmen kann!

28. Seit 1989 erfolgte eine Umstellung der im Haushalt verwendeten Netzspannung von 220 V auf 230 V. Von diesen 230 V darf die Spannung maximal um 6 % nach oben und um 10 % nach unten abweichen.
a) Berechne die Spannungen, die maximal bzw. minimal im Netz auftreten dürfen!
b) Wie groß ist in einer 60-W-Glühlampe die Stromstärke bei normaler, bei der höchsten und bei der niedrigsten Spannung? Die Glühlampe hat im gesamten Bereich einen Widerstand von 880 Ω.

29. Manche elektronischen Geräte haben eine geringere Betriebsspannung als die zur Verfügung stehende elektrische Quelle. Was ist zu tun, um solche Geräte dennoch anschließen zu können? Begründe!

30. Der Messbereich eines Spannungsmessers beträgt 10 V.
Berechne die Größe des erforderlichen Vorwiderstandes, wenn der Messbereich auf 100 V erweitert werden soll! Der Innenwiderstand des Messwerkes des Spannungsmessers beträgt 10 kΩ.

31. Bereite einen Schülervortrag mit dem Thema „Leben und Leistungen von Georg Simon Ohm" vor. Nutze dazu neben Nachschlagewerken auch die Adresse **www.schuelerlexikon.de** im Internet!

32. Zwei Widerstände mit 50 Ω und mit 200 Ω sind mit einer elektrischen Quelle in Reihe geschaltet.
a) Zeichne den Schaltplan!
b) Am Widerstand mit 50 Ω liegt eine Spannung von 12 V an. Wie groß ist die am anderen Widerstand anliegende Spannung?
c) Welche Spannung hat die Quelle? Begründe!
d) Wie groß ist die Stromstärke, die durch die Widerstände fließt?

Elektrischer Widerstand und ohmsches Gesetz

Der elektrische Widerstand		
eines Bauteils gibt an, wie stark der elektrische Strom in ihm behindert wird.	Einheiten: 1 Ω, 1 kΩ, 1 MΩ 1 kΩ = 1 000 Ω 1 MΩ = 1 000 kΩ	**Messgeräte** für den Widerstand sind Widerstandsmesser (Ohmmeter).

Für metallische Leiter gilt bei ϑ = konstant das **ohmsche Gesetz**, das sich in folgenden Formen darstellen lässt:

$I \sim U$ $\qquad$ $\frac{U}{I}$ = konstant

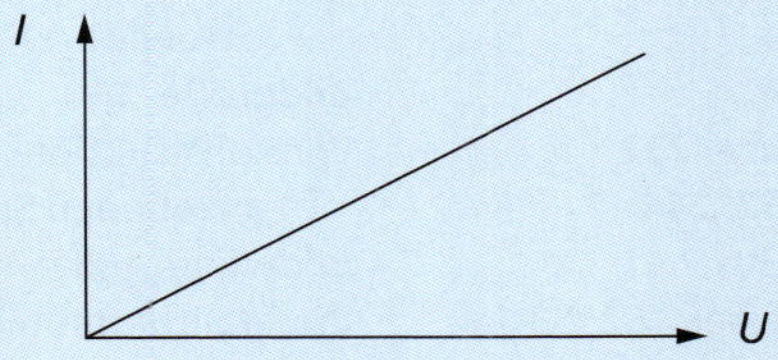

Der elektrische Widerstand eines Bauteils kann berechnet werden mit der Gleichung: $R = \frac{U}{I}$

Dabei bedeuten U die am Bauteil anliegende Spannung und I die Stromstärke durch das Bauteil. Auch diese Gleichung wird häufig als **ohmsches Gesetz** bezeichnet.

Der **elektrische Widerstand** eines metallischen Leiters ist abhängig von der Länge des Leiters, seiner Querschnittsfläche und dem Stoff, aus dem er besteht.

Er ist umso größer,
- je länger der Leiter ist und
- je kleiner die Querschnittsfläche des Leiters ist.

Die Zusammenhänge zwischen den Größen sind im **Widerstandsgesetz** erfasst. Es lautet:

$R = \varrho \cdot \frac{l}{A}$

ϱ spezifischer elektrischer Widerstand
l Länge des Leiters
A Querschnittsfläche des Leiters

Reihenschaltung von Bauteilen
(unverzweigter Stromkreis)

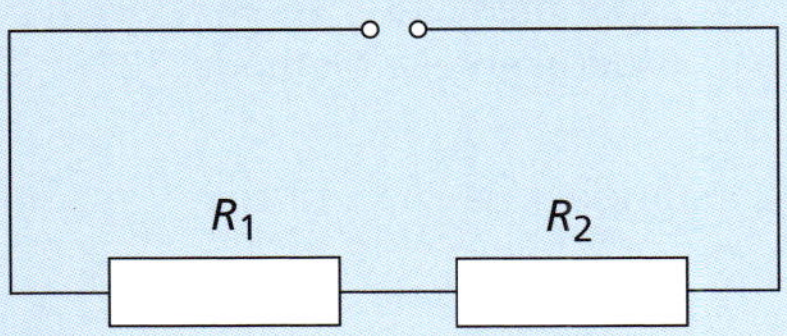

Der Gesamtwiderstand ist gleich der Summe der Teilwiderstände.

$R = R_1 + R_2$

Parallelschaltung von Bauteilen
(verzweigter Stromkreis)

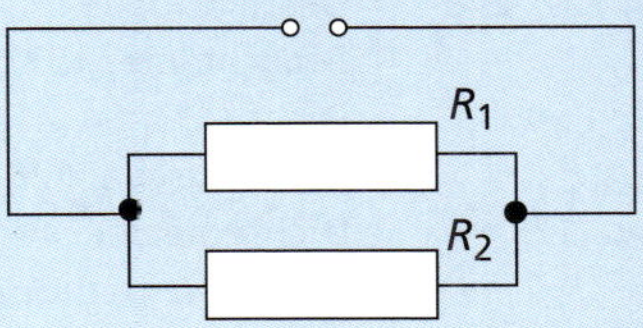

Der Gesamtwiderstand ist kleiner als der kleinste der Teilwiderstände.

$R = \frac{R_1 \cdot R_2}{R_1 + R_2}$

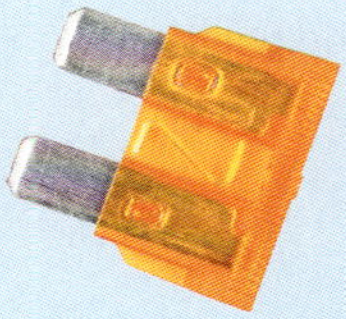

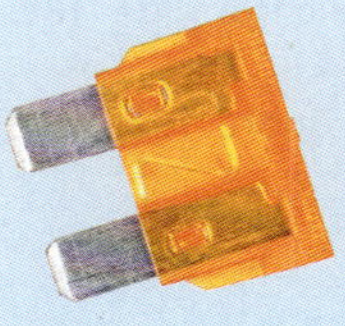

Bildquellenverzeichnis

AEG Hausgeräte GmbH: 71/1; Aral: 68/1; Back Arts GmbH: 158/01, NS 08; Kathrin Bahro, Berlin: 141/2; BASF, Ludwigshafen: NS 07; Aus: Bergmann-Schaefer: Lehrbuch der Experimentalphysik, Bd. III, Optik, Walter de Gruyter & Co., 1987: 35/2; BEWAG Berlin: 9/3; Andreas Biedermann, Berlin: 74/3; BMW Rolls-Royce GmbH: 41/2; Bizerba GmbH & Co. KG: 31/2b, 45/01; Boeing: 87/01; Corel Photos: 7/1, 14/3, 25/1, 37/01, 46/1, 50/1, 51/1c, 55/1a, 63/1, 64/3, 65/3d, 66/1c, 69/2, 81/3, 93/01, 95/1, 126/2, 126/3, 127/1, 127/2, 127/3, 128/4, 128/5, 135/02, 146/2, 151/2, 151/3, 158/2, 160/1c, 164/1, 164/3, 165/2, 170/1a-d, 174/3, 177/01, 183/1, 186/1, 186/2, 201/3d, 203/1 NS 02; Cornelsen Experimenta GmbH & Co. KG:, 20/2, 21/01, 21/02, 21/03, 23/1, 23/2, 49/3, 73/2, 113/1a-b, 116/2, 123/2, 140/01, 140/02, 177/1, 200/1, 212/02, 230/03, 230/04, 230/05, 230/07, 250/2a, 258/1; DB AG: 186/01, 201/3c; BD AG/Jazbez: 187/1; DESY Hamburg: 9/1; Deutscher Teeverband e. V.: 78/1; Deutsches Zentrum für Luft- und Raumfahrt e. V., Köln: 119/2; DPA: 55/1c; Archiv DUDEN PAETEC Schulbuchverlag: 10/1, 11/1, 11/2, 33/2, 36/2, 48/01, 80/2, 102/01, 102/1, 118/4, 129/2, 174/2, 175/2, 175/3, 176/1, 182/2, 206/2, 213/2, 219/2, NS 06; ESA: 194/2, NS 04; John Foxx : 125/1; Hekatron GmbH: 58/3; Hemera Photo Objects: 14/4, 28/01, 29/01, 31/3, 40/01, 41/01, 49/1, 57/01, 60/01, 65/1, 69/1, 127/01, 127/01, 135/01, 154/1, 199/01, 207/01, 210/01, 228/1, 230/02; Hessen Touristik Service GmbH: 135/04, 172/2; Informationsstelle für Elektrizitätsanwendung, Zürich: 14/1; InfraTec GmbH, Dresden: 75/1, 75/2, 77/2; Stefan Karsch: 105/2; Claudia Kilian, Berlin: 83/1, 135/03; M. Konrad, Falkenrehde: 65/3a, 106/2c; Hans-Joachim Kübsch, Gutow: 80/1; Günter Liesenberg, Berlin: 28/1, 35/1, 46/3, 52/1, 60/3, 64/1. 64/2, 96/3, 97/1c, 106/2a, 106/2e, 109/1, 121/1, 122/4, 142/1, 148/1b, 195/4, 201/3a-b, 220/2, 228/3, 230/06a-b, NS 09; LEYBOLD-DIDACTIC GMBH: 18/1, 34/1a-b, 38/01, 112/2, 233/1; Lufthansa AG: 176/2, 245/3; Mahler, H., Berlin: 16/1, 17/2a-c, 26/1, 29/1, 35/3, 44/1a-b, 55/1b, 66/1a, 66/1b, 66/2, 67/3, 91/1, 111/4, 111/5, 111/6, 112/1a-b, 118/1, 120/1, 123/1, 128/2, 169/2a-b, 208/1, 214/1a-c, 224/1, 225/1, 229/02, 230/01, 242/1; Mannesmann Dematic AG, Wetter: 128/1; Mekruphy GmbH, Pfaffenhofen: 18/1; Juliana Mentzel, Radewege: 129/1; Messe Berlin GmbH und BDLI: NS 03; Lothar Meyer, Potsdam: 15/2, 26/3, 29/2, 31/2a, 36/1, 37/03, 37/04, 42/1a-d, 46/2, 49/2, 49/4, 49/5, 51/1b, 52/3b, 60/2a-b, 61/1, 65/3b, 65/3c, 67/1, 80/3, 83/2, 84/1, 93/02, 97/2, 99/1, 99/2, 103/2, 106/2b, 106/2d, 106/2f, 110/1a, 119/3a-b, 122/1, 122/2, 122/3, 128/6, 128/8, 130/1a, 141/3, 142/4, 144/01, 145/1, 146/1, 148/1a, 148/1c-d, 159/1, 160/1b, 168/1, 169/3a-c, 171/1, 173/01, 173/2b, 175/1, 179/01, 187/02, 194/01, 197/1, 197/2, 198/1, 201/1, 201/2, 205/1, 206/1, 208/3, 209/1, 209/3, 210/1, 211/1, 224/2, 229/03, 229/04, 238/01, 240/01, 240/1a, 243/1, 245/1, 250/2b, 250/3, 250/4, 257/1, NS 010; Meyer-Werft, Papenburg: 169/1; NASA: 12/3, 13/2, 67/01, 68/01, 109/2, 126/1, 128/9, 134/3, 177/2, NS 05, NS 012; Naturfotografie Frank Hecker: 41/1; NTL Österreich: 22/1, 195/2; ÖAMTC: 96/1, 182/1, 182/3; Adam Opel AG: 32/3a-c, 160/1a, 189/1, 221/3; Osram GmbH: 15/1, 254/01, 255/01; PhotoDisc, Inc.: 8/1, 8/2, 12/1, 12/2, 26/2, 37/02, 44/2, 51/1a, 67/01, 81/1, 81/2, 85/1a-b, 197/1a-b, 106/1a-b, 151/1, 154/2, 160/1d, 164/2, 183/2, 187/03; PHYWE SYSTEME GMBH & Co KG: 33/3, 236/1; picture-alliance, akg-images: 174/1; picture-aliance/ZB: 141/1; B. Raum, Neuenhagen: 8/3; rebelpeddler Chocolate Cards: 10/2, 246/2; Martin Scharffenberg, Birkenstein: 181/1; Uwe Schmidt, Bad Lausick: 192/1; SCHOTT, Mainz: 255/1; Siemens AG München: 9/2, 13/1, 16/2, 197/1d, 109/3, 115/1, 128/7, 156-157, 187/01, 196/1, 199/1, 227/1, 238/2, 245/2; Sternwarte Harpoint: 96/2; Technorama, Winterthur: 118/3, 206/3, 212/01, 213/1, 213/3; Michael Unger, Königs Wusterhausen: NS 011; Universität Bremen, Fachgebiet Mineralogie: 247/2; Patrik Vogt, Landau: 16/3, 38/1, 207/2, 218/1, 229/01, 231/1, 231/2, 231/3, 232/1, 240/2, 243/2, 251/1, 251/2, 253/1; Varta Batterie AG: 233/01, 237/01; Volkswagen AG: 127/4, 128/3; E. Zabel, Güstrow: NS 01; Carl Zeiß Jena und Oberkochen: 14/2; Zeppelin Luftschifftechnik GmbH: 163/1.

Geschwindigkeiten in Natur und Technik

Bewegung einer Schnecke
(1 mm/s)

Normale Gehgeschwindigkeit
(1,4 m/s = 5 km/h)

100-m-Läufer (10 m/s)

Autobahn-Richtgeschwindigkeit
(130 km/h = 36 m/s)

Reisegeschwindigkeit eines
Passagierflugzeugs
(250 m/s = 900 km/h)

Überschall-Jagdflugzeug
(3 Mach = 3 600 km/h)

Satellit auf Erdumlaufbahn
(7,9 km/s)

Bewegung der Erde um
die Sonne (30 km/s)

Geschwindigkeit der Sonne
um das galaktische Zentrum (220 km/s)

Elektronen in einer Fernsehbild-
röhre (83 000 km/s bei 20 kV)

Fluchtgeschwindigkeit von Galaxien
(bis 270 000 km/s)

Lichtgeschwindigkeit (300 000 km/s)
Die Lichtgeschwindigkeit im Vakuum
ist die höchstmögliche Geschwindigkeit